新编会计学系列教材
丛书主编 汤湘希

会计学基础

许家林 主 编
蔡传里 龚 翔 朱廷辉 副主编

图书在版编目(CIP)数据

会计学基础/许家林主编;蔡传里,龚翔,朱廷辉副主编.—武汉:武汉大学出版社,2010.10
新编会计学系列教材
ISBN 978-7-307-07828-4

Ⅰ.会… Ⅱ.①许… ②蔡… ③龚… ④朱… Ⅲ.会计学—高等学校—教材 Ⅳ.F230

中国版本图书馆 CIP 数据核字(2010)第 102459 号

责任编辑:陈　红　　　责任校对:王　建　　　版式设计:马　佳

出版发行:武汉大学出版社　(430072　武昌　珞珈山)
　　　　　(电子邮件:cbs22@whu.edu.cn　网址:www.wdp.com.cn)
印刷:湖北金海印务有限公司
开本:787×1092　1/16　　印张:20.75　　字数:477 千字　　插页:1
版次:2010 年 10 月第 1 版　　2010 年 10 月第 1 次印刷
ISBN 978-7-307-07828-4/F·1375　　　　定价:30.00 元

版权所有,不得翻印;凡购我社的图书,如有缺页、倒页、脱页等质量问题,请与当地图书销售部门联系调换。

前　言

受武汉大学出版社委托，我们编写了这本《会计学基础》教材，以期帮助经济和管理类专业学生以及从事相关经济管理工作的人员了解相关会计学基础知识。

会计信息作为现代经济社会一种通用性最强的商业语言，对推动社会经济发展起到了不可替代的重要作用，这一点已经成为人们的共识。因此，客观上也要求生活在现代社会的人学习一些会计基础知识，以便用会计的知识和思维有效地管理自己的学习、工作和生活。特别是在现代经济环境下，企业作为各种契约关系的一个联合体，各契约主体（如股东、债权人、企业员工、供应商、顾客和政府机构等）权责利关系的相互制衡是各种契约关系得以有效运行的根本前提。会计信息作为该制衡机制的重要组成部分，直接影响着企业的运行效率。改革开放以来，大量的外国资本不断涌入中国，同时也有越来越多的中国企业赴海外上市，会计信息业已成为优化资源配置与合理进行利润分配的重要依据。不论是企业内部的经营管理人员，还是企业外部的投资者、债权人以及政府机构等，都需要以会计信息为依据从事相关经济活动以实现各种宏观和微观目标。因此，掌握必要的会计基础知识已成为从事各类经营活动的重要前提条件。

中华人民共和国成立以来，我国的会计规范经历了几次大的变化。但不论是已经废除的行业会计制度，还是正在实施的企业会计准则，其某些基本核算在原理上却是相通的。中华人民共和国财政部于2006年2月15日发布了与国际会计惯例实质性趋同的《企业会计准则》，以取代原有的准则、《企业会计制度》和《金融企业会计制度》。此后，又陆续发布了配套指南与相关的解释，以对会计准则运用过程中遇到的具体问题进行说明。为保证专业核心内容的适时性，本教材即以现行会计准则及其指南和解释为基础，吸收了最新的会计研究成果，同时借鉴了国内外教材的先进经验。有鉴于此，本书不仅可用做高等学校会计专业以及非会计专业的教材，同时，它也可为从事会计与财务实务工作的人员以及单位内部管理人员学习会计基础知识所用。

本书共设九章，其具体结构如下：第一章至第三章阐述会计基本理论问题，包括会计本质与目标、会计信息质量特征、会计要素及其确认、会计等式、会计账户以及复式记账方法等；第四章阐述会计计量的典型问题，以资产的耗费计价为重点，辅以对资产取得计价和期末计价的阐述；第五章至第六章阐述会计记录问题，包括凭证记录和账户记录；第七章阐述会计报告问题，主要包括资产负债表、利润表以及现金流量表等常用会计报表的编制方法与信息内涵；第八章阐述会计循环问题，以案例形式将前述会计处理程序予以系统整合；第九章阐述目前我国企业会计活动的法律基础。

本书由许家林任主编，蔡传里、龚翔、朱廷辉任副主编。书中各章编写人员及分工如下：第一章由许家林、李朝芳、杨孙蕾执笔，第二章由蔡传里执笔，第三章由胡曲应执笔,第四章由胡伟执笔,第五章至第六章由龚翔执笔,第七章由杨海燕执笔,第八章由王昌锐执笔,第九章由黄益雄、许慧、许家林和张华林执笔,附录与参考文献部分由许家林选定。许家林、蔡传里、龚翔负责教材编写大纲的拟定以及全部书稿的总纂、修改与定稿,朱廷辉承担了全书的技术规范校订以及各章内容提要、思考题和练习题的补充与调整工作,博士研究生杨孙蕾与硕士研究生龙娟、徐佳琪、武苗、徐荣、杨明和李红良同学承担了文稿的校订工作。

在本书的编写过程中,中南财经政法大学会计学原理教研室部分教师就教材定位、结构与内容提出了诸多宝贵建议,在此一并致谢!同时也要感谢本书编写过程中所参阅论著的作者,在他们有关会计基本理论问题的论述中所闪现的思想光辉给了我们丰富的启迪!更要感谢武汉大学出版社的领导与范绪泉博士所给予的支持与指导。

由于编者水平所限,教材的疏漏之处在所难免,我们期待广大读者的批评指正,以便教材的不断完善。

作 者

2010 年 5 月于武昌南湖

目　录

第一章　概论 ·· 1
　【学习目标】 ··· 1
　第一节　会计的产生与演进 ·· 1
　第二节　会计的本质与目标 ·· 11
　第三节　会计信息质量特征 ·· 16
　第四节　会计的内容 ·· 22
　【本章小结】 ·· 28
　思考题 ··· 28
　练习题 ··· 29

第二章　会计对象与会计要素的关系 ·· 30
　【学习目标】 ·· 30
　第一节　会计对象概说 ·· 30
　第二节　会计要素及确认要求 ·· 32
　第三节　会计恒等式 ·· 55
　【本章小结】 ·· 65
　思考题 ··· 66
　练习题 ··· 66

第三章　会计账户与复式记账 ·· 70
　【学习目标】 ·· 70
　第一节　会计科目 ··· 70
　第二节　会计账户 ··· 74
　第三节　复式记账 ··· 79
　【本章小结】 ·· 91
　思考题 ··· 91
　练习题 ··· 92

第四章　资产计价 ·· 96
　【学习目标】 ·· 96
　第一节　资产耗费的计价 ·· 96

1

第二节 资产的期末计价 …………………………………………………… 103
【本章小结】 ……………………………………………………………… 105
思考题 …………………………………………………………………… 106
练习题 …………………………………………………………………… 106

第五章 会计凭证 ……………………………………………………………… 108
【学习目标】 ……………………………………………………………… 108
第一节 会计凭证概述 …………………………………………………… 108
第二节 原始凭证 ………………………………………………………… 110
第三节 记账凭证 ………………………………………………………… 115
第四节 会计凭证应用于企业基本经济业务 …………………………… 123
第五节 会计凭证的传递与保管 ………………………………………… 151
【本章小结】 ……………………………………………………………… 153
思考题 …………………………………………………………………… 153
练习题 …………………………………………………………………… 153

第六章 会计账簿 ……………………………………………………………… 158
【学习目标】 ……………………………………………………………… 158
第一节 会计账簿概述 …………………………………………………… 158
第二节 会计账簿的登记 ………………………………………………… 160
第三节 会计账簿的核对与结算 ………………………………………… 165
【本章小结】 ……………………………………………………………… 177
思考题 …………………………………………………………………… 177
练习题 …………………………………………………………………… 178

第七章 会计报告 ……………………………………………………………… 180
【学习目标】 ……………………………………………………………… 180
第一节 财务会计报告概述 ……………………………………………… 180
第二节 资产负债表 ……………………………………………………… 185
第三节 利润表 …………………………………………………………… 192
第四节 现金流量表 ……………………………………………………… 198
第五节 财务会计报告信息的分析与利用 ……………………………… 205
【本章小结】 ……………………………………………………………… 215
思考题 …………………………………………………………………… 215
练习题 …………………………………………………………………… 216

第八章 会计循环 ……………………………………………………………… 220
【学习目标】 ……………………………………………………………… 220

第一节　会计循环过程 ………………………………………………… 220
　　第二节　会计循环案例 ………………………………………………… 231
　　【本章小结】 …………………………………………………………… 258
　　思考题 …………………………………………………………………… 259
　　练习题 …………………………………………………………………… 259

第九章　会计规范 …………………………………………………………… 264
　　【学习目标】 …………………………………………………………… 264
　　第一节　会计规范体系 ………………………………………………… 264
　　第二节　会计法律 ……………………………………………………… 266
　　第三节　会计报告规范 ………………………………………………… 268
　　第四节　会计核算规范 ………………………………………………… 269
　　第五节　会计监督规范 ………………………………………………… 273
　　第六节　会计工作管理制度 …………………………………………… 274
　　【本章小结】 …………………………………………………………… 286
　　思考题 …………………………………………………………………… 286
　　练习题 …………………………………………………………………… 287

附录　相关会计规范 ………………………………………………………… 288
　　《中华人民共和国会计法》 …………………………………………… 288
　　《企业财务会计报告条例》 …………………………………………… 294
　　《企业会计准则——基本准则》 ……………………………………… 300
　　《会计基础工作规范》 ………………………………………………… 304
　　《企业内部控制基本规范》 …………………………………………… 316

主要参考文献 ………………………………………………………………… 323

第一章 概 论

【学习目标】

本章主要阐述会计的产生和演进过程;会计的本质与目标;会计信息质量特征;会计的基本内容。

通过本章的学习,了解中外会计的发展阶段与主要成就;理解对会计本质的不同认识;了解"受托责任观"和"决策有用观"两种对于会计目标定位的主流观点;掌握我国对会计信息质量特征的规定和会计的基本内容。

第一节 会计的产生与演进

会计是社会经济发展到一定阶段的产物。由于会计是因生产管理的需要而产生的,生产不断地向前发展,会计技术方法也不断地革新与创新,会计学科也随之呈现出不断完善和多元化的趋势。因此,经济越发展,会计越重要。目前,会计信息作为一种商业语言,在现代社会的各个领域中都发挥着重要的作用。生活在现代社会的人,客观上都需要学习一些会计知识,以便用会计的知识和思维有效地管理自己的学习、工作和生活。古人云:"夫以铜为镜,可以正衣冠;以古为镜,可以知兴替;以人为镜,可以明得失。"[①] 因此,我们学习会计的相关知识,首先要对会计演进的历史有充分的认识,这样可能更有助于我们学习与理解今天的现代会计。

一、西方会计的产生和演进概说

从会计技术方法发展以及会计学科发展的角度看,西方会计的发展历程大致可以分为古代会计、近代会计和现代会计三个不同的历史阶段。

(一) 古代会计——会计产生至单式簿记出现

1. 会计的产生

或许我们不知道具体何时人类开始出现会计思想的萌芽,但是公元前5000多年记录部落之间交易的符号已经出现。闪族文化发端于公元前3200年左右的美索不达米亚(Mesopotamia),在该时期的陶片上发现了会计记录的一些符号。在伊拉克著名的建筑物"齐克拉"(Ziggurat)里,考古学家发现了最早的文献——账单(又被称为"原始算板"),在账单上有刻记的记数符号。公元12世纪,领土北起今哥伦比亚边境,南至今

---

① 旧唐书·魏征传//田晓娜. 四库全书精编(史部). 北京:国际文化出版公司,1996:774.

智利中部，西起太平洋岸，东至亚马逊丛林及现今阿根廷北部的印加帝国出现了世界上典型的"结绳记事"。这些都隐含着原始的计量与记录思想，虽然按照现在具有独立意义的会计特征来衡量，它们算不上真正意义上的会计，但从它们身上我们可以看见会计的源流。

2. 单式记账代替简单刻记

伴随着原始社会公社制度的解体，人类社会的发展进化到奴隶制时代。这个时期占据社会经济生活主导地位的是自给自足的自然经济，经济结构以自给自足的小农业为主，工业处于手工业阶段，而商业处于简单的物资贩运阶段。顺应这种经济结构的变化，以"简单刻记"和"结绳记事"为特征的原始计量和记录行为逐渐消失，取而代之的是为自然经济服务的单式簿记的运用，为适应社会经济的发展逐渐分化出国库会计、神殿会计、寺院会计、教会会计、庄园会计以及早期的商业会计，乃至于后来在封建制时代又分化出官厅会计、行会会计、商业会计以及旧式银行会计——汇总会计、钱庄会计、票号会计和典当会计。

（二）近代会计——复式簿记产生至财务会计形成

1. 复式簿记的诞生

11—13世纪，欧洲十字军东征使得意大利沿海城市成为东西方贸易的中心。航海业发展对东西方经济交流的促进以及商品交易范围的不断扩大和贸易额的快速增加，遂给有地中海交通之便的意大利北部沿岸城市的海上贸易带来了繁荣的景象，商业贸易对资本的需求大大地推动了商品经济的发展。单式簿记已经难以适应复杂的商品经济与交易的需要，复式簿记在这一背景下登上了人类历史的舞台。其形成的标志是15世纪末，意大利数学家卢卡·帕乔利（Luca Pacioli）的著作《算术、几何、比与比例概要》（*Summa de Arithmetica, Geometria, Proportioni et Proportionalita*，又译为《数学大全》）的问世，"该书不仅系统地介绍了威尼斯的复式记账方法，还从一定角度上对其进行了理论阐述，因而其奠定了以复式簿记为基础的会计方法体系基础"。[①]

2. 复式簿记的传播

15世纪末和16世纪初的地理大发现，对欧洲大陆的经济生活产生了重要影响。以世界市场扩大、经营方式改变和商路、贸易中心转移为特征的"商业革命"，使资本主义经济基地由地中海区域向大西洋沿岸转移，进而致使意大利北部城邦的贸易中心地位逐渐被欧洲新兴工业城市所代替。处于新生期的欧洲大陆资本主义经济，需要先进的经济管理方法和新式簿记方法来对经济活动进行确认、计量与记录，从而推动了借贷复式簿记理论在欧洲大陆的传播。借贷复式记账法在世界各国的传播使该方法不断发展和完善，成为迄今为止世界上运用最广泛、最科学的一种复式记账法。

3. 簿记向会计的转化

进入19世纪，由于资产阶级工业革命的成功和生产技术的改进，工商业活动迅速发展，会计理论与方法也得到了长足的发展。以英国为代表的主要工业国家，为顺应工

---

① 郭道扬. 会计发展史纲. 北京：中央广播电视大学出版社，1984：390-407.

业的迅速发展，产生了许多会计新思想和新方法来反映和监督企业的经济活动，使得簿记成功地实现了向会计的转化。

（1）折旧观念的产生。18世纪末和19世纪初的产业革命，给当时的资本主义国家特别是英国带来了巨大的生产力，由此引起了生产组织和经营形式的重大变革。股份公司的出现以及受托责任关系的确立，对会计实务和会计理论的发展产生了重要的影响。这一时期会计发展的一个重要方面是折旧概念及计算方法的形成。随着工厂制度的建立，企业成为持续性经营的主体，并且开始大量采用机器设备等长期资产，长期资产的日益增多使得长期资产投资如何在生产过程中转化为成本费用成为当时迫切需要解决的问题，折旧观念在这时应运而生，丰富了会计的内容。

（2）成本会计的形成。这一时期会计发展的另一个重要方面是成本会计的形成。由于工业的发展和生产规模的扩大，企业的制造费用上升，成为生产总成本的重要组成部分。与此同时，企业的生产过程也日趋复杂，一个企业往往同时生产多种产品，制造程序、费用归集和分配流程越来越复杂，这些客观因素对各产品、各工序的成本的精确计算提出了较高的要求。为了便于加强生产控制和提高效率，同时便于成本计算与财产账户相结合，成本会计制度遂逐渐形成并得以快速发展。

（3）独立审计的形成。伴随着企业会计的发展，注册会计师事业开始兴起。从19世纪下半叶开始，英国的公司法要求财务报表必须经过公司监事会审查，并向公司股东提交经审核的会计报告。由于公司监事一般不具备会计专业知识，所以他们一般委托亲信或相关人士审查公司的会计账簿，这种制度最终演变为由独立的注册会计师进行查账的制度。在经过政府和社会的认可后，注册会计师职业便应运而生。此后，英国的注册会计师事业随即得到迅速发展，从业人数激增。随着注册会计师事业的发展及专门从业人员的增加，从两个方面产生了对这种社会从业人员的执业资格以一定方式予以正式认定的需要：首先，从政府的立场来看，为了保证这种民间从业人员所出具的查账报告的严肃性和有效性，以加强对这种社会职业的管理，需要有正式的从业人员资格认定和登记制度以规范该行业；其次，从注册会计师从业人员本身的角度来看，为了维护这一新兴职业的声誉，防止因部分不具备从业基本条件的人员自由执业而对注册会计师的公众形象产生不良影响，产生了由政府有关部门来正式认定从业资格的客观要求。1853年，苏格兰的47名会计师集会于爱丁堡（Edinburgh）市筹设会计师公会，成立了世界上第一个会计师团体组织——爱丁堡会计师公会（Society of Accountants in Edinburgh）。1854年，这个公会由国会正式批准成立并由英国女王授予了第一份特许状，与此同时，英国政府正式向苏格兰的47名会计师颁发了"敕许证书"（Royal Charter），这标志着会计师作为一种专门的职业已经形成并发展为一种社会力量。1880年，英国的利物浦会计师协会、伦敦会计师协会、曼彻斯特会计师协会、谢菲尔德会计师协会和英国会计师协会（伦敦）等五大会计师协会联合成立了英国最大的一个会计师职业组织——英格兰及威尔士注册会计师协会（The Institute of Chartered Accountants in England and Wales, ICAEW），由于其异常强大的阵容，在公众中充分地展示了其可以依靠和信赖的职业形象，不仅开创出现代独立审计发展的新时代，也使会计学科的一个新分支——现代审计得以形成。

（4）财务会计的形成。随着整个世界经济中心从欧洲大陆向美洲的转移，美国成为会计理论与实务发展最快的国家。美国1933年通过的《证券法》(Securities Act) 和1934年通过的《证券交易法》(Securities Exchange Act) 对会计信息披露及会计执业行为规范提出了要求，规定所有的上市公司都必须提供统一的会计信息，并将制定统一的会计规范的权力交给具有外部会计监管职能的美国证券交易委员会（Securities and Exchange Committee，SEC），可以说，这些事件促进了财务会计功能的进一步强化。这时的会计不再限于为企业主服务以满足投资者的信息需求，还需考虑企业的其他相关利益集团的信息需求，使得主要向企业相关利益集团提供财务信息和其他经济信息的财务会计得以从传统的会计中逐渐分离出来，形成并发展为现代财务会计。财务会计的特点在于定期提供一套具有通用目的的财务报表，以便使用者根据有用的财务报表做出合理的经济决策。为了促使管理当局提供真实和公允的财务报表，确保投资人、债权人和社会公众等企业相关利益集团的利益，财务会计的账务处理、财务报表的形式与编制方法以及信息的种类等，都要有一定的较严格的约束或指导规范和程序。

（三）现代会计——会计管理体系形成

20世纪40年代以后即为现代会计的形成与发展阶段。进入20世纪40年代以后，会计的面目为之一新，这主要体现在三个方面：一是电子计算机技术被推广到会计领域，相继引起了会计技术方法的彻底变革；二是传统会计逐渐形成了相对独立的两个分支——财务会计和管理会计，使会计信息的提供层次与对象出现了基本分工；三是在会计领域的扩展上，出现了人力资源会计、国际会计、通货膨胀会计、社会责任会计、无形资产会计、环境会计、资源会计、衍生金融工具会计和网络会计等许多新型的会计分支学科，从而进入了会计全面发展的新时期。

1. 电子计算机技术导致会计技术方法的变革

电子计算机技术自20世纪50年代以来便被迅速引进企业经营管理领域，其中最主要的应用之一是电算化会计，即利用电子计算机系统执行会计核算和报告程序。最初多是单项式的电算化会计处理，如工薪计算与发放、存货管理、往来款项处理、总账处理等，后来扩展到整个会计系统的电算化处理。至20世纪80年代末，西方国家的大部分企业已经实现整个会计系统的电算化。这一发展导致了会计技术方法的变革，引致传统手工记账模式向现代电子记账模式的转变，扩充了财务会计的程序及内容，提高了会计核算效率，降低了信息处理成本，增加了会计信息的种类和及时性，同时也显著地增进了会计信息的可信性和决策相关性。

2. 产生了相对于财务会计的另一个重大分支——管理会计

随着所有权和经营权的进一步分离，企业日常经营活动的成败得失主要取决于管理当局的经营决策。管理当局为了加强对经营活动的控制、预测，需要会计提供越来越多的与经营决策相关的会计信息，于是逐渐出现了主要为管理当局内部经营决策提供信息的管理会计。特别是以"泰勒制"为标志的管理科学理论与方法的兴盛以及数学模型、电子计算机等技术的应用，更加丰富了会计的内容和方法，使得管理会计逐渐走向成熟。与财务会计提供的信息——企业为外界使用者提供的财务信息相比，管理会计更侧重于提供满足管理当局的计划、决策、预测和分析所需要的信息，它在形式上更加灵活多样，在内容上更加广泛，在时间上更加及时。至此，传统会计逐渐产生了相对独立的两个分支——财务会计和管理会计，形成了现代会计学科的基本架构。

3. 其他新型会计分支学科

社会经济的不断发展和会计环境的变迁，对会计学科提出了许多新的挑战。为适应会计环境的变化，会计学科在领域上不断扩展，出现了许多新的会计分支学科，从而形成了会计发展的新领域。

（1）人力资源会计。第二次世界大战以后，美国经济开始由重视工业生产向重视技术服务转变，在这一过程中，劳动者所从事的体力劳动与脑力劳动的比例发生了明显的变化。到了20世纪60年代，这一转变的速度加快，随之而来的是企业劳动力结构发生了巨大的变化，对员工素质的要求普遍提高。随着知识密集与技术密集型经济的发展，企业对员工受教育程度的要求也有了不同程度的提高，同时还需要对员工进行各种专门的技能训练。要招聘和培养能够适应企业需要的员工必须进行大量的投资，这使得企业资本性支出的范围、对象及构成发生了很大的变化。在这种情况下，传统的会计方法遇到了严峻的挑战。因为根据传统的会计处理方法，这些支出只能作为当期费用，但实际上这些支出并不是只在一个会计期间发挥作用。为了有效地解决这一问题，人力资源会计的研究随之兴起，并逐渐成为会计的一个分支学科。

（2）国际会计。随着西方国家资本的日趋集中和跨国公司的迅速增加，其业务范围已远远超出本地区而遍布世界各国及地区。特别是随着国际经济贸易活动的发展和资本流动的国际化，跨国经营或多国经营越来越普遍，给财务会计带来了许多问题。例如，由于不同国家的会计标准各不相同，如何解决会计信息的可比性促进国际经济往来，如何编制跨国公司的合并报表以真实公允地反映跨国公司整体的财务状况和经营成果等问题。所有这些问题都需要各国会计标准和实务之间的协调，或者建立一套国际通用的会计准则。因此从20世纪70年代初以来，不少民间职业团体和政府间组织都致力于这方面的努力，使得国际会计逐渐发展为会计学科体系下的又一个新分支学科。

（3）通货膨胀会计。世界货币体系解体和能源危机发生之后，许多国家都出现了"滞涨"现象。通货膨胀率越来越高，即使像美国、英国等通货长期较稳定的国家，通货膨胀也一度超过两位数，并长期居高不下。在这种经济背景下，通货膨胀对会计上长期坚持的币值稳定假设和历史成本原则提出了挑战，并直接造成前后期会计信息的不可比，或财务报表无法真实反映企业实际的财务状况与经营业绩，甚至出现了虚盈实亏的假象，根据这样的会计信息很难做出正确的经营决策。在持续通货膨胀的条件下，同企业有利害关系的各利益集团都有促使财务会计采取对策来消除通货膨胀对会计信息的影响的需求。因此，在20世纪70年代，西方国家会计理论界和职业界普遍展开了通货膨胀会计的研究，并将之运用于会计实务之中。虽然到90年代之后，通货膨胀已有所缓和，但通货膨胀会计已成为现代会计领域的一个重要的会计分支学科。

（4）社会责任会计。20世纪70年代，关于企业与社会之间的关系的观点发生了很大变化，出现了认为企业应对社会福利作出贡献的观点。因此，企业除了应提供正常的经营活动报告之外，外界利益集团包括政府机构和社会公众等都需要企业会计人员提供有关企业"社会责任"的诸多信息，例如企业与环境保护、就业、雇员培训、反种族歧视、医疗劳保、社区发展等之间的关系的信息资料，从而促使了社会责任会计的产生。

（5）无形资产会计。随着知识经济时代的到来，信息技术、研究与开发投入等日益成为企业保持和增强核心竞争力的重要源泉。与传统的经济时代相比，知识经济背景下经济价值和财富的来源不再是传统的物资生产，而主要来源于无形资产的创造和使用。但按照传统的会计处理方法，许多对企业原本有价值的无形资产无法在财务报表内得到确认以真实反映企业的财务状况和经营成果。因此，如何合理地确认、计量、记录和报告无形资产成为会计理论研究的热点问题，随着无形资产在社会经济中日益发挥重要的作用，逐渐形成了无形资产会计这一会计分支学科。

（6）环境与资源会计。生产力和科学技术的快速发展，一方面使得人类经济得到了巨大的发展；但另一方面，现代生产对资源的耗费以及向自然环境排放的废弃物与日俱增，环境污染日趋严重，人类资源日渐匮乏。于是，诸如粮食紧缺、资源短缺、环境退化、温室效应和能源危机等一系列严峻的全球性环境问题逐渐引起世界各国的关注。为此，从20世纪70年代起，美国等西方发达国家的会计组织率先专门就环境问题发布研究公告，美国证券交易委员会及联合国等也开始对企业财务报告的环境披露问题给予越来越多的关注。严峻的环境形势和会计界的积极参与，绿色运动以及各国环境法规和有关政策促使环境会计学科得以产生和发展，环境会计即成为会计学科的一个新分支，它主要是运用会计学的基本原理与方法，采用多种计量手段和属性，对企业与环境有关的经济活动进行反映、控制和报告。①"可持续发展"理念在全球的深入，也使得资源会计在新的社会经济背景下产生了。资源会计是以资源科学、环境科学、会计科学、统计科学和相关经济科学为指导，从会计角度来系统研究资源的形成、开发、配置、运用、储存、保护、综合利用和再生产等各个阶段的经济效益核算的问题，以便在微观层面，从定量角度解决作为可持续发展的核心内容之一的资源核算中有关资源存量和增量的价值变化、开发和利用效益的核算及考核、资源耗费与价值补偿的确认及计量等技术性问题。②

（7）衍生金融工具会计。随着西方资本市场和金融市场的发展，市场涌现出了许多创新型衍生金融工具，例如掉期合约、套期保值、期货和期权等。这些衍生金融工具往往只是一种涉及交易双方的承诺，而不是一项已实际发生或完成的交易，因此根据传统的财务会计理论不能将其相关的交易记录入账。但由于金融市场行情变幻莫测，这些衍生金融工具的交易其实蕴含着极大的风险，若不予以记录在账，则实质上掩盖了其风险，最终可能导致投资者或债权人遭受严重损失。所以，从20世纪80年代开始，西方会计界即开始着手研究关于衍生金融工具的会计问题，并从20世纪90年代开始发布了一系列有关衍生金融工具等的规范文件以规范其会计处理和信息披露。随着资本市场的持续发展和衍生金融工具的不断创新，金融工具的相关会计理论也不断发展与创新，衍

---

① 许家林，孟凡利等．环境会计．上海：上海财经大学出版社，2004：108．
② 许家林．资源会计学的基础理论问题研究．上海：立信会计出版社，2008：47-56．

生金融工具会计逐渐成为一个富有生命力的会计分支学科。

（8）网络会计。随着计算机技术和信息处理技术的迅速发展，互联网在全球范围内得到普及。一方面，企业通过互联网可以在全球范围内实现信息交流和信息共享；另一方面，互联网在企业内部的运用，使企业实现了内部信息资源的对外开放和优化配置。但与此同时，这些网络时代下的技术革新和会计环境变化对传统的会计理论，如持续经营假设和会计主体假设等也提出了挑战。为了适应这一外部条件的变化，使会计更好地发挥反映和监督的作用，各国会计理论界开始着手研究这一问题，网络会计也由此应运而生并得到了长足的发展。

此外，行为会计、法务会计、商誉会计、企业核心竞争力会计、用益物权会计、反倾销会计和社会会计等会计新领域也在新的经济环境中得以产生和发展。至此，现代会计已经发展成为一门以财务会计（对外会计）和管理会计（对内会计）这两大独立的会计分支学科为主，以人力资源会计、国际会计、通货膨胀会计、社会责任会计、无形资产会计、环境会计、资源会计、衍生金融工具会计和网络会计等新型的会计分支学科为辅的学科，并随着未来经济的发展，其内容将不断地充实和创新。

二、中国会计的产生和发展概说

中国历史悠久，早在原始社会末期就出现了以简单计量的记录方式为基本形式的会计萌芽行为。随着我国社会经济的不断发展，会计行为也在不断地发展。一般来说，我国会计产生和发展的历程可以分为以下三个阶段：会计萌芽行为的产生、中式会计的形成和发展、中华人民共和国成立后的会计发展。

（一）会计萌芽行为的产生

我国最早的原始会计计量行为发生在原始社会末期。据有关专家考证，当原始社会末期人类的生产能力达到了一定的程度时，单凭头脑记事已经不能达到正常地进行生产、分配和核算剩余物的储备的目的。因此，社会生产实践和生活实践迫使管理者在头脑之外寻找一种记事方法和计量记录方法，比如人们通过在洞壁上绘出简单的动物图形，在骨片上或鹿角上雕刻条纹等"简单刻记"的方法来记载劳动成果和耗费，通过用绳子打结即"结绳记事"的方式来计数以及与"简单刻记"和"结绳记事"相比有质的飞跃的"书契"来计量、记录经济事项。据《周易·系辞下传》记载："上古结绳而治，后世圣人易之以书契。"《周易集解》称："古者无文字。其有誓约之事，事大，大结其绳；事小，小结其绳。结之多少，随物众寡，各执以相考，亦足以相治也。"[①]这些方法都体现了中国古代会计行为的萌芽形态，但由于这时的生产还未曾社会化，会计还只是作为"生产职能的附带部分"，因而其并不是真正意义上的"会计"。

（二）中式会计的形成和发展

"会计"两字的真正出现始于西周。西周时代在朝廷中设立了掌管财务赋税的官吏"司会"等专门官职，以全面考核周王朝财政收支的过程及其结果，并形成了"日成"、

---

① 王建忠. 会计发展史. 大连：东北财经大学出版社，2007：29.

"月要"、"岁会"等报告文书以进行"月计岁会"。据《周礼》记载:"司会掌邦之六典、八法、八则之贰,以逆邦国、都鄙、官府之治。以九贡之法致邦国之财用,以九赋之法令田野之财用,以九功之法令民职之财用,以九式之法均节邦之财用。掌国之官府、郊野、县都之百物财用,凡在书契版图者之贰,以逆群吏之治而听其会计。以参互考日成,以月要考月成,以岁会考岁成,以周知四国之治,以诏王及冢宰废置。"① 到了唐宋时期,我国封建社会的经济发展进入鼎盛时期,朝廷官员出于管理钱粮的需要,使得以官厅会计为代表的会计记录技术有了较大发展,最终形成了"四柱结算法"(也称"四柱清册")。所谓"四柱"是指"旧管"、"新收"、"开除"、"实在",其相互关系是:"旧管+新收=开除+实在。"这一关系式相当于现代会计账户金额关系式:"期初余额+本期增加额=本期减少额+期末余额。""四柱结算法"在随后的封建朝代中得到了全面的普及和运用,并在实践中进一步发展,最终为中式簿记的产生奠定了基础。到了明末清初,以山西钱庄票号会计为代表,出现了一种更趋完善的会计记录技术——"龙门账"。"龙门账"把全部账目分为"进"(收入)、"缴"(支出)、"存"(资产)、"该"(负债)四大类,运用"进-缴=存-该"的方程式计算盈亏数额,并分别编制"进缴表"和"存该表",两表的计算结果如果完全吻合,则称为"合龙门"。"龙门账"的出现标志着中式簿记的基本形成。清末民初,以江浙一带民族工商业的核算为代表,在会计记录技术上产生了"天地合账",也称为"四脚账",该方法将一切账项分为"来账"和"去账"在账簿上记录。账簿采用垂直书写,每行分上下两格,上格记收,称为"天",下格记付,称为"地",上下两格所记数额必须相等,称为"天地合"。"天地合账"被誉为具有中式簿记特色的复式记账法,也是中国旧式簿记中发展得比较成熟的一种记账方法。尽管与西方的借贷记账法相比,它还存在许多不足,但是从中式簿记的发展历程来看,它标志着中式会计的发展进入了一个新的时期。

随着鸦片战争的开始,帝国主义列强侵占中国,中国随即沦为半殖民地半封建社会,西方的复式簿记也随之传入中国并得到运用。20世纪初,由我国学者蔡锡勇所著的《连环账谱》与谢霖、孟森合编的《银行簿记学》,正式将西方会计学的借贷记账法引入国内,从而拉开了我国会计学习引进西式簿记的序幕。20世纪30年代开始,学界曾有改良中式簿记还是全面引进西式簿记的学术争论,以徐永祚先生为代表的一方认为中式簿记可根据西式簿记进行改良后继续运用,而以潘序伦博士为代表的一方则认为只有借贷记账法是科学和进步的,因而需要全面引进。虽然最终并未形成一致的认识,但在此期间形成的观点和学术论著为我国后来会计理论与实务的发展积累了珍贵的学术财富。

(三) 中华人民共和国成立后的会计发展

1. 建立社会主义计划经济的会计阶段

1949年至1957年是我国社会主义经济体制建立、国民经济恢复时期,也是中华人民共和国会计模式即社会主义会计模式的初步形成时期。在经济体制建立方面既不可盲目对外开放,又缺乏实行市场经济的根本理论支撑,因此借鉴前苏联社会主义经济建设的经

---

① 周礼//田晓娜. 四库全书精编(经部). 北京:国际文化出版公司,1996:130.

验，选择计划经济体制成为当时的必然选择，从而形成了以生产资料公有制为基础的社会主义计划经济模式。1958—1965年，是我国"大跃进"与国民经济三年调整时期。特别是在"大跃进"期间，在"简政"、"放权"的导向下，对会计制度进行了"大破大立"。1966—1977年，我国经历了"文化大革命"，全国人民和我国社会主义经济建设事业遭受深重灾难的同时，会计工作也未能幸免。在此期间，频繁的政治运动令经济活动近乎停顿，经济建设陷入混乱甚至恶化的局面。在批判所谓修正主义路线的借口下，作为经济管理重要组成部分的会计工作受到严重冲击，造成了我国会计工作的停滞甚至倒退。

2. 倡导中国特色的社会主义会计阶段

1978年党的十一届三中全会，通过了以改革开放为主旨的《中共中央关于经济体制改革的决定》，明确了社会主义经济是有计划的商品经济。1979年1月，党中央提出国民经济"调整、改革、整顿、提高"的新八字方针。1982年9月，党的十二大提出"以计划经济为主、市场经济为辅"的经济方针，我国的经济体制逐步地从原来高度集中的计划经济体制向有计划的商品经济转变。伴随着以经济建设为中心和改革开放的主旋律，"经济越发展，会计越重要"的观念得到强化，我国会计发展改变了以前以政治需要为导向的局面，转而为经济发展与管理服务。在结合我国会计改革实践继续学习和研究前苏联社会主义会计的同时，引进和借鉴西方先进的会计理论与方法，科学地建设具有中国特色的会计理论与会计方法体系成为本时期会计研究的中心。

1988年10月31日，为了推动中国会计规范体系的改革进程，财政部会计管理司批准设立了会计准则课题组，专门负责推动会计准则的研究工作，并于1989年3月8日印发了《关于拟定我国会计准则的初步设想（讨论稿）》和《关于拟定我国会计准则需要研究的几个主要问题（讨论稿）》，从此拉开了我国企业会计准则研究与制定工作的序幕。这一阶段，我国传统的社会主义会计学研究也开始与西方会计理论研究相互交融，在坚持中国特色的同时，会计理论研究的方法与内容开始与国际接轨。

3. 推行社会主义市场经济的会计阶段

1992—2001年，是我国由有计划的商品经济体制向以市场为导向的市场经济体制转变的时期，形成了以《中华人民共和国会计法》和《中华人民共和国注册会计师法》为核心，《企业财务会计报告条例》、《企业会计准则》和《企业会计制度》等为主干的会计规范体系，确立了与市场经济相适应的新会计模式，成功实现了有计划的商品经济体制下的统一会计制度向市场经济体制下的会计准则的过渡。在这个过程中既体现了中国国情而具有中国特色，又尽可能地借鉴、吸收了当时西方先进的会计理论和方法的最新成果。1990年12月9日上海证券交易所的开业和1991年7月3日深圳证券交易所的开业，标志着我国证券市场开始形成，资本市场的发展和以建立现代企业制度为目标的国有企业改革，对我国会计理论与实务的发展产生了深远影响，给我国会计规范建设提出了新的问题，促进了资本市场会计的发展。1992年初，邓小平同志关于发展社会主义市场经济的南方谈话以及当年10月党的十四大的召开，确立了在我国建立社会主义市场经济体制的改革目标。

1992年11月30日，我国正式出台并于1993年7月1日正式实施了《企业会计准则》和《企业财务通则》，同时发布并实施了八大行业十三个会计制度与财务制度以全面替代此前的分行业、分所有制的会计制度管理体系。1993年11月，党的十四届三中全会通过了《关于建立社会主义市场经济体制若干问题的决定》，明确指出建立现代企业制度是社会主义市场经济体制的基础和企业改革的方向。在新的经济环境下，如何根据新的经济运行机制对会计提出的要求与产生的影响，以资本市场的发展和现代企业制度的建立为背景，以会计核算制度改革为重点，建立新型的会计模式，便成为这一阶段会计改革的主要内容。2000年6月21日，中华人民共和国国务院为了规范企业财务会计报告，保证财务会计报告的真实、完整，根据《中华人民共和国会计法》，制定了《企业财务报告条例》，要求企业自2001年1月1日起施行；2000年12月19日，中华人民共和国财政部发布了新的《企业会计制度》，加上后来分别于2001年7月、2004年5月、2004年8月和2004年12月颁布的《金融企业会计制度》、《小企业会计制度》、《民间非营利组织会计制度》和《村集体经济组织会计制度》，以此取代1993年开始实施的八大行业性会计制度，从而形成了会计准则与会计制度并行的具有中国特色的会计核算规范体系。

4. 推行会计准则的国际趋同阶段

2001年11月20日，世贸组织总干事迈克尔·肯尼思·穆尔（Michael Kenneth Moore）致函世贸组织成员，宣布我国政府已于2001年11月11日接受《中国加入世贸组织议定书》，并将于12月11日生效，这标志着我国于2001年12月11日正式成为世贸组织成员，意味着我国在经济体制和机制上正在慢慢融入世界经济发展的轨道，成为世界经济不可分割的一部分。2003年，党的十六届三中全会做出了完善社会主义市场经济体制的决定，要求实施"走出去"战略、推进产权制度改革、建立以公司制为主要形态的现代企业制度。在外部经济全球化和内部深化改革、完善市场经济体制并与世界接轨的经济环境之下，我国会计发展进入适应市场化、国际化和信息化要求的新阶段。会计国际化，从与国际会计接轨到"实质"上的国际趋同再到向与国际会计"等效"迈进，是这一阶段我国会计发展的主流。在我国会计"实质"上的国际趋同的进程中，会计准则体系建设是核心，内部控制规范体系是补充，西方先进的会计理论是参考，同时考虑到我国特殊的制度背景，体现了一定的中国特色。

2006年2月15日，我国新的企业会计准则体系正式发布，并确定自2007年1月1日起开始在上市公司施行，这是中华人民共和国成立近60年来在会计规范体系建设上的又一个里程碑式的事件，也是改革开放近30年来中国会计理论与实务探索发展所取得的成果的综合体现，更是中国会计准则向国际会计准则体系全面趋同的战略性举措。由1项基本准则和38项具体准则以及相应应用指南所构建的我国企业会计准则体系，既实现了与国际财务报告准则的实质趋同，又适应了我国市场经济发展的现实需要，凸显了我国会计系统作为国际通用商业语言的功能。相信随着我国未来综合实力的增强和在国际经济中"话语权"的加大，我国未来的会计发展将会更加辉煌。[①]

[①] 许家林，朱廷辉，李朝芳，杨孙蕾. 新中国六十年会计变迁——基于会计流行语的视角. 财会通讯（综合版），2009（10）.

第二节 会计的本质与目标

任何学科都是其内在本质的外在表现形式,会计概莫能外。因为只有清楚地确定会计的本质,才能理解会计的内涵与职能,才能理解并明确会计的目标。

一、会计的本质

"本质"是一个哲学用语,它是指事物本身所固有的、决定事物的性质、面貌和发展的根本属性。因此,会计的本质是指会计本身所固有的、决定其性质、面貌和发展的根本属性。会计的本质是一个基础性的会计问题,不同国家、不同时期以及不同学者对此有不同的认识。

在20世纪初的西方国家,人们普遍认为会计的本质是艺术。到了20世纪中后期,人们认为会计应当是一个信息系统,其主要功能是为会计信息使用者提供对决策有用的信息。1953年,美国会计学家A. C. 利特尔顿(A. C. Littleton)在其名著《会计理论结构》(Structure of Accounting Theory)中指出,"会计是一种特殊门类的信息服务","会计的显著目的在于对一个企业的经济活动,提供某种有意义的信息"。[①] 1966年,美国会计学会(American Accounting Association,AAA)所发布的《基本会计理论》(A Statement of Basic Accounting Theory)中对会计做了如下定义:"实质地说,会计是一个信息系统。更精确地说,会计是一个一般信息理论在如何有效地进行经济业务上的运用。它也构成为决策而提供的、按计量用语来反映的一般信息系统中的一大部分。"[②] 这种观点一经形成,在20世纪70年代即为相当一部分学者所认同,并为大多数会计工作者所接受,从而使其广为流传。1970年,美国注册会计师协会(American Institute of Certified Public Accountants,AICPA)也改变了它在20世纪40年代有关"会计的性质是技术"的提法,而在一个公报中指出:"会计是一种服务活动。它的职能是提供有关经济事项的定量信息。该信息主要是财务性质的,而且是对经济决策有用的。"1977年,由美国学者西德尼·戴维森(Sindy Davidson)主编的《现代会计手册》(Handbook of Modern Accounting)的序言中在论及会计的定义时更进一步讲:"会计是一个信息系统———一种用来将一个企业或其他实体的有意义的经济信息传达给有关部门的信息系统。"[③]

在我国,关于会计的本质曾是一个理论热点问题。中华人民共和国成立之初,由于经济上我国照搬前苏联的模式,因此对会计本质的认识上也主要受前苏联学者的影响,前苏联学者认为"会计核算(也叫做会计和簿记)是在完成国民经济计划的各个部分

[①] [美] A. C. 利特尔顿. 会计理论结构. 林志军,等,译. 北京:中国商业出版社,1989:17.

[②] [美] 美国会计学会. 基本会计理论. 文硕,等,译. 北京:中国商业出版社,1991:72.

[③] [美] 西德尼·戴维森. 现代会计手册(1~6). 娄尔行,等,译. 北京:中国财政经济出版社,1981—1992:1.

中，反映和监督经济活动的方法。在社会主义经济中，会计核算是对国民经济统一体的各个环节的活动进行监督和领导的最重要的工具"。① 从此以后，这种把会计当做一种工具（或管理工具，或核算工具）的论点，在我国开始占据主导地位。1966—1976 年"文化大革命"期间，对会计本质的研究一度中止。到了 20 世纪 80 年代，随着改革开放的进行，学界所形成的会计"工具论"在新的经济环境下已不能确切地表述会计的本质与特征，于是会计理论界组织、推动了关于会计本质的大讨论，对会计本质的研究又一次形成热潮，出现了"信息系统论"和"管理活动论"两大主流观点。

"信息系统论"认为：会计是一个以提供财务信息为主的经济信息系统。"会计系统是指确认、计量、记录、报告、分析、预测（计划）、评估等一系列元素（环节）有机构成的集合，它们共同实现着独特的目标，跟踪着生产和经营的全过程，捕捉应由会计系统处理的数据，通过加工转换，使之成为可用于评估企业生产经营效率和效益，反映企业的经济与财务实力，可用货币予以量化的信息。"② 这种观点将会计看成是为经济管理提供有价值的信息服务，但本身并不是经济管理活动，以信息服务管理来对会计定性，这与西方国家流行的说法相似。"管理活动论"则认为"会计不仅仅是管理经济的工具，它本身就有管理的职能，是人们从事管理的一种活动"。③ 该观点还认为会计管理的对象是企业乃至社会资金运动，管理的目的是提高经济效益，管理的方法主要是以价值管理为主的计划、控制、分析、考核、评价等。20 世纪 80 年代末 90 年代初，我国会计理论界将会计思想与现代经济学的发展结合起来，将宏观控制与微观效益结合起来，提出"现代会计是一种控制系统的思想"，④ 更是把对会计本质的认识推向了一个新的境界。

国内外对于会计本质认识的演进，既体现了会计在经济管理中地位的提升，也体现出人们对会计的客观功能以及在经济管理工作中的作用的认识的不断深化。从某种意义上讲，"艺术论"所揭示的是会计职业技能与特征，"工具论"表达的是人们对会计地位的理解，"信息系统论"更多地是从会计业务处理程序的角度来诠释会计，"管理活动论"则是注重于从会计在整个管理系统中的地位来认识会计，而"控制论"则是将会计功能的充分发挥及其提供的信息所形成的客观影响上升到促进某一企事业单位以及整个国民经济有效运行的高度来认识会计。⑤

---

① ［前苏联］弗·哥·马卡洛夫. 会计核算原理. 王立才，译. 北京：中国人民大学出版社，1955：1-5.

② 葛家澍，刘峰. 会计学导论. 第 2 版. 上海：立信会计出版社，1999：5，22.

③ 杨纪琬，阎达五. 开展我国会计理论研究的几点意见——兼论会计学的学科属性. 会计研究，1980（1）.

④ 郭道扬，王建忠. 中国会计发展百年史纲//中国会计年鉴编辑委员会. 中国会计年鉴（2001）. 北京：中国财政杂志社，2002：15.

⑤ 鉴于分析问题的方便以及本书所限定传递的知识范围的需要，下文将侧重于会计信息系统的观念来阐述相关问题。

二、会计的目标

目标是指想要达到的境界或标准。会计的目标是人们在对会计本质认识的基础上,以主观要求的形式提出来的、客观存在的范畴。会计作为一个信息系统,其描述的核心问题是"会计应该为谁提供什么样的信息",具有主观见之于客观的特征。根据系统论的观点,会计应该有自己的目标,并与外部环境具有互动的关系。因此,会计目标取决于会计的本质和相关的会计环境,尤其是相关会计环境中会计信息使用者的特征。

(一) 会计目标的理论定位

关于会计目标的定位,目前国际学术界存在"受托责任观"和"决策有用观"两种主流观点。

1. 受托责任观

"受托责任观"产生于在企业所有权与经营权分离的经济背景之下的投资者与经营管理者之间委托受托关系的出现。最初的"受托责任"主要是对投资者委托经营的财产或经济资源实现保值增值。进入20世纪70年代后,随着委托代理关系理论研究的深入,受托责任范围的不断扩大,理论界提出了"利益相关"、"社会经济职能分解"和"管理分权"等观点,经营管理者的受托责任范围也随之由财产或经济资源的保值增值逐渐扩大到政府、职工、消费者和社会公众的利益。此后,社会就业、社区公益、生态环境保护等都被逐渐纳入受托责任的范围。由此,"受托责任观"随着两权分离所导致的受托责任而产生,并随着人们对受托责任的认识的深化而不断完善。

该观点将会计目标定位于向资源委托者提供资源受托者的经济履行情况,提供管理者完成经济管理责任的信息。它认为企业的管理者作为资源供应者的代理人,应以企业物质资本提供者的财富最大化为目标,在保证企业财产物质安全完整的基础上努力经营,以实现企业资产的保值增值,为资源供应者(即股东)尽可能地创造财富。因此,会计人员应服务于委托者的需要,会计报告是以委托者为中心的。受托责任观强调会计信息的真实可靠性,要求会计信息要客观公允地表达经济责任的履行结果,会计人员应当把注意力集中于客观、公允的会计信息。这种观点也是20世纪80年代以前西方会计理论界的主流观点。

2. 决策有用观

"决策有用观"产生的社会经济背景是资本市场的建立与发展以及企业所有者与经营者之间的关系变得不确定。20世纪70年代末,美国证券市场日益扩大化和规范化,与此同时,会计信息的使用者迅速增多,它不仅包括企业财产委托者,还包括社会资源委托者;不仅包括现有的投资者、债权人,还包括潜在投资者、债权人以及财政税务部门、社会中介机构、新闻媒体、律师和咨询机构等。上述使用者对会计信息的要求不仅表现为数量上的扩张,而且表现为质量上的提高和时间上的快捷。在公司融资主要依靠资本市场的背景下,向信息使用者提供对各种决策特别是对投资决策有用的会计信息比反映受托者的责任履行情况变得更为重要。"决策有用观"认为,财务会计的目标就是向信息使用者提供对其决策有用的信息,主要包括两方面内容:一是关于企业现金流量的信息;二是关于经营业绩及资源变动的信息。此时的会计目标应是向这些信息使用者提供企业有关未来现金流量的金额、分布和不确定性的信息，以帮助这些信息使用者在预测未来时能够做出正确的决策。目前美国主要采取这一观点。

从以上所述可以看出，其实这两种观点并无本质上的分歧，其区别主要在于对会计信息使用者的定位不同，"受托责任观"把会计信息使用者定位于企业资源的委托者，而"决策有用观"则认为会计信息使用者是所有与企业具有利益关系的会计信息使用者。有鉴于此，中华人民共和国财政部于2006年2月15日发布的《企业会计准则——基本准则》中就明确指出，我国财务会计报告的目标是向财务会计报告使用者提供与企业财务状况、经营成果和现金流量等有关的会计信息，反映企业管理层的受托责任履行情况，有助于财务会计报告使用者做出经济决策。[1]

（二）会计信息的使用者及其需求特征

想要清楚地定位会计目标，就需要了解会计信息使用者的结构以及不同目的使用者的信息需求和特征。目前会计信息使用者，按照其与企业的关系可以分为内部会计信息使用者和外部会计信息使用者。

1. 内部会计信息使用者

内部会计信息使用者主要是指企业的管理当局，包括企业董事会中的高管人员（如总经理、独立董事和监事等）、单位内部的财务经理和各部门经理等。此外，企业职工工会和职工等，也是法定的会计信息需求者。企业的管理者一方面需要通过会计信息的传递来表明企业的业绩以解除其财产的受托责任；另一方面在当前市场经济环境条件下，面临变化无常的市场需求和日益激烈的市场竞争，企业迫切需要通过会计信息来了解其整体的经营情况，明确经营过程中存在的问题，以便于从经营者的角度对企业进行管理，在充满机遇和威胁的市场环境下得以生存和发展。因而，会计信息正是企业管理人员进行经营决策所依据的重要信息之一。

2. 外部会计信息使用者

外部会计信息使用者主要指的是投资者、债权人、政府相关部门和社会公众等不直接参与企业日常经营管理决策的信息使用者。

（1）投资者。在市场经济条件下，投资者是企业会计信息最主要的使用者，投资者既指现有的投资者，也包括潜在的投资者。其主要是指目前持有和准备持有企业股权的其他企业、基金投资公司、自营券商、个人投资者等，他们关心的是其所投资企业或将要投资企业的内在风险和投资报酬，需要的是能够反映其盈利能力、偿债能力、股利支付能力、成长能力等经营状况的信息，以便做出相关的判断及投资决策。例如持有一家上市公司股票的现有投资者，通过上市公司对外公布的财务信息，判断出该公司的财务状况、经营成果和获利能力等方面的信息，以便做出相应的决策。如果该公司呈现的会计信息反映其经营和获利情况较好，投资者就可能追加投资以增强对该公司的影响和控制；如果该公司呈现的会计信息反映其经营及获利情况不好，投资者就可能出售该公司的股票转而投资其他经营和获利情况较好的公司。而潜在的投资者通过阅读上市公司

---

[1] 中华人民共和国财政部. 企业会计准则（2006）. 北京：经济科学出版社，2006：1.

对外公布的财务信息判断出该公司的财务状况、经营成果和获利能力等方面的情况后，会相应做出成为该公司真正的投资者或是放弃成为其投资者的决策。

（2）债权人。企业的债权人主要有银行、非银行金融机构、公司债券持有人以及为企业提供商业信用的其他债权人等，既包括现实的债权人，也包括潜在的债权人。随着资本市场的快速发展，企业的规模日益扩大，企业的债权人也需要通过企业的会计信息来评价其偿债能力以做出信贷决策。不管是长期债权人还是短期债权人，他们均关心自己债权的安全程度，需要的是反映企业偿债能力等方面的信息，以便做出有关的判断和决策。例如，银行在准备给企业发放贷款之前，都要求企业先提供近几年的财务报表以便了解该企业的偿债能力和现金流量的结构等会计信息，并根据这些会计信息来判断该企业将来能否按照贷款合同的约定按期还本付息，如果判断企业偿债能力不太强，就可能要求企业提供某种担保以保证自己债权的安全，如果根据会计信息判断出企业已严重资不抵债，银行就可能做出不贷款的决策。

（3）政府相关部门。政府相关部门包括国家发展和改革委员会、中国人民银行、税务部门、统计部门、财政部门、证券监管部门、国有资产监管部门、银行业监督管理部门和保险业监督管理部门等。这些政府部门需要通过企业的会计信息了解企业的经营状况以进行监管活动，制定宏观经济管理决策。因为会计信息是政府相关部门进行宏观经济决策所依据的基础信息之一，是政府相关部门规范证券市场、有效发挥市场配置资源功能、保护投资者权益、满足投资者决策需要的重要信息，同时也是政府相关部门评估国有资产经营者的受托责任履行情况，确保国有资产保值增值的重要信息。所以政府相关部门不管是站在宏观经济管理者、证券市场监管者的角度，还是站在国有资产所有者的代表的角度，都会对会计信息产生不同侧面的需求。例如，国家发展和改革委员会作为国民经济的宏观调控和决策部门，在履行其职能时，需要大量的经济信息作为其决策的基础和支撑，虽然企业的会计信息不能直接支持国家发展和改革委员会的经济决策，但许多宏观的经济数据都是通过对微观企业的会计信息汇总而来的；证券监管部门为了保证证券市场上市公司的质量，利用会计指标为公司上市和再融资设定"门槛"，关注的是反映企业资产质量和盈利能力的会计指标，如净资产收益率、每股收益、每股净资产、无形资产占总资产的比率、非经常性损益等；另外证券监管部门还要求上市公司全面、及时和公允地披露持续性信息和重大事项，这时关注的是会计信息的真实性、及时性和客观性；国有资产监管部门需要通过企业会计信息了解国有资产经营者的受托责任履行情况，关注的是反映国有资产保值和增值的相关会计信息。

（4）社会公众。在当代社会，社会公众也是企业会计信息的需求者和使用者。这是因为一方面企业的各种行为，如对当地经济的贡献、雇员培训、医疗劳保、环境保护支出等会影响到社会公众；另一方面随着可持续发展越来越深入人心，作为企业的利益相关者，社会公众也日益关心企业的经营活动对所在地区经济及环境带来的影响，关心企业的发展前景。因此社会公众关注的是企业与自身生活和工作息息相关的信息。

通过以上对相关会计信息使用者的信息需求分析可知，不论会计信息使用者是企业管理当局、投资者、债权人还是政府有关部门、社会公众，我国的会计目标不外乎满足两种信息需求：其一，为信息使用者提供做出相关决策的会计信息；其二，通过会计信息了解受托责任的履行情况。因此，我国现行会计准则规定的会计目标实质上是"决策有用观"与"受托责任观"两种理论观点的有机结合，这也是在目前我国资本市场不发达，国家作为委托方仍占据重要地位的会计环境下的必然产物。与此同时，我国《企业会计准则——基本准则》（2006）明确规定："财务会计报告使用者包括投资者、债权人、政府及其有关部门和社会公众等。"①

第三节 会计信息质量特征

明确了会计信息的使用者后，需要进一步明确这些使用者需要哪些会计信息，为了满足其对会计信息的需求，会计信息应该具有什么样的质量特征。

一、会计信息使用者与会计信息质量

现代企业会计信息的使用者范围广泛，对会计信息的需求越来越多，为此，财务会计应当以满足这些信息使用者的信息需求为目标进行会计的确认、计量、记录和报告。然而，由于各种不同的会计信息使用者的信息需求侧重点是不同的，要想建立满足各方信息需求的专用报表是不现实的。一般而言，只能提供满足各个会计信息使用者的通用的财务会计报告信息，即提供一个企业特定时点的财务状况和特定时期的经营成果与现金流入流出情况的会计信息。

我国会计目标兼顾了受托责任观与决策有用观，既满足了市场经济中投资者和信贷者进行投资决策和信贷决策的财务会计信息需求，又满足了公司管理层传递其受托责任履行情况的财务会计信息需求。这样的会计目标定位主要是由我国的经济环境决定的，我国资本市场还不是特别完善，大众持股比例较低，因此，会计目标完全采用决策有用观是不可行的。然而，财务会计信息应是对其使用者有用的信息，不管是从为企业管理层解除受托责任的角度还是从为投资者和信贷者等提供对决策有用的信息的角度来看，这均是不可否认的事实。然而，什么样的信息才是有用的信息呢？换句话说，什么样的财务会计信息才能实现帮助会计信息使用者做出有差别的决策这个财务会计目标呢？这个问题的答案涉及对会计信息质量特征的界定。在世界各国的财务会计理论研究中，大多认为财务会计信息质量特征是联结会计目标与财务报告的桥梁。也就是说，要想使财务会计报告最终确认和披露的会计信息能够满足会计目标的要求，就需要会计信息具有一定的质量特征。美国财务会计准则委员会（Financial Accounting Standards Board，FASB）认为会计信息质量特征具有以下三项作用：第一，可以为制定与财务会计报告目标相一致的会计准则提供指南；第二，可以为会计信息的提供者在选择表述经济事件的不同方法时提供选择依据；第三，能够促进会计信息使用者理解和把握会计信息的有用性和局限性，以利于其做出更好的决策。

国际上，由于美国在研究财务会计的概念框架方面处于领先地位，其研究成果被国

---

① 中华人民共和国财政部. 企业会计准则（2006）. 北京：经济科学出版社，2006：1.

际会计准则制定机构国际会计准则理事会（International Accounting Standards Board，IASB）及其他各国所借鉴。2006年，我国在制定新的《企业会计准则》时也充分考虑了国际会计准则理事会和美国财务会计准则委员会对会计信息质量特征内涵的界定，不仅在各项会计具体准则的制定上实现了实质上的与国际会计准则的趋同，而且在会计信息质量特征的界定上，一方面体现了国际上以美国财务会计准则委员会和国际会计准则理事会为首的研究潮流，另一方面体现了中国特色。

二、我国对会计信息质量特征的规定

我国现行会计规范要求，会计信息质量应当具有以下八个方面的主要特征。[①]

（一）可靠性

可靠性也有人称为"真实性"、"客观性"。但是，严格说来，可靠性并不完全等同于"客观性"、"真实性"。可靠性指的是会计信息要真实地表述客观存在的经济事实，不偏不倚。我国现行会计规范规定："企业应当以实际发生的交易或事项为依据进行确认、计量和报告，如实反映符合确认和计量要求的各项会计要素，保证会计信息真实可靠，内容完整。"[②] 参照美国财务会计准则委员会的解释，可靠性应包括三个方面，即可核性、反映真实性和中立性。其中可核性指的是不同的人依据相同的信息和程序方法应能得出相同的或相似的结果；反映真实性指的是会计信息应能反映企业实际的经营活动，无虚假、伪造信息；中立性指的是会计人员在处理会计信息时态度要不偏不倚，避免倾向于某一特定的结果或者某一特定的利益集团。

可靠性是会计信息有用的基础所在，失真的会计信息不仅会导致会计工作的无效，还会干扰资本市场的有效运转，误导会计信息使用者的决策行为，引起社会资源的错误配置。因此，企业在进行会计核算时，必须按照可靠性的要求，坚持以实际发生的交易或者事项以及法定的会计规范为依据进行会计处理，如实反映每项经济业务，不得虚构、歪曲或者隐瞒企业的实际财务情况，应做到会计核算的内容真实、数字准确、资料可靠，以揭示经济事实的真相为己任。

（二）相关性

相关性指的是会计信息应当与会计信息使用者的决策相关。会计信息是否对会计信息使用者有用，关键要看其是否和会计信息使用者的决策有关系，是否能够帮助会计信息使用者评价和预测企业未来现金流量的金额、分布和不确定性，帮助会计信息使用者在预测未来时能做出差别决策。我国现行会计规范要求：企业提供的会计信息应当与财务会计报告使用者的经济决策需要相关，有助于财务会计报告使用者对企业过去、现在

[①] 下文即以我国现行会计准则中关于会计信息质量特征的相关规定为基础，同时兼顾美国财务会计准则委员会及国际会计准则理事会对会计信息质量特征的界定，对其做重点介绍。不同于美国财务会计委员会、国际会计准则理事会等国际上会计准则制定机构将会计信息质量特征单独作为一项重要的财务会计概念框架来进行研究和表述的行为，我国将会计信息质量特征作为《企业会计准则——基本准则》（2006）的一个构成部分，在会计准则体系中予以界定，相比之下，具有更强的法律效力。

[②] 中华人民共和国财政部．企业会计准则（2006）．北京：经济科学出版社，2006：2．

或者未来的情况做出评价或者预测。① 参照美国财务会计准则委员会的解释,相关性必须具有预测价值、反馈价值和及时性三个基本质量特征。其中预测价值指的是会计信息要能够帮助会计信息使用者预测企业未来的财务状况、经营成果和现金流量;反馈价值指的是会计信息使用者可以利用现有的会计信息修正以前形成的某些认识。

由于我国的财务会计目标采取的是决策有用观与受托责任观相结合的形式,因此就要求会计核算在收集、处理和传递会计信息的过程中既要满足投资者、债权人等各利益相关者的决策需要,又要满足企业内部加强经营管理、解除管理者受托责任的需要,同时还应满足国家进行宏观经济管理的需要。但是,在理解会计信息的相关性这个质量特征时需要注意以下两点:第一,会计信息具有相关性并不是要求会计核算任意扩大信息供应量,财务会计报告信息的提供要受"成本与效益"原则的限制;第二,会计信息的相关性并不意味着可以抛弃可靠性,可靠性和相关性之间是辩证统一的关系,应在可靠性的基础上尽可能提高会计信息的相关性,以满足会计信息使用者的决策需求。

(三) 明晰性

明晰性也称"清晰性"、"可理解性"。这是针对会计信息使用者的质量特征,即会计信息应当能够为会计信息使用者所理解。企业的会计信息使用者多种多样,既有熟练掌握会计专业知识的工作者如企业经理、证券分析师等,也有会计基础相对薄弱但与企业有利害关系的利益相关者,如不具有会计专业知识背景的中小投资者、社会公众等。而企业提供会计信息的目的主要在于使相关的利益团体和个人能够通过会计信息了解企业的财务状况、经营成果和现金流量,以做出正确的决策,因此就要求会计信息尽量通俗易懂,易于理解。明晰性要求会计核算提供的会计信息必须清晰明了、具有透明度、易于理解,适用于各种类型的会计信息使用者。我国现行会计规范要求:企业提供的会计信息应当清晰明了,便于财务会计报告使用者理解和使用。② 如果会计信息不具有明晰性的质量特征,晦涩难懂,则不能发挥其应有的作用。

需要注意的是,明晰性并不是要求会计信息如通俗小说一般老少皆宜,不需花费精力即可获得,并适用于所有的大众人群。会计信息毕竟是一种专业性较强的信息产品,它必须对会计信息使用者的素质有所限定,也就是说会计信息的使用者应是同时满足下列要求的相关人员:第一,具有一定程度的会计学和企业经营管理的基础知识;第二,愿意花时间和精力去研究会计信息。只有在上述假设前提下,能够被各种类型的会计信息使用者所理解的信息才是满足明晰性这个会计信息质量特征的会计信息。

(四) 可比性

可比性指的是企业通过会计信息系统提供的会计信息应当相互可比,便于分析和比较。我国现行会计规范要求:企业提供的会计信息应当具有可比性。③ 统一可比的会计信息能够为会计信息使用者比较不同企业的经营状况和发展趋势提供有意义的信息,促进资本市场的资金合理流动和资源的重新配置。

---

① 中华人民共和国财政部. 企业会计准则 (2006). 北京: 经济科学出版社, 2006: 2.
② 中华人民共和国财政部. 企业会计准则 (2006). 北京: 经济科学出版社, 2006: 2.
③ 中华人民共和国财政部. 企业会计准则 (2006). 北京: 经济科学出版社, 2006: 2.

这里的可比性指的是广义的可比性，不仅包括横向的可比性，即不同企业同一会计期间会计信息的可比，还包括纵向的可比性，即同一企业不同会计期间会计信息的可比。其用意在于保证会计信息的计算口径一致，相互之间具有比较的基础。为了使会计信息具有可比性的质量特征，应该做到以下几点：第一，不同企业发生的相同或者相似的交易或者事项，应当采用规定的会计政策，确保会计信息口径一致、相互可比，以便于会计信息使用者能够比较和评价不同企业的会计信息从而做出相关决策；第二，同一企业不同时期发生的相同或者相似的交易或者事项，应当采用一致的会计政策，不得随意变更。这样规定的目的一方面是促使企业能够提供有意义的关于其经营发展趋势的会计信息，便于会计信息使用者了解企业不同时期的财务状况、经营成果和现金流量的变动趋势，以做出正确的决策；另一方面则可以有效地避免企业利用随意的会计政策变更行为在会计核算上弄虚作假，操纵会计数据，误导投资者。但是，不得随意变更会计政策不是不能变更会计政策，当企业面临的经营环境或客观情况有了较大的变化使得企业原来采用的会计政策不能恰当地反映企业的财务状况、经营成果和现金流量时，企业可以改变原来采用的会计政策以对外提供更可靠、更相关的会计信息。但在会计政策变更的当期应在财务报表附注中予以说明，并提供有关受会计政策变更影响的数据信息，以提高会计信息的透明度。

（五）实质重于形式

实质重于形式要求企业在进行会计核算的确认、计量、记录和报告时，不能仅以发生的交易或者事项的法律形式为依据，而应认真分析交易或者事项的经济实质并以之为依据进行会计核算。我国现行会计规范要求：企业应当按照交易或者事项的经济实质进行确认、计量和报告，不应仅以交易或者事项的法律形式为依据。[①]

在会计实务中，大多数情况下企业发生的交易或事项的法律形式与经济实质是一致的，但在少数情况下也会出现交易或事项的法律形式与经济实质不一致的现象，此时就需要仔细分析，依据交易或事项的经济实质进行会计处理。例如，融资租入设备业务，从法律形式上看，在租赁合约未满之前，承租方并未取得租入设备的所有权；但从经济实质上看，由于租约较长等原因，与该设备所有权相关的风险和报酬在租赁开始的时候就已经从出租方转移到承租方，承租方能够对租入设备实施有效的控制并从中获取报酬和承担风险，因而承租方在会计核算时应该以经济实质为依据将其视为自有资产进行核算并计提折旧。再如，在企业合并时对"控制"程度的判断问题上，有时某些企业合并虽然从持股数量上来看，投资方对被投资企业的持股比例低于50%，但是从企业章程上来看投资方能够决定被投资企业的财务和经营决策，或者在被投资企业董事会或类似机构占多数表决权等，这些都表明在实质上投资企业对被投资企业是具有控制能力的，这时涉及控制权的判断就应当依据实质重于形式的原则来判断投资企业对被投资企业的控制程度。企业提供的会计信息遵循实质重于形式的要求，能够更为有效地保证会计核算信息符合客观存在的经济事实，从而提高会计信息对于会计信息使用者的决策相

[①] 中华人民共和国财政部．企业会计准则（2006）．北京：经济科学出版社，2006：2．

关性。

(六) 重要性

重要性要求对企业经营决策有影响的重要的交易或事项应当单独核算、重点反映；对于次要的交易或事项可以简化处理，合并反映。我国现行会计规范要求：企业提供的会计信息应当反映与企业财务状况、经营成果和现金流量有关的所有重要事项或者交易。① 将重要性作为一个会计信息质量特征，其原因主要在于对成本效益原则的考虑，以便在不影响会计信息真实可靠的基础上，减少不必要的会计核算工作量，降低成本，提高效益。

但是如何判断一项交易或者事项是否重要呢？也就是重要性的界限如何划定？国际会计准则规定，如果一项经济业务的会计信息的省略或差错将会影响到会计信息使用者的经济决策行为，那么该项经济业务就是重要的，需要单独核算和列示。一般说来，在具体进行会计核算时，判定一项交易或事项是否重要，需要从数量和质量两个方面来进行：第一，从项目的金额来看，如果一项交易或事项的发生金额较大，达到一定的数量或比例，可能会对企业的财务状况、经营成果和现金流量产生较大影响继而影响到会计信息使用者的决策行为，则该交易或事项是重要的；第二，从项目的性质上看，如果一项交易或事项的发生可能会影响到相关会计信息使用者的决策行为，则该交易或事项是重要的。会计实务中可能会出现一项交易或者事项的金额并不大，但性质较为恶劣的情况。例如会计舞弊行为，即使金额较小，但后果却较为严重，这往往表明该企业内部控制制度存在缺陷或者管理上具有重大问题等，这时就需要判定该行为所导致的结果是重要的，需要单独进行会计反映和列示，即一项交易或事项的金额大小并不能绝对判定其是否具有重要性，应结合项目的性质来判断。应该注意的是，不管是从质上还是从量上判断一项交易或事项是否具有重要性，在一定程度上都依赖于职业判断，带有一定的主观性。

(七) 谨慎性

谨慎性又称"稳健性"、"保守性"。它要求企业在进行会计核算时，对充满不确定性的交易或事项进行职业判断时，应当持谨慎的态度，充分考虑所面临的风险和不确定性，合理估计可能发生的损失或费用。既不高估企业的资产或者收益，又不低估企业的负债或者费用。我国现行会计规范要求：企业对交易或者事项进行确认、计量和报告应当保持应有的谨慎，不应高估资产或者收益、低估负债或者费用。②

在市场经济环境中，企业的生产经营面临着许多的不确定性，为了使企业的会计核算建立在稳健的基础上，在进行会计核算时应当贯彻谨慎性。对于已经发生的交易或者事项，当存在多种可供选择的会计处理方法时，应选择不夸大企业收入和利润、不夸大资产和权益的会计处理方法，这样可以对企业生产经营中存在的风险和不确定性加以恰当估计，从而有利于企业防范风险，引导企业做出正确的经营决策，充分保护投资者和

---

① 中华人民共和国财政部. 企业会计准则 (2006). 北京：经济科学出版社，2006：2.
② 中华人民共和国财政部. 企业会计准则 (2006). 北京：经济科学出版社，2006：2.

债权人的利益。例如，企业资产减值准备的计提，或有事项的具体处理方法等，都充分体现了谨慎性这一会计信息质量特征。谨慎性的要求不等于允许企业计提秘密准备，私设小金库。如果企业滥用谨慎性，通过故意低估资产和收益，高估负债和费用来人为调节企业利润，不仅会损害会计信息的质量，误导会计信息使用者的决策行为，而且还会损害会计工作秩序，造成会计信息失真的现象。

（八）及时性

企业的会计信息只有及时地提供给会计信息的使用者，才是与会计信息使用者决策相关的信息。会计信息即使具备可靠性和相关性，但若没能及时提供，也是无用的信息，不能发挥其应用的功效。我国现行会计规范要求：企业对于已经发生的交易或者事项，应当及时进行确认、计量和报告，不得提前或者延后。[①]

在提供会计信息时，要想满足及时性，必须满足三个要求：第一，及时收集会计信息，即在交易或者事项发生后，应当及时地收集和整理相关的原始数据信息；第二，及时处理会计信息，即要按照相关会计规范的要求，及时地将所发生的交易或者事项对企业经济状况的影响记录下来，填制会计凭证，登记会计账簿，编制财务报告；第三，及时传递会计信息，即交易或事项经过确认、计量、记录和报告的会计处理程序之后，应按照相关法规规定的时限及时传递给会计信息使用者，以便其及时利用。

三、西方对会计信息质量特征的主要要求

（一）美国财务会计准则委员会对会计信息质量特征的界定

美国财务会计准则委员会发布的第2号财务会计概念公告（Statement of Financial Accounting Concepts No.2，SFAC No.2）认为，会计信息的首要质量是相关性和可靠性。其中相关性指的是"信息要满足相关性的标准，必须能对它所促成的活动或预期产生的结果施加影响或与之有效地联系在一起"。相关性必须具备预测价值、反馈价值和及时性这三个质量特征。可靠性指的是"能使数据的用户相信其准备依赖的数据是按期望的反映方式反映的"。[②] 可靠性包括可核性、反映真实性和中立性。同时，美国财务会计准则委员会将可比性（包括一致性）作为会计信息的次级质量特征，将成本效益的考虑作为普遍性的约束条件，将重要性作为会计确认的门槛，将可理解性作为针对会计信息使用者的质量特征。

（二）国际会计准则理事会对会计信息质量特征的规定

国际会计准则理事会对于会计信息的质量特征是以"财务报表的质量特征"的形式予以表述的。其主要特征是在美国的相关性和可靠性两个首要特征的基础上，考虑到国际上的会计环境因素，添加了可比性与可理解性作为同处于一个层次的主要质量特征。即会计信息质量特征由四个关键特征构成：相关性、可靠性、可比性和可理解性。

[①] 中华人民共和国财政部. 企业会计准则（2006）. 北京：经济科学出版社，2006：2.

[②] [美]财务会计准则委员会. 论财务会计概念. 娄尔行，译. 北京：中国财政经济出版社，1992：57-99；FASB. SFAC. No.2, 1984, para. 46-50, http://www.fasb.org/cs/, 2009-10-24; FASB. SFAC No.2, 1984, para. 62, http://www.fasb.org/cs/2009-10-24.

其中相关性的构成要素由预测价值、验证价值、财务信息的性质及重要性组成，可靠性由忠实反映、实质重于形式、中立性、审慎性和完整性构成。同时，国际会计准则理事会还将及时性、效益与成本的权衡和重要性作为会计信息质量的制约因素。

第四节 会计的内容

企业在进行生产经营时，对于发生的经济业务，通常要先取得、填制和审核凭证，确认和计量已发生的交易或事项对企业经营状况的影响金额，然后运用特定的会计方法在会计账簿中进行记录，最后于会计期末以编制财务报告的形式将有关企业财务状况、经营成果和现金流量的信息传递给企业的会计信息使用者。可以说，财务会计通常被认为是一个对企业已经发生的交易或事项进行确认、计量、记录和报告，并最终形成反映企业财务状况、经营成果和现金流量等会计信息的过程。

一、会计确认

会计确认是指运用特定的会计方法对企业已发生的交易或者事项同时以文字和金额的形式进行描述，将其作为企业的资产、负债、所有者权益、收入、费用和利润等会计要素加以正式记录，并使其反映在企业的财务报表之中的过程。美国财务会计准则委员会在第5号财务会计概念公告（Statement of Financial Accounting Concepts No. 5，SFAC No. 5）中将"确认"定义为：把一个事项作为一项资产、负债、收入和费用等正式地加以记录和列入财务报表的过程。确认包括用文字和数字来描述一个项目，并将其数额包括于财务报表的合计数之内。① 可见，会计确认的目的是要在会计账簿中记录及财务报表中列示企业已发生的交易或者事项对企业经营状况的影响程度及结果。

（一）初始确认和再确认

从对会计信息的处理过程来看，会计确认包括初始确认和再确认两个环节。② 初始确认是指在一项交易或者事项发生后，明确其所涉及的会计要素，编制和审核会计凭证，然后登记相关会计账簿，对其所涉及的会计要素变动的信息以文字和货币的形式反映出来的过程。初始确认是对交易或者事项进行正式的会计记录的行为，关注的是企业发生的交易或者事项是否应该被记录，应在何时、以多少金额、通过哪些会计要素在会计账簿中予以记录的问题。再确认是指将初始确认后形成的账簿记录数据通过综合和重新分类，在财务报表中以财务报表项目的形式进行表述的过程。再确认关注的是企业应在什么时候、以什么金额、通过什么财务报表项目将账簿记录数据列入财务报表的问题。

（二）会计确认的标准

并不是企业发生的每一项交易或者事项都需要进行会计确认。一般来说，只有同时

---

① FASB. SFAC No. 5，1984，para. 6-8. http：//www.fasb.org/cs/，2009-10-24.

② 也有观点认为，会计确认可以分为初始确认、后续确认和终止确认，但是这种观点侧重的是从会计确认对象的角度进行划分。

满足四个确认标准的交易或者事项才能够被确认和计量,在相关会计账簿中予以记录,并最终以财务报表项目的形式报告出来。这四个确认标准为:(1)可定义性,即应予以确认的交易或者事项要满足资产、负债、所有者权益、收入、费用、利润等会计要素的定义。(2)可计量性,即应予以确认的交易或者事项要能够以某种计量属性可靠地进行计量。(3)相关性,即予以确认和计量的交易或者事项所产生的会计信息应与会计信息使用者的决策相关,能够导致决策差别。(4)可靠性,即予以确认和计量的交易或者事项所产生的会计信息应当具有反映真实性、可核性和中立性,真实地反映企业的经营状况。

二、会计计量

美国学者史蒂文斯(S. S. Stevens)指出,计量"就是根据特定规则把数额分配给物体或事项"。① 将计量应用于会计理论方面,则是指根据特定规则为符合会计确认条件的交易或者事项分配和确定金额的过程,目的在于将其登记入账并最终列示于财务会计报表之内。会计计量是在会计确认的基础之上,利用特定的计量单位和计量属性对企业业已发生的经济业务进行数量和金额上的计算和确定,最终达到将经济业务信息转化为综合地、概括地反映企业经营状况的会计信息的目的,其实质就是解决在会计确认过程中应以多少金额将相关经济业务信息录入会计信息系统中的问题。在会计实务中,会计确认和会计计量是不可分割的。从会计方法的角度来看,会计计量可以说是会计确认的一个重要组成部分,属于广义的会计确认范畴,为会计要素的确认提供金额信息;从会计核算的内容上看,会计计量是联结会计确认和会计报告的一个核心环节。会计计量包括计量尺度、计量单位和计量属性三个构成要素,不同计量属性和计量单位的组合就构成了特定的会计计量模式。

(一)计量尺度

计量尺度是指对计量对象量化时采用的具体标准,如千克、米、美元、人民币等。计量尺度包括非货币计量尺度和货币计量尺度。

1. 非货币计量尺度

会计计量早期,使用的主要是实物量度和劳动量度这两种非货币计量尺度,及至后来,随着经济发展以及对会计信息要求的提高,货币才演变为主要的计量尺度。但随着经济的发展,各种新兴会计领域相继出现,如社会责任会计、环境会计、人力资源会计等,货币计量尺度在新的会计领域下显得有些单薄无力,从而使非货币计量尺度有了新的应用空间。

2. 货币计量尺度

在实际工作中,实物量度、劳动量度、时间量度等存在内在的固有缺陷(即不同质的财物不能相加、相减),使之不能担当会计基本计量尺度的重任。货币量度具有其他量度不具有的综合性特征,只有货币才具有综合反映经济业务的能力,从而使会计信

---

① Stevens, S. S. On the Theory of Scales of Measurement. Science, 1946, 103(2): 15.

息更适用于使用者的经济决策。因此,从近代会计开始,它就一直作为记账的基本尺度和通用标准。货币以它一般等价物的特性即综合性的特征,成为计量一个企业财务状况及经营成果最为适用的会计基本计量尺度。难以想象如果没有货币,如何将以吨为计量单位的钢材与以幢为计量单位的房屋进行加总以反映其总体价值。我国现行会计规范要求,企业会计应当以货币计量。然而在使用货币作为计量单位时,隐含着一个假设,即币值稳定。这同样也是日常会计核算工作的前提条件之一。如果币值不稳定,以货币作为计量单位的会计核算工作所提供的会计信息的可靠性与相关性就会大大降低。但是,由于不同国家的货币在币值上所存在的差异。因此,在肯定了以货币量度作为主要计量尺度的前提下,才引申出了作为计量尺度需要明确的第二个问题,即记账本位币的选择。

(二) 计量单位

计量单位是指计量尺度的量度单位,在以货币为计量尺度的前提下,存在选择何种货币量度单位的问题,例如选择名义货币单位还是一般购买力货币单位。由于任何一种计量单位都必须要求自身度量上的统一,所以对财务报表项目的计量就要求货币单位在不同时期保持稳定,以便计量结果具有可比的基础。然而,这种理想的计量单位在现实中是很难找到的,因为货币的度量单位就是它的购买力,而货币购买力要受不同时期的生产力水平和货币供应量等因素的影响,其实际的购买力是经常变动的。为了满足会计信息对决策的有用性,在会计计量上就产生了两种可供企业选择的计量单位。

1. 名义货币单位

它又称面值货币单位,是指各国主要流通货币的法定单位,如美元与美分、英镑与先令以及我国人民币的元、角、分等。实际经济活动中,名义货币单位的购买力是会发生变动的,但财务报表项目按名义货币单位计量时,对货币购买力随着时间的推移而发生的变动不做任何调整,也即无论货币购买力如何发生变动,会计上都采用法定的货币单位。在目前世界各国的会计实务中,名义货币单位一直被广泛使用并将继续使用下去。这是因为按照名义货币单位进行计量具有以下优势:符合"币值稳定"的会计假设;可以保证计量单位的统一,便于会计核算;在物价变动不大的情况下,能比较准确真实地反映企业的财务状况和经营成果;可以简化计量手续,减轻会计人员的工作量等。但在物价上涨幅度较大的情况下,采用名义货币单位就不能反映货币的实际购买力,会造成资本不能保全,有些企业甚至可能出现虚盈实亏,影响会计信息的对决策的有用性。现行国际惯例是,只要物价变动不超过恶性通货膨胀的程度,一般都以各国法定的名义货币作为计量单位,而不考虑货币购买力的变化对财务报表的影响。

2. 一般购买力货币单位

它是指以各国货币的一般购买力或实际交换比率作为计量单位。根据一般购买力单位进行计量时,对不同时期的货币购买力的变动应当加以调整,即以一定时日的货币购买力(以一般物价指数近似地表示)调整或折算不同时期的名义货币单位,从而使不同时期的货币保持在不变的计量基础上。这种计量单位的存在以物价变动为前提,它能够反映货币购买力变动对会计信息的影响,保持会计计量结果的可比性。但是,由于这种计量单位的调整换算过程比较复杂,加之各国即使出现恶性通货膨胀,由于积极采取措施，延续的时间一般都不会很长，所以目前在会计实务中应用得较少。

（三）计量属性

计量属性是指所要予以计量的物质的特性，例如物体的长、宽、高等。从会计的角度来看，计量属性则是指会计计量对象的数量特征，它是"会计要素金额的确定基础"。① 我国现行会计规范规定，可采用历史成本、重置成本、可变现净值、现值和公允价值等五个计量属性。

1. 历史成本

历史成本，又称"实际成本"、"原始成本"，指的是按照取得或制造某项财产物资所需支付的现金或现金等价物来计量该项财产物资的价值，它是该项财产物资的原始交易价格。我国现行会计规范要求：在历史成本计量下，资产按照购置时支付的现金或者现金等价物的金额，或者按照购置资产时所付出的对价的公允价值计量。负债按照因承担现时义务而实际收到的款项或者资产的金额，或者承担现时义务的合同金额，或者按照日常活动中为偿还负债预期需要支付的现金或者现金等价物的金额计量。

2. 重置成本

重置成本，又称"现时投入成本"、"现时成本"，指的是企业在本期重新购置或者重新建造其所持有资产或者承担负债所需要花费的现金或现金等价物的金额，它是根据市场交易中买方的市场价格予以估计的。我国现行会计规范要求：在重置成本计量下，资产按照现在购买相同或者相似资产所需支付的现金或者现金等价物的金额计量。负债按照现在偿付该项债务所需支付的现金或者现金等价物的金额计量。

3. 可变现净值

可变现净值，指的是企业的全部资产和负债以卖方市场价格为依据进行变现的价值。我国现行会计规范要求：在可变现净值计量下，资产按照其正常对外销售所能收到现金或者现金等价物的金额扣减该资产至完工时估计将要发生的成本、估计的销售费用以及相关税金后的金额计量。

4. 现值

现值，指的是企业预期通过使用其所持有的资产将要收到的或者偿还负债将要流出的现金流量的现值。我国现行会计规范要求：在现值计量下，资产按照预计从其持续使用和最终处置中所产生的未来净现金流入量的折现金额计量。负债按照预计期限内需要偿还的未来净现金流出量的折现金额计量。值得注意的是，美国财务会计准则委员会在其研究的财务概念框架中认为现值并不是一种独立的计量属性，其存在只是为了探求公允价值，因此将其作为一种分配方法而不是计量属性。

5. 公允价值

公允价值，指的是在公平交易中，熟悉情况的交易双方自愿进行资产交换或者债务清偿的金额。公允价值有三个特点：第一，公允价值计量是建立在未实现的交易基础之

---

① 中国注册会计师协会.2007年度注册会计师全国统一考试辅导教材会计.北京：中国财政经济出版社，2007：18.

上的，是意图进行交换的双方的虚拟交易，这一点不同于历史成本，历史成本是以过去已经发生的交易或者事项为基础的市场交换价格；第二，公允价值不是现实交易的交换价格，而是未实现交易的市场价格；第三，公允价值是在自愿的交易双方之间达成的，不是强迫的。我国现行会计规范要求：在公允价值计量下，资产和负债按照在公平交易中，熟悉情况的交易双方自愿进行资产交换或者债务清偿的金额计量。

企业在对会计要素进行计量时，一般采用历史成本的计量属性，这主要是因为其具有可靠性较高，易于取得相关原始凭证，容易被验证等优点。然而随着经济的发展，历史成本计量越来越显现出其固有的缺陷，即相关性和及时性差，这就限制了现代市场经济中历史成本计量属性的应用。我国现行会计规范要求：企业在对会计要素进行计量时，一般应当以历史成本作为会计计量基础。法律、行政法规和企业会计准则规定允许采用其他会计计量基础的，也可以采用其他会计计量基础，但应当保证所确定的会计要素金额能够取得并可靠计量。

三、会计记录

会计记录指的是采用一定的记账方法，运用文字和金额，对经过会计初始确认和计量的各项会计数据在预先设置好的各种会计账簿中进行登记的过程。经过会计记录的过程，可以对进入会计信息系统的数据进行初步的加工和汇总，提供分类、系统的会计核算资料，为最终编制财务报表提供依据，以生成有用会计信息。其涉及的内容包括记录方法和记录形式两个方面。

（一）记录方法

记录方法就是在会计账簿中登记企业所发生的经济业务的方法。在登记经济业务时，需要按照特定的规则，使用特定的符号，在相关的会计账簿中登记会计要素增减变动的情况。由于反映会计要素变动的方法不同，就形成了不同的记账方法，主要有单式记账法和复式记账法两种。其中，由于单式记账法的账户设置范围的局限性，单式记账法难以反映所有的经济业务或者难以反映经济业务的全貌；而复式记账法则是指对于企业发生的每项经济业务，都要在相互联系的两个或两个以上的会计账户中以相等的金额同时进行会计记录的方法，由于其账户体系设置的完整性，复式记账法能够反映各项经济业务的完整面貌。

（二）记录形式

记录形式就是将经济业务记录到账簿中的方式。账簿是由具有一定格式的、相互联系的账页所组成的簿籍，用以全面、系统、分类地记录企业发生的各项经济业务。企业在进行日常会计核算的会计记录这项工作之前，需要先设置相关的会计账户，形成会计账簿体系，以对企业各种不同的经济业务分别予以记录和反映。

四、会计报告

会计报告指的是在对企业的交易或者事项进行确认、计量和记录的基础上，以财务会计报告的形式将企业财务状况、经营成果和现金流量情况向有关会计信息使用者进行报告的过程。它是会计确认、计量、记录和报告这一过程的终点。由于企业所发生的交易或者事项在经过一系列会计确认、计量和记录之后会形成一个相互联结的会计凭证和会计账簿体系，该体系可以为企业的经营管理提供连续、系统、完整和分类的会计信息，然而这些会计信息只是分别从不同的角度来反映企业各项经济业务发生后会计要素的具体变动情况，提供的数据资料比较分散，不能提供总括、简略的会计信息给会计信息使用者，因而也就不能满足投资者、债权人等企业外部会计信息使用者进行决策及企业管理者等内部会计信息使用者加强企业自身经营管理的需求。由此，各企业应该在其日常会计核算的基础上，按照相关会计规范的规定，定期对企业日常通过初始确认、计量和记录形成的账簿资料加以归纳整理，编制财务会计报告，最终形成全面、概括的系统性会计信息书面文件，完成会计核算目标，即为会计信息使用者提供对其进行决策有用的信息，反映企业管理层的受托责任履行情况。我国现行会计规范规定，企业应当划分会计期间，分期结算账目和编制财务会计报告。因此，企业应定期以财务会计报告的形式对外提供反映企业某一特定日期的财务状况和某一会计期间的经营成果、现金流量等会计信息的文件。财务会计报告包括两项内容，即财务报表和其他应当在财务会计报告中披露的相关信息和资料。

（一）财务报表

财务报表是关于企业在某一特定时点的财务状况和特定会计期间的经营成果和现金流量情况的结构性表述，是财务报告的核心内容。我国现行会计规范要求：一套完整的财务报表至少应当包括"四表一注"，即资产负债表、利润表、现金流量表、所有者权益变动表和附注。

1. 财务报表内的会计再确认

在财务报表中通过会计报表项目进行会计数据信息的表述实际上是会计再确认的过程。在这个过程中，企业应该按照有关会计规范如各项具体会计准则的规定进行会计的再确认和计量，编制财务报表。具体的财务报表一般应包括以下四种：一是资产负债表，它是反映企业在某一特定日期的财务状况的财务报表；二是利润表，它是反映企业在一定会计期间的经营成果的财务报表；三是现金流量表，它是反映企业在一定会计期间的现金和现金等价物的流入与流出的财务报表；四是所有者权益变动表，它是反映构成所有者权益的各个组成部分当期的增减变动情况的财务报表。由于小企业的规模相对较小，外部的投资者和债权人数量也较少，对会计信息的需求较低，因此，依据成本效益原则，我国现行会计规范规定，小企业可以不编制现金流量表。

2. 财务报表附注中的会计信息披露

在附注中披露的信息既有法定要求披露的信息，也有管理当局自愿披露的信息。具体内容包括两种：一是对财务报表中列示的项目所做的进一步解释和说明；二是对未能在财务报表中列示的项目的说明。财务报表附注是财务会计报表的有机组成部分，它起到一个补充说明与详细解释的作用。对于一些由于会计确认和计量等原因无法在财务会计报表中列示的会计信息，以较为自由的方式例如文字说明、附表等形式进行披露，可以为会计信息使用者提供更为全面、系统和详细的关于企业财务状况、经营成果和现金流量的信息。一般来说，企业应在财务报表附注中披露的会计信息有企业的基本情况、财务报表的编制基础、企业在编制财务报表时遵循企业会计准则的声明和不符合基本会计假设的声明、所采用的重要会计政策和会计估计的说明、当期会计政策和会计估计变更以及会计差错更正的说明、财务报表重要项目的说明以及其他需要说明的重要事项等。

（二）其他应当在财务会计报告中披露的相关信息和资料

关于财务报表本身的会计信息确认和附注的会计信息披露是由我国的会计准则规范的。除此之外，为了满足会计信息使用者的需求，保护投资者和债权人等外部会计信息使用者的利益，企业还需要根据其他有关法律法规的规定和自身的具体情况披露有关的财务信息，有必要的话，企业甚至可以披露其所承担的社会责任、可持续发展能力、雇员情况等非财务信息。常见的其他应当在财务会计报告中披露的相关信息和资料包括财务情况说明书、审计报告、管理层讨论和分析等。

五、会计确认、计量和报告的基础

会计在对实体内所发生的经济事项进行确认、计量和报告时，需要在收付实现制和权责发生制中选择一种作为记录与报告经济业务的基础。"收付实现制"又称"现金收付制"或"现金制"，它要求企业在实际收到现金时确认收入，实际支付现金时确认费用，以收入和费用的收支期间作为报告期间。"权责发生制"又称"应计制"，是与"收付实现制"相对应的一个概念。在确认收入和费用的时候，它不考虑现金支付的时间，而是以收入和费用的应归属期间作为收入和费用的报告期间。我国现行会计规范要求：企业应当以权责发生制为基础进行确认、计量和报告。

【本章小结】

1. 会计产生于社会经济发展的需要，是社会经济发展到一定阶段的产物。
2. 西方会计发展大致经过了会计行为萌芽、单式记账方式出现、复式簿记的诞生与传播、簿记向会计的全面转化和会计管理体系形成等不同阶段，不同阶段有着不同的历史成就。
3. 中国会计发展大致可分为简单刻记、结绳记事和书契等原始计量记录行为的出现，中式会计的形成与发展以及中华人民共和国成立后的会计发展三个大的时期。
4. 关于会计的本质有"艺术论"、"工具论"、"信息系统论"和"管理活动论"等不同的认识，不同的认识产生于不同的社会经济环境。
5. 现代会计目标有"受托责任观"和"决策有用观"之说，它们具有各自的理论基础与运用环境。
6. 现代会计信息应当具有一定的质量特征，主要有相关性、可靠性、明晰性、可比性、实质重于形式、重要性、谨慎性和及时性等。
7. 现代财务会计的基本内容为会计确认、会计计量、会计记录和会计报告四个方面，但会计确认、计量与报告的基础应当是权责发生制。

思 考 题

1. 会计产生与发展的条件是什么？其演进与发展有何规律？

2. 中西方会计发展大致可分为哪几个主要阶段？各自具有哪些主要成就？
3. 如何全面理解现代会计的本质？
4. 我国的会计信息使用者有哪些？他们具有哪些不同的会计信息需求？
5. 如何理解会计目标？两种关于会计目标的观点的要点是什么？
6. 会计的信息质量特征有哪些？
7. 我国现行可采用的计量属性包括哪些？
8. 会计核算方法所包括的主要内容是什么？
9. 会计的基本内容包括哪些？
10. 财务会计报告包括哪些内容？

练 习 题

（一）目的

了解我国现阶段企业会计信息的披露概况。

（二）要求

通过网络或者报刊等媒体，了解某一上市公司一年的年报资料，初步认识其对外提供的信息的范围与内容。

第二章 会计对象与会计要素的关系

【学习目标】

本章主要阐述会计对象的含义及其在不同行业的具体表现；资产、负债、所有者权益、收入、费用和利润等会计要素的内涵、内容及确认要求；基本会计等式的结构；经济业务发生对会计等式的影响。

通过本章的学习，理解会计对象与会计要素的含义；掌握资产、负债、所有者权益、收入、费用、利润等会计要素的定义、特征、分类及其确认标准与基本要求；理解静态、动态和综合会计等式的内涵；理解会计基本假定的内容及对会计实务的影响；基本了解收付实现制、权责发生制两种会计确认基础的应用；可以初步分析经济业务发生对会计等式的影响。

第一节 会计对象概说

一、会计对象的含义

企业、事业等单位为了进行生产经营或其他业务活动，完成各自承担的任务，都必须拥有一定的物质基础，拥有一定数量的财产物资和货币。如工业企业若想生产制造产品，就必须拥有厂房、建筑物、机器设备、材料物资等，将这些劳动资料、劳动对象和劳动者相结合后，才能生产出劳动产品。可见，这些物质基础是进行生产经营活动的前提。而在市场经济条件下，这些物资又都属于商品，有商品就要有衡量商品价值的尺度，即商品价值的一般等价物——货币。当各项财产物资用货币来计量其价值时，就得到一个会计概念，即资金。资金是社会再生产过程中各项财产物资的货币表现，它是企业、事业等单位进行生产经营或其他活动的物质基础。随着经济业务活动的进行，资金在形态上不断发生变化，便构成了资金运动。

会计对象是指会计所要核算和监督的内容，即会计所要核算和监督的客体。在社会主义市场经济条件下，会计对象是社会再生产过程中主要以货币表现的经济活动，即企业、事业等单位中以货币表现的经济活动。而以货币表现的经济活动，又称为资金运动，所以会计对象就是社会再生产过程中的资金运动。

二、会计对象的具体表现

（一）工业企业的会计对象

会计对象是在企业再生产过程中能以货币表现的经济活动，也就是企业再生产过程中的资金运动。工业企业进行生产经营活动，首先要用货币资金去购买生产设备和材料物资为生产过程做准备，然后将其投入企业生产过程中生产出产品，最后还要将所生产出来的产品对外出售并收回因出售产品而取得的货币资金。这样，工业企业的资金就陆续经过供应过程、生产过程和销售过程，其形态也随之发生变化。用货币购买生产设备、材料物资的时候，货币资金转化为固定资金（固定资产设备所占用的资金）、储备资金（材料物资等所占用的资金）；车间生产产品领用材料物资时，储备资金又转化为生产资金（生产过程中各种在产品所占用的资金）；将车间加工完毕的产品验收入到产成品库后，此时，生产资金又转化为成品资金（待售产成品或自制半成品占用的资金）；将产成品出售后收回货币资金时，成品资金又转化为货币资金。我们把资金从货币形态开始，依次经过固定资金、储备资金、生产资金、成品资金，最后又回到货币资金这一运动过程叫做资金循环，周而复始的资金循环叫做资金周转。实际上，企业的生产经营过程是周而复始、不间断、循环地进行的，即企业不断地投入原材料、不断地加工产品、不断地销售产品，其资金也是不断地循环周转的，具体情况如图 2-1 所示。

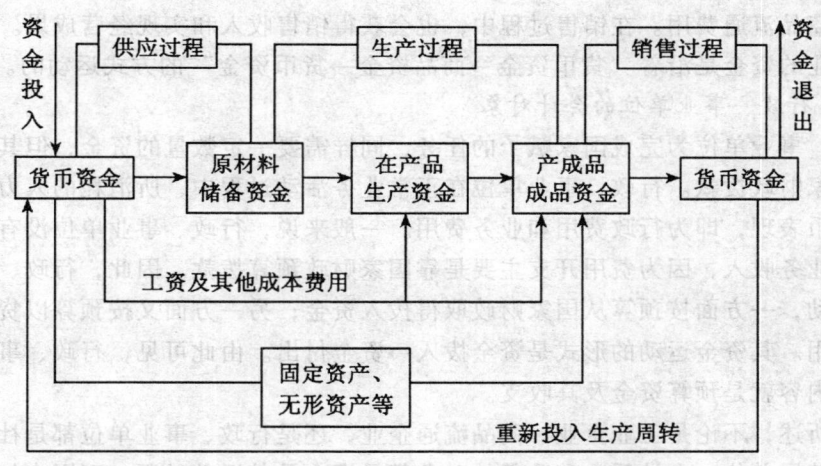

图 2-1　工业企业的资金运动过程图

上述资金循环和周转过程，也可以划分为三个具体阶段，即供应阶段、生产阶段和销售阶段。工业企业的资金在供、产、销三个阶段不断地循环周转，这些资金在空间序列上同时并存，在时间序列上依次继起。企业资金在供应、生产和销售三个阶段上的循环和周转，支撑着企业的正常运营。当然，上述过程只是资金在企业内部的循环周转，就整个企业的资金运动而言，还应包括资金的投入和资金的退出。

资金的投入是指资金进入企业。企业进行生产经营活动的前提是首先必须拥有一定数量的资金，投入包括投资者的资金投入和债权人的资金投入。前者构成了企业的所有者权益，后者形成了企业的债权人权益，即企业的负债。投入企业的资金一部分形成流动资产，另一部分形成企业的固定资产等非流动资产。

资金的退出是指资金退出企业的资金循环和周转过程，包括按法定程序返回投资者的投资、偿还各项债务、上缴税费、向所有者分配利润等内容，这使一部分资金离开企业，游离于企业的资金运动之外。

资金的投入、运用和退出是资金运动的三个阶段，三者相互支撑，构成一个统一体。没有资金的投入，就没有资金的循环和周转；没有资金的循环和周转，就没有资金的退出。

综上所述，工业企业因资金的投入、循环周转和资金的退出等经济活动而引起的各项财产和资源的增减变化情况，在经营过程中各项生产费用的支出和产品成本的形成情况以及企业销售收入的取得和企业纯收入的实现、分配情况，构成了工业企业会计的具体对象。

（二）商品流通企业的会计对象

与工业企业相比，商品流通企业的经营活动缺少产品生产环节。商品流通企业的经营过程主要分为商品购进和商品销售两个环节。在前一个环节中，主要是采购商品，此时货币资金转换为商品资金；在后一个环节中，主要是销售商品，此时资金又由商品资金转换为货币资金。在商业企业的经营过程中，也要消耗一定的人力、物力和财力，它们表现为商品流通费用。在销售过程中，也会获得销售收入和实现经营成果。因此，商品流通企业的资金是沿着"货币资金→商品资金→货币资金"的方式运动的。

（三）行政、事业单位的会计对象

行政、事业单位为完成国家赋予的任务，同样需要一定数量的资金，但其资金来源主要是国家财政拨款。行政、事业单位在正常业务活动过程中，所消耗的人力、物力和财力的货币表现，即为行政费用和业务费用。一般来说，行政、事业单位没有或只有很少一部分业务收入，因为费用开支主要是靠国家财政预算拨款。因此，行政、事业单位的经济活动，一方面按预算从国家财政取得拨入资金；另一方面又按预算以货币资金支付各项费用。其资金运动的形式是资金拨入→资金付出。由此可见，行政、事业单位会计对象的内容就是预算资金及其收支。

综上所述，不论是工业企业、商品流通企业，还是行政、事业单位都是社会再生产过程中的基层单位，会计反映和监督的对象都是资金及其运动过程，正因为如此，我们可以把会计对象概括为社会再生产过程中的资金运动。

第二节 会计要素及确认要求

一、会计要素的概念

上一节提到，会计对象是社会再生产过程中的资金运动。但是，企业的资金运动是十分复杂的，作为会计对象的资金运动这一概念的涉及面过于广泛，而且又很抽象。例如，企业的资金运动不仅包括企业进行生产经营活动所引起的资金变化，也包括企业筹资活动所引起的资金变化，还包括企业投资活动所引起的资金变化。在企业的生产经营活动中，既包括原材料采购交易所引起的资金变化，也包括产品生产交易所引起的资金变化，还包括产品销售交易所引起的资金变化。因此，在会计实践中，为了更好地把握企业资金及其运动的基本规律，为了进行分类核算，从而提供各种分门别类的会计信息，就必须对会计对象的具体内容进行适当的分类，于是，会计要素这一概念应运而生。会计要素是根据交易或事项的经济特征对会计对象所进行的基本分类，是会计对象的具体化，也是反映会计主体的财务状况和经营成果的基本单位。会计要素的界定和分类可以使财务会计系统更加科学严密，为投资者等会计信息使用者提供更加有用的信息。

我国现行会计规范按交易或事项的经济特征严格划分和定义了资产、负债、所有者权益、收入、费用和利润等六大会计要素。这六大会计要素又可以划分为两大类，即反映财务状况的会计要素（静态会计要素）和反映经营过程及其成果的会计要素（动态会计要素）。其中，反映财务状况的会计要素包括资产、负债和所有者权益；反映经营过程及其成果的会计要素包括收入、费用以及利润。

严格地讲，企业的资金运动包括两层含义：一是客观存在的、处于运动过程中的资金本身；二是客观存在的资金的运动过程。

资金作为企业经济资源的货币形式，其存在是客观的。相对于特定的企业而言，与其资金相关联的两个重要问题是：一是企业在特定时日的资金以何种具体形式存在（即资金的占用）；二是企业在该特定时日的资金是以何种方式取得的（即资金的来源）。实际上，前者涉及企业的"资产"问题，而后者涉及企业的"负债"和"所有者权益"问题。

在某一特定时日，一定数额的企业经济资源（资金）总是以各种不同的方式存在于企业，如库存现金、银行存款、应收账款、应收票据、其他应收款、存货、长期投资、机器设备、厂房、建筑物、专利权等。以这些具体方式存在于企业的经济资源，被称为企业的"资产"。企业的资产能够在未来期间给企业带来经济利益。与此对应，企业在某一特定时日的资产，必然具有明确的来源渠道。企业所拥有或控制的经济资源，是通过投资者投入还是企业举债所获得的，应当是确知的。从企业的形成机理来看，企业的经济资源首先来源于企业投资者的出资，即投资入股的资金。就这些资产的产权关系而言，其财产权利归属于投资者，因而，企业从投资者手中获得的资金，被称为"所有者权益"。除投资者出资外，企业为了保证其经济活动正常、有序地进行，往往还需要以举债方式取得另外的资金。企业以举债方式形成的资金，其产权归属于企业的债权人，在会计上被称为"负债"。因此，资产、负债、所有者权益成为说明企业在特定时日财务状况的三个基本要素。资产、负债和所有者权益要素的形成过程如图2-2所示。[①]

企业的资金总是处于"显著变动状态"，其运动是"绝对的"。实际上，随着企业生产经营活动的进行，企业的资金在内容、形态以及数量上都在不断地发生变化。以经营资金为例，企业的经营资金由现金耗用开始，依次转化为材料储备资金、生产资金和产品资金，这一过程的特点是，材料的购入、产品的加工必须通过耗用一定数量的现金

---

① 唐国平．会计学原理．2版．北京：中国财政经济出版社，2007：63．

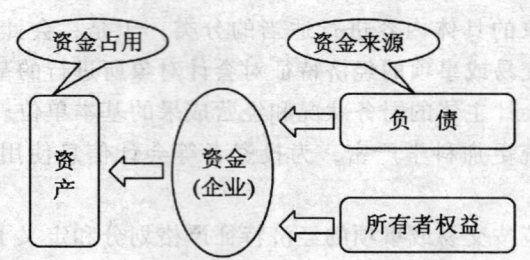

图 2-2　资产、负债和所有者权益要素的形成过程图

和非现金资产,才能生产出合格的产成品。因此,产品的生产过程以耗用企业的"人力、物力和财力"为主。在生产出完工产品的前提下,企业将产品通过销售出售给消费者,在耗用一定数量的产品的基础上取得一定数量的收入并收回相应的现金资产是销售过程的特点。在会计上,将企业基于获利目的而发生的现金、材料、产品等消耗称为"费用";将在销售过程通过销售产品等而获得的现金资产称为"收入";将这些收入与相应费用进行比较之后的差额称为"利润"(或"收益")。因此,收入、费用和利润成为说明企业在一定期间的经营过程及其结果的三个基本要素。收入、费用和利润要素的形成过程如图 2-3 所示。①

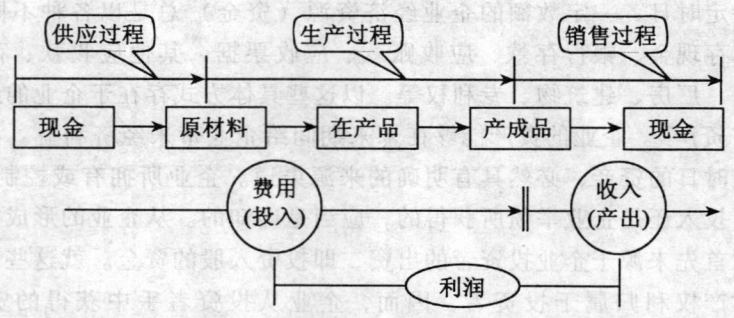

图 2-3　收入、费用和利润要素的形成过程图

资产、负债、所有者权益、收入、费用和利润是基本的会计要素,其中资产、负债、所有者权益等会计要素是企业资金在特定时日的表现形式,因而被称为"静态会计要素";收入、费用、利润等会计要素是企业资金运动在特定期间的表现形式,因而被称为"动态会计要素"。静态与动态会计要素的有机结合,体现了企业资金运动的基本规律。

就会计信息而言,资产、负债和所有者权益等静态会计要素信息构成企业资产负债表的基本内容,用来说明企业在特定时日的财务状况,所以又称为资产负债表要素;而

---

① 唐国平. 会计学原理. 2 版. 北京:中国财政经济出版社,2007:64.

收入、费用和利润等动态会计要素信息则构成企业利润表（收益表）的基本内容，用来说明企业在特定期间的经营过程及经营业绩，所以又称为利润表要素。会计要素的划分在会计核算中具有十分重要的作用：

第一，会计要素是对会计对象的科学分类。会计对象的内容是多种多样、错综复杂的，为了科学、系统地对其进行反映和监督，必须对它们进行分类，然后按类别设置账户并记录账簿。划分会计要素正是对会计对象所进行的分类。没有这种分类，就无法登记会计账簿，也就不能实现会计的反映职能。

第二，会计要素是设置会计科目和会计账户的基本依据。对会计对象进行分类，必须确定分类的标志，而这些标志本身就是账户的名称即会计科目，不将会计对象划分为会计要素，就无法设置会计账户，也就无法进行会计核算。

第三，会计要素是组成会计报表的基本内容。会计报表作为提供会计信息的基本手段应该提供一系列指标，而这些指标主要是由会计要素构成的，因此会计要素是组成会计报表的基本内容。从这个意义上讲，会计要素为设计会计报表奠定了基础。

二、会计要素的内容

（一）资产

1. 资产的定义与特征

资产（assets）是指由过去的交易或者事项形成的、由企业拥有或者控制的、预期会给企业带来经济利益的资源。根据该资产的定义，资产具有以下几个基本特征：

（1）资产是企业拥有或者控制的资源。资产作为一项资源，应当由企业拥有或者控制，具体是指企业享有某项资源的所有权，或者虽然不享有某项资源的所有权，但该资源能被企业所控制。所以，会计并不确认所有的资源，而仅确认在某一会计主体控制之下的资源。因此，会计中所确认的资产就应该或者说必须归属于某一特定的主体，即具有排他性。

企业享有资产的所有权，通常表明企业能够排他性地从资产中获取经济利益。通常在判断资产是否存在时，所有权是考虑的首要因素。但是在有些情况下，资产虽然不为企业所拥有，即企业并不享有其所有权，而企业却控制了这些资产，同样表明企业能够从该资产中获取经济利益，这符合会计上对资产的定义。这里的控制是指企业实质上已经掌控了某项资产的未来收益并承担风险，但是目前并不对其拥有所有权。例如，某企业以融资租赁方式租入一项设备，尽管企业并不拥有其所有权，但是如果租赁合同规定的租赁期相当长，接近于该设备的使用寿命，就表明企业控制了该设备的使用及其所能带来的经济利益，应当将其作为企业资产予以确认、计量和报告，这实际上是对"实质重于形式"原则的一种应用。如果企业既不拥有也不控制某一项目所能带来的经济利益，就不能将其作为企业的资产予以确认。

（2）资产预期会给企业带来经济利益。资产预期会给企业带来经济利益，是指资产直接或者间接导致现金和现金等价物流入企业的潜力。这种潜力可以来自企业日常的生产经营活动，也可以是非日常活动；带来经济利益可以是通过现金或者现金等价物的形式，也可以是通过转化为现金或者现金等价物的形式，或者是通过减少现金或者现金等价物流出的形式。

资产预期能否会为企业带来经济利益是资产的重要特征。例如，企业采购的原材料、购置的固定资产等可以用于生产经营过程，制造商品或者提供劳务，并将其对外出售收取货款，货款即为企业所获得的经济利益。如果某一项目预期不能给企业带来经济利益，那么就不能将其确认为企业的资产。前期已经确认为资产的项目，如果不能再为企业带来经济利益，也不能再确认为企业的资产。例如，某企业在年末盘点存货时，发现某存货毁损，企业以该存货管理责任不清为由，将毁损的存货继续挂账，并在资产负债表中作为流动资产予以反映，但由于该存货已经毁损，预期不能为企业带来经济利益，因此不符合资产的定义，也就不应再在资产负债表中确认为一项资产。

（3）资产是由企业过去的交易或者事项形成的。资产应当由企业过去的交易或者事项所形成，过去的交易或者事项包括购买、生产、建造行为或者其他交易或事项。也就是说，只有过去的交易或者事项才能形成资产，企业预期在未来发生的交易或者事项不能形成资产。例如，企业有购买某存货的意愿或者计划，但是购买行为尚未发生，就不符合资产的定义，不能因此而确认为存货资产。"过去形成"原则在资产的定义中具有举足轻重的地位，这也是传统会计的一个显著特点。尽管现有的一些现象，特别是衍生金融工具的出现，已对"过去形成"原则提出了挑战，但这一原则仍然在实务中得到了普遍的接受。

"可定义性"是会计要素确认的首要标准，因此，对会计要素内涵的理解和定义的界定，直接影响到会计要素的确认过程与结果。就资产要素而言，其定义是对资产项目进行会计确认的基本依据。

2. 资产的分类

从企业生产经营过程的实质看，企业的资产可以分为现金资产和非现金资产。企业实现利润（或发生亏损）的过程，实际上就是资产被耗用、变现的过程，所以企业的资产按其流动性的不同可以划分为流动资产和非流动资产。所谓资产的流动性，就是指资产的变现能力或耗用期限。

（1）流动资产。流动资产是指可以在1年或者超过1年的一个营业周期内变现或者耗用的资产，主要包括货币资金、交易性金融资产、应收票据、应收账款、预付账款、存货等。

货币资金是指以货币形态存在的资产，包括库存现金、银行存款和其他货币资金。其他货币资金包括外埠存款、银行汇票存款、银行本票存款、信用卡存款、信用保证金存款等。

交易性金融资产是企业持有的以公允价值计量且其变动计入当期损益的，为交易目的持有的债券投资、股票投资、基金投资、权证投资等金融资产。

应收票据是指企业因销售商品、提供劳务等收到的商业汇票，包括商业承兑汇票和银行承兑汇票。

应收账款是指企业因销售商品、提供劳务等经营活动而应向客户收取（但暂未收到）的款项。

预付账款是指企业按照购货合同的规定预付给供应商的款项。

存货是指企业在日常活动中持有以备出售的产成品或商品、处在生产过程中的在产品、在生产过程或提供劳务的过程中耗用的材料、物料等，包括原材料、在产品、半成品、产成品、商品、周转材料等。由此可见，企业的存货主要包括两类：一类是库存商品（或产成品），其主要用于销售，以获得收入，如汽车制造商生产的各种汽车、饮料制造商生产的各种饮料等；另一类是材料，其主要用于投入生产过程，生产完工产品（产成品）。如家具制造商储备的用于生产家具的各种木材、葡萄酒厂储备的各种葡萄等。

（2）非流动资产。非流动资产是指不能在1年或者超过1年的一个营业周期内变现或者耗用的资产，主要包括可供出售金融资产、持有至到期投资、长期股权投资、固定资产、无形资产等。

可供出售金融资产是指企业持有的以公允价值计量的可供出售的股票投资、债权投资等金融资产，是初始确认时即被指定为可供出售的非衍生金融资产以及除下列各类资产以外的金融资产：贷款和应收款项；持有至到期投资；以公允价值计量且其变动计入当期损益的金融资产。

持有至到期投资是指到期日固定、回收金额固定或可确定，且企业有明确意图和能力持有至到期的非衍生金融资产。

长期股权投资是指持有时间超过1年（不含1年）、不能变现或不准备随时变现的股票和其他投资。企业进行长期股权投资的目的，是为了获得较为稳定的投资收益或者对被投资企业实施控制或影响。

固定资产是指同时具有下列特征的有形资产：一是为生产商品、提供劳务、出租或经营管理而持有；二是使用寿命超过一个会计年度。其包括自用房屋建筑物、自用或经营租出机器设备、自用或经营租出汽车等。

无形资产是指企业拥有或者控制的没有实物形态的可辨认非货币性资产，包括专利权、非专利技术、商标权、著作权、土地使用权等。无形资产是企业的一种经济资源，其能够在未来期间给企业带来经济利益，但具有较大的不确定性。无形资产是没有实物形态的非货币性长期资产，① 其效能的发挥必须以企业的有形资产为基础，即不能与特定企业或企业的实物资产相分离。

（二）负债

1. 负债的定义与特征

负债（liabilities）是指企业过去的交易或者事项形成的，预期会导致经济利益流出企业的现时义务。根据负债的定义，负债具有以下几个特征：

（1）负债是企业承担的现时义务。负债必须是企业承担的现时义务，这是负债的一个基本特征。其中，现时义务是指企业在现行条件下已承担的义务。未来发生的交易或者事项形成的义务，不属于现时义务，不应当确认为负债。

这里所指的义务可以是法定义务，也可以是推定义务。其中法定义务是指具有约束

---

① 应收款项是没有实物形态的短期资产，其属于流动资产而不属于无形资产。

力的合同或者法律法规规定的义务，通常必须依法执行。例如，企业购买原材料形成应付账款，企业向银行贷款项形成借款，企业按照税法规定应当交纳的税款等，均属于企业承担的法定义务，需要依法予以偿还。推定义务是指根据企业多年来的习惯做法、公开的承诺或者公开宣布的政策而导致企业将要承担的责任，这些责任也使有关各方形成了企业将履行义务解脱责任的合理预期。例如，某企业多年来制定有一项销售政策，对于售出商品提供一定期限内的售后保修服务，预期将为售出商品提供的保修服务就属于推定义务，应当将其确认为一项负债。

（2）负债预期会导致经济利益流出企业。预期会导致经济利益流出企业也是负债的一个本质特征，只有企业在履行义务时会导致经济利益流出企业，才符合负债的定义，如果不会导致企业经济利益流出，就不符合负债的定义。在履行现时义务清偿负债时，导致经济利益流出企业的形式多种多样，例如用现金偿还或以实物资产形式偿还；以提供劳务形式偿还；以部分转移资产、部分提供劳务形式偿还；将负债转为资本等。其中，将负债转为资本相当于企业用增加所有者权益而获得的资产偿还了现有负债。也许企业可以通过承诺新的负债方式来清偿一项现有负债，但这并不与负债的实质特征相背离。在这种方式下，仅仅是负债的偿付时间被延迟了，最终企业仍然需要以债权人所能接受的经济资源来清偿债务。

（3）负债是由企业过去的交易或者事项形成的。负债应当由企业过去的交易或者事项所形成。也就是说，只有过去的交易或者事项才形成负债，企业将在未来发生的承诺、签订的合同等交易或者事项，不形成负债。例如，企业向银行借款100万元，即属于过去的交易或者事项所形成的负债；企业同时还与银行达成了1个月后借入200万元的借款意向书，该事项就不属于过去的交易或事项，不应形成企业的负债。

2. 负债的分类

在企业的理财过程中，负债的偿付时间是需要重点关注的问题，① 负债通常是按照其流动性进行分类的。这样分类的目的在于了解企业流动资产和流动负债的相对比例，大致反映出企业的短期偿债能力，从而向债权人揭示其债权的相对安全程度。负债按照其流动性不同，可以分为流动负债和非流动负债：

（1）流动负债。流动负债是指企业将在1年以内（含1年）或者超过1年的一个营业周期内偿还的债务，包括短期借款、交易性金融负债、应付票据、应付账款、预收账款、应付职工薪酬、应交税费等。

短期借款是指企业向银行或其他金融机构等借入的期限在1年以内（含1年）的各种借款。如企业从银行取得的用来补充流动资金不足的临时性借款。

交易性金融负债是指企业承担的以公允价值计量且其变动计入当期损益的以交易为目的所持有的金融负债。

应付票据是指企业因购买材料、商品和接受劳务供应等开出、承兑的商业汇票，包括商业承兑汇票和银行承兑汇票。

---

① 企业不能如期偿还到期债务，会面临中断经营活动而被清算的风险。

应付账款是指企业因购买材料、商品和接受劳务供应等经营活动应支付的款项。这是买卖双方在购销活动中由于取得物资与支付货款在时间上不一致而产生的负债。

预收账款是指按照购货合同的约定,销货单位预先向购货方收取一部分货款而形成的债务。

应付职工薪酬是指企业根据有关用工合同及规定应付给职工的工资、职工福利、社会保险费、住房公积金、工会经费、职工教育经费、非货币性福利、辞退福利等各种薪酬。

应交税费是指企业按照税法的规定应交纳的各种税费,包括增值税、营业税、所得税、资源税、土地增值税、城市维护建设税、房产税、土地使用税、车船使用税、教育费附加、矿产资源补偿费等。

(2) 非流动负债。非流动负债是指偿还期超过 1 年或者超过 1 年的一个营业周期以上的债务,包括长期借款、应付债券、长期应付款等。

长期借款是指企业从银行或其他金融机构借入的期限在 1 年以上(不含 1 年)的借款。企业借入长期借款,主要是为了长期工程项目。

应付债券是指企业为筹集长期资金而实际对外发行的、约定于某一特定日期还本付息的公司长期债券。

长期应付款是指除长期借款和应付债券以外的其他各种长期应付款项,包括应付融资租入固定资产的租赁费、以分期付款方式购入固定资产发生的应付款项等。

除了上述这种传统的分类以外,负债还可以按照偿付的形式分为货币性负债和非货币性负债。货币性负债是指那些需要在未来某一时点支付一定数额的货币的现有义务,而非货币性负债则是指那些需要在未来某一时点提供一定数量和质量的商品或服务的现有义务。

将负债区分为货币性负债和非货币性负债,在通货膨胀和外币报表折算的情况下是非常有用的。在通货膨胀的情况下,持有货币性负债会导致购买力损益,而非货币性负债则不受物价变动的影响。在需要进行外币报表折算的情况下,对货币性的外币负债可按统一的期末汇率进行折算,而对非货币性的外币负债则应采用不同的折算汇率。

(三) 所有者权益

1. 所有者权益的定义

所有者权益(equity)是指企业资产扣除负债后,由所有者享有的剩余权益。它在数值上等于企业全部资产减去全部负债后的余额。公司的所有者权益又称为股东权益,其实质是企业从投资者手中所吸收的投入资本及其增值。所有者权益是所有者对企业资产的剩余索取权,它是企业资产中扣除债权人权益后应由所有者享有的部分,既反映了所有者投入资本的保值增值情况,又体现了保护债权人权益的理念。

从企业主体的角度看,企业的"所有者权益"代表企业从投资者手中所吸收的投入资金。在法律上,投资者投入企业的资金,是企业进行经济活动的"本钱"。由于投资者将其资金投入企业,因此,投资者实际拥有对该部分资金(或资本)的所有权,并享有相应的产权权利。当然,企业投资者享有的这种与产权相关的权益是其投入资本及其增值部分所实际对应的企业资产数量。

就实质而言，所有者权益是指因投资者向企业投入资本以及资本增值，而形成的企业所有者在企业资产中享有的经济利益。从企业的角度看，投资者将其资金投入企业意味着企业从投资者手中吸收了一定数量的资本。因此，所有者权益也是企业获得资金的一种主要来源。

依据产权关系原理，投资者将其资本投入某一企业，便享有与其投入的资本份额对应的对该企业资产的要求权。这种要求权主要体现在两个方面：一是投资者因此而享有获得收益（投资报酬）的权利；二是投资者享有对企业净资产的最终控制权。

所有者权益和负债（债权人权益）是体现在企业资产上的一种产权安排。按照现代产权理论，产权是对个人财产行为权利的界定，以解决人们在交易中如何受益、如何受损以及如何补偿的问题。完整的产权包含着一组权利，如在法律和规则所允许的范围内以各种方式使用属于自己的财物，即使用权；在不损害他人权利的条件下享受从财物的使用中所获得的利益，即收益权；自由决定对财物的交易和使用方式，即决定权；自由转让或出售财物，即让渡权，等等。投资者、债权人等通过一定的"合约"将其财产投入、借入至企业，形成相应的财产关系即产权关系，它表明了作为产权主体的投资者、债权人等对企业财产权的要求权。

作为两种产权，所有者权益与负债（债权人权益）的共同之处在于：第一，两者的权利体现在企业的全部资产上。企业以全部资产承担其债务责任，企业的全部资产在扣减负债后，归属于企业投资者。第二，无论是投资者还是债权人，其相关权利（如使用权、让渡权等）的行使都受到企业"法人财产权"的限制，① 但其法律上的最终所有权权利不变。第三，两者共同构成企业的产权结构，以企业资产的存在作为产权存在的基础，并相互制约。第四，无论是投资者的产权还是债权人的产权，其产生和存在均以追求其自身的收益最大化为目的。

然而，投资者和债权人作为拥有各自产权权利的产权主体，其行为具有两方面特征：一是拥有追求自身利益最大化的自由权利；二是其各自权利的行使或实现要受到他人权利的约束。所以，所有者权益和负债这两种产权的合理存在，必须以两者之间合理的"制度安排"为前提。所有者权益和负债虽然同是企业的权益，都体现企业的资金来源，但两者之间却有着本质的不同，具体表现为：第一，负债是企业对债权人所承担的经济责任，企业负有偿还的义务；而所有者权益则是企业对投资人所承担的经济责任，在一般情况下是不需要归还给投资者的。第二，在约定的债务偿还期内，债权人对与其产权相关的权利的行使只具有理论上的意义，债权人只能按照预先约定的条件享有按期收回利息和债务本金的权利，而无权参与企业的利润分配和经营管理；所有者权益的投资者则能够依照法律规定行使与产权相关的决策权，既可以参与企业的利润分配，也可以参与企业的经营管理。第三，在企业清算时，负债拥有优先求偿权；而所有者权益则只能在清偿了所有的负债以后，才返还给投资者。

2. 所有者权益的来源构成

---

① 法人财产权是指企业作为法律上的一个独立实体，其所拥有的财产使用、处置等权利。

所有者权益的来源包括所有者投入的资本、直接计入所有者权益的利得和损失、留存收益等，通常由实收资本（或股本）、资本公积（含资本溢价或股本溢价、其他资本公积）、盈余公积和未分配利润构成。商业银行等金融企业在税后利润中提取的一般风险准备，也构成所有者权益。

（1）所有者投入的资本。所有者投入的资本是指所有者投入企业的资本部分，它既包括构成企业注册资本或者股本部分的金额，也包括投入资本超过注册资本或者股本部分的金额，即资本溢价或者股本溢价，这部分投入资本在我国企业会计准则体系中，被计入了资本公积，并在资产负债表中的资本公积项目下反映。资本公积主要用于转增资本或股本。资本公积金不得用于弥补公司的亏损。可见，所有者投入的资本包括实收资本（股本）和资本公积两个部分。实收资本是指企业实际收到的、投资者投入的作为企业注册资本的资金。资本公积是"资本公积金"的简称，是指企业在筹集资本的过程中所形成的资本溢价。在我国，资本公积主要包括资本溢价（或股本溢价）、直接计入所有者权益的利得或损失。资本公积在本质上属于所有者权益要素的内容，即其产权归属于企业的全体投资者。

（2）直接计入所有者权益的利得和损失。直接计入所有者权益的利得和损失是指不应计入当期损益、会导致所有者权益发生增减变动的、与所有者投入资本或者向所有者分配利润无关的利得或者损失。其中，利得是指由企业非日常活动所形成的、会导致所有者权益增加的、与所有者投入资本无关的经济利益的流入，它包括直接计入所有者权益的利得和直接计入当期利润的利得。损失是指由企业非日常活动所形成的、会导致所有者权益减少的、与向所有者分配利润无关的经济利益的流出，它包括直接计入所有者权益的损失和直接计入当期利润的损失。直接计入所有者权益的利得和损失主要包括可供出售金融资产的公允价值变动额、现金流量套期中套期工具公允价值变动额（有效套期部分）等，这些利得或损失在所有者权益中作为资本公积。

（3）留存收益。留存收益是企业历年实现的净利润留存于企业的部分，主要包括累计计提的盈余公积和未分配利润。

盈余公积是指企业按照规定从当年净利润中提取的各种积累资金。公司制企业的盈余公积分为法定盈余公积和任意盈余公积。法定盈余公积是指公司按照《中华人民共和国公司法》规定的比例（10%）从当年净利润中提取的盈余公积金，非公司制企业也可以按照超过10%的比例提取。公司法定公积金累计额为公司注册资本的50%以上的，可以不再提取法定盈余公积。任意盈余公积是指企业经股东大会或类似机构批准后按照规定的比例从净利润中提取的盈余公积金。公司从税后利润中提取法定盈余公积后，经股东大会或类似机构批准，还可以从税后利润中提取任意盈余公积。企业提取的盈余公积可以用于弥补亏损、转增资本（股本），符合规定条件的企业，也可以用盈余公积分派现金股利。法定公积金转为资本时，所留存的该项公积金不得少于转增前企业注册资本的25%。

未分配利润是指企业留待以后年度分配的结存利润，是企业结转下年的利润。未分配利润也是企业所有者权益的组成部分。相对于所有者权益的其他部分而言，企业对未分配利润的使用和分配具有较大的自主权。从数量上讲，未分配利润是期初未分配利润加上本年实现的净利润,扣除提取的各种盈余公积和分出利润后的余额。

(四)收入

1. 收入的定义与特征

收入(revenue)是指企业在日常活动中形成的、会导致所有者权益增加的、与所有者投入资本无关的经济利益的总流入。收入的实质是企业经济活动的产出过程,即企业生产经营活动的结果。收入只有在经济利益很可能流入从而导致企业资产增加或者负债减少、而且经济利益的流入额能够可靠计量时才能予以确认。根据收入的定义,收入具有以下几个特征:

(1)收入是企业在日常活动中形成的。日常活动是指企业为完成其经营目标所从事的经常性活动以及与之相关的活动。例如,工业企业制造并销售产品、商业企业销售商品、保险公司签发保单、咨询公司提供咨询服务、软件企业为客户开发软件、商业银行对外贷款、租赁公司出租资产等,均属于企业的日常活动。明确界定日常活动是为了将收入与利得相区分,因为企业非日常活动所形成的经济利益的流入不能确认为收入,而应当计入利得。

(2)收入会导致所有者权益的增加。收入可能表现为企业资产的增加,也可能表现为企业负债的减少,或者两者兼而有之,但收入最终能导致企业所有者权益的增加。与收入相关的经济利益的流入应当会导致所有者权益的增加,不会导致所有者权益增加的经济利益的流入不符合收入的定义,不应确认为收入。例如,企业向银行借入款项,尽管也导致了企业经济利益的流入,但该流入并不导致所有者权益的增加,反而使企业承担了一项现时义务,因此,企业对于因借入款项所导致的经济利益的增加,不应将其确认为收入,而应当确认为一项负债。但要注意的是,这里仅指收入本身对所有者权益的影响,而不是指收入扣除相关成本费用后的毛利对所有者权益的影响。收入只包括本企业经济利益的流入,而不包括为第三方或客户代收的款项。

(3)收入是与所有者投入资本无关的经济利益的总流入。经济利益是指直接或间接地流入企业的现金或现金等价物。收入应当会导致经济利益的流入,从而导致资产的增加。例如,企业销售商品,应当收到现金或者在未来有权收到现金,这才表明该交易符合收入的定义。但是在实务中,经济利益的流入有时是所有者投入资本的增加所导致的,所有者投入资本的增加不应当确认为收入,应当将其直接确认为所有者权益。

2. 收入的分类

(1)按照企业从事日常活动的性质分类。按照企业从事日常活动的性质,可以将收入分为商品销售收入、提供劳务收入、让渡资产使用权收入、建造合同收入等。

商品销售收入是指企业通过销售商品实现的收入,如工业企业制造并销售产品、商业企业销售商品等实现的收入。

提供劳务收入是指企业通过提供劳务实现的收入,如咨询公司提供咨询服务、软件开发企业为客户开发软件、安装公司提供安装服务等实现的收入。

让渡资产使用权收入是指企业通过让渡资产使用权实现的收入,主要包括:一是利息收入,主要是指金融企业对外贷款形成的利息收入等;二是使用费收入,主要是指企业转让无形资产等资产的使用权而形成的使用费收入。企业对外出租资产收取的租金、进行债权投资收取的利息、进行股权投资取得的现金股利，也构成让渡资产使用权收入。

建造合同收入是指企业承担建造合同形成的收入。建造合同是指为了建造一项或数项与设计、技术、功能、最终用途等密切相关的资产而订立的合同。建造合同收入包括两部分内容：一是合同规定的初始收入；二是因合同变更、索赔、奖励等形成的收入。

（2）按照企业从事的日常活动在企业中的重要性分类。按照企业从事的日常活动在企业中的重要性，可以将收入分为主营业务收入、其他业务收入、投资收益等。

主营业务收入，是指企业为完成其经营目标而从事的经常性活动实现的收入，是企业主营业务活动获得的收入。如工业企业制造并销售产品、商业企业销售商品、保险公司签发保单、咨询公司提供咨询服务、软件企业为客户开发软件、商业银行对外贷款、租赁公司出租资产等实现的收入。

其他业务收入，是指与企业为完成其经营目标所从事的经常性活动相关的活动实现的收入，是企业非主营业务活动所获得的收入。其他业务一般按照营业执照上注明的兼营业务范围来确定，是企业主营业务以外的其他日常活动。如工业企业对外出售不需用的原材料、出租包装物、对外转让无形资产使用权等业务取得的收入。

投资收益是指企业对外投资所取得的收益减去发生的投资损失后的净额。

应该予以强调的是，上面所说的收入是指狭义的收入，它是营业收入的同义词，我国企业会计准则将收入界定为狭义的概念。广义的收入还包括直接计入当期损益的利得，即营业外收入。营业外收入是指企业发生的与其生产经营活动无直接关系的各项收入，包括固定资产盘盈、处置固定资产净收益、处置无形资产净收益和罚款收入等。

（五）费用

1. 费用的定义与特征

费用（expense）是指企业在日常活动中形成的、会导致所有者权益减少的、与向所有者分配利润无关的经济利益的总流出。费用是企业为获得收入而付出的相应"代价"。根据费用的定义，费用具有以下几个特征：

（1）费用是企业在日常活动中形成的。费用必须是企业在其日常活动中所形成的，这里的日常活动的界定与收入定义中涉及的日常活动的界定相一致。因此日常活动所产生的费用通常包括销售成本（营业成本）、管理费用、财务费用、销售费用等。将费用界定为日常活动所形成的，其目的是为了将其与损失相区分，企业非日常活动所形成的经济利益的流出不能确认为费用，而应当计入损失。

（2）费用会导致所有者权益的减少。与费用相关的经济利益的流出应当会导致所有者权益的减少，不会导致所有者权益减少的经济利益的流出不符合费用的定义，不应确认为费用。例如，企业用银行存款偿还了一笔应付账款100万元，该偿付行为尽管导致企业的经济利益流出100万元，但是该流出并没有导致企业所有者权益减少，而是使企业负债（应付账款）减少了100万元，因此不应该将此项经济利益的流出作为费用予以确认。

（3）费用是与向所有者分配利润无关的经济利益的总流出。费用的发生应当会导致经济利益的流出，从而导致资产的减少或者负债的增加（最终也会导致资产的减少）。其表现形式包括现金或者现金等价物的流出，存货、固定资产和无形资产等的流出或消耗等。企业向所有者分配利润也会导致经济利益的流出，而该经济利益的流出显然属于所有者权益的抵减项目，不应确认为费用，应当将其排除在费用的定义之外。

2. 费用的分类

费用按照经济用途的不同，可以分为成本和直接计入当期损益的费用两类。

（1）成本是指企业为生产产品、提供劳务而发生的各种耗费，其与某成本计算对象具有关联性，属于被"对象化"的费用，包括为生产产品、提供劳务而发生的直接费用和间接费用。其中，直接费用是指为生产产品、提供劳务而直接消耗的材料和人工费用等，包括直接材料费、直接人工费和其他直接支出。直接费用在发生时记入"生产成本"账户。间接费用是指为生产产品、提供劳务而发生的、由多个成本计算对象共同负担、需要分配才能计入相关成本计算对象的成本中去的各项生产费用，其发生时记入"制造费用"账户。如生产车间管理人员的薪酬、车间一般性消耗材料费、车间办公费、车间水电费、取暖费等。产品或劳务的生产成本最终会伴随产品或劳务的销售或提供，作为主营业务成本或其他业务成本计入当期损益。

（2）直接计入当期损益的费用一般是指企业在日常活动中发生的营业成本、营业税金及附加、期间费用、资产减值损失和所得税费用等。

①营业成本包括主营业务成本和其他业务成本。主营业务成本是指企业在进行销售商品、提供劳务等主营业务活动时所发生的商品销售成本或劳务提供成本。其他业务成本是指除主营业务活动以外的其他经营活动所发生的支出，包括销售材料的成本、出租固定资产的折旧额、出租无形资产的摊销额、出租包装物的成本或摊销额等。

②营业税金及附加，也称销售税金，是指企业营业活动应当负担并根据销售收入确定的各种税费，如营业税、消费税、城市维护建设税、资源税和教育费附加等。

③期间费用。期间费用是指本期发生的、不能直接或间接归入某种产品成本的、直接计入当期损益的各项费用，包括销售费用、管理费用和财务费用。

销售费用是指企业在销售商品和材料、提供劳务的过程中发生的各项费用，包括企业在销售商品的过程中发生的运输费、装卸费、包装费、保险费、展览费、广告费、商品维修费和预计的产品质量保证损失以及为销售本企业的商品而专设的销售机构（含销售网点、售后服务网点等）的职工薪酬、业务费、折旧费、固定资产修理费等费用。

管理费用是指企业为组织和管理企业生产经营活动而发生的各项费用，包括企业在筹建期间内发生的开办费、董事会和行政管理部门在企业的经营管理中发生的或应由企业统一负担的公司经费（包括行政管理部门的职工薪酬、物料消耗、办公费和差旅费等）、工会经费、董事会费、聘请中介机构费、咨询费（含顾问费）、诉讼费、业务招待费、房产税、车船使用税、土地使用税、印花税、技术转让费、矿产资源补偿费、研究费用、排污费等费用。管理费用的受益对象是整个企业，而不是企业的某个部门。

财务费用是指企业为筹集生产经营所需资金等而发生的各项费用，包括应当作为期间费用的利息支出（减利息收入）、汇兑损失（减汇兑收益）以及相关的手续费等。

④资产减值损失。资产减值损失是指企业计提的坏账准备、存货跌价准备和固定资产减值准备等所形成的损失。

⑤所得税费用。所得税费用是指企业按税法的规定向国家缴纳的所得税。

成本与直接计入当期损益的费用既有联系又有区别。直接计入当期损益的费用是和期间相联系的，而成本是和产品相联系的；成本要有实物承担者，而直接计入当期损益的费用一般没有实物承担者。但两者都反映资金的耗费，都意味着企业经济利益的减少，也都是由过去已经发生的经济活动引起或形成的。

上面所定义的费用也是狭义上的概念，我国企业会计准则将费用界定为狭义的概念。广义的费用还包括直接计入当期损益的损失，即营业外支出。营业外支出是指企业发生的与其日常活动无直接关系的各项损失，包括非流动资产处置损失、罚款支出、公益性捐赠支出、非常损失、盘亏损失等。

（六）利润

1. 利润的定义

利润（income）是指企业在一定会计期间的经营成果，其用来衡量企业在特定会计期间的财务业绩（financial performance）。利润的实现，会相应地表现为资产的增加或负债的减少，其结果是所有者权益的增加。通常情况下，如果企业实现了利润，则表明企业的所有者权益将增加，业绩得到了提升；反之，如果企业发生了亏损（即利润为负数），则表明企业的所有者权益将减少，业绩下滑了。利润是企业经营成果的综合反映，企业劳动生产率的高低、产品质量的优劣、管理工作的好坏，都会体现在利润指标上。所以，利润是评价企业管理层业绩的一项重要指标，也是投资者等会计信息使用者进行决策时的重要参考。

2. 利润的构成

利润包括收入减去费用后的净额、直接计入当期利润的利得和损失等。其中收入减去费用后的净额反映的是企业日常活动的经营业绩，直接计入当期利润的利得和损失反映的是企业非日常活动的业绩。直接计入当期利润的利得和损失，是指应当计入当期损益、最终会引起所有者权益发生增减变动的、与所有者投入资本或者向所有者分配利润无关的利得或者损失。企业应当严格区分收入和利得、费用和损失之间的区别，以更加全面地反映企业的经营业绩。

利润的计算一般分为三个主要环节，即营业利润、利润总额和净利润。

（1）营业利润。营业利润是指企业在日常活动中产生的经营成果，由营业收入减去营业成本、营业税金及附加、销售费用、管理费用、财务费用、资产减值损失，再加上公允价值变动损益、投资净收益后的金额。它是狭义收入与狭义费用配比后的结果，反映的是企业日常活动的经营业绩。其中，营业收入是指企业日常活动中经营的主要业务和其他业务所确认的收入总额。营业成本是指企业日常活动中经营的主要业务和其他业务发生的实际成本总额。公允价值变动损益是指企业交易性金融资产等公允价值变动形成的应计入当期损益的利得（或损失）。投资净收益是指企业以各种方式对外投资所取得的收益（或损失）。

（2）利润总额。利润总额是指企业在一定会计期间内取得的各种经营成果的总额。利润总额在数值上等于营业利润加上营业外收入，减去营业外支出后的金额。其中，营业外收入（或营业外支出）是指企业发生的与日常活动无直接关系、应直接计入当期损益的各项利得（或损失）。

（3）净利润。净利润是指利润总额减去所得税费用后的金额。其中，所得税费用是指企业确认的应从当期利润总额中扣除的所得税费用。

三、会计要素的确认

会计信息的载体是财务会计报告，财务会计报告由会计要素组成，对会计要素进行报告之前必须进行会计要素的确认。在对会计要素进行确认时，必须遵循一定的基本假设、标准、要求和基础。

（一）会计的基本假设

会计核算的对象是资金运动，而在市场经济条件下，经济活动的复杂性决定了资金运动也是一个复杂的过程。因此，面对变化不定的经济环境，摆在会计人员面前的一系列问题必须首先得到解决。例如，会计核算的范围有多大，会计为谁核算，给谁记账；会计核算的资金运动能否持续不断地进行下去；会计应该在什么时候记账、算账、报账以及在核算过程中应该采用哪种计量手段等。这些都是进行会计核算工作的前提条件。

会计基本假设是企业会计确认、计量和报告的基本前提，是指为了保证会计工作的正常进行和会计信息的质量，对会计核算所处的时间、空间环境所做的合理假定。会计基本假设是人们在长期的会计实践中逐步认识和总结形成的。结合我国实际情况，企业在组织会计核算时，应遵循的会计基本假设包括会计主体假设、持续经营假设、会计分期假设、货币计量假设。

1. 会计主体假设

我国现行会计规范要求，企业应当对其本身发生的交易或者事项进行会计确认、计量和报告。这是对会计主体假设的描述。

会计主体，是指企业会计确认、计量和报告的空间范围，是会计工作为其服务的特定单位或组织。为了向财务会计报告的使用者反映企业财务状况、经营成果和现金流量，提供对其决策有用的信息，会计核算和财务会计报告的编制应当集中反映特定对象的活动，并将其与其他经济实体区别开来，如此才能实现财务会计报告的目标。

在会计主体假设下，企业应当对其本身发生的交易或者事项进行会计确认、计量和报告，反映企业本身所从事的各项生产经营活动。明确界定会计主体是开展会计确认、计量和报告工作的重要前提。

首先，明确会计主体，才能划定会计所要处理的各项交易或事项的范围。在会计工作中，只有那些影响企业本身经济利益的各项交易或事项才能加以确认、计量和报告，那些不影响企业本身经济利益的各项交易或事项则不能加以确认、计量和报告。会计工作中通常所讲的资产、负债的确认，收入的实现，费用的发生等，都是针对特定会计主体而言的。会计主体假设明确了会计工作的空间范围。

其次，明确会计主体，才能将会计主体的交易或者事项与会计主体所有者的交易或者事项以及其他会计主体的交易或者事项区分开来。尽管企业本身的经济活动总是与其他企业、单位或个人的经济活动相联系，但对于会计来说，其核算的范围既不包括企业所有者本人，也不包括其他企业的经济活动。企业所有者的交易或者事项是属于企业所有者主体所发生的,不应纳入企业会计核算的范围,但是企业所有者投入企业的资本或者企业向所有者分配的利润,则属于企业主体所发生的交易或者事项,应当纳入企业会计核算的范围。

需要强调的是,会计主体与法律主体不是同一个概念。一般来说,法律主体必然是一个会计主体。例如,一个企业作为一个法律主体,应当建立财务会计系统,独立反映其财务状况、经营成果和现金流量。但是,会计主体不一定是法律主体。会计主体可以是一个有法人资格的企业,也可以是由若干家企业通过控股关系组织起来的集团公司,还可以是企业、单位下属的二级核算单位。个人独资、合伙形式的企业都可以作为会计主体,但都不是法人。例如,就集团公司而言,一个母公司拥有若干子公司,母公司、子公司虽然是不同的法律主体,但是母公司对子公司拥有控制权,为了全面反映企业集团的财务状况、经营成果和现金流量,就有必要将企业集团作为一个会计主体,编制合并财务报表。再如,对于基金管理公司而言,一方面公司本身既是法律主体,又是会计主体,需要以公司为主体核算公司的各项经济活动,以反映整个公司的财务状况、经营成果和现金流量;另一方面每只基金尽管不属于法律主体,但需要单独核算,并向基金持有人定期披露基金财务状况和经营成果等,因此,每只基金也属于会计主体,应当对每只基金单独进行会计确认、计量和报告。

会计主体假设是持续经营假设、会计分期假设和其他会计核算的基础,因为,如果不划定会计的空间范围,则会计核算工作就无法进行,指导会计核算工作的有关要求也就失去了存在的意义。

2. 持续经营假设

我国现行会计规范要求,企业会计确认、计量和报告应当以持续经营为前提。这是对持续经营假设的描述。

持续经营,是指在可以预见的将来,企业将会按当前的规模和状态继续经营下去,不会停业,也不会大规模削减业务。在持续经营假设下,会计确认、计量和报告应当以企业持续、正常的生产经营活动为前提,而不考虑企业是否破产清算等,在此前提下选择会计程序及会计处理方法,进行会计核算。

企业是否持续经营,在会计原则、会计方法的选择上有很大差别。一般情况下,应当假定企业将会按照当前的规模和状态继续经营下去,会计核算所使用的一系列方法和遵循的有关要求都是建立在会计主体持续经营的基础之上的。明确这个基本假设,就意味着会计主体将按照既定用途使用资产,按照既定的合约条件清偿债务,会计人员就可以在此基础上选择会计原则和会计方法。如果判断企业会持续经营,就可以假定企业的固定资产会在持续经营的生产经营过程中长期发挥作用,并服务于生产经营过程,固定资产就可以根据历史成本进行记录,并采用折旧的方法,将历史成本分摊到预计使用寿命期内各个会计期间或相关产品的成本中。如果判断企业不会持续经营,固定资产就不应采用历史成本进行记录并按期计提折旧。

尽管客观上企业会由于市场经济的竞争而面临被淘汰的危险,企业或会计主体通常不可能无限期地持续经营下去。但只有假定作为会计主体的企业是持续、正常经营的,会计的有关要求和会计程序及方法才有可能建立在非清算的基础之上,不采用破产清算的一套处理方法,这样才能保持会计信息处理的一致性和稳定性。持续经营假设明确了会计工作的时间范围。

如果一个企业在不能持续经营时还假定企业能够持续经营,并仍按持续经营假设选择会计确认、计量和报告的原则与方法,就不能客观地反映企业的财务状况、经营成果和现金流量,会误导会计信息使用者的经济决策。所以,如果有足够的证据表明企业不能持续经营时,建立在持续经营假设基础之上的有关会计处理原则和方法也就不再适用。

只有在持续经营的前提下,企业的资产和负债才区分为流动的和非流动的;企业对收入、费用的确认才能采用权责发生制;企业才有必要确立会计分期假设和配比原则、划分收益性支出与资本性支出、采用历史成本等会计确认、计量方法。

3. 会计分期假设

我国现行会计规范要求,企业应当划分会计期间,分期结算账目和编制财务会计报告。会计期间分为年度和中期。中期是指短于一个完整的会计年度的报告期间。这是对会计分期假设的描述。

会计分期,是指将一个企业持续不断的生产经营活动划分为一个个较短的、连续的、长短相同的期间。会计分期的目的,在于通过会计期间的划分,将持续经营的生产经营活动划分成连续、相等的期间,据以分期结算账目,按期编制财务会计报告,从而及时向财务会计报告的使用者提供有关企业财务状况、经营成果和现金流量的信息,满足有关方面的需要。

根据持续经营假设,一个企业将按当前的规模和状态持续经营下去。所以从理论上来说,在企业持续经营的情况下,要反映企业的财务状况和经营成果只有等到企业所有的生产经营活动结束后,才能通过收入和费用的归集与比较,进行准确的计算,但那时提供的会计信息已经失去了应有的作用。因此,必须人为地将这个过程划分为较短的会计期间。无论是企业的生产经营决策还是投资者、债权人等的决策都需要及时的信息,都需要将企业持续的生产经营活动划分为一个个连续的、长短相同的期间,分期确认、计量和报告企业的财务状况、经营成果和现金流量。

在会计分期假设下,企业应当划分会计期间,分期结算账目和编制财务会计报告。会计分期假设是对会计工作时间范围的具体划分,主要是确定会计年度。中外各国所采用的会计年度一般都与本国的财政年度相同。我国以日历年度作为会计年度,即从每年的1月1日至12月31日为一个会计年度。会计年度确定后,一般按日历确定半年度、季度和月度。其中,凡是短于一个完整的会计年度的报告期间均称为中期。

会计分期假设有着重要的意义。由于会计分期,才产生了当期与以前期间、以后期间的差别,才使不同类型的会计主体有了记账的基准,进而出现了折旧、摊销等会计处理方法;才产生了收付实现制和权责发生制以及划分收益性支出和资本性支出、配比等要求。只有正确地划分会计期间,才能准确地提供财务状况和经营成果等资料,才能进行会计信息的对比。

4. 货币计量假设

我国现行会计规范要求,企业会计应当以货币计量。这是对货币计量假设的描述。

货币计量，是指会计主体在财务会计确认、计量和报告的过程中应采用货币作为计量单位，记录、反映会计主体的生产经营情况。

企业使用的计量单位较多，在会计的确认、计量和报告过程中之所以选择货币为基础进行计量，是由货币本身的属性决定的。为了全面、综合地反映企业的生产经营活动，会计核算客观上需要一种统一的计量单位作为计量尺度。货币作为商品的一般等价物，是衡量一般商品价值的共同尺度，具有作为价值尺度、流通手段、贮藏手段和支付手段等的职能，能用以计量一切资产、负债和所有者权益以及收入、费用和利润，也便于综合。而其他计量单位如重量、长度、容积、台、件等，只能从一个侧面反映企业的生产经营情况，无法在量上进行汇总和比较，不便于会计计量和经营管理。只有选择货币尺度进行计量，才能充分反映企业的生产经营情况。所以，会计必须以货币计量为前提，会计确认、计量和报告应选择货币作为计量单位。

在我国，要求企业对所有经济业务采用同一种货币作为统一尺度来进行计量。若企业的经济业务有两种以上的货币计量，应该选用一种作为基准，称为记账本位币。记账本位币以外的货币则称为外币。我国有关会计法规指出，会计核算以人民币为记账本位币，业务收支以人民币以外的货币为主的单位，可以选定其中一种货币作为记账本位币，但是编制的财务会计报告应当折算为人民币。①

需要说明的是，其他计量单位如实物、劳动工时等，在会计核算中也要使用，但不占主要地位。在有些情况下，统一采用货币计量也有缺陷，某些影响企业财务状况和经营成果的因素，如企业经营战略、研发能力、市场竞争力等，往往难以用货币计量，但这些信息对于会计信息使用者的决策也很重要，因此，企业可以在财务会计报告中补充披露有关非财务信息来弥补上述缺陷。另外，货币本身也有价值，它是通过货币的购买力或物价水平表现出来的。但在市场经济条件下，货币的价值也在发生变动从而导致币值很不稳定，甚至有些国家出现比较恶劣的通货膨胀，对货币计量提出了挑战。因此，一方面，我们在确定货币计量假设时必须同时确立币值稳定假设，即假设币值是稳定的，不会有大的波动，或前后波动能够被抵消；另一方面，如果发生恶性通货膨胀，就需要采用特殊的会计原则如物价变动会计原则来处理有关的经济业务。

综上所述，会计基本假设虽然是人为确定的，但完全是出于客观的需要，有充分的客观必然性；否则，会计核算工作就无法进行。这四项假设缺一不可，既有联系，也有区别，共同为会计核算工作的开展奠定了基础。

（二）会计要素的确认标准

确认是指决定将交易或事项中的某一项目作为一项会计要素加以记录和列入财务会计报告的过程，是财务会计的一项重要程序。确认主要解决某一个项目应否确认、如何确认和何时确认三个问题，它包括在会计记录中的初始确认和在财务报表中的再确认。凡是确认必须具备一定的条件，我国现行会计规范规定了会计要素的确认条件。

1. 会计要素确认的基本标准

---

① 中华人民共和国会计法. 北京：中国法制出版社，2006：15.

会计要素确认的基本标准包括初始确认标准和再确认标准两个方面。

（1）初始确认标准。会计要素的初始确认标准主要包括：第一，符合要素的定义。有关经济业务确认为一项要素，首先必须符合该要素的定义。第二，有关的经济利益很可能流入或流出企业。这里的"很可能"表示经济利益流入或流出的可能性在50%以上。第三，有关的价值以及流入或流出的经济利益能够可靠地计量。如果不能可靠计量，确认就没有意义。

（2）再确认标准。经过确认、计量之后，会计要素应该在报表中列示。其中资产、负债、所有者权益在资产负债表中列示，而收入、费用、利润在利润表中列示。根据有关会计准则的规定，在报表中列示的条件是：只有符合要素定义和要素确认条件的项目，才能列示在报表中，仅仅符合要素定义而不符合要素确认条件的项目，不能在报表中列示。例如，我国现行会计规范要求：符合资产定义和资产确认条件的项目，应当列入资产负债表；符合资产定义、但不符合资产确认条件的项目，不应当列入资产负债表。

2. 具体会计要素的确认标准

上述确认标准如果应用到具体的会计要素确认的过程中，可以分述如下：

（1）资产的确认条件。将一项资源确认为资产，需要符合资产的定义，还应当同时满足以下两个条件：

第一，与该资源有关的经济利益很可能流入企业。从资产的定义来看，能否带来经济利益是资产的一个本质特征，但在现实生活中，由于经济环境瞬息万变，与资源有关的经济利益能否流入企业或者能够流入多少实际上带有不确定性。因此，资产的确认还应与经济利益流入的不确定性程度的判断结合起来。如果根据编制财务报表时所取得的证据，与资源有关的经济利益很可能流入企业，那么就应当将其作为资产予以确认；反之，不能确认为资产。

第二，该资源的成本或者价值能够可靠地计量。财务会计系统是一个确认、计量和报告的系统，其中计量起着枢纽作用，可计量性是所有会计要素确认的重要前提，资产的确认也是如此。只有当有关资源的成本或者价值能够可靠地计量时，资产才能予以确认。在实务中，企业取得的许多资产都是发生了实际成本的，例如企业购买或者生产的存货，企业购置的厂房或者设备等，对于这些资产，只要实际发生的购买成本或者生产成本能够可靠计量，就视为符合了资产确认的可计量条件。在某些情况下，企业取得的资产没有发生实际成本或者发生的实际成本很小，例如企业持有的某些衍生金融工具形成的资产，对于这些资产，尽管它们没有实际成本或者发生的实际成本很小，但是如果其公允价值能够可靠计量的话，也被认为符合了资产可计量性的确认条件。

（2）负债的确认条件。将一项现时义务确认为负债，需要符合负债的定义，还应当同时满足以下两个条件：

第一，与该义务有关的经济利益很可能流出企业。从负债的定义可以看到，预期会导致经济利益流出企业是负债的一个本质特征。在实务中，履行义务所需流出的经济利益带有不确定性，尤其是与推定义务相关的经济利益通常需要依赖于大量的估计。因此，负债的确认应当与经济利益流出的不确定性程度的判断结合起来。如果有确凿证据表明，与现时义务有关的经济利益很可能流出企业，就应当将其作为负债予以确认；反之，如果企业承担了现时义务，但导致经济利益流出企业的可能性已不复存在，就不符合负债的确认条件，不应将其作为负债予以确认。

第二，未来流出的经济利益的金额能够可靠地计量。负债的确认在考虑经济利益流出企业的同时，对于未来流出的经济利益的金额应当能够可靠计量。对于与法定义务有关的经济利益流出的金额，通常可以根据合同或者法律规定的金额予以确定。考虑到经济利益流出的金额通常在未来期间，有时未来期间较长，有关金额的计量需要考虑货币时间价值等因素的影响；对于与推定义务有关的经济利益流出的金额，企业应当根据履行相关义务所需支出的最佳估计数进行估计，并综合考虑有关货币时间价值、风险等因素的影响。

（3）所有者权益的确认条件。所有者权益体现的是所有者在企业中的剩余权益，因此，所有者权益的确认主要依赖于其他会计要素，尤其是资产和负债的确认；所有者权益金额的确定也主要取决于资产和负债的计量。例如，企业接受投资者投入的资产，在该资产符合企业资产的确认条件时，就相应地符合了所有者权益的确认条件；当该资产的价值能够可靠计量时，所有者权益的金额也就可以确定。

所有者权益反映的是企业所有者对企业资产的索取权，负债反映的是企业债权人对企业资产的索取权，两者在性质上有本质区别。因此企业在会计确认、计量和报告的过程中应当严格区分负债和所有者权益，以如实反映企业的财务状况，尤其是企业的偿债能力和产权比率等。在实务中，企业某些交易或者事项可能同时具有负债和所有者权益的特征，在这种情况下，企业应当将属于负债和所有者权益的部分分开核算和列报。例如，企业发行的可转换公司债券，企业应当将其中的负债部分和权益性工具部分进行拆分，分别确认负债和所有者权益。

（4）收入的确认条件。企业收入的来源渠道多种多样，不同收入来源的特征有所不同，其收入确认条件也往往存在差别，如销售商品、提供劳务、让渡资产使用权等。一般而言，收入只有在经济利益很可能流入从而导致企业资产增加或者负债减少、经济利益的流入额能够可靠计量时才能予以确认。即收入的确认至少应当符合以下条件：一是与收入相关的经济利益应当很可能流入企业；二是经济利益流入企业的结果会导致资产的增加或者负债的减少；三是经济利益的流入额能够可靠计量。

（5）费用的确认条件。费用的确认除了应当符合其定义外，也应当满足严格的条件，即费用只有在经济利益很可能流出从而导致企业资产减少或者负债增加、经济利益的流出额能够可靠计量时才能予以确认。因此，费用的确认至少应当符合以下条件：一是与费用相关的经济利益应当很可能流出企业；二是经济利益流出企业的结果会导致资产的减少或者负债的增加；三是经济利益的流出额能够可靠计量。

（6）利润的确认条件。利润反映的是收入减去费用、利得减去损失后的净额，因此，利润的确认主要依赖于收入和费用以及利得和损失的确认，其金额的确定也主要取决于收入、费用、利得、损失金额的计量。

（三）会计要素的确认要求

对会计要素进行确认不仅要符合一定的条件，而且还要在确认过程中遵循以下要求：划分收益性支出与资本性支出、收入与费用配比、历史成本计量。

1. 划分收益性支出与资本性支出

会计核算应当合理划分收益性支出和资本性支出。凡支出的效益仅与本会计年度（或一个营业周期）相关的，应当作为收益性支出；凡支出的效益与几个会计年度（或几个营业周期）相关的，应当作为资本性支出。划分收益性支出和资本性支出的目的在于正确确定企业的当期（一般指一个会计年度）损益。具体来说，收益性支出是为取得本期收益而发生的支出，应当作为本期费用，计入当期损益，列入利润表中。例如，已销售商品的成本、期间费用、所得税费用等。资本性支出是为形成生产经营能力，为以后各期取得收益而发生的各种支出，应当作为资产反映，列入资产负债表中。例如，购置固定资产和无形资产的支出等。

如果一项收益性支出按资本性支出处理，就会造成少计费用而多计资产，出现当期利润虚增而资产价值偏高的现象；如果一项资本性支出按收益性支出处理，就会出现多计费用少计资产，以致当期利润虚减而资产价值偏低的结果。

2. 收入与费用配比

正确确定一个会计期间的收入和与其相关的成本、费用，以便计算当期的损益，这是配比的要求。

收入与费用配比包括两方面的配比问题：一是收入和费用在因果联系上的配比，即取得一定的收入时发生了一定的支出，而发生这些支出的目的就是为了取得这些收入；二是收入和费用在时间意义上的配比，即一定会计期间的收入和费用的配比。

3. 历史成本计量

历史成本，又称实际成本或原始成本，是取得或制造某项财产物资时所实际支付的现金或其他等价物。在历史成本计量下，资产按照购置资产时支付的现金或现金等价物的金额，或者按照购置资产时所付出的对价的公允价值计量。负债按照因承担现时义务而实际收到的款项或者资产的金额，或者承担现时义务的合同金额，或者按照日常活动中为偿还负债预期需要支付的现金或现金等价物的金额计量。

我国现行会计规范要求：企业在对会计要素进行计量时，一般应当采用历史成本，采用重置成本、可变现净值、现值、公允价值计量的，应当保证所确定的会计要素金额能够取得并可靠计量。以历史成本为一般计价基础有助于对各项资产、负债项目的确认和对计量结果的验证和控制；同时，按照历史成本进行核算，也使得收入与费用的配比建立在实际交易的基础上，防止企业随意改动资产价格造成经营成果虚假或任意操纵企业的经营业绩。

用历史成本计价比较客观，有原始凭证作证明，可以随时查证和防止随意更改。但这样做是建立在币值稳定假设的基础之上的，如果发生物价变动导致币值出现不稳定的情况，则需要研究、使用其他的计价基础，如重置成本等。

（四）会计要素确认基础的运用

企业生产经营活动在时间上是持续不断的，不断地取得收入，不断地发生各种成本、费用，将收入和相关的费用相配比，就可以计算和确定企业生产经营活动所产生的利润（或亏损）。由于企业生产经营活动是连续的，而会计期间是人为划分的，所以在企业的经济活动中，交易或事项的发生时间往往并不与相关货币收支时间完全一致，难免有一部分收入和费用出现收支期间和应归属期间不相一致的情况。例如，款项已经收到，但销售并未实现；或者款项已经支付，但并不是为本期生产经营活动而发生的。于是在处理这类经济业务时，应正确选择合适的会计确认基础，可供选择的会计确认基础包括收付实现制和权责发生制两种。

1. 收付实现制

收付实现制，也称现金收付制或现金制，是以款项的实收实付作为确定本期收入和费用等的标准。采用收付实现制作为会计确认基础时，凡是本期实际收到的款项，都作为本期的收入处理；凡是本期付出的款项，都作为本期的费用处理。反之，凡本期没有实际收到款项和付出款项，即使应归属于本期，但也不作为本期收入和费用处理。

现举例说明收付实现制下会计处理的特点：

【例2-1】企业于10月10日销售商品一批，价款20 000元，10月25日收到货款，存入银行。

这笔销售由于在10月份收到了货款，按照收付实现制的处理标准，应作为10月份的收入入账。

【例2-2】企业于10月11日销售商品一批，价款10 000元，11月10日收到货款，存入银行。

这笔销售收入虽然属于10月份实现的收入，但由于是在11月份收到货款，按照收付实现制的处理标准，应将其作为11月份的收入入账，10月份不确认收入。

【例2-3】企业于10月12日收到某购货单位一笔15 000元货款，存入银行，但按合同规定于12月份交付商品。

这笔货款虽然属于12月份实现的收入，但由于是在10月份收到了款项，按照收付实现制的处理标准，应将其作为10月份的收入入账。

【例2-4】企业于10月30日以银行存款2 000元预付来年全年的保险费。

这笔款项虽然属于来年各月负担的费用，但由于在本年10月份支付了款项，按照收付实现制的处理标准，应将其作为本年10月份的费用入账。

【例2-5】企业于10月30日购入办公用品一批，价款5 000元，但款项在来年的3月份支付。

这笔费用虽然属于本年10月份负担的费用，但由于款项是在来年3月份支付，按照收付实现制的处理标准，应将其作为来年3月份的费用入账。

【例2-6】企业于10月31日用银行存款1 000元支付本月水电费。

这笔费用由于在本年10月份付款，按照收付实现制的处理标准，应作为本年10月份的费用入账。

从上面的举例可以看出，无论收入的权利和支出的义务归属于哪一期，只要款项的收付在本期，就应确认为本期的收入和费用，而不考虑预收收入和预付费用以及应计收入和应计费用的存在。会计期末根据账簿记录确定本期的收入和费用时，因为实际收到和付出的款项必然已经登记入账，所以不存在对账簿记录于期末进行调整的问题。这种会计确认基础的核算手续简单，同时由于收入和费用的确认时间与现金的收支时间一致，核算的经营成果与现金流量一致，便于会计信息使用者理解。但是，以收付实现制为基础进行会计核算，可能导致当期收到的现金是以前期间的经营成果，而当期支付的现金又可能在以后期间才能带来成果，因此，按照现金的实际收支时间确定的损益并不代表企业当期的真正经营成果，不同时期缺乏可比性，所以在我国目前的会计实务中，它主要适用于非营利组织，我国的行政单位会计采用收付实现制，事业单位会计除经营业务可以采用权责发生制外，其他大部分业务采用收付实现制。

2. 权责发生制

权责发生制，也称应收应付制或应计制，是指企业以收入的权利和支出的义务是否应归属于本期为标准来确认收入、费用的一种会计确认基础。也就是以应收应付为标准，而不是以款项的实际收付是否在本期发生为标准来确认本期的收入和费用。在权责发生制下，凡是属于本期已经实现的收入和应当负担的费用，不论款项是否实际收到或实际付出，都应作为本期的收入和费用入账；凡是不属于本期的收入和费用，即使款项在本期收到或付出，也不作为本期的收入和费用处理。以前面所举的例2-1至例2-6为例，说明在权责发生制下的会计处理：

例2-1和例2-6中收入与费用的归属期和款项的实收实付属于相同的会计期间，确认的收入与费用和收付实现制相同。

例2-2应作为10月份的收入，因为商品已经销售，企业已经取得收回款项的权利，收入在10月份就实现了。

例2-3应作为12月份的收入，因为10月份只是收到款项，商品没有交付，并没有取得收到款项的权利，收入没有在10月份实现。

例2-4应作为第二年的费用，因为这笔保险费虽然在本年10月份支付，但这笔费用应该由来年负担。

例2-5应作为本年10月份的费用，因为企业已经在10月份购入了办公用品，虽然款项没有在本年10月份实际支付，但10月份已经发生支出的义务了。

前述例2-1至例2-6分别在收付实现制和权责发生制下确认收入、费用以及该企业10月份的利润的比较如表2-1所示。

表2-1　　　　　　　　　　收付实现制与权责发生制的比较表　　　　　　　　　　单位：元

业务内容	收付实现制		权责发生制	
	收入	费用	收入	费用
【例2-1】	20 000		20 000	
【例2-2】			10 000	
【例2-3】	15 000			
【例2-4】		2 000		
【例2-5】				5 000
【例2-6】		1 000		1 000
合计	35 000	3 000	30 000	6 000
利润	32 000		24 000	

由表 2-1 可见，权责发生制与收付实现制的共同之处在于都是会计确认收入和费用归属期的基本原则，但收付实现制是以实际收付款项为基本标准确认收入和费用，而权责发生制是以权利的取得与责任的承担为基本标准确认收入和费用，即取得了收取款项的权利或承担费用的责任就应该确认收入和费用。所以在权责发生制下，必须依据持续经营和会计分期两个基本假设来正确划分不同会计期间的资产、负债、收入、费用等会计要素的归属期，必须考虑预收、预付和应收、应付。由于企业日常的账簿记录不能完全地反映本期的收入和费用，需要在会计期末对账簿记录进行调整，使未收到款项的应计收入和未付出款项的应付费用以及收到款项而不完全属于本期的收入和付出款项而不完全属于本期的费用，归属于相应的会计期间，以便正确地计算本期的经营成果。

企业经营不是一次而是多次，而损益的计算又要分期进行，每期的损益计算理应反映所有归属于本期的真实经营业绩，收付实现制显然不能完全做到这一点。所以，与收付实现制相比较，权责发生制的核算虽然比较复杂，但其反映本期的收入和费用比较合理、真实，能够更加准确地反映特定会计期间实际的财务状况和经营成果，所以适用于企业。同时根据收入和费用的定义，一项收入的确认必然同时导致一项资产的增加或负债的减少，一项费用的确认必然同时导致一项资产的减少或负债的增加，所以权责发生制可应用于所有会计要素的确认，成为会计要素的确认基础。我国现行会计规范要求：企业应当以权责发生制为基础进行会计确认、计量和报告。

当然，需要注意的是，尽管权责发生制在反映企业的经营业绩方面具有其合理性，在当前也成为绝对主流的会计要素确认基础，但是权责发生制也存在一定的局限性，其最大的一个局限性是一个利润很高的企业，却可能没有相应的变现资金而陷入财务困境。例如，某企业本期销售 2 000 万元的商品，按照权责发生制原则，企业应该确认这笔 2 000 万元的收入，但是企业若在本期不能收到这笔 2 000 万元的销售款，而其各项成本费用却仍需用现金支付，则企业就可能出现利润虽然较高却没有足够的现金支付的财务危机状况。所以在市场经济条件下，企业应该以权责发生制为基础确认收入、费用、资产和负债，但是也不能忽略现金流动状况，即需要以收付实现制为基础考察现金流量情况，以弥补权责发生制的局限性。

第三节 会计恒等式

会计等式也称为会计平衡公式、会计方程式或会计恒等式，它是表明各会计要素之间基本关系的恒等式。会计对象可概括为资金运动，具体表现为会计要素。每发生一笔经济业务，都是资金运动的一个具体过程，每一个资金运动过程都必然涉及相应的会计要素，从而全部资金运动所涉及的会计要素之间就存在一定的相互联系。会计要素之间的这种内在关系，可以通过会计平衡等式表现出来，这种平衡等式就叫做会计平衡公式。会计等式以公式的形式揭示了会计要素之间的数量关系以及数量变化规律，它是设置账户、复式记账和设计财务报表的理论依据，是会计核算方法体系的理论基础。

一、静态会计等式

静态会计等式是用来反映资产、负债、所有者权益这三个会计要素之间数量关系的等式，其关系如（2-1）式所示：

$$资产 = 负债 + 所有者权益 \qquad (2-1)$$

众所周知，企业要从事生产经营活动，必须先筹集到资金，然后用筹集到的资金准备生产经营活动所必需的一些资产。一方面，这些资产分布于企业生产经营活动的各个阶段，表现为不同的资金占用形态，如现金、原材料、房屋建筑物、机器设备和无形资产等，成为企业生产经营活动的基础；另一方面，取得这些资产的资金要么来源于债权人，要么来源于投资者，他们投入资金后就会对企业资产拥有一种求偿权，会计上将这种求偿权称为权益。债权人的投入资金形成企业的债权人权益，也称负债；所有者的投入资金形成所有者权益。

【例2-7】 某企业成立需要注册资金100万元，其中甲投资者投入货币资金30万元以及20万元的办公设备；乙投资者投入货币资金15万元以及价值35万元的办公用房；另外企业从银行借入40万元的3年期借款。企业于2009年1月1日正式成立，资金全部到位。则该企业在成立当天的资产为：货币资金85万元+办公设备20万元+办公用房35万元=140万元；所有者权益为：甲投资者50万元+乙投资者50万元=100万元；负债为：银行的长期借款40万元。可见：

资产140万元 = 负债40万元 + 所有者权益100万元

所以，资产与权益（负债和所有者权益），实际上是同一资金运动的两个方面：一个是来龙，负债和所有者权益是资金来源，表明是谁提供了这些经济资源，谁对这些资源享有求偿权；另一个是去脉，资产是资金的占用形态，表明企业拥有多少经济资源和拥有哪些经济资源。因此，这两个方面之间必然存在着恒等关系。从数量上看，一定数额的资产必然对应着相同数额的负债与所有者权益，而一定数额的负债与所有者权益也必然对应着相同数额的资产。这一恒等关系可用（2-2）式、（2-3）式、（2-4）式表示：

$$资产 = 权益 \qquad (2-2)$$

或

$$资产 = 债权人权益 + 所有者权益 \qquad (2-3)$$

或

$$资产 = 负债 + 所有者权益 \qquad (2-4)$$

上述会计等式的基本含义是：（1）在会计期间的某一时日（如期初、期末等）企业的资产总额等于其当日的负债总额与所有者权益总额之和；（2）作为企业资金占用形式的资产与作为企业资金来源渠道的负债和所有者权益，是同一资金整体两个不同的方面，两者相互依存；（3）资产、负债、所有者权益要素之间的变动具有内在联系，企业的经济活动最终体现在会计要素的变动上。如企业收到投资者投入资金时，其资产和所有者权益要素会同时发生变动；企业取得银行贷款时，其资产和负债要素也会同时发生变动。

由于这一会计等式说明了资产、负债和所有者权益这三个静态会计要素之间的数量关系，反映的是资金运动过程中某一时点会计要素之间的数量关系，所以称为静态会计等式。静态会计等式表明了某一会计主体在某一特定时点所拥有的各种资产，即资金占用情况；同时也表明了这些资产的归属关系。它是设置账户、复式记账以及编制资产负债表的理论依据，在会计核算体系中有着举足轻重的地位。

二、动态会计等式

动态会计等式是用来反映收入、费用、利润这三个会计要素之间数量关系的等式。

企业的生产经营都是以营利为目的的。不论是所有者还是债权人，将资金投入企业就是想获得预期的收益。按照投入产出原理，要想获得收益，就必须将资产投入企业生产经营活动，即将资产转化为有关的费用，并生产出满足社会需要的产品，再将产品在市场上销售或提供服务取得收入，并获得相应的利润。也就是说，企业在生产经营过程中，必然会发生一定的费用和取得一定的收入，一定时期的收入补偿发生的费用之后，形成盈利。因此，企业在生产经营过程中获得收入、发生费用、形成利润之间的关系，可以用（2-5）式所示的会计等式表示：

$$收入 - 费用 = 利润 \qquad (2-5)$$

（2-5）式表达了三个方面的基本含义：（1）收入的取得、费用的发生，直接影响企业期间利润的确定；（2）将来自于特定会计期间的收入与其相关的费用进行配比，可以确定该期间企业的利润数额；（3）利润是收入与相关费用比较的差额。

【例2-8】 承例2-7，假设该企业在成立后的一年内实现了各种收入150万元，同时为获得这些收入又发生了各种费用110万元，则该企业在该年度的利润为：150万元－110万元＝40万元。

上述会计等式表明：收入和费用是资金循环动态表现的两个对立面。企业的收入大于费用时，便获得了"利润"，反之则为"亏损"（负利润）。在费用一定时，收入越大，利润越大（或亏损越小），收入与利润呈正向变化关系，而与亏损呈反向变化关系；在收入一定时，费用越大，利润越小（或亏损越大），费用与利润呈反向变化关系，而与亏损呈正向变化关系。

由于这一等式反映的是一段时期内（一般为一个会计期间）利润的形成情况，是资金运动的动态表现形式，所以称之为动态会计等式。动态会计等式是利润表的编制基础。

三、综合会计等式

综合会计等式是用来反映全部会计要素之间关系的等式，其关系如（2-6）式、（2-7）式所示：

$$资产 + 费用 = 负债 + 所有者权益 + 收入 \qquad (2-6)$$

或

$$资产 = 负债 + 所有者权益 + （收入 - 费用） \qquad (2-7)$$

从企业经济活动的整体来看，企业经济交易的产生不仅会导致静态会计要素发生变动，而且也会使得静态会计要素与动态会计要素同时发生变动。在任何一个会计期间的起始时刻，都有：资产=负债+所有者权益。随着生产经营活动的进行，企业会发生各种费用，并引起资产的减少或负债的增加；同时，企业还会通过销售产品或提供劳务而取得收入，并由此引起资产的增加或负债的减少。当然企业也可能由于接受追加投资或发放股利而使资产、所有者权益发生变化。可见，在整个会计期间，各会计要素都会发生数量上的变化。到了会计期末，当企业取得了经营成果，形成了净利润，企业的总资产和总权益比期初资产总额和权益总额增加了，这个增加的量就是本期实现的净利润（如为亏损，则为减少量）。企业期初、期末以及期内的会计要素关系可以进一步解释如下：

首先，企业的经济活动始于会计期初已有的资产、负债和所有者权益。因此，会计期内收入与费用发生前（即会计期初）的会计要素关系为：

$$资产 = 负债 + 所有者权益 \qquad (静态会计等式)$$

其次，会计期内经济业务的发生，就其对会计要素的影响看，包括两类：涉及收入与费用的经济业务和不涉及收入与费用的经济业务。在内容上，涉及收入与费用的经济业务主要是：消耗资产（或产生债务）而形成费用，取得收入而增加资产（或偿付债务）；而不涉及收入与费用的经济业务主要是企业发生筹资、偿债及分派事项。会计期内会计要素的变化关系为：

$$资产 + 费用 = 负债 + 所有者权益 + 收入 \qquad (综合会计等式)$$

综合会计等式是对企业经济活动的"动态过程"的完整描述。由于运动是绝对的，而静止是相对的，因此，综合会计等式是揭示会计要素关系的典型模式。换言之，其重要性要远远高于静态会计等式。在动态会计等式中，"资产"、"负债"、"所有者权益"等要素，均以"变动"的身份出现。例如，资产要素是指"资产的变动"，负债要素是指"负债的变动"等，而不是所谓的"期初数"。收入、费用要素本身属动态要素，意味着资金的"运动形式"。正因为各个要素以"运动形式"出现，因此，资产与负债、资产与所有者权益、资产与费用、资产与收入等要素之间在资金运动过程中的相互依存关系，一目了然。下面，可考察企业经济业务的发生对该等式的影响：

(1) 企业收入的取得，或者表现为资产要素和收入要素同时、同等金额地增加，或者表现为收入要素的增加和负债要素同等金额地减少，等式仍然保持平衡。

(2) 企业费用的发生，或者表现为负债要素和费用要素同时、同等金额地增加，或者表现为费用要素的增加和资产要素同等金额地减少，等式仍然保持平衡。

(3) 企业进行权益融资或发生股东撤资，表现为资产要素和所有者权益要素同时、同等金额地增加或减少，等式仍然保持平衡。

(4) 企业进行负债融资，表现为资产要素和负债要素同时、同等金额地增加；企业发生偿债，表现为资产要素和负债要素同时、同等金额地减少，等式仍然保持平衡。

(5) 企业分派股利，或者表现为资产要素和所有者权益要素同时、同等金额地减少，或者表现为负债要素和所有者权益要素同时、同等金额地一增一减，等式仍然保持平衡。

最后，企业特定期间的经济活动又止于会计期末已经形成的新的资产、负债和所有者权益。费用发生与收入取得过程，同时也是消耗旧资产、产生新资产的过程，而且，费用的发生与收入的形成，始于资产又归于资产，因此，收入与费用配比的结果（损益）仅仅表明资产的增减量。会计期末根据收入与费用配比原则确定利润。该利润归投资者所有，表现为"所有者权益"的一部分。此部分数额，正好等于期内企业经营活动中因收入和费用变动而导致的资产净增（减）额。期末确认企业期内经济活动导致的"所有者权益"变动之后，会计要素的基本关系又归为以下形式（但数量已经发生变化）：

         资产＝负债＋所有者权益   （静态会计等式）

  由上可见，静态会计等式揭示企业资金运动在相对静止状态下的存在规律，而综合会计等式揭示企业资金运动在绝对运动过程中的变化规律。以会计分期假设为基础的会计对象的基本要素结构模式的构成如下所示。

  期初：

         资产＝负债＋所有者权益   （静态会计等式）

  期内：

       资产＋费用＝负债＋所有者权益＋收入 （综合会计等式）

  期末：

         资产＝负债＋所有者权益   （静态会计等式）

  由于资金运动存在的"动态"特征，会计等式也表现为一种变动的"等式群"。在"时间观念"上，会计等式群涵盖了期初、期内、期末紧密衔接的全过程的资金运动；在"空间观念"上，会计等式群包含资金运动的静态和动态内容。在期初，静态会计等式表现资金运动的初始状态，其揭示的会计要素的数量关系均是"期初数"，会计等式实际上就是"期初资产＝期初负债＋期初所有者权益"。在期内，综合会计等式表现资金运动的变动状态，其揭示的会计要素的数量关系均是"变动数"，会计等式实际上就是"资产变动＋费用发生＝负债变动＋所有者权益变动＋收入取得"。在期末，新的静态会计等式所表现的经济意义与期初静态会计等式相同，但说明的是新的数量关系。

  以上分析说明，资产、负债、所有者权益、收入、费用和利润这六大会计要素之间存在着一种恒等关系，会计等式反映了这种恒等关系，因而它始终成立。任何经济业务的发生都不会破坏会计等式的平衡关系。"资产＋费用＝负债＋所有者权益＋收入"这一会计等式能够全面反映企业资金运动的内在规律性。从某一时刻看，可以看到资金的静态运动规律；从某一时期看，可以看出资金的动态运动规律。所以，此会计等式是能够综合反映企业资金运动规律的会计等式，称为综合会计等式。

四、经济业务对会计等式的影响

  企业在生产经营过程中，不断地发生各种经济业务，如投入资金、购买材料、支付工资、销售商品、交纳税款、分配利润等。这里所指的经济业务，是指发生于企业生产经营过程中，客观上能以货币计量并影响到会计要素发生变动的经济活动。比如某企业召开一个会议，这项业务并不是经济业务，因为它没有引起任何会计要素的增减变化。但如果召开工作会议时使用银行转账方式支付了会议场地租金 10 000 元，那么支付租金这笔业务就是需要进行会计处理的经济业务。在会计实务和理论教学中,我们也经常将"经济业务"称为"会计事项"。

经济业务的发生,涉及两个或几个经济实体,经济业务包括"外部经济业务"和"内部经济业务"。外部经济业务指企业与外部经济实体之间所发生的经济业务,比如从外部供应商购买材料、从银行借入款项。内部经济业务是指不涉及其他经济实体、企业内部所发生的经济业务。如生产产品等耗用原材料、机器设备的消耗等。

虽然企业在生产经营过程中,会发生各种各样的经济业务,经济业务的发生也必然会对有关的会计要素产生影响。但无论企业发生何种经济业务,都不会破坏会计等式的成立。企业在一定期间内发生的全部经济业务,按其对会计要素的影响可以分为两大类:一是只涉及资产、负债和所有者权益增减变化的经济业务;二是涉及收入和费用的经济业务。

(一)只涉及资产、负债和所有者权益增减变化的经济业务

企业在生产经营过程中会发生各种各样的与资产、负债和所有者权益有关的经济业务,但从"资产=负债+所有者权益"的平衡等式出发,结合企业经济活动的实际,我们可以把这些业务归纳为九种类型,如表2-2所示。

表2-2　　　　　　　有关经济业务对静态会计等式的影响分析表

经济业务类型编号	经济业务类型	资产=	负债+所有者权益
1	资产和所有者权益同时增加的经济业务	增加	增加
2	资产和负债同时增加的经济业务	增加	增加
3	资产和所有者权益同时减少的经济业务	减少	减少
4	资产和负债同时减少的经济业务	减少	减少
5	资产要素内部一增一减的经济业务	一增一减	
6	负债要素内部一增一减的经济业务		一增一减
7	所有者权益要素内部一增一减的经济业务		一增一减
8	负债增加、所有者权益减少的经济业务	增加	减少
9	负债减少、所有者权益增加的经济业务	减少	增加

由表2-2可知,无论发生哪种类型的经济业务,都不会破坏静态会计等式的平衡。下面分别举例说明这九种类型的业务。

【例2-9】某公司2008年12月31日简化的资产负债表如表2-3所示。

表 2-3　　　　　　　　　　某公司资产负债表
2008 年 12 月 31 日　　　　　　　　　　　单位：元

资　产	金　额	负债及所有者权益	金　额
银行存款	60 000	短期借款	40 000
应收账款	40 000	应付账款	32 000
存货	72 000	长期借款	60 000
流动资产合计	172 000	负债合计	132 000
固定资产	160 000	实收资本	120 000
		资本公积	30 000
		留存收益	50 000
		所有者权益合计	200 000
资产合计	332 000	负债及所有者权益合计	332 000

由表 2-3 可知，某公司 2009 年 1 月 1 日的资产总额为 332 000 元，权益总额也为 332 000 元。很显然，资产与负债及所有者权益保持平衡，这是某公司 2009 年 1 月初静态会计等式的平衡。下面分别举例说明发生九类业务后，综合会计等式仍旧平衡。

第一类经济业务：资产和所有者权益同时增加的经济业务

【例 2-10】1 月 2 日，某公司收到投资者甲投入的价值 200 000 元的一台新机器设备，投入使用。这项经济业务的发生使得某公司的固定资产（资产要素）增加 200 000 元；投资者投入 200 000 元资本，意味着甲投资者对某公司拥有 200 000 元的权益，所以某公司的实收资本（所有者权益要素）同时增加 200 000 元。这笔业务属于表 2-2 中的第一类业务，这类业务的发生使得等式两边相应的资产要素和所有者权益要素同时增加，且其增加金额相等，会计等式保持平衡。企业吸收投资属于这类业务，这类业务的发生使得新的资金进入企业，从而使企业的资金总额增加。

第二类经济业务：资产和负债同时增加的经济业务

【例 2-11】1 月 7 日，某公司购入原材料（作为存货处理），价款 20 000 元，原材料已验收入库，款项尚未支付。这项经济业务的发生使得某公司的原材料（资产要素）增加 20 000 元；由于原材料款项未付，意味着销售商对某公司拥有 20 000 元的债权人权益，所以某公司的应付账款（负债要素）同时增加 20 000 元。这笔业务属于表 2-2 中的第二类业务，这类业务的发生使得等式两边相应的资产要素和负债要素同时发生增加，且其增加金额相等，会计等式保持平衡。企业向银行借款、赊购材料等属于这类业务，这类业务的发生也使得新的资金进入企业，从而使企业的资金总额增加。

第三类经济业务：资产和所有者权益同时减少的经济业务

【例 2-12】1 月 10 日，某公司的乙投资者决定从公司抽回投资 40 000 元，已办妥减资手续，某公司用银行存款支付。这笔业务的发生使得某公司的银行存款（资产要素）减少 40 000 元；由于乙投资者从某公司抽回投资 40 000 元，意味着乙投资者对某公司拥有的权益减少 40 000 元，所以某公司的实收资本（所有者权益要素）同时减少 40 000 元。这笔业务属于表 2-2 中的第三类业务，这类业务的发生使得等式两边相应的资产要素和所有者权益要素同时减少，且其减少金额相等，会计等式保持平衡。企业减少注册资本属于这类业务，这类业务的发生导致原有资金退出企业，从而使企业的资金总额减少。

第四类经济业务：资产和负债同时减少的经济业务

【例 2-13】1 月 13 日，某公司以银行存款偿还上月购货所欠的货款 16 000 元。这项经济业务的发生使得某公司的银行存款（资产要素）减少 16 000 元；由于某公司偿还了 16 000 元的欠款，所以某公司的应付账款（负债要素）同时减少 16 000 元。这笔业务属于表 2-2 中的第四类业务，这类业务的发生使得等式两边相应的资产要素和负债要素同时减少，且其减少金额相等，会计等式保持平衡。企业用资产偿还债务属于这类业务，这类业务的发生也导致原有资金退出企业，从而使企业的资金总额减少。

第五类经济业务：资产要素内部一增一减的经济业务

【例 2-14】1 月 15 日，某公司收回客户上月所欠的货款 25 000 元，存入银行。这项业务的发生使得某公司的银行存款（资产要素）增加 25 000 元；由于收回了客户 25 000 元的欠款，所以某公司对客户的债权减少，某公司的应收账款（资产要素）同时减少了 25 000 元。这笔业务属于表 2-2 中的第五类业务，这类业务的发生使得等式左边的资产要素内部一增一减，即同属资产要素的银行存款增加，而应收账款减少，且增减金额相等，会计等式保持平衡。企业用现款购买物资、收回债权等属于这类业务，这类业务实际上是指企业不同形态的资产之间的相互转换，即企业资产内部结构的调整。由于这类业务的后果是使得企业的一项资产转换为另一项资产，因此，这类业务不会导致企业的资金总额发生变化。

第六类经济业务：负债要素内部一增一减的经济业务

【例 2-15】1 月 20 日，某公司向工商银行借入期限为 6 个月的短期借款 20 000 元，直接用于偿付 1 月 7 日因购进材料所欠的货款。这笔业务的发生使得某公司的短期借款（负债要素）增加 20 000 元；由于这笔借款用于偿还所欠货款，所以材料供应商对某公司的债权权益减少 20 000 元，某公司的应付账款（负债要素）同时减少 20 000 元。这笔业务属于表 2-2 中的第六类业务，这类业务的发生使得等式右边的负债要素内部一增一减，即同属负债要素的短期借款增加，而应付账款减少，且增减金额相等，会计等式保持平衡。这类业务属于企业债权人权益（负债）内部结构的调整，即一项负债转换成另一项负债，因而其不会影响企业的资金总额。

第七类经济业务：所有者权益要素内部一增一减的经济业务

【例 2-16】1 月 25 日，某公司股东大会决定将 18 000 元资本公积转增资本。这项业务的发生使得某公司的资本公积（所有者权益要素）减少 18 000 元，同时使得实收资本（所有者权益要素）增加 18 000 元。这笔业务属于表 2-2 中的第七类业务，这类业务的发生使得等式右边的所有者权益要素内部一增一减，即同属所有者权益要素的实收资本增加，而资本公积减少，且增减金额相等，会计等式保持平衡。企业用资本公积转增资本、用盈余公积转增资本、分派股票股利等属于这类业务，这类业务属于企业所有者权益内部结构的调整,即一项所有者权益转换成另一项所有者权益,不会影响企业的资金总额。

第八类经济业务:负债增加、所有者权益减少的经济业务

【例2-17】1月28日,某公司股东大会决定实行上年的分红方案,宣告发放现金股利15 000元,现金将在下月20日支付。这笔业务的发生使得某公司的未分配利润(所有者权益要素)减少15 000元;由于分红方案是派发现金股利,在下月20日应该向股东支付15 000元现金股利,所以某公司对股东的应付股利(负债要素)同时增加了15 000元。这笔业务属于表2-2中的第八类业务,这类业务的发生使得等式右边的负债要素与所有者权益要素一增一减,即属于负债要素的应付股利增加,而属于所有者权益要素的未分配利润减少,且增减金额相等,会计等式保持平衡。企业宣告发放现金股利、企业通过股权转为债权的形式减资等属于这类业务,这类业务为所有者权益转换为债权人权益,属于产权结构的变动,不会影响企业的资金总额。

第九类经济业务:负债减少、所有者权益增加的经济业务

【例2-18】1月30日,经股东大会同意,丙投资者代某公司偿还长期借款40 000元,作为对某公司的投资。这笔业务的发生使得某公司的债务——长期借款(负债要素)减少40 000元;丙投资者代某公司偿债,作为丙投资者的投资,形成其对某公司的投资者权益,因此某公司的实收资本(所有者权益要素)同时增加40 000元。这笔业务属于表2-2中的第九类业务,这类业务的发生使得等式右边的所有者权益要素与负债要素一增一减,即属于所有者权益要素的实收资本增加,而属于负债要素的长期借款减少,且增减金额相等,会计等式保持平衡。企业债权转换为股权等属于这类业务,这类业务为债权人权益转换为所有者权益,也属于产权结构的变动,不会影响企业的资金总额。

(二)涉及收入和费用的经济业务

在企业的生产经营过程中,除了只涉及资产、负债和所有者权益的经济业务,还存在许多涉及收入和费用的经济业务。同样地,不管发生何种涉及收入和费用的经济业务,都不会破坏综合会计等式"资产+费用=负债+所有者权益+收入"的平衡,最终会保持静态会计等式的平衡。下面举两例业务进行说明。

第十类经济业务:收入增加、资产同时增加的经济业务

【例2-19】1月15日,某公司销售产品一批,产品货款80 000元已经收到并存入银行。这笔业务的发生,使得某公司的商品销售收入(收入要素)增加80 000元,同时某公司收到款项,银行存款(资产要素)增加80 000元。可见,这笔业务的发生,使得某公司的收入与资产同时发生增加变动,且其金额相等。这类业务实际上属于取得收入的交易,企业取得收入的同时,必然会形成新的资产。企业取得收入所新增的资产,可以是现金资产,也可以是非现金资产(如应收账款、应收票据等债权)。

第十一类经济业务:费用增加、资产同时减少的经济业务

【例2-20】1月18日,某公司用银行存款支付销售产品的运输费用8 000元。这笔业务的发生,使得某公司的产品销售费用(费用要素)增加8 000元,同时某公司用银行存款支付这笔费用,银行存款(资产要素)减少8 000元。可见,这笔业务的发生,

使得某公司的费用与资产同时发生减少变动,且其金额相等。实质上,"费用是资产的一种转化形式",费用的发生意味着资产被耗用(包括直接或间接耗用)。由于费用的发生是以资产的消耗为前提,因此,特定费用的增加必然会导致特定资产的减少。①

应当指出,涉及收入和费用的经济业务类型并不只有上述两种。比如,"企业发生修理费用但暂未实际支付",该项业务属于费用与负债要素同时增加的经济业务;在事先已预收货款的情况下"实际交付商品",该项交易属于收入要素增加而负债要素同时减少的经济业务,等等。

例2-10至例2-20所列某公司2009年1月份有关经济业务对会计要素与会计等式的影响及其结果如表2-4所示。

表2-4　　　　　　　　经济业务对会计等式的影响分析表　　　　　　　单位:元

经济业务	影响结果					备注
	资产	费用	负债	所有者权益	收入	
【例2-10】	增加 200 000			增加 200 000		第一类业务
【例2-11】	增加 20 000		增加 20 000			第二类业务
【例2-12】	减少 40 000			减少 40 000		第三类业务
【例2-13】	减少 16 000		减少 16 000			第四类业务
【例2-14】	增加 25 000 减少 25 000					第五类业务
【例2-15】			增加 20 000 减少 20 000			第六类业务
【例2-16】				增加 18 000 减少 18 000		第七类业务
【例2-17】			增加 15 000	减少 15 000		第八类业务
【例2-18】			减少 40 000	增加 40 000		第九类业务
【例2-19】	增加 80 000				增加 80 000	第十类业务
【例2-20】	减少 8 000	增加 8 000				第十一类业务
合　计	增加 236 000	增加 8 000	减少 21 000	增加 185 000	增加 80 000	

本月某公司实现净利润72 000元(收入80 000元−费用8 000元),由于净利润是所有者权益的一个项目,待年终时再进行分配。因此,2009年1月的净利润转入所有

---

① 费用的发生会导致资产的减少,但从企业的生产经营过程看,这种"资产减少"有两种后果:一是资产真正流出企业(如支付广告费等),二是形成另一种新的资产(如生产产品耗用材料等)在未来流出企业。

者权益之后，2009年1月31日某公司的资产负债表如表2-5所示。

表2-5　　　　　　　　　　　　某公司资产负债表
2009年1月31日　　　　　　　　　　　　　　　　　单位：元

资　　产	金　　额	负债及所有者权益	金　　额
银行存款	101 000	短期借款	60 000
应收账款	15 000	应付账款	16 000
存货	92 000	应付股利	15 000
流动资产合计	208 000	长期借款	20 000
固定资产	360 000	负债合计	111 000
		实收资本	338 000
		资本公积	12 000
		留存收益	107 000
		所有者权益合计	457 000
资产合计	568 000	负债及所有者权益合计	568 000

通过上述分析可知，无论企业发生什么经济业务，它们所引起的会计要素在数量上的变化离不开上述11种类型，或者说是这11种类型变化的组合。根据以上举例，可得出如下结论：

（1）一项经济业务的发生，可能仅涉及资产与负债和所有者权益中的一方，也可能涉及双方，但无论如何，基本会计等式的恒等关系保持不变。

（2）一项经济业务的发生，如果仅涉及资产与负债和所有者权益中的一方，则既不会影响到双方的恒等关系，也不会使双方的总额发生变动。

（3）一项经济业务的发生，如果涉及资产与负债和所有者权益中的双方，则虽然不会影响到双方的恒等关系，但会使双方的总额发生同增或同减变动。

（4）收入、费用的变动仍可以归为资产、负债及所有者权益的变动形式，所以会计要素的恒等关系总是成立的。

（5）在会计期末，以收入减去费用计算出的利润按规定程序分配以后，其留归企业的部分（留存收益）为所有者权益的增加；反之，若发生亏损则为所有者权益的减少；变化后的会计等式的恒等关系不变。

【本章小结】

1. 企业要实现其经营目标，必然要组织生产经营活动，而其生产经营活动的物质基础是资金；不同行业的生产经营活动具有不同的特点，因而具有不同的资金运动表现形式；资金筹集、使用、运营和分配所导致的变化过程与结果是会计所要核算和监督的客体即会计对象。

2. 根据经济交易或事项的特征而对会计对象所做的基本分类为会计要素，现行基本会计要素有资产、负债、所有者权益、收入、费用与利润，六大会计要素具有自身的特定内涵与具体结构；不同会计要素的确认标准既有共性，也有个性，但其中最基本的要求有划分支出性质、收入与费用配比以及历史成本计量等。

3. 企业经营活动所导致的会计要素变化结果的确认与计量需要以会计主体、持续经营、会计分期与货币计量四个基本假设为基础。

4. 收付实现制与权责发生制两种会计要素确认与计量基础的运用范围不同、要求不同，因而对企业最终收益的影响不同。

5. 因资本投入所实际形成的经营性资源即资产，一定数额资产的拥有权即为权益，权益可分为投资人权益和债权人权益，其关系为"资产＝负债＋所有者权益"；企业从事生产经营活动必然会发生耗费，从而取得收入并赚取利润，其关系式为"收入－费用＝利润"；六大会计要素之间所具有的综合关系可表达为"资产＋费用＝负债＋所有者权益＋收入"。

6. 企业日常发生的经济业务必然要对不同会计要素的具体内容产生影响，但结果是永远不会破坏其平衡关系。

思 考 题

1. 制造业企业和商业企业的资金运动各自具有哪些具体内容？
2. 企业资金及其运动与会计要素之间是什么关系？
3. 会计要素有哪些？各会计要素有何特征？各会计要素的组成内容有哪些？
4. 企业的负债与所有者权益之间有哪些区别和联系？企业的资产与其负债、所有者权益之间存在何种关系？
5. 什么是会计基本假设？为什么在进行会计核算之前，要事先设定这些假设？会计基本假设包括哪些内容？各个假设的意义何在？如何理解这些假设之间的关系？
6. 如何理解会计主体与法律主体之间的关系？
7. 我国企业会计准则中是如何划分会计期间的？
8. 我国会计规范对记账本位币的选择是如何规定的？
9. 会计要素确认时要遵循哪些基本标准？各会计要素确认的基本条件是什么？在对会计要素进行确认时应遵循哪些要求？
10. 权责发生制与收付实现制在收入和费用的确认方面有何区别？
11. 什么是会计等式？其意义何在？
12. 经济业务发生会对会计等式产生哪些影响？

练 习 题

【练习题2-1】

（一）目的

掌握会计要素的内容。

（二）资料

某公司 2009 年 3 月 31 日财务状况的详情如下：
（1）存放于出纳员处的现金 1 700 元；
（2）存入银行的存款 2 939 300 元；
（3）投资者投入的资本金 13 130 000 元；
（4）向银行借入三年期的借款 500 000 元；
（5）向银行借入五个月期的借款 300 000 元；
（6）仓库库存原材料 420 000 元；
（7）生产车间正在加工中的产品 581 000 元；
（8）仓库库存产成品 520 000 元；
（9）应收外单位产品货款 43 000 元；
（10）应付外单位材料货款 55 000 元；
（11）预先支付给供货商的货款 50 000 元；
（12）预先收取的 A 公司购货款 40 000 元；
（13）对外短期投资 60 000 元；
（14）在用的公司办公楼价值 5 700 000 元；
（15）在用的公司机器设备等价值 4 730 000 元；
（16）公司的资本公积共 960 000 元；
（17）盈余公积共 440 000 元；
（18）外欠某企业设备款 200 000 元，还有一年半到期；
（19）拥有某企业上年发行的三年期公司债券 650 000 元；
（20）上年尚未分配的利润 70 000 元。
（三）要求
（1）分析、判断上述各项目是否属于资产要素或负债要素或所有者权益要素（列出分析简表）。
（2）确定某公司 2009 年 3 月 31 日的资产数额、负债数额和所有者权益数额，并验证基本会计等式的正确性。

【练习题 2-2】
（一）目的
练习经济业务类型及其对会计等式的影响。
（二）资料
某公司 2009 年 7 月 31 日资产负债表显示资产合计 105 000 元，负债合计 30 000 元，所有者权益合计 75 000 元。某公司 2009 年 8 月份发生的经济业务如下：
（1）买入机器设备 1 台，价值 7 500 元，以银行存款支付；
（2）以银行存款归还短期借款 9 000 元；
（3）投资者投入一批原材料，价值 15 000 元；
（4）收到客户所欠账款 12 000 元，存入银行；
（5）将一笔长期负债 8 000 元转化为对公司的投资；
（6）向银行借入短期借款 16 000 元，存入银行；

（7）从银行提取现金1 000元，准备购买办公用品；

（8）收回客户欠款9 000元，其中7 500元存入银行，1 500元以现金收讫；

（9）以银行存款偿还所欠供应单位账款1 500元；

（10）以银行存款14 000元归还银行借款11 000元以及所欠供应单位材料款3 000元；

（11）按规定将10 000元资本公积转为实收资本。

（三）要求

（1）根据上述经济业务，分析说明经济业务的类型及其对会计要素和会计等式的影响（列出分析简表）。

（2）确定某公司2009年8月末的资产总额、负债总额和所有者权益总额。

【练习题2-3】

（一）目的

掌握会计等式的内容。

（二）资料

某公司2009年5月初资产总额为2 100 000元，负债总额为800 000元，所有者权益总额为1 300 000元。假设该公司6月份发生了以下经济业务：

（1）从银行取得长期借款500 000元；

（2）收回A公司欠款40 000元；

（3）B公司追加投资200 000元，存入银行；

（4）偿还C公司货款160 000元；

（5）购入D公司股票10万股，计300 000元。

（三）要求

（1）分析计算某公司2009年6月末的资产总额、负债总额和所有者权益总额。

（2）假设该公司6月末所有者权益总额为1 800 000元，推算该公司6月份实现的利润为多少？

【练习题2-4】

（一）目的

掌握会计要素的确认基础。

（二）资料

某公司2009年7月发生下列经济业务：

（1）8日，将上月已预收货款的产品发出，价款50 000元；

（2）12日，销售产品200 000元，其中160 000元于15日收到存入银行，余下的40 000元将于9月收回；

（3）16日，收到6月份提供劳务的收入款10 000元存入银行；

（4）19日，预收A公司购货款60 000元存入银行，下月交货；

（5）21日，用银行存款支付第二季度（4—6月份）房租45 000元；

（6）23日，公司修理设备，发生费用10 000元，8月3日支付给修理单位；

（7）25日，用银行存款支付上月份借款利息1 000元；

(8) 28 日，用银行存款支付下半年的房租 60 000 元（其中本月应分担 10 000 元）；

(9) 30 日，用银行存款支付当月水电费 40 000 元；

(10) 31 日，分摊年初已付款的保险费 2 000 元。

（三）要求

分别按收付实现制和权责发生制计算该公司 7 月的收入、费用和利润分别是多少？计算结果填入表 2-6。

表 2-6　　　　收付实现制与权责发生制处理经济业务的结果比较表　　　　单位：元

交易序号	收付实现制		权责发生制	
	收入	费用	收入	费用
(1)				
(2)				
(3)				
(4)				
(5)				
(6)				
(7)				
(8)				
(9)				
(10)				
合计				
利润				

第三章 会计账户与复式记账

【学习目标】

本章主要阐述会计科目的内涵与分类；会计账户的内涵、结构与级次；记账方法的内涵与种类；借贷记账法的原理与应用。

通过本章的学习，了解会计科目的设置与分类的具体要求；理解会计账户的级次与基本结构，了解按不同标准所建立的账户体系；了解单式记账法与复式记账法的特点；了解借贷记账法的形成概况，掌握借贷记账法的基本内容；能够初步运用借贷记账法处理简单的经济业务。

第一节 会计科目

前面介绍了会计要素和会计等式，为了进一步对会计要素进行分类核算与监督，还必须设置会计科目与账户。

一、会计科目的含义

会计科目（account title）是对会计对象的具体内容进行分类核算的项目。企业的经济活动从财务会计的角度看，包括筹资活动、经营活动和投资活动。企业的这些活动必然会导致企业的资金发生相应变动，并表现为资产、负债、所有者权益、收入、费用和利润等会计要素的变化。企业为了提供对会计信息使用者的决策有用的会计信息，就必须全面、连续、系统地反映和监督各项会计要素的增减变动情况，并对会计对象的具体内容按其不同特点和经营管理的要求进行科学分类，事先确定进行分类核算的项目名称，规定其核算内容并按一定规律赋予其编号，这便是会计科目的设置。

例如，在会计实务中，为了反映资产要素的增减变动，需要将资产要素进一步分类为现金、银行存款、应收账款、应收票据、其他应收款、存货、长期投资、固定资产、无形资产等项目，因而产生了"库存现金"、"银行存款"、"应收账款"等会计科目。同理，将负债要素进一步分类便产生了"短期借款"、"应付账款"、"应交税费"、"应付职工薪酬"、"长期借款"等会计科目；将所有者权益要素进一步分类便产生了"实收资本（股本）"、"资本公积"、"盈余公积"、"本年利润"、"利润分配"等会计科目；将收入要素进一步分类可产生"主营业务收入"、"其他业务收入"等会计科目；将费用要素进一步分类可产生"生产成本"、"管理费用"、"销售费用"、"财务费用"等会计科目，等等。

在实际工作中，会计科目是通过企业会计制度预先规定的，它是设置账户、复式记账和正确组织会计核算的一个重要条件。科学设置会计科目是人们认识和理解交易或者事项、组织会计核算的首要环节和重要依据,是会计核算方法体系中的重要内容,同时也是进行会计监督的重要手段。因此,企业一定要认真设置会计科目。

二、设置会计科目的原则

由于各单位会计对象的具体内容和经济业务活动不同,因此,设置会计科目时应在遵循会计制度的前提下,充分考虑自身特点和具体情况。为提供科学、完整、系统的会计信息,设置会计科目应遵循如下原则:

(一)结合会计对象的具体内容和特点

会计主体所处行业的不同导致经济业务的内容差别很大,相应地其会计要素的具体内容也各不相同,作为对会计对象的具体内容进行科学分类的会计科目的设置,就必须考虑这些特点。例如,工业企业一般以制造工业产品为主,包括供应、生产、销售这三个主要的生产经营过程,它不仅要核算资产、负债、所有者权益类会计要素的变动,还要核算经营收入、经营支出和经营成果,因此,除设置一般的资产、负债、所有者权益、收入、费用和利润类会计科目外,还必须设置"生产成本"、"制造费用"等会计科目来核算其所生产的产品的成本;而商业企业的经营活动主要包括商品的购进、储存和销售三大环节,需要核算商品的进销差价和利润,因而需要设置"商品进销差价"、"商品采购"、"库存商品"等会计科目;行政事业单位则需设置"上级拨款收入"、"事业收入"、"事业支出"等会计科目来核算预算内或预算外资金的使用情况。因此,不同行业的会计主体在设置会计科目时既要做到能全面反映,又要突出其特点;同一行业的不同会计主体在设置会计科目时还需要考虑其规模大小和业务繁简等的差异。

(二)符合经济管理和经济决策的需要

设置会计科目不仅要结合不同会计主体的会计对象的特点,还要充分考虑各会计信息使用者对会计信息的需求。企业提供的会计信息除了要满足政府部门加强宏观经济调控、制定方针政策,满足投资者、债权人等各利益相关者对企业财务状况和经营成果做出准确判断的需要外,还要满足企业内部加强经营管理、解除管理者受托责任的需要。因此,在设置会计科目时要兼顾对外报告会计信息和对内加强经营管理的需要,充分考虑其是否能提供满足各方需要的相关会计信息,以利于各利益相关者进行各种经济决策。

(三)统一性与灵活性相结合

为了适应国家宏观经济管理的需要,保证会计信息的可比性,我国现行会计规范中,规定了统一的会计科目和相应的核算内容。这样保持了会计科目设置的统一性,使会计科目的名称和核算内容在时间上尽可能保持前后一致,同时将一些重要会计科目的核算内容在全国范围、行业范围内统一起来。除此之外,会计科目的设置还必须适合大、中、小型企业的不同需要和不同会计主体的具体经营管理的要求,给其一定的选择权,让它们可以根据特殊的交易和事项自主增减或合并少数会计科目,甚至灵活地设置新的会计科目以便进行会计核算。

(四) 注意繁简适当与相对稳定性

会计科目的设置还要考虑企业对财务报表要素的再分类层次,做到繁简适当。过繁表现为对财务报表要素分类层次太具体,这样提供的会计信息固然很有用,但是大大增加了会计核算的工作量,显得不经济;过简则表现为对财务报表要素的分类层次过于简单,导致会计信息太笼统而缺乏有用性,不能提供符合经济决策要求的会计信息。因此,在不影响会计信息质量要求的前提下,会计科目的设置应繁简适当。此外,为了保证会计信息的可比性并提高会计工作效率,会计科目的名称及核算内容应该尽可能保持相对稳定。当然,并不排斥对会计科目作必要的适时修订,但这一切应以保证会计信息质量为前提。

(五) 保持会计科目设置总体上的完整性与会计科目之间的互相排斥性

在具体制定会计科目时,应设置一套能反映会计主体所有经济业务的会计科目,同时会计主体的所有经济业务都需有特定的会计科目来反映,以保证会计科目的完整性。另外,还要注意各个会计科目的核算内容应互相排斥,以免造成会计核算的混乱。因此,保持会计科目设置总体上的完整性和科目之间的互相排斥性,是保证会计核算的统一性和准确性的重要条件。

三、会计科目的分类

为了明确会计科目之间的相互关系,充分理解会计科目的性质和作用,进而更加科学规范地设置会计科目,以便更好地进行会计核算和会计监督,有必要对会计科目按一定的标准进行分类。目前,对会计科目进行分类的标准主要有三个:一是会计科目核算的经济内容;二是会计科目核算信息的详略程度;三是会计科目的经济用途。

(一) 会计科目按照核算的经济内容分类

为了满足科学核算、加强资金管理的需要,会计科目应当按其反映的经济内容的性质进行必要的分类。会计科目的经济内容就是指它所反映的会计信息应归属于何种会计要素。因此,会计科目按其所反映的经济内容的性质,即按其反映的会计对象所属的会计要素不同可以分为资产类科目、负债类科目、所有者权益类科目、成本类科目和损益类科目等。会计科目按其反映的经济内容的性质分类是最基本的分类,是了解会计科目性质的最直接依据。我国现行会计规范规定的会计科目,如表3-1所示。①

按照会计科目的经济内容进行分类,遵循了会计要素的基本特性,它将各项会计要素的增减变化分门别类地进行归集,清晰地反映了企业的财务状况和经营成果。

---

① 在我国现行的《企业会计准则——应用指南》(2006) 中,所规定的会计科目共156个,本表选择其中的87个,这是一般企业常用的会计科目,表中的序号是原会计科目表中各会计科目所对应的序号。

表 3-1　　　　　　　　　　　　　企业会计科目表

顺序	编号	会计科目名称	顺序	编号	会计科目名称
		一、资产类	80	2202	应付账款
1	1001	库存现金	81	2203	预收账款
2	1002	银行存款	82	2211	应付职工薪酬
5	1015	其他货币资金	83	2221	应交税费
8	1101	交易性金融资产	84	2231	应付利息
10	1121	应收票据	85	2232	应付股利
11	1122	应收账款	86	2241	其他应付款
12	1123	预付账款	92	2314	代理业务负债
13	1131	应收股利	93	2401	递延收益
14	1132	应收利息	94	2501	长期借款
18	1221	其他应收款	95	2502	应付债券
19	1231	坏账准备	100	2701	长期应付款
25	1321	代理业务资产	101	2702	未确认融资费用
26	1401	材料采购	102	2711	专项应付款
27	1402	在途物资	103	2801	预计负债
28	1403	原材料	104	2901	递延所得税负债
29	1404	材料成本差异			三、共同类
30	1405	库存商品	107	3101	衍生工具
31	1406	发出商品	108	3201	套期工具
32	1407	商品进销差价	109	3202	被套期项目
33	1408	委托加工物资			四、所有者权益类
34	1411	周转材料	110	4001	实收资本
40	1471	存货跌价准备	111	4002	资本公积
41	1501	持有至到期投资	112	4101	盈余公积
42	1502	持有至到期投资减值准备	114	4103	本年利润
43	1503	可供出售金融资产	115	4104	利润分配
44	1511	长期股权投资	116	4201	库存股
45	1512	长期股权投资减值准备			五、成本类
46	1521	投资性房地产	117	5001	生产成本
47	1531	长期应收款	118	5101	制造费用
48	1532	未实现融资收益	119	5201	劳务成本
50	1601	固定资产	120	5301	研发支出
51	1602	累计折旧			六、损益类
52	1603	固定资产减值准备	124	6001	主营业务收入
53	1604	在建工程	129	6051	其他业务收入
54	1605	工程物资	131	6101	公允价值变动损益
55	1606	固定资产清理	132	6111	投资收益
62	1701	无形资产	136	6301	营业外收入
63	1702	累计摊销	137	6401	主营业务成本
64	1703	无形资产减值准备	138	6402	其他业务成本
65	1711	商誉	139	6405	营业税金及附加
69	1801	长期待摊费用	149	6601	销售费用
66	1811	递延所得税资产	150	6602	管理费用
69	1901	待处理财产损溢	151	6603	财务费用
		二、负债类	153	6701	资产减值损失
70	2001	短期借款	154	6711	营业外支出
77	2101	交易性金融负债	155	6801	所得税费用
79	2201	应付票据	156	6901	以前年度损益调整

（二）会计科目按照核算信息的详略程度分类

为了使企业提供的会计信息更好地满足各会计信息使用者的不同需求，必须对会计科目按照其核算信息的详略程度进行级次划分。一般情况下，可以将会计科目分为总分类科目和明细分类科目。总分类科目又称一级科目或总账科目，是对会计要素的具体内容所作的总括分类，它提供总括性的核算指标，如"固定资产"、"原材料"、"应收账款"、"应付账款"等。明细分类科目又称二级科目或明细科目，是对总分类科目所含内容作的更为详细的分类，它能提供详细、具体的核算指标。如"应收账款"总分类科目下按照具体单位名称分设的明细科目，具体反映应向该单位收取的货款金额。如果有必要，还可以在二级科目下设置三级科目、四级科目等进行会计核算，每往下设置一级都是对上一级科目的进一步分类。

在我国，总分类科目一般由财政部统一制定，各单位可以根据自身特点自行增设、删减或合并某些会计科目，以保证会计核算的要求。

（三）会计科目按照经济用途分类

经济用途指的是会计科目能够提供什么经济指标。会计科目按照经济用途可以分为盘存类科目、结算类科目、跨期摊配类科目、资本类科目、调整类科目、集合分配类科目、成本计算类科目、损益计算类科目和财务成果类科目等。

四、会计科目的编号

为了适应新形势，使会计数据处理手段现代化、实现会计电算化的要求，便于企业登记账册和查阅账目，我国财政部统一规定了会计科目的编码系统。对总分类科目通常采用四位数字的编号法，每一位数字的特定含义规定如下：第一是科目类编码——编码中的千位数（即编码中从左至右的第一个数），表示会计科目按照经济内容的分类，具体而言，1 表示资产类，2 表示负债类，3 表示共同类，4 表示所有者权益类，5 表示成本类，6 表示损益类；第二是业务类别码——编码中的百位数（即从左至右的第二个数），表示会计科目在第一大类下所属的小类代码，凡是小类会计科目核算的内容在业务性质、要素特征上都具有基本一致或类似的特点，如编号为"1405"的会计科目中的"4"，是指"1"大类（即资产类）下面所属的存货类资产等；第三是科目顺序码——编码中的十位数和个位数（即从左至右的第三个和第四个数），表示会计科目在各小类别中的顺序号。从表 3-1 可以看出，会计准则附录提供的会计科目编码中间存在较多空号，这是企业在发生某些特殊会计业务后，在给出的会计科目表中找不到相应科目进行核算时，为了方便其增加设置会计科目及编号所用的。

第二节 会 计 账 户

会计科目是在会计制度中预先规定的对会计对象的具体内容进行分类核算的项目。而要完整、连续、系统地记录会计主体的经济活动所引起的会计要素的增减变动，提供各类会计信息，还需根据设置的会计科目在会计账簿中开设会计账户。设置会计账户是对会计对象的具体内容进行科学的分类、反映和监督的一种会计核算方法。设置的会计账户应该能够反映会计主体的经济活动所引起的资金变化,满足会计主体对外报告会计信息和加强内部经营管理的需要,同时还应注意各账户形式和结构的统一性与内容的独立性。

一、会计账户的内涵

会计账户(ledger),简称账户,是指依据会计科目开设的,对会计要素进行分类核算并具有一定格式的工具。账户能提供有关会计要素的变动情况和变动结果的数据资料。

会计科目与账户是两个既相互联系又相互区别的概念。两者的相同点表现为两点:其一,两者都是对会计对象的具体内容进行的科学分类,目的相同,即都是为了全面、系统地记录经济业务,会计科目是账户的名称,两者的分类口径一致;其二,两者的分类方法和结果相同。因此,在实际工作中,两者视为同义语,不作区分。但是,从理论上讲,会计科目与账户是两个不同的概念,区别体现在以下两点:第一,会计科目是在会计核算之前,事先确定的对经济业务进行分类核算的项目,仅说明其反映的经济内容;而账户则是在经济业务发生之后所进行的分类记录,它不仅说明其反映的经济内容还可以反映和控制其增减变化及结余情况;第二,会计科目仅作为账户的名称,没有格式和结构,而账户不仅有名称(以会计科目为名称),还具有一定的格式和结构。此外,设置账户还是会计核算方法的组成部分。因此,在理论上两者不能混为一谈。

二、会计账户的基本结构

为了在账户中分类记录各项经济业务,账户需要有一定的结构。账户结构是指账户由哪几部分组成,各组成部分之间的关系怎样。账户的结构取决于一定的记账方法和账户的经济性质。由于经济业务所引起的会计要素的变动在数量上基本表现为增加或减少,因此每个账户都应该分开记录数量的增加和数量的减少,这便形成了账户的基本结构。账户的基本结构由两部分组成:一部分登记增加数,另一部分登记减少数。

实际工作中的账户结构千差万别,但是一般都具有如表3-2所示的基本结构。

表3-2   账户名称(会计科目)

年		凭证号数	摘 要	借 方	贷 方	余 额
月	日					

在此后将要述及的借贷记账法中,账户的借方和贷方,一方记录增加数,而另一方则记录减少数,具体记录方向依所记内容而定。增减变动的结果称为余额,分为期初余额和期末余额。本期增加数、本期减少数、期初余额和期末余额的关系可如(3-1)式所示:

$$期末余额 = 期初余额 + 本期增加发生额 - 本期减少发生额 \tag{3-1}$$

为表述方便，通常将上述账户结构简化为"丁"字形或"T"字形账户。"T"形账户的基本结构如图3-1和图3-2所示。

（借方）	账户名称	（贷方）
期初余额 本期增加发生额		本期减少发生额
本期增加发生额合计		本期减少发生额合计
期末余额		

图3-1 "T"形账户结构示意图（1）

（借方）	账户名称	（贷方）
本期减少发生额		期初余额 本期增加发生额
本期减少发生额合计		本期增加发生额合计
		期末余额

图3-2 "T"形账户结构示意图（2）

三、会计账户体系

为了全面地记录与核算会计主体的各种经济业务所引起的会计要素的增减变化，企业需要设置各类账户，这些账户既有独立的核算内容，又彼此相互联系。账户体系指的是由各个彼此独立、作用互补且具有内在联系的账户所组成的完整的账户系列。建立账户体系是科学设置账户、复式记账以及获取系统的会计信息的基础。

建立账户体系通常有以下标准：按账户的经济内容建立的账户体系；按账户的用途和结构建立的账户体系；按账户与会计报表的关系建立的账户体系。在这些标准中，由于账户的经济内容可以说明账户反映和控制的内容，决定着账户的本质，因此，按经济内容建立的账户体系是基础，其他标准都直接或间接地依附于账户的经济内容。

（一）按账户的经济内容建立的账户体系

账户的经济内容是指账户所反映和控制的会计对象的内容。它反映了企业经济活动及其资金运动的规律。账户按经济内容可以分为资产类账户、负债类账户、所有者权益类账户、收入类账户、费用类账户和利润类账户等六大类。

1. 资产类账户

资产类账户是指反映会计主体拥有或者控制的能以货币计量的经济资源的增减变动及余额的账户，主要包括库存现金账户、银行存款账户、交易性金融资产账户、应收账款账户、应收票据账户、其他应收款账户、原材料账户、库存商品账户、长期股权投资账户、固定资产账户、无形资产账户等。

2. 负债类账户

负债类账户是指反映会计主体各种债务的增减变动及余额的账户，主要包括短期借款账户、应付账款账户、应付票据账户、应付职工薪酬账户、应交税费账户、应付股利（或应付利润）账户、其他应付款账户、长期借款账户、应付债券账户、长期应付款账户等。

3. 所有者权益类账户

所有者权益类账户是指反映会计主体所有者权益各构成内容的增减变动及余额的账户，主要包括实收资本（或股本）账户、资本公积账户、盈余公积账户、本年利润账户、利润分配账户等。

4. 收入类账户

收入类账户是指反映会计主体从事各种经济活动所取得的收入的账户，主要包括主营业务收入账户和其他业务收入账户等。

5. 费用类账户

费用类账户是指反映会计主体在经营过程中发生的各项资金耗费的账户，主要包括生产成本账户、制造费用账户、主营业务成本账户、其他业务成本账户、营业税金及附加账户、销售费用账户、管理费用账户、财务费用账户等。

6. 利润类账户

利润类账户是指反映会计主体经营成果及其分配的账户，主要包括投资收益账户、利得（营业外收入）账户、损失（营业外支出）账户等。

在我国会计实务中，有时为了方便，将上述账户的分类重新调整为资产类账户、负债类账户、所有者权益类账户、成本类账户和损益类账户等五大类。其中，前三类账户的范围基本保持不变，主要是将费用类账户进行划分，即将记录与产品生产相关的"成本性费用"账户（包括生产成本账户和制造费用账户）单独归类为"成本类账户"，而将记录"损益性费用"的账户（包括主营业务成本账户、其他业务成本账户、营业税金及附加账户、销售费用账户、管理费用账户、财务费用账户等）、收入类账户及利润类账户合并为"损益类账户"。

（二）按账户的用途和结构建立的账户体系

账户的用途指的是账户在会计核算中能够提供什么经济指标，即账户所起的作用。账户的结构指的是账户如何提供必要的指标，即账户的借方发生额、贷方发生额及余额各表示什么含义。账户按用途和结构可以分为盘存类账户、结算类账户、跨期摊配类账户、资本类账户、调整类账户、集合分配类账户、成本计算类账户、损益计算类账户和经营成果类账户等九类。

第一，盘存类账户是指可以通过实地盘点进行核算和监督的各种资产类账户，主要包括库存现金、银行存款、原材料、库存商品、固定资产等账户。

第二，结算类账户是指用来核算和监督本会计主体与其他会计主体或个人以及会计主体内部各单位之间的往来结算关系的账户。其主要特点是：这类账户反映的内容都属于债权债务，结构上包括资产性质的债权账户、负债性质的债务账户和双重性质的共同账户。其主要包括债权结算账户、债务结算账户和债权债务结算账户等三种。债权结算账户主要包括应收账款、应收票据、预付账款、其他应收款等账户，债权结算账户的基本格式及运用与盘存类账户相同；债务结算账户主要包括应付账款、应付票据、预收账款、其他应付款、应交税费等账户；债权债务结算账户（即双重性质账户）是一类比较特殊的结算类账户，它是指在本企业与其他企业或个人之间同时具有债权和债务结算关系而需要在同一账户中进行反映和监督时使用的一种账户，如果债权大于债务则属资产类账户，如果债务大于债权则属负债类账户。

第三，跨期摊配类账户是指用来反映和监督会计主体货币资金支付期与受益期不一致的账户，其特点是费用应由若干个会计期间共同负担而又只在某个会计期间一次支付。这类账户主要包括待摊费用账户、预提费用账户等。[①]

第四，资本类账户是指用来反映和监督会计主体从外部取得的或内部形成的资本金的增减变动情况及实有数的账户。其主要包括实收资本（或股本）、资本公积、盈余公积、利润分配等账户。

第五，调整类账户是指用来调节和整理其他相关账户的账面金额并表示被调整账户的实际余额数的账户。按其调整方式不同可以将调整账户分为备抵调整账户、附加调整账户和备抵附加调整账户等三类。备抵调整账户是指用来抵减被调整账户余额，以取得被调整账户实际余额的账户。备抵调整账户按照被调整账户性质的不同又可以分为资产类备抵调整账户和权益类备抵调整账户，其中资产类备抵调整账户与其被调整的资产类账户的记账方向相反，如累计折旧账户。附加调整账户是指用来增加被调整账户余额的账户，附加调整账户与其被调整的账户的记账方向相同。备抵附加调整账户是指既具有备抵又具有附加调整功能的账户，比较典型的备抵附加调整账户有材料成本差异账户等。

第六，集合分配类账户是指用来归集和分配会计主体在经营过程中某个阶段所发生的相关费用的账户，如制造费用账户。

第七，成本计算类账户是指用来归集会计主体在经营过程中某阶段所发生的全部费用，并据以确定有关成本计算对象的实际成本的账户。如有余额则表示尚未完成某一生产过程而保留的成本，属于资产性质。这类账户主要包括生产成本、材料采购、在建工程等账户。

第八，损益计算类账户是指用来反映和监督会计主体在经营过程中发生的各项损益，并借以确定最终经营成果的账户。其共同特点是没有余额，按其性质不同可以分为收入类账户、成本类账户、费用类账户、支出类账户等。

第九，经营成果类账户是指用来核算会计主体在一定时期内经营成果的形成过程的账户，如本年利润账户。

（三）按账户与会计报表的关系建立的账户体系

设置账户和按期编制会计报表都是会计核算方法之一。每一类账户只能反映某一类

---

① 待摊费用账户和预提费用账户在现行《企业会计准则》中暂停使用。

经济活动，而会计报表则可以整体反映某一会计主体在一定时期的会计信息。因此，在程序上，账户设置与记录属于会计报表编制的前期工作，是会计报表编制的基础。账户按其与会计报表的关系可分为资产负债表账户和利润表账户两大类。

资产负债表账户期末通常有余额，反映资金运动的静态状况，这类账户提供的资料是编制资产负债表的主要依据。主要包括资产账户、负债账户和所有者权益账户，与资产负债表的基本结构相对应。

利润表账户通常没有期末余额，反映资金运动的动态状况，这类账户提供的信息是编制利润表的主要依据。主要包括收入账户、费用成本账户和利润账户，其内容与利润表的有关项目相对应。

四、会计账户的级次

为了兼顾企业内外各会计信息使用者对会计信息多样化的需求，需要依据所提供的资料的详略程度不同对账户进行分类，由此形成了总分类账户和明细分类账户。

总分类账户，又称一级账户或总账，是依据总分类会计科目设置的，用于总括反映某一会计对象的增减变动情况的账户。总分类账户提供的总括资料对于了解企业的财务状况和经营成果是很重要的，但是这种概括性的资料不利于企业进行日常的经营管理。因此，企业在设置总分类账户时，还需根据自身特点在某些总分类账户下开设若干明细分类账户。

明细分类账户，又称明细账，是依据明细分类会计科目设置的，详细补充说明总分类账户的会计信息的账户。如在应收账款总账账户下，按各购货单位的名称开设若干明细分类账户，详细说明企业和各购货单位之间的账款结算情况。

从所提供的会计信息的关系方面考虑，总分类账户对其所属的明细分类账户起着统驭和控制的作用，提供总括会计核算信息；明细分类账户对其总分类账户起着补充和说明的作用，提供具体详细的会计核算信息。两者所反映的会计对象和性质相同，在数量上，各明细分类账户的金额之和应等于其所属的总分类账户的金额。但应注意的是，并不是所有的总分类账户下都需设置明细分类账户，这需要依据企业具体的经济业务而定。

第三节 复式记账

一、记账方法概述

（一）记账方法的概念和种类

为了对会计要素进行核算以反映和监督企业的经济活动，在按照一定原则设置了会计科目和账户之后，就需要采用一定的记账方法将企业经济活动所引起的会计要素的增减变动登记在账户之中。

记账方法（bookkeeping methods）是指企业根据一定的记账原理（程序和方法），运用一定的记账符号和记账规则将单位所发生的经济业务（或会计事项）在账簿中进行登记的一种技术方法。记账方法通常包括记账方式、记账符号、记账规则和试算平衡方法等内容。

按照记录经济业务的方式的不同,记账方法可以分为单式记账法和复式记账法。复式记账法又因其构成要素的不同而分为借贷记账法、收付记账法和增减记账法等。借贷记账法是目前世界上通用的记账方法,后文将详细讲解。收付记账法指的是以"收"、"付"为记账符号,来反映经济业务所引起的会计要素增减变动的一种复式记账方法。这种记账方法从20世纪60年代开始曾在我国预算会计中长期使用。收付记账法按其记账主体的不同,又分为资金收付记账法、财产收付记账法和现金收付记账法。增减记账法指的是以"增"、"减"为记账符号,以"资金占用=资金来源"为理论基础来反映经济业务所引起的会计要素增减变动的一种复式记账方法。增减记账法曾是我国会计实务中使用的一种特有的记账方法。该记账方法经过试行后,于1964年开始在我国商业系统全面推广使用,也有部分工业企业和其他行业采用这种记账方法。1993年7月1日我国《企业会计准则》实施后,增减记账法被借贷记账法所替代。

(二)单式记账法的概念和特点

单式记账法(single-entry bookkeeping)是指对企业经济业务发生之后所引起的会计要素的增减变动,往往只在一个账户中进行登记的记账方法。具体而言,单式记账法除对有关债权、债务以及现金、银行存款收付业务,在两个或两个以上相关账户中予以登记外,其他经济业务往往只在一个账户中予以登记或不予登记。单式记账法平时只登记现金、银行存款的收付业务和各种往来账项。例如,用银行存款购买原材料,只登记"银行存款"账户,不登记"原材料"账户;购买原材料货款尚未支付时,只登记"应付账款"账户,不登记"原材料"账户;收到应收款或偿付应付款时,则同时登记"库存现金"或"银行存款"账户和"应收账款"或"应付账款"账户。对于固定资产折旧、领用原材料和产成品入库等经济业务,因不涉及现金或银行存款的收付,故不予登记。单式记账法具有以下特点:第一,账户设置不完整,单式记账法通常只设置"库存现金"、"银行存款"、"应收账款"、"应付账款"等少数账户,其他账户都不设置;第二,只按时序反映一部分经济业务,单式记账法只反映能引起货币资金、债权、债务增减变化的经济业务;第三,只反映一部分经济业务的一个方面,单式记账法只反映货币资金、债权、债务等的增减变动,对导致其发生变动的原因则不予反映;第四,不能进行总体试算平衡,因为单式记账法没有记录所有的经济业务,所反映的经济业务也只是一个方面,因此不可能进行全面的试算平衡。

【例3-1】某公司2009年1月发生下列两项经济业务:(1)用银行存款30 000元购买原材料;(2)销售产品80 000元,取得的款项存入银行。

要求:运用单式记账法记录以上经济业务。

(1)此项购买行为的发生,一方面导致银行存款减少30 000元,另一方面导致原材料增加30 000元。在单式记账法下只需记录"银行存款"账户减少30 000元,不需记录"原材料"账户增加30 000元。

(2)此项销售行为的发生,一方面导致银行存款增加80 000元,另一方面导致销售收入增加80 000元。在单式记账法下只需记录"银行存款"账户增加80 000元,不需记录"主营业务收入"账户增加 80 000 元。

可见,单式记账法是一种手续比较简单的方法。它虽然简化了会计工作量,但却不能反映每项经济业务的来龙去脉,不利于考核和分析有关经济业务数据的正确性和完整性。因此,目前很少有单位采用这种记账方法。

(三)复式记账法的概念和特点

复式记账法(double-entry bookkeeping)是指对企业发生的每一笔经济业务,都以相等的金额,在两个或两个以上相互联系的账户中予以登记的记账方法。例如,用银行存款购买原材料的经济业务发生以后,应以相等的金额,一方面在"银行存款"账户中记录银行存款的付出业务,另一方面在"原材料"账户中登记原材料的收入业务。国际上通用的复式记账法是借贷记账法。复式记账法具有以下几个特点:

第一,复式记账法需要设置完整的账户体系。复式记账法是一种较为科学的记账方法,它要对企业所发生的经济业务进行全面反映,必须设置一套完整的账户体系。不仅要设置反映资产、负债和所有者权益的静态账户,还要设置反映收入、费用和利润的动态账户。

第二,复式记账法要记录和反映所有的经济业务。复式记账法设置了完整的账户体系,不仅可以反映资产、负债和所有者权益的增减变化和结存情况,而且还能明确收入、费用和利润的数额及其形成原因。这正是复式记账法能够全面地核算和监督企业经济活动的根本原因。

第三,复式记账法反映每笔经济业务的两个方面。复式记账法对所发生的每笔经济业务,都在两个或两个以上的账户中相互关联地予以记录,不仅可以了解每笔经济业务的来龙去脉,而且还可以通过账户记录全面、系统地反映经济活动的过程和结果。

第四,复式记账法可以对一定时期所发生的全部经济业务进行总体试算平衡,以检查账户记录的正确性。由于复式记账法对每笔经济业务,都以相等的金额在有关账户中进行记录,因此形成了账户与账户之间的数据"等额"牵制的关系,有利于及时发现记录错误和进行试算平衡。

复式记账法的基本原理是"资产=负债+所有者权益"这个会计恒等式所反映出的资金平衡关系,该会计恒等式不仅表达了各会计要素之间的价值数量关系,而且还有经济性质的说明。复式记账法要求对经济业务必须通过两个或两个以上的账户相互联系地进行记录,从而如实反映了经济业务的客观联系,这也是复式记账法科学性的表现。因此,为了全面分析、考核和控制单位的各项交易或事项,世界各国都纷纷采用这种比较完善的记账方法。

【例3-2】要求对例3-1的资料运用复式记账法进行记账。

(1)在复式记账法下,一方面要记录"银行存款"账户减少 30 000 元,同时要记录"原材料"账户增加 30 000 元。这样,既可以根据"银行存款"账户及时查明银行存款的结余数,又可以根据"原材料"账户查明其结存数量和金额。

(2)在复式记账法下,一方面要记录"银行存款"账户增加 80 000 元,同时要记录"主营业务收入"账户增加 80 000 元。这样,既可以及时查明银行存款的结余数,又可以根据所记的"主营业务收入"账户查明收入的实现情况。

二、借贷记账法

（一）借贷记账法的产生和发展

根据日本会计学家黑泽清的考证，最早采用借贷记账法的账簿是公元 1211 年意大利佛罗伦萨"银行"的账簿。因此，可以认为借贷记账法大约产生于 13 世纪的意大利。借贷记账法从萌芽到接近完备的演变大约经历了 300 年（13 世纪初至 15 世纪）的时间。可以这么说，借贷记账法起源和形成于中世纪的意大利贷金业，发展于近代英国的工业革命，提高和完善于美国现代发达的资本市场，是伴随着商品经济的发展而不断发展和完善的。

13 世纪初，意大利的商品经济特别是地中海沿岸城市的海上贸易，已经有相当大规模的发展，出现了马克思所说的"资本主义生产的最初萌芽"。尽管当时贷金业较为发达，但当时存在货币不统一的交易障碍使得货币兑换和折算很不方便，于是通过"银行"进行转账结算受到了商人们的普遍欢迎。这些"银行"对每个商人客户开始设置两个记账部位：贷方记录借入（或存入）的款项，借方记录贷出（或支付）的款项。经过一段时间的孕育后，科学的复式记账法终于在意大利诞生。这一演变大体经历了三个不同的发展阶段：

1. 佛罗伦萨阶段——借贷记账法的萌芽时期（1211—1340 年）

这一阶段以 1211 年佛罗伦萨银行家采用的簿记为代表。其主要特点是：第一，采用转账方式进行记账；第二，记账的对象仅限于债权债务人，并且只是各人名账户的债权、债务；第三，记录形式采用的是借贷上下连续的文字叙述方式。

2. 热那亚阶段——借贷记账法的改良时期（1340—1494 年）

这个阶段以 1340 年热那亚市政厅财务官记录的总账为代表，它是会计界公认的世界上最早的一册明显具备复式记账法所有特征的会计记录，现藏于意大利热那亚古文化馆。其主要特点是：第一，记账方式采用复式的账户式，每个账户分左右两方，列示为借和贷，分别记录不同的经济业务；第二，记账对象除了债权债务以外，还扩展到商品、现金；第三，记录形式是左借右贷的账户对照式，除商品外都能结出余额，并将余额在相反方向记录，以求得借贷双方合计的平衡。

3. 威尼斯阶段——借贷记账法的完备时期（1494—1854 年）

这一阶段以 1494 年意大利数学家卢卡·帕乔利（Luca Pacioli）的著作《算术、几何、比及比例概要》的出版为代表。该书对威尼斯复式记账法从理论上给予了具体的说明，使复式记账法的优点很快得到世人的认同，它标志着现代会计的开始，具有划时代的深远意义。这一阶段的主要特点是：第一，记账方法采用借贷复式记账法；第二，记账对象扩展到损益账户和资本账户，改进了盈亏计算的方法，解决了热那亚阶段商品账户无法结平的矛盾；第三，记账形式不仅采用左右对照的账户式，而且能对全部账户的余额进行集中反映，并可以进行整体的试算平衡。

借贷记账法经过上述三个阶段的发展与演进后，成为世界上最先进的记账方法，并在之后的几百年中一直处于不断的完善和改进之中。

借贷记账法曾在中华人民共和国成立前传入我国，但由于各种原因一直未得到广泛传播。中华人民共和国成立后，由于引进前苏联的计划经济体制，借贷记账法得到了推广和广泛使用。但"文化大革命"时期借贷记账法受到错误的批判，很多单位停止使用。直到1978年改革开放后，借贷记账法才得以在我国恢复使用，1993年的《企业会计准则》明确规定，会计记账要采用借贷记账法。

（二）借贷记账法的概念和特点

借贷记账法（debit-credit bookkeeping），是指对单位发生的每笔经济业务，都以"借"和"贷"为记账符号，以相等的金额、相反的方向在两个或两个以上的账户中相互联系地进行记录的一种复式记账法。

借贷记账法以"借"和"贷"作为记账符号，全面反映会计主体的资产、负债、所有者权益以及经营收支的增减变化及结果。它在记账符号、账户结构、记账规则和试算平衡等方面具有与其他记账方法不同的特点。

1. 记账符号

借贷记账法以"借"、"贷"两字作为记账符号，所有的账户都分左右两方，左方为借方，右方为贷方。

"借"、"贷"两字在意大利佛罗伦萨复式记账时期，含义与账户表示方法一致，具有直接含义，即表示资金运动的来龙去脉。这个时期，意大利的银行资本家以借主的名字作为设置"人名账户"的依据，在账页上垂直划分为上下两个栏目，并对称地确定记账位置，上方为借主的位置，下方为贷主的位置。借贷资本家把贷出的款项记录在"借主"（Debtor，简写为Dr.）的名下，表示自身债权的增加（应收款）；把借入的款项记录在"贷主"（Creditor，简写为Cr.）的名下，表示自身债务的增加（应付款）。

但此后随着商品经济的日益发展，银行资本家的业务扩展到商品、损益以及资本等方面，他们便开始用"借"、"贷"记录货币资金和非货币资金业务。这样，"借"和"贷"两字便逐渐失去了原来的经济含义，进而转化为一种纯粹的记账符号，成为专门的会计术语。

借贷记账法得到完善以后，"借"、"贷"两字有了特定的经济含义，主要用来表示会计要素的增加或减少。"借"和"贷"在什么情况下表示增加，什么情况下表示减少，取决于经济业务以及账户的性质。但是，在同一账户中，必定是一个表示增加，另一个表示减少。

"借"表示资金运动的数量变化时，一方面表示资产、费用的增加，另一方面表示负债、所有者权益或收入的减少；"贷"表示资金运动的数量变化时，一方面表示负债、所有者权益或收入的增加，另一方面表示资产、费用的减少。"借"和"贷"在不同性质的账户中的具体含义可参见表3-3。

表3-3   "借"和"贷"的含义表

账户类别	借的含义	贷的含义	余额方向
资产类	增加	减少	借
负债类	减少	增加	贷

续表

账户类别	借的含义	贷的含义	余额方向
共同类	增加或减少	减少或增加	借或贷
所有者权益类	减少	增加	贷
成本类	增加	减少	借或无
损益类中的收入类和利得类	减少	增加	无
损益类中的费用类和损失类	增加	减少	无

"借"和"贷"表示资金性质时,"借"表示资产性质,"贷"表示负债、所有者权益性质。共同类账户如果出现借方期末余额,则表明是资产性质,如果出现贷方期末余额,则表明是负债性质;成本类账户如果有期末余额,则表明是在产品金额。对于制造企业,除季节性生产企业外,成本类的"制造费用"账户期末应无余额。

2. 账户结构

借贷记账法需要设置完整的账户体系,不仅要设置资产、负债、所有者权益等静态账户,还要设置收入、费用和利润等动态账户。此外,根据经济业务的需要,可能还需设置一些"内部往来"、"其他往来"等具有双重性质的共同账户。这些账户的基本结构可参见表3-4。

表3-4　　　　　　　　　　借贷记账法下的账户结构表

账户名称:　　　　　　　　　　　　　　　　　　　　　　　　　　第×页

年		凭证号	摘　要	借方	贷方	借或贷	余额
月	日						

各类账户的结构、基本内容和记账方式如下:

(1) 资产类账户的结构

资产类账户的借方登记资产的增加数,贷方登记资产的减少数,如有余额一般在借方,表示资产的实有数。其期末余额的计算公式如(3-2)式所示:

资产类账户期末余额=期初借方余额+本期借方发生额-本期贷方发生额　　(3-2)

资产类账户的基本结构可参见图3-3。

借方	资产类账户名称	贷方
期初余额		
本期增加		本期减少
……		……
本期借方发生额合计		本期贷方发生额合计
期末余额		

图 3-3　资产类账户的基本结构示意图

(2) 负债和所有者权益类账户的结构

负债和所有者权益类账户的贷方登记负债和所有者权益的增加数，借方登记负债和所有者权益的减少数，如有余额一般在贷方，表示负债和所有者权益的实有数。其期末余额的计算公式如（3-3）式所示。

负债和所有者权益类账户期末余额＝期初贷方余额＋本期贷方发生额－本期借方发生额

（3-3）

负债和所有者权益类账户的基本结构可参见图 3-4。

借方	负债和所有者权益类账户名称	贷方
		期初余额
本期减少		本期增加
……		……
本期借方发生额合计		本期贷方发生额合计
		期末余额

图 3-4　负债和所有者权益类账户的基本结构示意图

(3) 共同类账户的结构

对于共同类账户，因其同时具有资产或负债性质，因此在记录过程中需要根据经济业务或该账户的期末余额的具体情况，来分析确定其具体结构。共同类账户的期末余额如在借方，表明它是资产类账户，以后发生的经济业务就按照资产类账户结构进行记录；如果其账户期末余额在贷方，则表明它是负债类账户，以后发生的交易或事项就按照负债类账户结构进行记录。

(4) 成本（费用）类账户的结构

成本（费用）类账户的结构与资产类账户的结构基本相同，其借方登记成本或费用的增加数，贷方登记成本或费用转入本年利润的数额。由于借方登记的成本或费用的增加数一般都要通过其借方转出，因此该类账户通常没有期末余额。如果因某种特殊原因有余额，也通常表现为借方余额。

成本（费用）类账户的基本结构可参见图 3-5。

借方	成本（费用）类账户名称	贷方
本期增加 ……		本期减少 ……
本期借方发生额合计		本期贷方发生额合计

图 3-5　费用成本类账户的基本结构示意图

（5）收入（利润）类账户的结构

收入（利润）类账户的结构基本同负债和所有者权益类账户的结构，其贷方登记收入或利润的增加数，借方登记收入或利润减少（转出）的数额。由于贷方登记的收入增加数期末一般都要通过其借方转出，因此收入类账户通常没有期末余额。

收入（利润）类账户的基本结构可参见图 3-6。

借方	收入（利润）类账户名称	贷方
本期减少 ……		本期增加 ……
本期借方发生额合计		本期贷方发生额合计

图 3-6　收入（利润）类账户的基本结构示意图

根据以上关于各类账户结构的说明，账户的借贷方反映的经济业务可以概括如图 3-7 所示。

借方	账户名称	贷方
资产的增加 负债和所有者权益的减少 成本（费用）的增加 收入（利润）的减少		资产的减少 负债和所有者权益的增加 成本（费用）的减少 收入（利润）的增加
本期借方发生额		本期贷方发生额

图 3-7　经济业务在账户中的结构示意图

3. 记账规则

记账规则，指的是记账的依据，也是核对账目的依据。借贷记账法的记账规则，可以概括为"有借必有贷,借贷必相等"。

企业任何经济业务的发生,都会引起资产、负债、所有者权益等会计要素发生相应变动。但无论发生何种经济业务,它们对资产、负债、所有者权益的影响不外乎是如图3-8所示的四种类型。

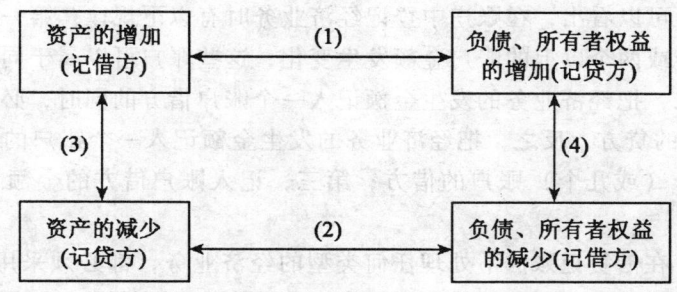

图3-8 经济业务对会计要素的影响图

对图3-8所示的结果可分析如下:

(1) 资产和负债或所有者权益的同时增加,资金总额增加。对这类经济业务,一方面要将发生的金额登记到资产类账户的借方,另一方面同时要以相同金额登记到负债或所有者权益账户的贷方;

(2) 资产和负债或所有者权益的同时减少,资金总额减少。对这类经济业务,一方面要将发生的金额登记到资产类账户的贷方,另一方面同时要以相同金额登记到负债或所有者权益账户的借方;

(3) 资产内部一增一减,资金总额不变。对这类经济业务,一方面要将发生的金额登记到某一个资产账户的借方,另一方面同时要以相同的金额登记到另一个资产账户的贷方;

(4) 负债或所有者权益一增一减,资金总额不变。对这类经济业务,一方面要将发生的金额登记到某一负债或所有者权益账户的贷方,同时要以相同金额登记到另一个负债或所有者权益账户的借方。

无论哪种类型的经济业务,都将以相等的金额记入有关账户的借方,同时记入相关账户的贷方。现举例说明如下:

【例3-3】某公司收到投资者的投资20 000元,存入银行。

这项经济业务的发生,使得银行存款这一资产项目和实收资本这一所有者权益项目同时增加20 000元。银行存款增加记借方,实收资本增加记贷方,借贷金额相等。

【例3-4】某公司用银行存款5 000元归还银行短期借款。

这项经济业务的发生,使得银行存款这一资产项目和短期借款这一负债项目同时减少5 000元。银行存款减少记贷方,短期借款减少记借方,借贷金额相等。

【例3-5】某公司用银行存款3 000元购买生产用原材料。

这项经济业务的发生,使得银行存款这一资产项目减少3 000元,同时使得原材料这一资产项目增加3 000元。银行存款减少记贷方,原材料增加记借方,借贷金额

【例3-6】某公司向银行借入短期借款8 000元,直接偿还应付账款。

这项经济业务的发生,使得短期借款这一负债项目增加8 000元,同时使得应付账款这一负债项目减少8 000元。短期借款增加记贷方,应付账款减少记借方,借贷金额相等。

从以上例子可以看出,在账户中登记经济业务时有以下规律:第一,经济业务的发生,会引起两个或两个以上的账户金额发生变化,这些账户可以属于同一类,也可以属于不同类;第二,把经济业务的发生金额记入一个账户借方的同时,必然要记入另一个(或几个)账户的贷方,反之,把经济业务的发生金额记入一个账户的贷方的同时,必然要记入另一个(或几个)账户的借方;第三,记入账户借方的金额与记入贷方的金额必然相等。

综上所述,在借贷记账法下处理任何类型的经济业务,都必须采用"有借必有贷,借贷必相等"的记账规则。这是由会计恒等式、复式记账法所反映的资金运动规律所决定的,也是借贷记账法科学性的表现。

4. 试算平衡

为保证一定时期账户记录的正确性,企业需要在会计期末根据记账规则对账户记录进行试算平衡。所谓试算平衡,是指通过账户余额或发生额合计数之间的平衡关系,检验记账工作的正确性的一种方法。试算平衡包括发生额试算平衡和余额试算平衡。

虽然在不同的记账方法下试算平衡的具体公式不同,但其实质都是为了反映资金运动的平衡关系。借贷记账法的试算平衡公式如(3-4)式、(3-5)式和(3-6)式所示:

$$全部账户的借方期初余额合计=全部账户的贷方期初余额合计 \quad (3-4)$$
$$全部账户的借方发生额合计=全部账户的贷方发生额合计 \quad (3-5)$$
$$全部账户的借方期末余额合计=全部账户的贷方期末余额合计 \quad (3-6)$$

实际工作中,通常编制试算平衡表来检查账簿记录的正确性。如果以上三个方面都能保持平衡,说明记账工作基本正确,否则,肯定存在记账错误。但是通过试算平衡表来检查账簿记录是否正确并不是完全可靠的,因为通过试算平衡不能发现的问题有漏记或者重记经济业务、会计分录错误金额相同、应借应贷账户颠倒或账户用错、借贷金额偶然一多一少刚好抵消,等等。因此,在编制试算平衡表之前,应认真核对账目,以免发生上述错误。

综上所述,借贷记账法具有以下优点:(1)借贷记账法科学地运用"借"和"贷"作记账符号,使得账户的对应关系非常清晰,充分反映了经济业务的来龙去脉;(2)借贷记账法依据"有借必有贷,借贷必相等"的记账规则进行账务处理,使得全部账户的发生额和余额都可以保持平衡,便于及时检查账簿记录的正确性,为日常会计处理的自检和期末的试算提供了方便;(3)借贷记账法设置的账户具有较强的适应性,其基本结构为使用既反映资产又反映负债的双重性质账户提供了基础。

三、借贷记账法的应用

运用借贷记账法处理经济业务时需要明确三个方面的内容,即判断经济业务引起哪些账户发生变动,是增加还是减少,应该记借方还是贷方。这些涉及会计分录的编制。

(一)会计分录及其编制

运用借贷记账法记账时,在有关账户之间形成了应借应贷的相互关系,这种关系称为账户的对应关系。发生对应关系的账户称为对应账户。通过对应关系,可以了解经济业务的内容以及检查对经济业务的处理是否合理合法。

为了保证账户对应关系的正确性,会计人员把经济业务登入账户之前,需要事先根据经济业务所涉及的账户的借贷方向和金额,编制会计分录。会计分录,简称"分录",指的是对每笔经济业务列示其应借应贷账户的名称及其金额的一种记录。实际工作中,会计分录是根据与经济业务有关的原始凭证,在具有规定格式的记账凭证上编制的。

会计分录包括简单分录和复合分录。简单分录是指一借一贷的会计分录,复合分录则是指一借多贷、多借一贷及多借多贷的会计分录。为保持账户的对应关系,一般不宜把不同经济业务合并在一起编制多借多贷的会计分录。但是,少数复杂和特殊的业务,客观上就是一种多借多贷的对应关系。

编制会计分录时应注意先借后贷,借和贷要分行写,并且文字和金额的数字都应错开。此外,在一借多贷或多借一贷的情况下,要求借方或贷方的文字和金额数字必须对齐。会计分录的编制格式如下:(1)先借后贷,借贷分行,借方在上,贷方在下;(2)贷方记账符号、账户、金额都要比借方退后一格,表明借方在左,贷方在右。

【例3-7】某公司从银行提取现金800元。

此项经济业务的会计分录为:

借:库存现金   800
  贷:银行存款   800

可以按照以下步骤编制会计分录:第一步,确定涉及的账户,即分析经济业务涉及哪些账户发生变化;第二步,确定账户的性质,即分析这些账户各属于什么会计要素;第三步,确定增减变化情况,即确定这些账户是增加了还是减少了、增减金额各是多少;第四步,确定记账方向,即根据账户的性质及其增减变化情况,分别记入账户的借方或贷方;第五步,根据会计分录的格式要求,编制完整的会计分录。

(二)借贷记账法的具体运用

为了更好地理解借贷记账法下会计分录的编制,现举例说明如下:

【例3-8】请为某公司2009年5月发生的以下经济业务逐笔编制会计分录:

(1) 1日,收到甲公司归还的前欠货款60 000元,存入银行。

此项业务导致银行存款增加,同时应收账款减少,因此应分别将60 000元记入"银行存款"账户的借方和"应收账款"账户的贷方。其会计分录为:

借:银行存款   60 000
  贷:应收账款——甲公司   60 000

(2) 2日,购买A原材料10 000元。其中8 000元用银行存款支付,另外2 000元根据合同下月支付。

此项业务导致原材料增加10 000元,同时银行存款减少8 000元和应付账款增加

2 000元，因此应将增加的10 000元原材料记入"原材料"账户的借方，同时将减少的8 000元银行存款记入"银行存款"账户贷方并将增加的2 000元应付账款记入"应付账款"账户的贷方。其会计分录为：

  借：原材料——A材料   10 000
    贷：银行存款   8 000
      应付账款   2 000

（3）5日，用银行存款支付上月应交税费2 000元。

此项业务导致银行存款减少，同时应交税费减少，因此应将2 000元分别记入"应交税费"账户的借方和"银行存款"账户的贷方。其会计分录为：

  借：应交税费   2 000
    贷：银行存款   2 000

（4）8日，生产部门领用B原材料10 000元用于生产甲产品。

此项业务导致原材料减少，同时生产成本增加，因此应分别将10 000元记入"生产成本"账户的借方和"原材料"账户的贷方。其会计分录为：

  借：生产成本——甲产品   10 000
    贷：原材料——B材料   10 000

（5）10日，销售甲产品15 000元，货款收到并存入银行。

此项业务导致银行存款增加，同时主营业务收入增加，因此应分别将15 000元记入"银行存款"账户的借方和"主营业务收入"账户的贷方。其会计分录为：

  借：银行存款   15 000
    贷：主营业务收入   15 000

（6）15日，用银行存款支付上月所欠购货款5 000元。

此项业务导致银行存款减少，同时应付账款减少，因此应分别将5 000元记入"应付账款"账户的借方和"银行存款"账户的贷方。其会计分录为：

  借：应付账款   5 000
    贷：银行存款   5 000

（7）20日，用银行存款支付水电费用4 000元。其中3 000元属于生产乙产品的车间耗用，1 000元属于公司管理部门耗用。

此项业务导致银行存款减少4 000元，同时制造费用增加3 000元和管理费用增加1 000元，因此，应将3 000元记入"制造费用"账户的借方，1 000元记入"管理费用"账户的借方，同时将4 000元记入"银行存款"账户的贷方。其会计分录为：

  借：制造费用   3 000
    管理费用   1 000
    贷：银行存款   4 000

（8）30日，结转本月已经销售甲产品的成本10 000元。

此项业务导致库存商品减少，同时主营业务成本增加，应分别将10 000元记入"库存商品"账户的贷方和"主营业务成本"账户的借方。其会计分录为：

借：主营业务成本　　　　　　　　　　　　　　　10 000
　　贷：库存商品——甲产品　　　　　　　　　　　　10 000

【本章小结】
1. 资产、负债、所有者权益、收入、费用和利润这六大要素按其具体类别和特征划分为具有不同特点的项目后的名称，即为会计科目；会计科目的确定具有一定的要求，同时也有不同的类别。
2. 对经济业务发生后所导致的某项目的变化程度及其结果进行的全面、连续、系统、综合的记录即为会计账户；账户为了实现其功能，需要设计一定的结构；账户可以按照其反映的经济内容、用途与结构、其与主要会计报表的关系以及其提供信息的详略程度进行分类，不同类别的账户具有各自的特点；总分类账户与明细分类账户之间具有统驭与从属的关系，在登记时应当采用平行登记方法，并运用相应的技术方式验证其登记结果的正确性。
3. 记账方法是指根据一定的原理与原则、运用货币作为主要计量单位，采用文字与数字来记录经济业务的方式；记账方法按其记录经济业务的方式有单式记账法与复式记账法之分，它们各自具有不同的特点。
4. 借贷记账法在记账符号、账户体系设置、账户结构、记账规则、试算方法等五个方面具有自身的显著特征。
5. 在运用借贷记账法登记每笔经济业务时，有关账户之间会形成一定的对应关系。
6. 运用借贷记账法分析经济业务并确定应记的账户名称、方向和金额的记录为会计分录，它有简单分录与复合分录两种形式；会计分录有其特殊的格式，在编制时要做到方向、科目和金额三个方面的准确。

思　考　题

1. 什么是会计科目？其设置原则有哪些？
2. 会计科目应当如何进行分类？
3. 什么是会计账户？会计账户与会计科目有何异同？
4. 什么叫总分类账？什么叫明细分类账？两者有何联系？
5. 什么是账户结构？账户的基本结构由几部分构成？各部分之间存在什么关系？
6. 单式记账法和复式记账法的含义与特点分别是什么？
7. 什么是借贷记账法？借贷记账法的发展大致经历了哪些阶段？
8. 借贷记账法包括哪些内容？它有哪些主要特点？
9. 借贷记账法的试算平衡包括哪些内容？试算平衡的公式是什么？应当如何进行试算平衡？
10. 什么是账户的对应关系？什么是对应账户？
11. 什么叫会计分录？什么是简单分录？什么是复合分录？如何编制会计分录？

练 习 题

【练习题 3-1】

（一）目的

掌握会计科目和账户的具体运用。

（二）资料

某公司 2009 年 1 月 1 日资产、负债和所有者权益类账户的余额如表 3-5 所示。

表 3-5　　　　　　　　　　　某公司账户余额表
2009 年 1 月 1 日　　　　　　　　　　　　　　　　　　　单位：元

资产	金额	负债及所有者权益	金额
库存现金	50 000	短期借款	40 000
银行存款	290 000	应交税费	20 000
应收账款	80 000	应付账款	70 000
原材料	60 000	长期借款	150 000
库存商品	150 000	负债合计	280 000
固定资产	250 000	实收资本	500 000
无形资产	50 000	资本公积	80 000
		盈余公积	70 000
		所有者权益合计	650 000
资产合计	930 000	负债及所有者权益合计	930 000

某公司 1 月份发生以下经济业务：

（1）1 日，用银行存款偿还短期借款 40 000 元。

（2）2 日，收到某企业归还的前欠货款 50 000 元。

（3）5 日，用银行存款交纳税费共计 10 000 元。

（4）8 日，销售一批库存甲产品，获得收入 90 000 元，收到现款 60 000 元存入银行，其余 30 000 元货款尚未收到。

（5）10 日，购买一批 A 材料 75 000 元，货款尚未支付。

（6）12 日，收到外商投资者的投资 200 000 元。其中，60 000 元系投资者投入的款项，已存入银行，另外 140 000 元系机器设备投资。

（7）15 日，用银行存款偿还购买 A 材料的款项 75 000 元。

（8）18 日，职工张某出差借款 1 000 元。

（9）20 日，职工王某报销办公用品费用 3 000 元，用现金支票支付。

（10）21 日，上月生产的甲产品完工入库 50 000 元。

（11）23 日，生产部门领用 B 材料 80 000 元，用于生产甲产品；车间消耗 B 材料

60 000 元；公司管理部门消耗 B 材料 20 000 元。

（12）25 日，从银行提取现金 88 000 元，备发工资。

（13）28 日，发放职工工资 88 000 元。

（14）30 日，结转本月销售产品成本 60 000 元。

（三）要求

（1）分析每笔经济业务对哪些会计要素的哪些项目产生影响。

（2）分析这些受影响的项目应在哪些会计账户中进行记录。

（3）在借贷记账法下，编制各笔经济业务的会计分录。

【练习题 3-2】

（一）目的

掌握试算平衡表的编制。

（二）资料

1. 某公司 2009 年 5 月 1 日各账户期初余额如表 3-6 所示。

表 3-6　　　　　　　　　某公司账户期初余额表

2009 年 5 月 1 日　　　　　　　　　　　　　　　　　单位：元

账　户	借方余额	账　户	贷方余额
库存现金	3 300	累计折旧	20 000
银行存款	110 000	短期借款	120 000
应收票据	17 000	应付票据	50 000
应收账款	45 700	应付账款	60 000
原材料	80 000	应交税费	19 000
库存商品	65 000	长期借款	90 000
固定资产	259 000	实收资本	300 000
无形资产	130 000	盈余公积	51 000
合计	710 000	合计	710 000

2. 某公司 5 月份发生以下经济业务：

（1）1 日，购入材料一批，货款 15 000 元尚未支付。

（2）2 日，收到投资者投入的资金 120 000 元，款项存入银行。

（3）2 日，用银行存款交纳税金 16 000 元。

（4）4 日，用银行存款偿还前欠异地供应单位的货款 30 000 元。

（5）6 日，收到原购货单位所欠货款 15 000 元，款项存入银行。

（6）8 日，从银行取得偿还期为半年，年利率为 8% 的一笔借款 25 000 元，直接用以偿还前欠供应单位货款。

（7）8 日，车间生产产品领用材料一批，计 50 000 元。

(8) 9日，向购货单位预收销货款20 000元存入银行，下月交货。

(9) 9日，向租入单位收取包装物押金，计现金2 500元。

(10) 11日，将超过库存限额的现金1 800元存入银行。

(11) 12日，向供应单位预付购料款20 000元，由银行转账付讫，下月收料。

(12) 13日，采购员刘某借支差旅费1 000元，以现金付讫。

(13) 14日，原开出的商业汇票到期，由银行转账支付票款25 000元。

(14) 16日，原收到的商业汇票到期，收到票款8 000元存入银行。

(15) 17日，收到购货单位签发承兑的三个月期的无息商业承兑汇票一张，面值为12 000元，用以抵付原欠货款。

(16) 17日，接受其他企业捐赠新机器一台，价值21 000元。

(17) 20日，按规定程序，将盈余公积18 000元转增资本金。

(18) 21日，以银行存款26 000元、现金800元支付产品生产发生的费用。

(19) 24日，购入材料一批，材料当即验收入库，货款计50 000元，由银行转账支付10 000元，余款暂欠。

(20) 28日，签发转账支票偿还到期的银行借款，其中：短期借款60 000元，长期借款20 000元。

(21) 30日，签发现金支票从银行提取现金1 700元。

(22) 31日，本月生产完工验收入库一批产品，结转该批产品的实际生产成本60 000元。

（三）要求

(1) 在借贷记账法下，编制各笔经济业务的会计分录。

(2) 根据资料开设相关"T"形账户，登记期初余额与本期全部发生额，并结出每个账户的发生额合计和期末余额。

(3) 根据账户的相关记录编制如表3-7所示的"试算平衡表"。

表3-7　　　　　　　　　　　某公司试算平衡表

2009年5月31日　　　　　　　　　　　　　　　　　　　　　单位：元

科目名称	期初余额		本期发生额		期末余额	
	借方	贷方	借方	贷方	借方	贷方
库存现金						
银行存款						
应收票据						
应收账款						
预付账款						
其他应收款						
原材料						

续表

科目名称	期初余额		本期发生额		期末余额	
	借方	贷方	借方	贷方	借方	贷方
生产成本						
库存商品						
固定资产						
累计折旧						
无形资产						
短期借款						
应付票据						
应付账款						
预收账款						
其他应付款						
应交税费						
长期借款						
实收资本						
资本公积						
盈余公积						
合计						

第四章 资产计价

【学习目标】
　　本章主要阐述资产计价的基本原理；存货的盘存制度与发出存货的计价方法；固定资产折旧的方法；应收款项期末价值的计价方法。
　　通过本章的学习，理解永续盘存法和定期盘存法两种存货盘存制度；掌握固定资产折旧的不同计算方法的原理与应用；掌握应收账款的坏账损失估计方法的原理与应用；掌握存货发出计价方法的原理与应用。

　　资产计价就是以货币来计量企业各种资产的实际价值。资产计价不仅决定着企业资产数额的多少，也会直接影响负债、所有者权益、收入、费用等其他会计要素的计量结果。资产计价在会计计量中居于核心地位，而其他要素的计量从属于资产计价及其结果。资产计价涉及的范围很广，本章主要讨论资产耗费的计价与资产的期末计价。

第一节　资产耗费的计价

　　资产投入使用后，会在其发挥作用的同时不断被消耗，资产消耗价值的准确计量是正确计算其所带来成果的成本的重要前提。这里仅以存货和固定资产两种重要资产为例详细阐述资产耗费的计价问题。

一、存货耗费的计价

（一）存货及其耗费的特点概述

　　存货是指企业在生产经营过程中为销售或耗用而储存的各种有形资产，包括各种原材料、燃料、包装物、低值易耗品、委托加工材料、在产品、产成品和商品等。凡在企业盘点日法定所有权属于企业的所有物品，不论其存放地点或处于何种状态，都应视为企业的存货。不同行业的企业，其存货的内容和分类有所不同。如制造业的存货，一般包括原材料、委托加工材料、包装物、低值易耗品、在产品、自制半成品以及产成品等，而商品流通企业，其存货则一般包括商品、材料物资、低值易耗品以及包装物等。作为企业资产的重要组成部分，存货一般在一年内或一个营业周期内可以出售或被生产耗用，因此被视为流动资产。适量的存货对维持企业生产经营的正常进行具有重要意义，但是过多的存货会使企业积压资金，增加仓储保管费，而存货不足又往往造成企业开工不足或失去销售机会。
　　企业的存货是一个不断变化的量，不论是哪类存货，其变化过程必然会涉及期初结存数、期内增加数、期内减少数和期末结存数四个数量指标，这四者的关系如（4-1）式、（4-2）式所示：

$$期初结存数 + 期内增加数 - 期内减少数 = 期末结存数 \quad (4-1)$$

或者为：

$$期初结存数 + 期内增加数 = 期内减少数 + 期末结存数 \quad (4-2)$$

从（4-1）式和（4-2）式可见，与上述企业存货变化的数量关系相适应，存货的计价也必然会涉及存货取得时（即其期内数量增加时）的计价、存货发出使用即耗费时（即其期内数量减少时）的计价以及期末存货（期末结存数亦即下期期初数）的计价。存货发出使用即耗费时的计价主要涉及两个方面的内容：一是存货的盘存制度；二是存货发出的计价方法。对于这两个方面的准确把握是正确核算存货耗费以及期末存货价值的重要保障。

（二）存货盘存制度

存货盘存制度是指确定企业在某一时日存货结存数量的方法，包括永续盘存法和定期盘存法两种方法。

1. 永续盘存法

永续盘存法，亦称"账面盘存法"。它是指通过详细设置存货明细账户，逐日或逐笔地记录存货的收入和发出数，并随时结出存货结存数量和金额的一种盘存方法。采用永续盘存法时，存货的结存数量可依据如（4-3）式所示的公式计算确定：

$$期末结存数 = 期初结存数 + 本期收入数 - 本期发出数 \quad (4-3)$$

在永续盘存法下，存货的收入、发出以及结存情况能在账面上得到全面、完整和连续的反映。在各种存货明细账户中，可以随时反映出每种存货的收入、发出和结存情况，并能从数量和金额两方面对存货进行反映和控制；可以通过存货明细账户中的结存数与实地盘点得到的实存数进行核对，及时发现存货的溢余和短缺，便于查明原因并及时纠正。另外，还可以随时将明细账户中存货的结存数与既定的最高和最低库存限额进行比较，获得存货库存积压或不足的信息，以便及时组织存货的购入或处理。因此，这种方法能起到对存货加强控制和管理的作用。不过，正是由于永续盘存法要全面、详细地记录每一种存货的收入、发出和结存情况，因而其核算工作量比较大，尤其是当企业的存货品种繁杂时会相应增加其会计核算成本。

2. 定期盘存法

定期盘存法，又称"实地盘存法"。它是指定期或在期末通过现场实地盘点实物确定存货结存数量，并据以计算存货耗用（或销售）数量的一种存货盘存方法。在实际工作中，定期盘存法也称为"以存计耗（或销）法"或"盘存计耗（或销）法"。

为加强对存货的控制与管理，虽然采用永续盘存法能随时结出存货的账面结存数量和金额，但还需采用实地盘存法定期或不定期地对实物进行实地盘点，以便核对存货的账面结存数和实有数是否相符。

在定期盘存法下，平时只在明细账中记录存货的购入或收进数，不记录其发出数，期末通过实地盘点实物确定其实际结存数，然后再据以计算本期存货的耗用（或销售）数量。其基本计算公式如（4-4）式所示：

$$本期发出数 = 期初结存数 + 本期收入数 - 期末结存数 \quad (4-4)$$

与永续盘存法相比，定期盘存法平时不记录存货的发出情况，期末在确定存货结存数后一次计算耗用（或销售）存货的成本，其会计核算工作量大大降低。但是，由于定期盘存法不能随时反映存货的收发存动态，从而削弱了对存货的控制和监督。另外，由于是以存计耗（或销）来倒算耗用成本或销售成本，这样就把非耗用或非销售的存货损耗、短缺或差错等全部计入耗用或销售成本之中，从而影响了企业成本计算的正确性。

鉴于上述两种存货盘存方法各有利弊，因此，在实际工作中，企业应根据存货的不同特点选择不同的盘存方法。如，对那些价值低、品种杂、交易极其频繁的存货和一些损耗大、数量不稳定的鲜活商品一般采用定期盘存法。

（三）存货发出的计价方法

企业应当根据各类存货的实物流转方式、企业管理的要求和存货的性质等实际情况，合理地选择发出存货成本的计算方法，以确定当期发出存货的实际成本。对于性质和用途相似的存货，应当采用相同的成本计算方法确定发出存货的成本。企业在确定发出存货的成本时，可以采用的方法主要有先进先出法、后进先出法、移动加权平均法、月末一次加权平均法和个别计价法等五种方法。

1. 先进先出法

先进先出法是以先购入的存货先发出（销售或耗用）这样一种存货的实物流转方式的假设为前提，对发出存货进行计价。采用这种方法，先购入的存货成本在后购入的存货成本之前转出，据此确定发出存货成本。

【例4-1】某公司2009年10月初库存材料300公斤，单位成本8元；10月8日，购入材料1 000公斤，单位成本10元；10月11日，发出材料900公斤；10月20日，购入材料400公斤，单位成本12元；10月25日，发出材料500公斤。

依据先进先出法，某公司2009年10月发出存货成本的计算如下：

$$发出存货成本 = 300 \times 8 + 600 \times 10 + 400 \times 10 + 100 \times 12 = 13\,600 \text{（元）}$$

2. 后进先出法

后进先出法是在假定后取得的存货先行耗用或销售的条件下对存货价值进行计量的方法。这种方法与先进先出法正好相反，其期末持有存货总是由最早取得的存货所组成。后进先出也是会计上计算存货成本的一种假设，所以，存货的实际流动方式不是后进先出的企业亦可采用这种方法。尽管我国现行会计规范规定，企业不得采用后进先出法确定发出存货的成本，但此处仍将对其原理进行介绍。

对于例4-1，依据后进先出法，某公司2009年10月发出存货成本的计算如下：

$$发出存货成本 = 900 \times 10 + 400 \times 12 + 100 \times 10 = 14\,800 \text{（元）}$$

3. 移动加权平均法

移动加权平均法，是指以每次进货的成本加上原有库存存货的成本，除以每次进货数量与原有库存存货的数量之和，据以计算加权平均单位成本，作为在下次进货前计算各次发出的存货成本的依据的一种方法。在移动加权平均法下，发出存货成本计算的相关公式如（4-5）式和（4-6）式所示：

$$\text{移动加权平均单位成本} = \frac{\text{以前结存存货成本} + \text{本次收入存货成本}}{\text{以前结存存货数量} + \text{本次收入存货数量}} \quad (4\text{-}5)$$

$$\text{本次发出存货成本} = \text{本次发出存货数量} \times \text{移动加权平均单位成本} \quad (4\text{-}6)$$

【例4-2】沿用例4-1的资料,采用移动加权平均法计算某公司2009年10月各次发出材料的成本。

10月8日,材料平均单位成本 = (300×8+1 000×10)÷(300+1 000)
= 9.54(元)

10月11日,发出材料成本 = 900×9.54 = 8 586(元)

10月20日,材料平均单位成本 = (400×9.54+400×12)÷(400+400)
= 10.77(元)

10月25日,发出材料成本 = 500×10.77 = 5 385(元)

4. 月末一次加权平均法

月末一次加权平均法,是指以当月全部进货数量加上月初存货数量作为权数,去除当月全部进货成本加上月初存货成本,计算出存货的加权平均单位成本,以此为基础计算当月发出存货成本的一种方法。在月末一次加权平均法下,发出存货成本计算的相关公式如(4-7)式和(4-8)式所示:

$$\text{加权平均单位成本} = \frac{\text{期初结存存货成本} + \text{本期收入存货成本}}{\text{期末结存存货数量} + \text{本期收入存货数量}} \quad (4\text{-}7)$$

$$\text{本期发出存货成本} = \text{本期发出存货数量} \times \text{加权平均单位成本} \quad (4\text{-}8)$$

【例4-3】沿用例4-1的资料,采用月末一次加权平均法计算某公司本期发出材料的成本。

期末加权平均单位成本 = (300×8+1 000×10+400×12)÷(300+1 000+400)
= 10.12(元)

本期发出存货成本 = (900+500)×10.12 = 14 168(元)

5. 个别计价法

个别计价法,也称个别认定法、具体辨认法等。其特征是注重所发出存货具体项目的实物流转与成本流转之间的联系,逐一辨认各批发出存货和期末存货所属的购进批别或生产批别,分别按其购入或生产时所确定的单位成本计算各批发出存货成本。即把每一种存货的实际成本作为计算发出存货成本的基础。相比计算发出存货成本的其他方法,个别计价法确定的存货成本最为准确。对于不能替代使用的存货、为特定项目专门购入或制造的存货以及提供的劳务,通常采用个别计价法确定发出存货的成本。随着计算机信息系统在实际会计处理工作中的广泛应用,越来越多的企业采用个别计价法对发出存货进行计价。

二、固定资产损耗的计价

(一)固定资产及其损耗的特点概述

固定资产是指使用期限较长,单位价值较高,并且在使用过程中保持原有实物形态的资产。固定资产属于在物质资料的生产过程中用来改变或影响劳动对象的劳动资料。

但是，并非所有的劳动资料都可作为企业的固定资产。作为固定资产核算或管理的劳动资料一般应具有使用时间较长、单项价值较高、实物形态永存和价值逐渐减少等特点。该类资产主要用于生产、提供商品或服务、出租或用于企业行政管理等目的，其成本及为企业提供的未来经济利益能够可靠地计量，且预计使用年限在一年以上。

现行制度规定，企业使用期限在一年以上的房屋、建筑物、机器、设备、运输工具等资产，均应作为固定资产；不属于生产经营主要设备的物品，单位价值在 2 000 元以上，并且使用期限超过两年的，也应作为固定资产。不符合上述条件的劳动资料，企业应作为低值易耗品管理和核算。现行制度对固定资产是按其经济用途和使用情况进行综合分类的。采用这一分类方法，把企业的固定资产分为生产经营用固定资产、非生产经营用固定资产、租出固定资产、不需用固定资产、未使用固定资产、土地和融资租入固定资产等。

固定资产计价的内容包括三个方面：一是取得时的计价，即要计算确定固定资产的原始价值（即历史成本）；二是耗用时的损耗计价，即要计算确定固定资产的折旧价值；三是期末持有计价，即计算确定固定资产净值。此处主要介绍损耗的计价。

固定资产的损耗是由于使用、自然力作用或技术进步等原因而使固定资产逐渐丧失使用价值或发生贬值，在会计上将其称为折旧。实际工作中固定资产的损耗来自于两个方面：一是有形损耗（又称物理损耗），它主要是自然力作用和机械力作用的结果，如机器设备的磨损和房屋建筑物的陈旧；二是无形损耗（又称精神损耗），它主要是指劳动生产率提高而使原有的机器设备相应地发生贬值以及出现新的设备使原设备的使用效率相对下降而提前报废并失去其价值。

固定资产损耗的计价主要是其折旧的计价，它涉及两项内容：一是计提折旧的固定资产范围；二是固定资产折旧的方法。

（二）固定资产计提折旧的范围规定

我国现行会计规范规定，企业应对所有的固定资产计提折旧，但已提足折旧仍继续使用的固定资产和单独计价入账的土地除外。所谓提足折旧是指已经提足该项固定资产的应计折旧额。

在确定计提折旧的范围时还应注意以下问题：（1）固定资产应当按月计提折旧。当月增加的固定资产，当月不计提折旧，从下月起计提折旧；当月减少的固定资产，当月仍计提折旧，从下月起不计提折旧。（2）固定资产提足折旧后，不论能否继续使用均不再计提折旧，提前报废的固定资产也不再补提折旧。（3）已达到预定可使用状态但尚未办理竣工决算的固定资产，应当按照估计价值确定其成本并计提折旧，待办理竣工决算后再按实际成本调整原来的暂估价值，但不需要调整原已计提的折旧额。

（三）确定固定资产计提折旧额应当考虑的因素

计算确定某项固定资产在一定时期应计提的折旧额时，需要考虑其原始价值、预计残值、预计清理费和预计使用时间等四个基本因素。固定资产的原始价值又称固定资产原价，是指取得该固定资产时发生的全部支出。固定资产的预计残值，是指固定资产达到其预计使用年限按照规定报废时其残存物品可能收回的价款，这一指标需要在计算应计提折旧总额时扣除。固定资产的预计清理费，是指固定资产达到其预计使用年限按照规定报废时其可能追加的清除与拆卸费用，这一指标需要在计算应当计提折旧总额时增加。固定资产的预计使用时间，一般是指固定资产的物理使用寿命，① 即其出厂时的标定使用年限。固定资产的预计残值与预计清理费之差为预计净残值。

固定资产折旧的基本计量指标有两个：一是某项固定资产在其预计使用期内应计提折旧总额，它为该项固定资产原值减去预计残值加上预计清理费后的余额；二是某项固定资产特定期间应计提折旧额，它可以分解为年折旧额和月折旧额两个指标，其具体数额因不同的折旧计算方法而定。

（四）固定资产折旧额的计算方法

企业应当根据与固定资产有关的经济利益的预期实现方式合理地选择折旧方法。可选用的折旧方法包括年限平均法、工作量法、双倍余额递减法和年数总和法等。企业选用不同的固定资产折旧方法，将影响固定资产使用寿命期间内不同时期的折旧费用，因此，我国现行会计规范规定，固定资产的折旧方法一经确定，不得随意变更。

1. 年限平均法

年限平均法又称直线法，它是指将固定资产的应计提折旧总额均衡地分摊到固定资产预计使用寿命期间内的一种折旧计提方法。采用这种方法是假定固定资产提供效用和获取收益的潜力随时间的增加而减退，与其使用程度无关，固定资产的折旧费可以均衡地摊配于其使用寿命内的各个期间。因此，这种方法计算的每期折旧额均相等。年限平均法下固定资产折旧的计算方法如（4-9）式、（4-10）式和（4-11）式所示：

$$年折旧率 = （1-预计净残值率）\div 预计使用寿命（年）\times 100\% \qquad (4-9)$$

$$月折旧率 = 年折旧率 \div 12 \qquad (4-10)$$

$$月折旧额 = 固定资产原价 \times 月折旧率 \qquad (4-11)$$

【例4-4】某公司拥有某项固定资产的原值为100万元，预计可使用10年，净残值率为4%。采用年限平均法计算该公司各年的折旧额。

解析：年折旧率 =（1-4%）÷10×100% = 9.6%

年折旧额 = 100×9.6% = 9.6（万元）

月折旧率 = 9.6%÷12 = 0.8%

月折旧额 = 100×0.8% = 0.8（万元）

2. 工作量法

工作量法，是指企业根据实际工作量计算每期应计提折旧额的一种折旧计提方法。它是将固定资产的应计提折旧总额按照固定资产的预计总工作量进行平均分摊。工作量法下固定资产折旧的计算方法如（4-12）式和（4-13）式所示：

$$单位工作量折旧额 = 固定资产原价 \times （1-预计净残值率）\div 预计总工作量 \qquad (4-12)$$

$$某项固定资产月折旧额 = 该项固定资产当月工作量 \times 单位工作量折旧额 \qquad (4-13)$$

对于固定资产的工作量，主要有两种表示方法：（1）以行驶里程表示。此时，单位里程折旧额 = 固定资产原值×（1-预计净残值率）÷预计总行驶里程；（2）以工作时

---

① 有时也可用按照管理会计中的相关原理与方法测定的经济使用寿命指标。

数表示。此时，每工作小时折旧额=固定资产原值×（1-预计净残值率）÷预计总工作时数。

【例 4-5】 某公司有载货卡车一辆，原值 160 000 元，规定的预计净残值率为 5%，预计总行驶里程为 100 万公里，某月行驶 8 000 公里。运用工作量法计算该辆载货卡车的单位折旧额和该月的折旧额。

解析：单位里程折旧额=160 000×（1-5%）÷1 000 000=0.152（元/公里）

该月折旧额=8 000×0.152=1 216（元）

采用工作量法计算的折旧额，由于月折旧额的多少与工作量完成的多少相联系，因此，在各个使用年份或月份中不是等额的，这种折旧计算方法适合于各期完成的工作量不均衡的固定资产。

3. 双倍余额递减法

双倍余额递减法，是指在不考虑固定资产预计净残值的情况下，根据每期期初固定资产原价减去累计折旧后的金额和双倍的直线法折旧率计算固定资产折旧的一种折旧计提方法。采用这种方法计算折旧额时，由于每年年初固定资产净值没有扣除预计净残值，所以在计算固定资产折旧额时应在其折旧年限到期前两年内，将固定资产净值扣除预计净残值后的余额平均摊销。双倍余额递减法下，固定资产折旧的计算方法如（4-14）式、（4-15）式和（4-16）式所示：

$$年折旧率 = 2 \div 预计使用寿命（年）\times 100\% \tag{4-14}$$

$$月折旧率 = 年折旧率 \div 12 \tag{4-15}$$

$$月折旧额 = 每月月初固定资产账面净值 \times 月折旧率 \tag{4-16}$$

【例 4-6】 某公司拥有某项固定资产的原始价值为 100 000 元，预计使用年限为 5 年，预计残值为 4 000 元。采用双倍余额递减法计算该项固定资产各年的折旧额。

解析：年折旧率=2÷5×100%=40%

第 1 年应提折旧额=100 000×40%=40 000（元）

第 2 年应提折旧额=（100 000-40 000）×40%=24 000（元）

第 3 年应提折旧额=（100 000-40 000-24000）×40%=14 400（元）

第 4 年应提折旧额=（100 000-40 000-24 000-14 400-4000）÷2

=8 800（元）

第 5 年应提折旧额=第 4 年应提折旧额=8 800（元）

4. 年数总和法

年数总和法，又称年限合计法，是指将固定资产的原价减去预计净残值后的余额，乘以一个以固定资产尚可使用寿命为分子、以预计使用寿命逐年数字之和为分母的逐年递减的分数，来计算固定资产每年折旧额的一种折旧计提方法。年数总和法下，固定资产折旧的计算方法如 4-17 式、4-18 式和 4-19 式所示：

$$年折旧率 = 尚可使用年限 \div 预计使用寿命的年数总和 \times 100\% \tag{4-17}$$

$$月折旧率 = 年折旧率 \div 12 \tag{4-18}$$

$$月折旧额 = （固定资产原价 - 预计净残值）\times 月折旧率 \tag{4-19}$$

【例 4-7】 某公司拥有的某项固定资产原始价值为 100 000 元，预计使用年限为 5

年,预计残值为4 000元。采用年数总和法计算该项固定资产各年的折旧额。

解析:采用年数总和法计算该项固定资产各年的折旧额,计算结果如表4-1所示。

表4-1　　　　年数总和法下固定资产各年折旧额的计算表　　　　单位:元

年份	应计提折旧总额	尚可使用年限	折旧率	折旧额	累计折旧
1	96 000	5	5/15	32 000	32 000
2	96 000	4	4/15	25 600	57 600
3	96 000	3	3/15	19 200	76 800
4	96 000	2	2/15	12 800	89 600
5	96 000	1	1/15	6 400	96 000

固定资产应当按月计提折旧,计提的折旧应贷记"累计折旧"科目,并根据用途计入相关资产的成本或者当期损益。例如,企业基本生产车间使用的固定资产,其计提的折旧应借记"制造费用"科目;管理部门所使用的固定资产,其计提的折旧应借记"管理费用"科目;经营租出的固定资产,其计提的折旧额应借记"其他业务成本"。

由于固定资产在使用过程中所处的经济环境、技术环境等有可能对固定资产的使用寿命和预计净残值产生较大影响,因此,我国现行会计规范规定,企业至少应当于每年年度终了,对固定资产的使用寿命、预计净残值和折旧方法进行复核。另外,固定资产使用过程中所处经济环境、技术环境等的变化也可能致使与固定资产有关的经济利益的预期实现方式发生重大改变,因此,如果固定资产给企业带来经济利益的方式发生重大变化,企业也应相应改变固定资产的折旧方法。例如,某企业以前年度采用年限平均法计提固定资产折旧,当年度在复核中发现,与该固定资产相关的技术发生很大变化,年限平均法已很难反映该项固定资产给企业带来经济利益的方式,因此决定变年限平均法为加速折旧法。固定资产使用寿命、预计净残值和折旧方法的改变应作为会计估计变更,按照相应的会计规范处理。

第二节　资产的期末计价

资产在使用过程中所处经济环境、技术环境以及其他环境的不断变化可能致使与该项资产有关的预期经济利益流入的情况发生重大改变,一旦预期的经济利益的流入因资产所处环境的变化而流入量减少或者无法流入,就表明该项资产价值减少了。为客观反映企业期末的财务状况,必须依据一定的方法对各项资产的期末价值进行调整和重新计价。例如,我国现行会计规范规定,存货的期末价值应按成本与可变现净值孰低法进行计价。① 这里仅以应收款项为例阐述债权性资产应收款项的期末价值的计价方法。

---

① 当存货成本低于可变现净值时,存货按成本计量;当存货成本高于可变现净值时,存货按可变现净值计量。

一、应收款项减值概述

企业应当在资产负债表日对应收款项的账面价值进行检查,有客观证据表明该应收款项发生减值的,应当将该应收款项的账面价值减记至预计未来现金流量现值,减记的金额确认为减值损失,计提减值准备。

应收款项减值损失提取的范围包括:(1)应收账款;(2)其他应收款;(3)预付账款;(4)应收票据;(5)长期应收款等。

二、应收款项减值准备的计提方法

应收款项期末实际价值(即净额)的计量,是以其本期减值数额的确定为基础的。应收款项减值的处理有两种方法:一种是直接转销法,即在实际发生坏账时,将其一次计入当期利润(损益);另一种是备抵法,即平时分期预提坏账损失计入各期利润(损益),实际发生坏账损失时冲抵已提的坏账准备金。下面以应收账款为例,详细阐述备抵法下应收款项坏账损失的估计方法。应收账款的坏账损失的估计方法主要有应收账款余额百分比法、赊销净额百分比法和账龄分析法等三种方法。

1. 应收账款余额百分比法

应收账款余额百分比法要求企业以会计期末应收账款的账面余额为基础,估计可能的坏账损失占应收账款余额的百分比(即坏账率),并据以计算坏账损失的数额。坏账率一般是根据近几年的平均水平估计确定的。

【例4-8】某公司2009年期末应收账款的账面余额为1 000 000元,根据近3年的经验确定坏账损失的比例为1%。按照应收账款余额百分比法确定其应收账款的坏账损失。

解析:按照应收账款余额百分比法,根据某公司坏账损失的估计比例,该期末应计提的坏账损失的计算如下:

期末应计提的坏账损失 = 1 000 000×1% = 10 000(元)

2. 赊销净额百分比法

企业销售商品或提供劳务,以是否收到现金为标准可分为现销和赊销两类。现销是指在销售时就收到了现金的销售行为,赊销则是指销售时未收到现金而形成应收款项的销售行为。

赊销净额百分比法是企业以各个会计期间的赊销额为基础,根据其过去的经验(如前3个年度的平均坏账程度)估计每期的坏账占赊销额的百分比,并以此来计算确定各会计期间可能的坏账损失数。当然,企业计算坏账损失的赊销额,应当是当期商品或劳务的赊销总额在扣除赊销退回、折扣与折让后的赊销净额。

【例4-9】某公司2009年的赊销净额为1 600 000元,前3年坏账率约为0.2%。按照赊销净额百分比法确定其应收账款的坏账损失。

解析:按照赊销净额百分比法,根据前3年坏账率的比例,该期末其应计提的坏账损失的计算如下:

期末应计提的坏账损失 = 1 600 000×0.2% = 3 200(元)

3. 账龄分析法

应收账款余额百分比法和赊销净额百分比法应用简便，但它们都没有考虑各项应收账款所欠时间的长短。通常情况下，款项拖欠的时间越长其收回的可能性越小，发生坏账损失的可能性就越大。因此，为了尽可能准确、合理地确定坏账损失的数额，应当考虑每笔应收账款赊欠时间的长短。应收账款账龄分析法就是根据每一项应收账款已欠时间的长短来分别估计其坏账损失的比例，从而确定坏账损失数额的一种方法。

运用账龄分析法时，首先，应当根据应收账款明细账查明每项欠款的已欠时间（天数），并按赊欠时间的长短进行分组；其次，根据不同的赊欠期确定各组应收账款的坏账损失率；再次，以各组赊欠应收账款的金额乘以各组的坏账损失率，计算出各组的坏账金额；最后，将各组坏账损失金额加总，即可得出该会计期间的坏账损失数额。

【例 4-10】某公司 2009 年期末应收账款的账面金额为 1 800 000 元，采用账龄分析法计算其坏账损失的估计数额。

解析：按照账龄分析法，其应计提的坏账损失的计算如表 4-2 所示。

表 4-2　　　　　　　　　应收账款账龄分析及坏账损失计算表　　　　　　　　　单位：元

组序	赊欠时间	账面金额	坏账率	坏账损失金额
1	1～30 天	1 000 000	0	0
2	31～90 天	600 000	0.01	6 000
3	91～360 天	150 000	0.03	4 500
4	1～3 年	45 000	0.05	2 250
5	3 年以上	5 000	0.6	3 000
合计		1 8000 000		15 750

由于坏账损失是期间利润的减项，因而其数额大小不仅直接影响应收账款净额（实际价值）的确定，还直接影响期间利润等财务会计指标。因此，在实际工作中，企业估计坏账损失的比例需要有充分的依据和理由，而且，坏账损失的计算方法一经确定，就不能随意变更。

【本章小结】

1. 资产计价即以货币来计量企业各种资产的实际价值，它不仅直接决定企业资产数额，也会影响负债、所有者权益、收入、费用等其他会计要素的计量结果以及企业最终收益的计算结果。

2. 存货是企业的重要资产之一，它涉及的种类多；存货盘存制度有永续盘存法和定期盘存法两种方法，它们具有各自的特点与运用范围；存货发出与期末结存计价的主要方法有先进先出法、后进先出法、移动加权平均法、月末一次加权平均法和个别计价法等；为了客观反映企业的存货状况，需要依据一定的方法对存货期末价值进行调整和重新计价，以确定其减值额。

3. 固定资产是企业生产经营活动必须具备的物质条件，它不仅具有自身的特点，而且还有自身的计价内容与要求；固定资产因使用而发生的损耗需要计提折旧，固定资产折旧涉及应计提折旧总额的计量与一定时期折旧额的计算两个方面；固定资产折旧额的常用计算方法有年限平均法、工作量法、双倍余额递减法和年数总和法等；企业应当根据自身实际选用合适的固定资产折旧方法，但计提折旧的范围国家有专门规定；固定资产减值与固定资产折旧存在一定的关系，应当全面认识它们之间的联系与区别。

4. 应收款项是企业的重要债权项目，其减值准备计提的常用方法有应收账款余额百分比法、赊销净额百分比法和账龄分析法等。

思 考 题

1. 固定资产的折旧范围是如何限定的？
2. 固定资产折旧有哪几种常用的计算方法？它们各自在什么条件下使用？
3. 影响固定资产折旧的基本因素有哪些？
4. 计提的固定资产折旧应如何进行账务处理？
5. 存货盘存制度有哪几类？不同的存货盘存制度有何特点？
6. 存货发出计价有哪些方法？它们各自有哪些优缺点？
7. 存货发出计价中成本与市价孰低法的要点是什么？
8. 应收款项减值损失提取的范围是如何限定的？
9. 应收款项减值的处理有哪两种方法？
10. 应收账款坏账准备的三种计提方法有何特点？

练 习 题

【练习题 4-1】

（一）目的

掌握存货发出的计价。

（二）资料

某公司 2009 年 1 月 1 日拥有的甲材料的账面实际成本为 80 000 元，结存数量 400 吨；1 月 5 日购进甲材料 300 吨，每吨实际单价 180 元；1 月 15 日购进甲材料 400 吨，每吨实际单价 190 元；1 月 8 日和 31 日各发出甲材料 600 吨。

（三）要求

按先进先出法、后进先出法、月末一次加权平均法、移动加权平均法分别计算该公司发出甲材料的实际成本。

【练习题 4-2】

（一）目的

掌握固定资产折旧的计算。

（二）资料

某公司 2008 年 12 月自行建成了一条生产线并投入使用，建造成本为 500 000 元。预计净残值率为其原价的 5%，该生产线预计使用年限为 5 年。

（三）要求

分别运用年限平均法、双倍余额递减法和年数总和法计算该公司2009年应计提的折旧额。

【练习题 4-3】

（一）目的

掌握固定资产折旧的计算。

（二）资料

某公司购买载货卡车一辆，原值200 000元，预计净残值率为5%，预计总行驶里程为120万公里，某月行驶10 000公里。

（三）要求

运用工作量法计算该月公司对该载货卡车应计提的折旧额。

【练习题 4-4】

（一）目的

掌握应收账款坏账损失额的计算。

（二）资料

（1）某公司从2009年开始计提坏账准备，该年末应收账款余额为2 000 000元。假定公司的坏账准备提取比例为5%，采用应收账款余额百分比法计算公司2009年年末应收账款的坏账损失额；

（2）某公司2009年的赊销净额为6 000 000元，前3年坏账率约为0.3%，按照赊销净额百分比法计算2009年年末其应收账款的坏账损失额；

（3）某公司从2009年开始计提坏账准备，2009年年末其应收账款的账面金额为1 400 000元，应收账款的详细构成以及不同账龄的坏账率如表4-3所示。

表4-3　　　　　　某公司应收账款账龄分析及坏账损失计算表　　　　　　单位：元

组序	赊欠时间	账面金额	坏账率	坏账损失金额
1	1~30天	800 000	0	
2	31~90天	500 000	0.01	
3	91~360天	50 000	0.02	
4	1~3年	35 000	0.04	
5	3年以上	15 000	0.50	
合计		1 4000 000		

（三）要求

分别计算三种情况下，该公司2009年年末应收账款的坏账损失估计额。

第五章 会计凭证

【学习目标】

本章主要阐述会计凭证的概念与种类；原始凭证和记账凭证的分类、填制与审核；企业基本经济业务的账务处理；会计凭证的传递与保管。

通过本章的学习，理解会计凭证的内涵与作用；掌握原始凭证和记账凭证的分类与填制技术规范，领会原始凭证和记账凭证的审核要点；了解会计凭证的传递与保管要点；能较熟练地对企业生产经营的不同阶段的各种基本经济业务进行相应的账务处理并掌握不同种类的记账凭证的填制工作。

第一节 会计凭证概述

各单位都必须根据实际发生的经济业务事项进行会计核算，填制会计凭证，登记会计账簿，编制财务会计报告。通过会计确认和会计计量程序而纳入会计信息系统处理的经济业务在会计账户中得以反映，从而完成了由经济信息向会计信息转换的过程，此过程即为会计记录。其具体表现为两个步骤：分录记录和账户记录，而分录记录在我国会计实践中则是通过编制会计凭证来完成的。

一、会计凭证的概念

作为会计信息系统处理的重要程序，会计记录是指按照借贷记账法将对各项经济业务进行会计确认和计量的结果在会计账户中予以系统登记的过程。虽然世界各国会计记录的具体程序有所差异，但其基本程序仍是由会计分录的编制和会计账户的登记两个主要步骤构成的。

当企业发生各种经济交易时，经办人员一般需办理相关的凭证手续。例如，企业购买设备时，采购人员会从销货方取得"增值税专用（或普通）发票"；企业生产部门为生产产品而向材料仓库申请领用原材料时，领料人会从发料人处取得"领料单"；当产品生产完工并验收入库时，仓库保管人员需填制"商品入库单"；当产成品随后被销售时，销货企业可能会从购货方处收到"商业（或银行）承兑汇票"。伴随经济交易而产生的上述凭证单据详细记载了与经济交易有关的各项信息，加之经济交易参与单位及人员在其上面的签章，从而形成具有法律效力的经济业务原始证明。这种在经济交易与事项发生时取得或填制的，用以记录经济业务具体内容，证明经济业务已经发生或完成的原始证据，在会计上被称为"原始凭证"。由于原始凭证所记载的经济活动性质的差异性和其内容表述方式的非系统性，其所提供的浩繁的原始经济信息无疑不能直接提供给企业利益相关者。企业需借助于特定的会计程序与方法将这些纷繁复杂的原始经济信息转化为一种系统而精简的会计信息，使之便于企业利益相关者使用。

如前所述，这个由原始经济信息向会计信息转换的过程，是通过运用借贷记账法将经济业务所引起的会计要素的具体项目增减变化情况在预设的会计账户中加以记录来完成的。因此，登记会计账户便成为会计记录工作的核心内容。在会计实务工作中，不同的原始凭证表述经济信息的方式存在着显著的差异性，而经济业务的复杂性也会导致某项业务需要多张原始凭证予以记录，在此情况下，直接依据原始凭证信息以在账户中记录经济业务，通常会增加账户记录出现重记、漏记或错记等的可能性。因此，在将经济业务记入相关账户之前，首先需要对各项经济业务应当登记的账户名称、账户方向（借或贷）以及记录金额，予以确定并做出集中性的书面记录，即编制会计分录。作为对经济业务的初步记载，会计分录集中反映了应借记、贷记的账户名称及其金额，通过检验其中各账户对应关系的逻辑性以及借、贷方金额的平衡性，可以较为有效地保证随后进行的账户记录的完整性与正确性。因此，根据原始凭证所记载的经济信息，运用特定的会计确认和计量程序编制会计分录，就构成了会计记录基本程序的第一步。而在我国会计实务中，会计分录通常标明在具有一定格式的记账凭证上，所以上述过程就具体表现为根据原始凭证编制记账凭证。而原始凭证和记账凭证均属于会计凭证。

作为会计记录程序的起点，会计凭证是用来记录经济业务整体内容的书面证明文件，并成为各项会计记录工作的依据。具体表现为：原始凭证是编制记账凭证（分录记录）的依据；记账凭证是登记会计账簿（账户记录）的依据。

二、会计凭证的作用

作为会计信息处理的起点，会计凭证事关整个企业会计信息的质量，其作用体现在以下三个方面：

首先，反映了与经济活动相关的经济信息和会计信息。经济交易与事项发生时所取得或填制的原始凭证记载了诸如经济业务发生的时间、内容、经办单位或个人等原始经济信息；而随后据此编制的记账凭证则记载了按照特定会计确认和计量程序对原始经济信息进行处理而得到的会计信息，从而形成了对经济交易与事项的初步记录。

其次，提供了会计记录的依据。如前所述，会计记录的第一步是以原始凭证为依据编制会计分录（即编制记账凭证）；而会计记录的第二步则是根据记账凭证中标明的会计分录登记相关的会计账户（账簿）。因此，经审核无误的会计凭证（特别是记账凭证）便成为会计记录的重要依据，并有效保证了会计记录的核心内容——账户记录的真实性和完整性。

最后，提供了会计监督的依据，明确了相关的经济责任。一方面，会计内部管理人员和企业外部相关的监督主体（如财政、税务部门、国有资产管理机构、注册会计师等）可以通过分析会计凭证的内容，对经济业务的合法性与合理性进行监督，检查其是否符合国家相关的法律、法规以及准则、制度的规定，是否符合企业内部章程和经营管理的要求；另一方面，通过相关经办人员在会计凭证上的签字或者盖章，明确了其对相关经济业务所承担的经济责任，从而为防止违纪行为、保护企业财产的安全完整、裁决差错和纠纷提供了重要保障。

三、会计凭证的分类

按填制程序和功能的不同,会计凭证分为原始凭证和记账凭证两类。原始凭证由经济业务的相关经办人员填制或取得,其用来作为在记账凭证上编制会计分录的依据;记账凭证由企业会计人员根据所取得的原始凭证填制,它用来作为登记会计账簿的依据。

第二节　原始凭证

在超市购物的时候,顾客通常会收到一张购物发票,上面详细记录了购买商品的日期、所购商品的名称、数量、金额等信息。该发票一方面可以作为消费者维护自身合法权益的工具;而另一方面,由于该发票记录了商品销售业务的详细信息,所以作为证明经济业务已经发生的原始证据,它便成为超市会计部门进行相关会计记录的初始依据。这种在经济业务发生时取得或填制的、用来记录经济业务的具体内容、明确经济责任,并以此作为记账依据的凭证或单据,称为原始凭证。

一、原始凭证的结构

不同来源、不同用途的原始凭证,其对经济业务内容的记载方式和填制方式也有所不同。

(一)原始凭证按来源分类

原始凭证按其来源不同,可以分为外来原始凭证和自制原始凭证。

外来原始凭证是指与其他单位发生经济业务时,从对方单位取得的原始凭证。如购货业务中取得的发票(如表 5-1 所示)、企业人员出差时支付交通、住宿费用后取得的火车票、住宿费发票和餐饮费发票等。

表 5-1　　　　　　　　　　某省增值税普通发票　　　发票代码 142010937802
　　　　　　　　　　　　　　　　发　票　联　　　　　　发票号码 04629268

购货单位:　　　　　　　　　　　　　　　　　　　　　　　年　　月　　日

品号及规格	货物或劳务名称	单位	数量	单价	金额					②付款方报销凭证
					百	十	元	角	分	
金额(大写)		佰	拾	元		角		分	¥	
备注:										

开票单位盖章　　　　　　　　复核人　　　　　　收款人　　　　　开票人

自制原始凭证是指由本单位经办业务的相关人员在办理经济业务时自行填制的原始凭证。如领料单（如表5-2所示）、商品入库单、工资计算单、差旅费报销单（如表5-3所示）等。

表5-2　　　　　　　　　　　　　　　领　料　单

领料部门：　　　　　　　　　　　　　　　　　　　　　　　　　字第　　号
用途：　　　　　　　　　　　　年　月　日　　　　　发料仓库：

材料			单位	数量		成本								材料账页
编号	名称	规格		请领	实发	单价	总价							
							万	千	百	十	元	角	分	

第二联：会计部门记账

主管：　　　会计：　　　记账：　　　保管：　　　发料：　　　领料：

表5-3　　　　　　　　　　　　差旅费报销单　　　　　　　　　第＿＿页
单位：＿＿＿＿＿＿　　　　　　年　月　日填报　　　　　　　　共＿＿页

姓名：				出差事由：							
起止时间及地址				交通费	通宵乘车	出差补助		住宿费		其他	
月日	起点	月日	终点	金额	金额	天数	金额	天数	金额	摘要	金额
小计											
合计人民币（大写）							预支＿＿核销＿＿退补＿＿				

附单据共　　张

主管负责人：　　　　单位负责人：　　　　审核：　　　　出差人：

（二）原始凭证按填制手续分类

原始凭证按其填制手续的不同，可以分为一次原始凭证、累计原始凭证和汇总原始凭证。

一次原始凭证的填制手续一次完成且一次性使用，如销货发票、收料单、领料单、银行支票（如表 5-4 所示）等。

表 5-4   银行支票

××银行 **转账支票**（鄂）	$\dfrac{EB}{02}$02086583

本支票付款期限十天	出票日期（大写） 年 月 日 付款行名称：
	收款人： 出票人账号：
	人民币（大写） 亿 千 百 十 万 千 百 十 元 角 分
	用途
	上列款项请从我账户内支付
	出票人签章 复核 记账

累计原始凭证是针对一定时期内不断重复发生的若干项同类经济交易进行连续登记，其填制程序需要重复多次才能完成的凭证，如生产制造企业使用的限额领料单（如表 5-5 所示）。通过计算累计发生额，以与定额、计划数或预算数相比较，从而起到考核定额完成情况，促进增收节支的作用。

表 5-5   限额领料单

领料部门：   凭证编号：
领料用途：   年 月 日   发料仓库：

材料编号	材料名称	规格	计量单位	领用限额	实际领用			备注
					数量	单价	金额	

日期	申领		实发			退回			限额结余
	数量	负责人	数量	发料人	领料人	数量	发料人	领料人	
合计									

汇总原始凭证是对一定时期内若干项同类经济交易的原始凭证进行汇总而编制的凭证，如发出材料汇总表（如表 5-6 所示）、工资结算汇总表、商品销售汇总表等。汇总原始凭证既可提供经营管理所需的总量指标，在手工记账的情况下也可简化随后进行的记账凭证的编制手续。

表 5-6　　　　　　　　　　发出材料汇总表

编制人：　　　　　　　　　　　年　月　日

审核人：　　　　　　　　　　　　　　　　　　　　　　　　　　　　　　单位：元

用料单位	原材料		辅助材料		合计金额
	橡胶	钢锭	煤炭	润滑剂	
生产车间					
甲产品					
乙产品					
一般耗用					
供暖车间					
厂部					
合计					

二、原始凭证的填制

（一）原始凭证的内容

作为企业收集经济信息的起点，原始凭证详细记载了经济活动的发生过程与具体内容。企业通常将对原始凭证的种类、格式、内容及传递程序等的设计，与对经济活动过程的控制方式有机结合起来，以期有效控制经济活动、实施严格的内部控制机制。由于经济业务具体内容的多样性，各类原始凭证所包含的项目内容存在着一定的差异性，但为了实现真实完整地反映经济业务和明确经济责任的目标，原始凭证一般需包含如表5-7所示的基本内容。

表 5-7　　　　　　　　　　原始凭证要素结构分析表

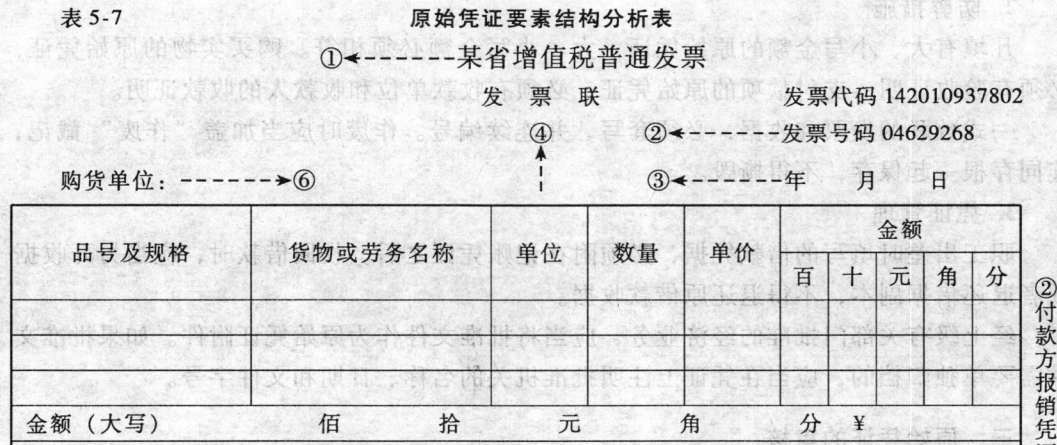

注：①表示抬头，即凭证的名称；②表示凭证编号；③表示凭证填制时间；④表示经济业务的具体内容；⑤表示填制凭证单位的名称；⑥表示接受凭证单位的名称；⑦表示经办人员的签名或者盖章。

(二) 原始凭证的填制

不论原始凭证的来源、填制手续以及格式安排如何,均应根据经济业务的实际情况据实填列相关的货物或劳务名称、用途、金额、经济业务发生的时间、交易单位的名称、相关经办人员的签章等信息。我国现行会计规范对原始凭证的填制做了如下基本要求:

1. 金额填写

阿拉伯数字应当一个一个地写,不得连笔写。阿拉伯金额数字前面应当书写货币币种符号或者货币名称简写。币种符号与阿拉伯金额数字之间不得留有空白。

所有以元为单位的阿拉伯数字,除表示单价等情况外,一律填写到角分;无角分的,角位和分位可写"00",或者符号"—";有角无分的,分位应当写"0",不得用符号"—"代替。

汉字大写数字金额如零、壹、贰、叁、肆、伍、陆、柒、捌、玖、拾、佰、仟、万、亿等,一律用正楷体或者行书体书写,不得用0、一、二、三、四、五、六、七、八、九、十等简化字代替,不得任意自造简化字。大写金额数字到元或者角为止的,在"元"或者"角"字之后应当写"整"字或者"正"字;大写金额数字有分的,分字后面不写"整"或者"正"字。

大写金额数字前未印有货币名称的,应当加填货币名称,货币名称与金额数字之间不得留有空白。

阿拉伯金额数字中间有"0"时,汉字大写金额要写"零"字;阿拉伯数字金额中间连续有几个"0"时,汉字大写金额中可以只写一个"零"字;阿拉伯金额数字元位是"0",或者数字中间连续有几个"0"、元位也是"0",但角位不是"0"时,汉字大写金额可以只写一个"零"字,也可以不写"零"字。

上述要求也适用于记账凭证的填写。

2. 防弊措施

凡填有大、小写金额的原始凭证,大、小写金额必须相符。购买实物的原始凭证,必须有验收证明。支付款项的原始凭证,必须有收款单位和收款人的收款证明。

一式数联的发票和收据,必须套写,并连续编号。作废时应当加盖"作废"戳记,连同存根一起保存,不得撕毁。

3. 凭证管理

职工出差时填写的借款凭据,必须附在记账凭证之后。收回借款时,应当另开收据或者退还借据副本,不得退还原借款收据。

经上级有关部门批准的经济业务,应当将批准文件作为原始凭证附件。如果批准文件需要单独归档的,应当在凭证上注明批准机关的名称、日期和文件字号。

三、原始凭证的审核

作为随后进行的会计记录程序的重要依据,原始凭证的真实性、合法性与完整性直接影响着企业会计账户与财务报表信息的质量。因此,会计人员应及时对所取得的原始凭证进行审核,并据以编制记账凭证(会计分录)。原始凭证的审核要点涉及以下三个方面的内容:

（一）审核原始凭证所记载的经济活动是否合法、合理

企业的经济活动必须符合国家有关法律法规的要求，不能与政府的各项经济政策相违背。同时，企业的经济活动必须依照企业相关管理部门设定的经济活动计划进行，不能随意逾越项目方案、活动计划以及预算和控制额度的边界，以切实保证企业整体经济活动的有序性和效率性。《中华人民共和国会计法》规定，会计机构、会计人员必须按照国家统一的会计制度的规定对原始凭证进行审核，对不真实、不合法的原始凭证有权不予接受，并向单位负责人报告。

（二）审核原始凭证的内容是否真实和准确

一方面，会计人员应当注意审查原始凭证所反映的经济交易与事项是否真实，是否存在弄虚作假或舞弊行为。我国相应的会计规范为此就某些特定业务作出了规定，例如，若发生销货退回，除填制退货发票外，还必须有退货验收证明；退款时，必须取得对方的收款收据或者汇款银行的凭证，不得以退货发票代替收据。

另一方面，会计人员应检查原始凭证对经济交易与事项的内容的描述是否准确，数量关系是否清晰、正确。我国现行会计规范规定，会计人员对记载不准确、不完整的原始凭证应予以退回，并按照国家统一的会计制度的规定更正、补充。此外，原始凭证记载的各项内容均不得涂改，原始凭证有错误的，应当由出具单位重开或者更正，更正处应当加盖出具单位的印章。原始凭证金额有错误的，应当由出具单位重开，不得在原始凭证上更正。

（三）审核原始凭证的填制是否完整

审核原始凭证的填制是否符合规定的要求，包括审核原始凭证上各项目的填列是否齐全、规范与正确，相关责任人是否明确（签字）等。我国现行会计规范规定，从外单位取得的原始凭证，必须盖有填制单位的公章；从个人取得的原始凭证，必须有填制人员的签名或者盖章。自制原始凭证必须有经办单位领导人或者其指定的人员签名或者盖章。对外开出的原始凭证，必须加盖本单位公章。

第三节　记账凭证

一、记账凭证的分类

我国现行会计规范要求，企业会计机构、会计人员应根据审核无误的原始凭证填制记账凭证。记账凭证是一种专门用来对原始凭证的信息内容进行整理、归类并作为记账依据的会计凭证。在记账凭证中，必须体现应借记和应贷记的会计账户名称、记账金额等会计分录的基本内容。按照不同的标准，可对记账凭证进行不同的划分。

（一）记账凭证按所反映的经济业务的内容分类

在企业日常经济活动中，有大量的经济业务都会涉及货币资金（现金和银行存款）的增减。例如，企业销售一批商品并且收到对方以银行转账的方式支付的货款，这项经济业务使企业的银行存款增加；而以现金预支职工差旅费的经济业务则使企业的现金减少，等等。而有些经济业务的发生则不会直接引起现金或银行存款的增减变化，如赊购

原材料、赊销商品、生产产品领用原材料等。会计上,从与货币资金的关系出发将经济业务划分为收款业务、付款业务和转账业务三种类型,基于此,记录经济业务的记账凭证也相应分为收款凭证、付款凭证和转账凭证三类。

收款凭证是专门用来记录导致企业现金、银行存款发生增加变动的经济业务的记账凭证,其基本格式如表5-8所示。

表5-8　　　　　　　　　　**记账凭证要素结构分析表**

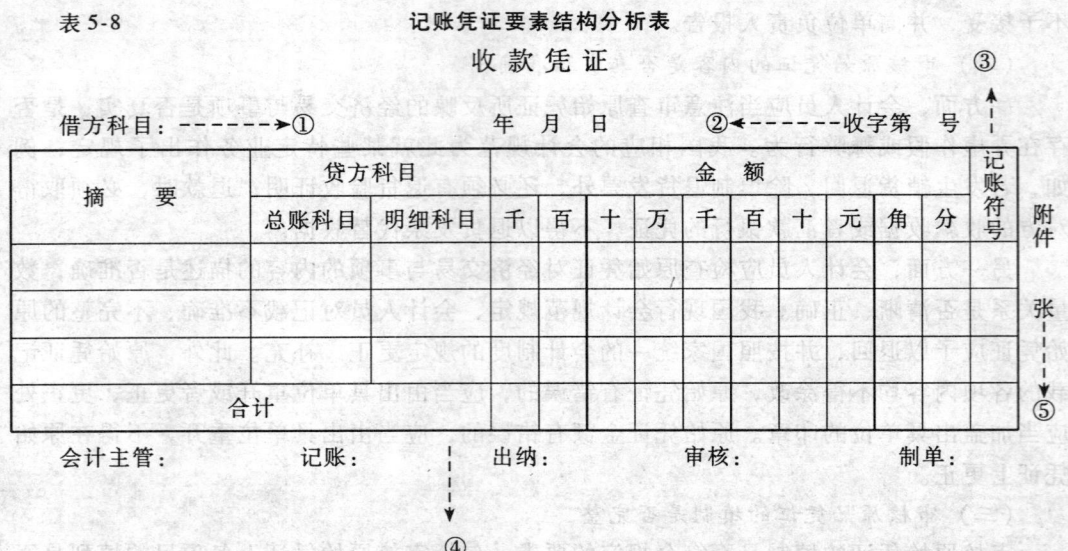

注:①收款凭证反映的经济业务涉及现金或银行存款的增加,所以会计分录中的借方科目比较单一,只有"库存现金"或"银行存款"。因此在收款凭证中通常将借方科目独立列示。

②对记账凭证进行连续编号,主要是为了方便查找,同时也可防止散失、抽换。

③通过打"√"表示相关金额已经登记入账。

④通过签章,以明确相关会计人员的责任,实施内部牵制制度。

⑤据以编制记账凭证的原始凭证,须附在记账凭证背面,以便于核查。

付款凭证是专门用来记录导致企业现金、银行存款发生减少变动的经济业务的记账凭证,其基本格式如表5-9所示。

表5-9　　　　　　　　　　　　　**付款凭证**

摘　要	借方科目		金额									记账符号	附件
	总账科目	明细科目	千	百	十	万	千	百	十	元	角	分	
													张
合计													

贷方科目:　　　　　　　　　　　　年　月　日　　　　　　　　付字第　号

会计主管:　　　记账:　　　出纳:　　　审核:　　　制单:

转账凭证是专门用来记录不影响企业现金、银行存款发生变化的经济业务的记账凭证，其基本格式如表5-10所示。

表 5-10 转 账 凭 证

年 月 日　　　　　　　　　转字第　号

在实际工作中，特别是在实行会计电算化的企业中，也可以不区分收、付、转记账凭证，而采用通用格式的记账凭证。其基本格式如表5-11所示。

表 5-11 记 账 凭 证

年 月 日　　　　　　　　　第　号

（二）记账凭证按填制的方法分类

按照填制方法的不同，记账凭证可分为复式记账凭证和单式记账凭证。

复式记账凭证是将一项经济业务所涉及的所有会计科目全部列示在一张记账凭证上。前述的收款凭证、付款凭证、转账凭证以及通用记账凭证均属复式记账凭证。显然，一张复式记账凭证通常就可反映一项特定经济业务的全貌，且减少了制证的工作量。但其不便于对某一特定会计科目的相关发生额进行汇总，也不便于会计人员的分工记账。

单式记账凭证是在一张凭证上仅记录一个会计科目的凭证，一项经济业务涉及多少个会计科目，就编制多少张单式记账凭证（如表5-12、表5-13所示）。编制单式记账凭证有利于对某一特定会计科目的相关发生额进行汇总，也便于分工记账。但其难以在单张记账凭证上反映一项经济业务的来龙去脉，且制证的工作量通常也很大。

表 5-12　　　　　　　　　　　　　借项记账凭证

对应科目：生产成本　　　　　　2009 年 8 月 31 日　　　　　　编号：$35\frac{1}{2}$

摘要	一级科目	二级或明细科目	金额	记账
结转产成品成本	库存商品	甲产品	27 000	√
合计			27 000	

附件 2 张

会计主管：王某　　　记账：郝某　　　稽核：钱某　　　制证：胡某

表 5-13　　　　　　　　　　　　　贷项记账凭证

对应科目：库存商品　　　　　　2009 年 8 月 31 日　　　　　　编号：$35\frac{2}{2}$

摘要	一级科目	二级或明细科目	金额	记账
结转产成品成本	生产成本	甲产品	27 000	√
合计			27 000	

附件 2 张

会计主管：王某　　　记账：郝某　　　稽核：钱某　　　制证：胡某

（三）记账凭证按是否经过汇总分类

按是否经过汇总，记账凭证分为汇总记账凭证和非汇总记账凭证。前述的收款凭证、付款凭证、转账凭证、单式记账凭证均属于非汇总记账凭证。汇总记账凭证是将一定时期内同类或全部记账凭证进行汇总编制而成的记账凭证。当企业的业务量较大时，定期编制汇总记账凭证并据以登记总分类账，在手工记账下可减少总账的登记工作量。按照汇总方法的不同，汇总记账凭证又可分为分类汇总记账凭证和全部汇总记账凭证。分类汇总记账凭证是定期根据收款凭证、付款凭证和转账凭证分别进行汇总编制而成的汇总收款凭证、汇总付款凭证和汇总转账凭证（如表 5-14、表 5-15、表 5-16 所示）。全部汇总记账凭证是将一定时期内编制的记账凭证全部汇总在一张记账凭证汇总表上（也称科目汇总表，如表 5-17 所示）。

表 5-14　　　　　　　　　　　　　汇总收款凭证

借方科目：　　　　　　　　　　　年　月　日　　　　　　　　　　第　号

贷方科目	金额				总账页数		记账凭证起讫号
	1—10 日	11—20 日	21—31 日	合计	借方	贷方	
							1 日至 10 日收款凭证第×号至第×号
							11 日至 20 日收款凭证第×号至第×号
							21 日至 31 日收款凭证第×号至第×号
合计							

会计主管：　　　借方记账：　　　贷方记账：　　　复核：　　　制证：

表 5-15 　　　　　　　　　　汇总付款凭证

贷方科目：　　　　　　　　　　　年　月　日　　　　　　　　　　　第　　号

借方科目	金额				总账页数		记账凭证起讫号
	1—10 日	11—20 日	21—31 日	合计	借方	贷方	
							1 日至 10 日付款凭证第×号至第×号
							11 日至 20 日付款凭证第×号至第×号
							21 日至 31 日付款凭证第×号至第×号
合计							

会计主管：　　　　借方记账：　　　　贷方记账：　　　　复核：　　　　制证：

表 5-16 　　　　　　　　　　汇总转账凭证

贷方科目：　　　　　　　　　　　年　月　日　　　　　　　　　　　第　　号

借方科目	金额				总账页数		记账凭证起讫号
	1—10 日	11—20 日	21—31 日	合计	借方	贷方	
							1 日至 10 日转账凭证第×号至第×号
							11 日至 20 日转账凭证第×号至第×号
							21 日至 31 日转账凭证第×号至第×号
合计							

会计主管：　　　　借方记账：　　　　贷方记账：　　　　复核：　　　　制证：

表 5-17 　　　　　　　　　　科目汇总表

　　　　　　　　　　　　　　年　月　日至　日

会计科目	总账页数	本期发生额		记账凭证起讫号数
		借方	贷方	
合计				

二、记账凭证的填制

(一) 记账凭证的内容

在记账凭证中,针对特定经济业务应予确定的会计科目、记账方向以及金额均被详细列示,并以此作为登记会计账户的依据。在内容设置上,记账凭证既要满足登账的要求,又要便于证证核对、账证核对,同时还要有助于企业各项内部控制措施的执行。

记账凭证必须具备以下几项基本内容:(1) 记账凭证的名称,如"收款凭证"、"付款凭证"等;(2) 记账凭证的填制日期;(3) 经济业务的内容摘要;(4) 记账方向、账户(包括总账和明细账)名称以及金额;(5) 记账凭证的编号;(6) 所附原始凭证的张数;(7) 有关人员(如凭证填制人员、复核人员、记账人员、出纳人员、会计主管等)的签名或者盖章。

(二) 记账凭证的填制

1. 基本方法

记账凭证必须依据经审核无误的原始凭证的具体内容,运用已设置的会计账户和借贷记账法,确定应借记、贷记的账户名称及金额,并将据此编制的会计分录在记账凭证上予以标明或记录。在我国会计实务中,有关错账更正、期末账项调整以及损益结转事项等,可以直接填制记账凭证。现举例予以说明:

【例 5-1】某公司于 2009 年 8 月 20 日向 A 公司赊购乙商品 50 000 元(假设该公司设置了收款、付款和转账凭证,下同)。

该经济业务发生后,在使某公司的"库存商品"资产增加 50 000 元的同时,也使其对 A 公司形成的"应付账款"负债增加 50 000 元。按照借贷记账法编制会计分录如下:①

  借:库存商品——乙商品   50 000
   贷:应付账款——A 公司   50 000

由于这项经济业务没有导致货币资金发生增减变化,所以该公司应将上述会计分录记录在转账凭证中,如表 5-18 所示。

表 5-18　　　　　　　　　　　转 账 凭 证
2009 年 8 月 20 日　　　　　　　　　　　　　　转字第 57 号

摘要	总账科目	明细科目	√	借方金额 千 百 十 万 千 百 十 元 角 分	√	贷方金额 千 百 十 万 千 百 十 元 角 分	附件2张
赊购商品	库存商品	乙商品		5 0 0 0 0 00			
	应付账款	A 公司				5 0 0 0 0 00	
	合计			¥ 5 0 0 0 0 00		¥ 5 0 0 0 0 00	

会计主管:王某　　　　记账:郝某　　　　审核:钱某　　　　制单:胡某

---

① 不考虑增值税,下同。

【例 5-2】 某公司于 2009 年 9 月 5 日支付上述赊购款 50 000 元。

用银行存款支付赊购款的经济活动,一方面使该公司对 A 公司的"应付账款"负债减少 50 000 元,另一方面使其银行存款相应地等额减少。其会计分录为:

借:应付账款——A 公司　　　　　　　　　　　50 000
　　贷:银行存款　　　　　　　　　　　　　　　　　50 000

由于该经济业务导致银行存款减少,所以该公司应将上述会计分录记录在付款凭证中,如表 5-19 所示。

表 5-19　　　　　　　　　　　　付　款　凭　证
贷方科目:银行存款　　　　　　2009 年 9 月 5 日　　　　　　付字第 6 号

摘要	借方科目		金额									记账符号	附件3张
	总账科目	明细科目	千	百	十	万	千	百	十	元	角	分	
归还赊购款	应付账款	A 公司				5	0	0	0	0	0	0	
合计					¥	5	0	0	0	0	0	0	

会计主管:王某　　记账:郝某　　出纳:喻某　　审核:钱某　　制单:胡某

【例 5-3】 某公司于 2009 年 11 月 8 日从 B 公司收回上月销售商品款 230 000 元。

收回赊销款的经济业务,一方面使该公司的"银行存款"资产增加 230 000 元,另一方面使其因债权的收回而减少对 B 公司的"应收账款"。其会计分录为:

借:银行存款　　　　　　　　　　　　　　　230 000
　　贷:应收账款——B 公司　　　　　　　　　　　230 000

由于该经济业务导致银行存款增加,所以该公司应将上述会计分录记录在收款凭证中,如表 5-20 所示。

表 5-20　　　　　　　　　　　　收　款　凭　证
借方科目:银行存款　　　　　　2009 年 11 月 8 日　　　　　　收字第 8 号

摘要	贷方科目		金额									记账符号	附件2张
	总账科目	明细科目	千	百	十	万	千	百	十	元	角	分	
收回赊销款	应付账款	B 公司			2	3	0	0	0	0	0	0	
合计				¥	2	3	0	0	0	0	0	0	

会计主管:王某　　记账:郝某　　出纳:喻某　　审核:钱某　　制单:胡某

对于现金与银行存款之间相互转化的经济业务,包括企业从银行提取现金备用和将现金存入开户银行,既可以填制收款凭证,也可以填制付款凭证,但若将两者同时填制,则会造成重复记账。因此,为了避免重复记账,只需填制付款凭证而不需同时填制收款凭证。即当企业发生从银行提取现金的经济业务时,只需填制贷方科目是"银行存款"的付款凭证,并据以登记有关账户;而发生将现金存入银行的经济业务时,只需填制贷方科目是"库存现金"的付款凭证,并据以登记有关账户。

2. 技术规范

根据经济交易与事项及其原始凭证填制记账凭证,是会计记录程序的首要步骤,账户记录以及财务报表信息的产生皆以此为基础。同时,会计分录的编制与记账凭证的填制过程,又包含对经济活动的初始确认与计量。因此,记账凭证的填制对整个会计信息系统至关重要,这直接影响到整个财务报表的信息质量。为此,我国现行会计规范对记账凭证的填制程序也做了相应的规定:

(1) 编制依据。记账凭证可根据每一张原始凭证填制,或者根据若干张同类原始凭证汇总填制,也可以根据原始凭证汇总表填制。但不得将不同内容和类别的原始凭证汇总填制在一张记账凭证上。

除结账和更正错误的记账凭证可以不附原始凭证外,其他记账凭证必须附有原始凭证。如果一张原始凭证涉及几张记账凭证,可以把原始凭证附在一张主要的记账凭证后面,并在其他记账凭证上注明附有该原始凭证的记账凭证的编号或者附上原始凭证复印件。若一张原始凭证所列支出需由几个单位共同负担,应就其他单位负担的部分,开给对方原始凭证分割单以进行结算。

(2) 凭证编号。填制记账凭证时,应当对记账凭证进行连续编号。一项经济业务若需填制两张以上记账凭证的,可以采用分数编号法编号。例如,一笔经济业务若需编制 4 张记账凭证且凭证的顺序号为 27 时,可将这 4 张记账凭证分别编号为:"记字第 $27\frac{1}{4}$"、"记字第 $27\frac{2}{4}$"、"记字第 $27\frac{3}{4}$"、"记字第 $27\frac{4}{4}$"。

(3) 错误更正。如果在填制记账凭证时发生错误,应当重新填制。对于已经登记入账的记账凭证,在当年内发现填写错误时,可以用红字填写一张与原内容相同的记账凭证,在摘要栏注明"注销某月某日某号凭证"字样,同时再用蓝字重新填制一张正确的记账凭证,注明"订正某月某日某号凭证"字样。如果会计科目没有错误,只是金额错误,也可以将正确数字与错误数字之间的差额,另编一张调整的记账凭证,调增金额用蓝字,调减金额用红字。发现以前年度记账凭证有错误的,应当用蓝字填制一张更正的记账凭证。

(4) 防弊措施。记账凭证填制完经济业务事项后,如有空行,应当自金额栏最后一笔金额数字下的空行处至合计数上的空行处画线注销。

三、记账凭证的审核

记录各项经济业务的记账凭证填制完成后,应当据以登记有关账户(即过账)。为保证账户(账簿)记录的准确性,我国现行会计规范均要求会计人员应以经审核无误的会计凭证为依据登记会计账簿。

记账凭证的审核要点包括:第一,审核记账凭证与所附原始凭证的内容是否一致。第二,审核记账凭证所标明的账户名称(包括总账和明细账)、借贷方向及金额是否正确。第三,审核记账凭证的内容是否完整、控制手续是否齐备。

第四节 会计凭证应用于企业基本经济业务

前已述及，我国会计记录的首要程序是在记账凭证上编制会计分录，通过会计分录将对经济业务进行会计确认和计量的结果反映出来。企业的经济业务包括筹资业务、采购业务、生产业务、销售业务、投资业务、利润的结算与分配业务等。

一、筹资业务

不论是初始创立的企业还是需要扩大经营规模的经营中企业，都需筹集资金以满足其经营活动的需要。企业资金筹集的方式包括内源融资和外源融资两种。内源融资主要是企业通过将资本公积或盈余公积转增资本来筹集资金。而外源融资则包括权益融资和负债融资两种方式。其中，权益融资方式既可以是通过发行股票以筹集资金，也可以是通过接受股东直接以相关货币性或非货币性资产进行投资以筹集资金；而负债融资方式则是指通过向银行贷款或发行公司债券以筹集资金。

（一）设置的主要账户

记录企业筹资活动所需使用的账户主要包括以下几个：

1. 实收资本（或股本）

"实收资本（或股本）"属于所有者权益类账户，它主要核算投资者因其投资行为而在被投资企业中所占有的注册资本份额。若被投资企业是股份有限公司，其注册资本用"股本"账户反映。收到投资者的投资时记入该账户贷方，减少时记入其借方，该账户的期末贷方余额，反映企业的实收资本或者股本总额。该账户的明细账户应当按照投资者设置并进行相应的明细核算。

2. 资本公积

"资本公积"属于所有者权益类账户，它主要核算被投资企业收到的投资者出资额超过其在注册资本或股本中所占份额的部分以及直接计入所有者权益的利得和损失。资本公积形成时记入该账户的贷方，使用时记入其借方，该账户的期末贷方余额，反映企业的资本公积实有额。该账户下可设置"资本溢价（股本溢价）"和"其他资本公积"明细账户。

3. 短期借款

"短期借款"属于负债类账户，它主要核算企业向银行或其他金融机构借入的期限在一年以下（含一年）的各种借款。取得或者形成短期借款时记入该账户的贷方，归还时记入其借方，该账户的期末贷方余额，反映企业尚未偿还的短期借款总额。该账户应当按照借款种类、贷款人和币种设置明细账户以进行相应的明细核算。

4. 财务费用

"财务费用"属于损益类账户，它主要核算企业为筹集生产经营所需的资金而发生的筹资费用，包括利息支出（减利息收入）、汇兑损益以及相关手续费、企业发生的现金折扣或收到的现金折扣。发生财务费用时记入该账户的借方，冲转时记入其贷方，该账户各期全部发生额应转入"本年利润"账户，期末无余额。该账户应当按照费用项目设置明细账户以进行相应的明细核算。

5. 银行存款

"银行存款"账户属于资产类账户，它主要核算企业存入银行或者其他金融机构的各种款项。企业增加银行存款时记入该账户的借方，减少时记入其贷方，该账户的期末借方余额反映企业存在银行或者其他金融机构的各种款项。该账户可按照开户银行或者其他金融机构、存款种类设置日记账户，并按照业务发生的先后顺序逐日逐笔进行登记。

6. 库存现金

"库存现金"账户属于资产类账户，它主要核算企业的库存现金。企业增加库存现金时记入该账户的借方，减少时记入其贷方，该账户的期末借方余额反映企业持有的库存现金。该账户不设明细账户，但应当设置日记账户并按照业务发生的先后顺序逐日逐笔进行登记。

（二）主要经济业务的账务处理

【例5-4】某股份有限公司2008年12月1日各总账和明细账的余额如表5-21所示。当日，该公司以3.8元/股的价格发行A股股票20 000 000股，该股票每股面值为1元。根据协议，该公司向代理发行股票的券商支付1 000 000元手续费，所筹资金已存入银行。

表5-21　　　　　　　　　　账户期初余额表　　　　　　　　　　单位：元

总账			明细账		
账户	借方余额	贷方余额	账户	借方余额	贷方余额
库存现金	112 600				
银行存款	90 000 000				
应收账款	1 260 000		C公司	1 000 000	
			D公司	260 000	
预付账款	2 002 400		E公司	2 000 000	
			中国邮政	2 400	
原材料	590 000		A材料	497 000	
			B材料	93 000	
库存商品	1 170 000		甲产品	840 000	
			乙产品	330 000	
生产成本	39 525		甲产品	23 000	
			乙产品	16 525	
固定资产	186 000 000				
累计折旧		71 000 000			

续表

总账			明细账		
账户	借方余额	贷方余额	账户	借方余额	贷方余额
应付账款		300 000	C公司		300 000
预收账款		335 000	D公司		320 000
			E公司		15 000
应付职工薪酬		120 000			
应交税费		5 000			
股本		160 000 000			
资本公积		30 000 000			
盈余公积		9 400 000			
利润分配		8 014 525	未分配利润		8 014 525
本年利润		2 000 000			

注：①月初A材料1 000公斤，单位成本497元；月初B材料1 000公斤，单位成本93元。
② "利润分配"账户的贷方余额8 014 525表示截至2007年12月31日历年积存的未分配利润。
③ "本年利润"账户的贷方余额2 000 000表示2008年1月1日至11月30日该公司累计实现的净利润。

该项权益融资活动一方面使该公司的"银行存款"资产净增加3.8×20 000 000－1 000 000＝75 000 000元。另一方面，该公司应相应地确认股东在本企业的注册资本（即股本）中占有的份额（按每股面值和本次发行的股份总数的乘积计算）为1×20 000 000＝20 000 000元，该金额记入该公司的"股本"账户。而投资者出资额超过其在该公司股本中所占份额的部分即溢价收入总额（3.8－1）×20 000 000＝56 000 000元，应记入该公司"资本公积——股本溢价"账户。由于该公司支付了手续费1 000 000元，而根据现行会计准则的规定，发行股票相关的手续费、佣金等交易费用，应从溢价收入中扣除，冲减"资本公积——股本溢价"账户，所以，记入"资本公积——股本溢价"账户的金额为56 000 000－1 000 000＝55 000 000元。其会计分录为：

借：银行存款　　　　　　　　　　　　　　　　　75 000 000
　　贷：股本　　　　　　　　　　　　　　　　　　20 000 000
　　　　资本公积——股本溢价　　　　　　　　　　55 000 000

【例5-5】12月1日，某公司向中国银行借入1年期贷款600 000元。借款协议规定，年利率为4.5%，每半年支付一次利息。

该公司通过负债融资方式筹集资金，一方面使其"银行存款"资产增加600 000元，另一方面使其"短期借款"负债增加600 000元。其会计分录为：

借：银行存款　　　　　　　　　　　　　　　　　600 000
　　贷：短期借款　　　　　　　　　　　　　　　　600 000

企业筹资业务的账户记录程序如图5-1所示。①

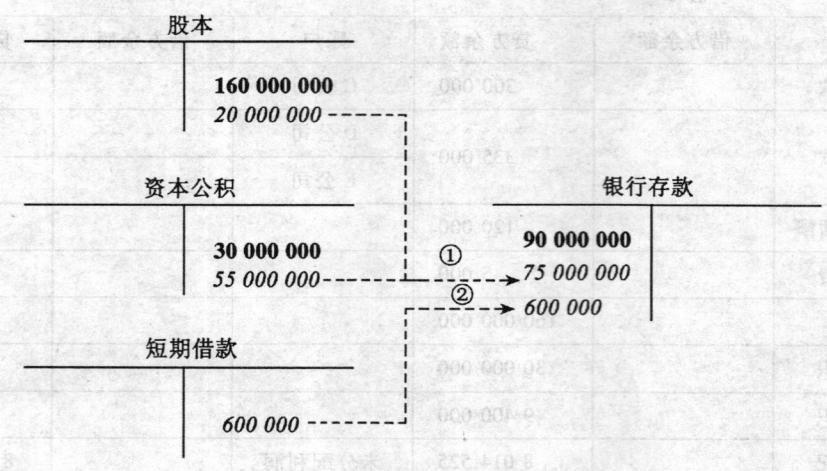

图5-1 筹资业务账户记录程序图

注：①为通过溢价发行股票进行权益性融资。
②为通过向银行贷款进行负债融资。

二、采购业务

企业通过权益或者负债融资方式筹集资金后，遂将其用于修建厂房与购买设备、专利技术和原材料，以为后续的产品生产活动作物资和技术准备。

（一）设置的主要账户

记录企业采购活动所需使用的账户主要包括以下几个：

1. 在途物资

"在途物资"属于资产类账户，它主要核算货款已付或者付款义务已经形成，但尚未验收入库的材料的实际采购成本。企业发生购入材料、商品的采购成本的金额记入该账户的借方，验收入库材料、商品时记入其贷方，该账户的期末借方余额反映企业在途材料、商品等物资的采购成本。该账户可根据物资品种或供应单位设置明细账。

2. 原材料

"原材料"属于资产类账户，它主要核算已经验收入库的材料的成本。企业购入并验收入库材料、商品时记入其借方，发出材料时记入其贷方，该账户的期末借方余额反映企业库存材料的成本。该账户可根据材料的品种、类别、规格或保管地点设置明

---

① 为便于分析与记录，以下T字账户中数额记录的对应线上的序号，均按本部分业务记入相应账户时的顺序记，如例5-4记做"①"、例5-5记做"②"，以下各部分业务同此记法。在各个T字账户中，黑体数字部分，均表示期初余额；非黑体数字部分，表示前部分示例业务的发生额；斜体数字部分，表示本部分示例业务的发生额，以下各业务账户记录图中的黑体数字、非黑体数字及斜体数字所表示的含义与此相同。

细账。

3. 固定资产

"固定资产"属于资产类账户，它主要核算企业持有的为生产产品、提供劳务、出租或经营管理而持有的，使用寿命超过一个会计年度的有形资产的原价。一般情况下，企业增加固定资产时，按照增加的固定资产成本记入该账户的借方，减少时则按照原价记入其贷方，该账户的期末借方余额，反映企业固定资产的原价。该账户可按照固定资产的类别或项目设置明细账户。

4. 无形资产

"无形资产"属于资产类账户，它主要核算企业拥有或者控制的没有实物形态的可辨认非货币性资产的成本。其范围一般包括专利权、非专利技术、商标权、著作权、特许权和土地使用权等。一般情况下，企业增加无形资产时，按照增加的无形资产成本记入该账户的借方，减少时则按照原价记入其贷方，该账户的期末借方余额，反映企业无形资产的成本。该账户可按照无形资产的项目设置明细账。

5. 应付账款

"应付账款"属于负债类账户，它主要核算企业因购买材料、商品和接受劳务等经营活动应支付的款项。一般情况下，企业购买的材料、商品等已验收入库但货款尚未支付时记入该账户的贷方，偿付该类债务时记入其借方，该账户的期末贷方余额，反映企业尚未支付的应付账款余额。该账户可根据债权人名称设置明细账。

6. 应付票据

"应付票据"属于负债类账户，它主要核算企业购买材料、商品和接受劳务等开出、承兑的商业汇票，包括银行承兑汇票和商业承兑汇票。与"应付账款"不同，"应付票据"反映的是有票据信用作为约束的债务。一般情况下，企业开出承兑汇票时，记入本账户的贷方，到期兑付时记入其借方，期末贷方余额反映企业尚未到期的商业承兑汇票的票面金额。该账户可根据债权人名称设置明细账。

7. 预付账款

"预付账款"属于资产类账户，它主要核算企业按照合同规定预付的款项。该账户反映的是购货企业因预支部分或全部货款而形成的从销售企业收取商品的权利（债权），该债权是通过收回货物而得以清偿的。企业因购货而预付款项时，记入该账户的借方，供货方兑现合同时按其实际成本记入其贷方，该账户的期末若为借方，则反映企业预付的货款余额；该账户的期末若为贷方，则反映企业尚未补付的货款额。该账户可根据供货单位设置明细账。

8. 材料采购

"材料采购"属于资产类账户，它主要核算企业采用计划成本进行日常核算时而购入材料的采购成本。企业购入材料的实际金额记入该账户的借方，验收入库材料时按计划成本记入其贷方（若每笔材料采购与入库记录的借方金额与贷方金额之间存在差异则按要求转入"材料成本差异"账户），该账户的期末借方余额反映企业在途材料的采购成本。该账户可按照供应单位和材料品种设置明细账以进行明细核算。①

9. 材料成本差异

"材料成本差异"属于资产类账户，它主要核算企业采用计划成本进行日常核算的材料计划成本与实际成本的差额。入库材料发生的实际成本大于计划成本的差异记入该账户的借方，实际成本小于计划成本的差异记入该账户的贷方；结转发出材料应负担的实际成本大于计划成本的差异记入该账户的贷方，实际成本小于计划成本的差异记入该账户的借方或者在贷方用红字登记。该账户的期末借方余额，反映企业库存材料等的实际成本大于计划成本的差异；贷方余额反映企业库存材料等的实际成本小于计划成本的差异。该账户可按照"原材料"、"周转材料"等的类别或品种进行明细核算。

（二）主要经济业务的账务处理

【例 5-6】12 月 4 日，某公司从甲公司采购 A 材料 1 000 公斤，单价为 490 元。采购过程中，发生运费 8 000 元，装卸费 1 200 元，入库前的挑选整理费 800 元，共计 10 000 元已用银行存款支付。该公司就买价 490 000 元向甲公司开出一张 3 个月期的商业承兑汇票。材料尚未运达企业。

根据现行会计准则的规定，外购存货的成本包括购买价款、相关税费、运输费、装卸费、保险费、仓储费、包装费、运输途中的合理损耗以及入库前的挑选整理费。一方面，由于材料尚未运达企业，因此应将采购总成本 1 000×490+8 000+1 200+800 = 500 000 元记入"在途物资——A 材料"的明细账户。另一方面，由于该公司开出商业汇票，因此其对甲公司的"应付票据"负债增加 490 000 元；同时"银行存款"资产减少 10 000 元。其会计分录为：

借：在途物资——A 材料　　　　　　　　　　　　　500 000
　　贷：银行存款　　　　　　　　　　　　　　　　　　10 000
　　　　应付票据——甲公司　　　　　　　　　　　　490 000

【例 5-7】12 月 6 日，某公司从乙公司购买设备一台，价款 3 600 000 元。该公司已于 10 月 8 日向乙公司预支货款 2 000 000 元，余款尚未支付。

该业务一方面导致该公司"固定资产"增加 3 600 000 元；另一方面，由于其事前已预支 2 000 000 的货款并在当时使用"预付账款——乙公司"账户反映其因预支货款而形成的从乙公司收取设备的权利，现在随着设备的取得，该债权得以履行，因此应将"预付账款"这一债权类资产予以注销。此外，由于余款 1 600 000 元仍未支付，所以该公司还应以此金额确认对乙公司的"应付账款"负债。其会计分录为：

借：固定资产　　　　　　　　　　　　　　　　　3 600 000
　　贷：预付账款——乙公司　　　　　　　　　　　　2 000 000
　　　　应付账款——乙公司　　　　　　　　　　　　1 600 000

【例 5-8】12 月 6 日，某公司从 C 公司购买 A、B 两种材料，其中，A 材料 500 公

---

① 此处列示"材料采购"和"材料成本差异"两个账户仅供了解。由于本书主要介绍按照实际成本计价的原理，故不涉及这两个账户的运用。

斤，单价 480 元，B 材料 800 公斤，单价 100 元。在采购过程中，另发生两种材料的运输费共计 6 400 元（假定按买价比例分配运费），B 材料的保险费 300 元。上述款项，某公司均已开出转账支票支付，材料于当日验收入库。

A、B 材料的买价比例 = 500×480 ∶ 800×100 = 3 ∶ 1

A 材料的采购成本 = 500×480 + 6 400×（3÷4）= 244 800 元

B 材料的采购成本 = 800×100 + 6 400×（1÷4）+ 300 = 81 900 元

由于材料和发票账单于同日到达企业，所以一方面确认"原材料——A 材料"资产增加 244 800 元，"原材料——B 材料"资产增加 81 900 元；另一方面确认"银行存款"资产减少 326 700 元。其会计分录为：

　　借：原材料——A 材料　　　　　　　　　　　　244 800
　　　　　　　——B 材料　　　　　　　　　　　　　81 900
　　　贷：银行存款　　　　　　　　　　　　　　　326 700

【例 5-9】12 月 7 日，某公司收到 4 日所购 A 材料。

A 材料验收入库，应将原记入"在途物资——A 材料"账户的金额 500 000 元转入"原材料——A 材料"账户。其会计分录为：

　　借：原材料——A 材料　　　　　　　　　　　　500 000
　　　贷：在途物资——A 材料　　　　　　　　　　500 000

【例 5-10】12 月 9 日，某公司购入一项专利技术，价款 210 000 元已用银行存款支付。

该业务一方面使"无形资产"增加 210 000 元，另一方面使"银行存款"资产减少 210 000 元。其会计分录为：

　　借：无形资产　　　　　　　　　　　　　　　　210 000
　　　贷：银行存款　　　　　　　　　　　　　　　210 000

【例 5-11】12 月 9 日，某公司开出转账支票，支付前欠甲公司的货款 300 000 元。

该业务一方面使该公司对甲公司的"应付账款"负债减少 300 000 元，另一方面使"银行存款"资产减少 300 000 元。其会计分录为：

　　借：应付账款——甲公司　　　　　　　　　　　300 000
　　　贷：银行存款　　　　　　　　　　　　　　　300 000

企业采购业务的账户记录程序如图 5-2 所示。

三、生产业务

企业采购了机器设备和相关原材料后，即可将原材料投入生产线中用于生产产品。产品在生产过程中，除了耗费原材料，还需耗费人工成本以及固定资产折旧费用等生产性费用。我国采用制造成本法核算产品成本，在制造成本法下，产品的成本由直接材料、直接人工和制造费用三个成本项目构成。直接材料和直接人工属于直接性生产费用。会计上将那些和某个特定成本计算对象（如某个产品）具有直接关联性的生产性费用划归为直接性的生产费用；而将那些和多个成本计算对象的生产具有关联性、需要经过分配才能计入特定成本计算对象的成本中去的生产性费用划归间接性生产费用。在

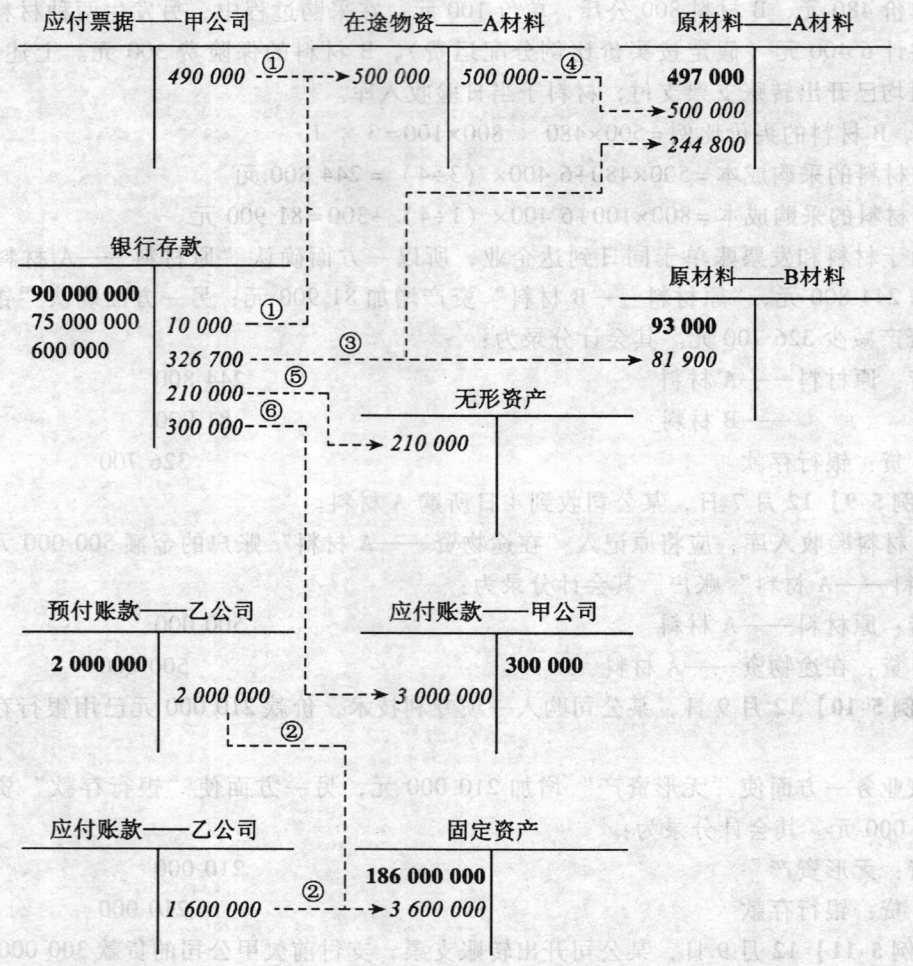

图 5-2 采购业务账户记录程序图

注：①为采购 A 材料，部分款项尚未支付，材料尚未验收入库。
②为采购固定资产，部分货款预付，部分货款尚未支付。
③为现购 A、B 两种材料。
④为 A 材料验收入库。
⑤为现购无形资产。
⑥为归还赊购款。

会计处理上，直接性生产费用（如生产产品所直接耗用且构成产品实体组成部分的材料费用、产品生产工人的职工薪酬）在其发生时直接记入特定成本计算对象的"生产成本"明细账中；间接性生产费用（如车间厂房和设备的折旧费用、车间管理人员的职工薪酬、车间一般性消耗原材料、车间水电费、车间取暖费等）在其发生时先在"制造费用"账户进行归集，在会计期末时再将本期在"制造费用"账户中所归集的间接性生产费用总额，按照合理的分配标准在各个成本计算对象之间进行分配，分别记入各成本计算对象的"生产成本"明细账户中，分配结转之后，"制造费用"账户一般无期末余额。

（一）设置的主要账户

记录企业生产活动所需使用的账户主要包括以下几个：

1. 生产成本

"生产成本"属于成本类账户，它主要核算工业性生产过程中发生的各项生产成本。企业发生的各项生产成本和应当负担的制造费用记入该账户的借方，企业已经生产完成并已验收入库的产成品等的成本记入其贷方，其期末借方余额反映企业尚未加工的在产品成本。该账户可根据产品品种、类别、批别、生产阶段设置明细账。

2. 制造费用

"制造费用"属于成本类账户，它主要核算企业生产车间为生产产品而发生的各项间接费用。企业生产车间发生的物料消耗、生产车间管理人员的工资等职工薪酬、计提的固定资产折旧、支付的办公费、水电费等和发生季节性的停工损失时，记入本账户的借方；期末将制造费用分配计入有关的成本核算对象时，记入本账户的贷方。除季节性的生产性企业外，本账户期末应无余额。该账户不能按产品品种设置明细账，只能按费用项目、车间种类设置明细账。

3. 库存商品

"库存商品"属于资产类账户，它主要核算企业已生产完工且验收入库的产成品或者已运达企业且验收入库的外购商品的成本，其主要内容包括库存产成品、外购商品、存放在门市部准备出售的商品、发出展览的商品以及寄存在外的商品等。商品入库时，按所确定的成本记入该账户的借方，出库时按所确定的成本记入该账户的贷方，期末借方余额反映企业库存商品的成本。该账户可按照库存商品的种类、品种和规格等设置明细账以进行明细核算。

4. 累计折旧

"累计折旧"属于资产类账户，它主要核算企业固定资产的累计折旧数额。该账户作为"固定资产"的备抵账户，记账方向与"固定资产"账户相反。每期计提的折旧金额记入"累计折旧"账户的贷方；处置固定资产时结转的累计折旧记入其借方。该账户的期末贷方余额，反映企业所计提折旧的累计额。该账户不设明细账户。通过"固定资产"账户余额（原值）和"累计折旧"账户的余额（累计已经提取折旧额）所提供的信息，可以计算出固定资产的净值。

5. 应付职工薪酬

"应付职工薪酬"属于负债类账户，它主要核算企业根据有关规定应付给职工的各种薪酬以及企业（外商）按规定从净利润中提取的职工奖励及福利基金。企业提取的职工福利费，不再按工资总额的14%这一固定比例计提，而由企业根据历史经验数据和实际情况合理预计当期所需金额，根据职工提供的服务的受益对象进行计算。企业计算的职工薪酬和计提的职工福利的金额，记入该账户的贷方；向职工支付工资、奖金、津贴、福利费等记入该账户的借方，该账户期末贷方余额，反映企业应付未付的职工薪酬。该账户可按"工资"、"职工福利"、"社会保险费"、"住房公积金"、"工会经费"、

"职工教育经费"、"非货币性福利"、"辞退福利"、"股份支付"等项目设置明细账以进行明细核算。

（二）主要经济业务的账务处理

【例5-12】12月10日，某公司为了生产甲产品耗用A材料1 800公斤，为了生产乙产品耗用B材料1 200公斤，该公司对发出原材料的计价采用先进先出法（下同）。

根据前述有关数据，A材料的期初单位成本为497元，4日购料的单位成本为500 000÷1000＝500元，6日购料的单位成本为244 800÷500＝489.6元。B材料的期初单位成本为93元，6日购料的单位成本为81 900÷800＝102.375元。

按照先进先出法，10日的领料成本计算如下：

A材料领用成本＝1000×497+800×500＝897 000（元）

B材料领用成本＝1000×93+200×102.375＝113 475（元）

生产产品直接耗用的材料成本作为直接性生产费用，在发生时应直接记入相关产品的"生产成本"明细账。生产甲产品耗用的897 000元A材料费用，记入"生产成本——甲产品"，同时确认"原材料——A材料"资产的减少。生产乙产品耗用的113 475元B材料费用，记入"生产成本——乙产品"，同时确认"原材料——B材料"资产的减少。其会计分录为：

借：生产成本——甲产品　　　　　　　　　　　　　897 000
　　　　　　——乙产品　　　　　　　　　　　　　113 475
　　贷：原材料——A材料　　　　　　　　　　　　　897 000
　　　　　　——B材料　　　　　　　　　　　　　113 475

【例5-13】12月12日，生产车间一般性消耗B材料200公斤。

车间一般性消耗B材料的费用为200×102.375＝20 475元，属于间接性生产费用，在其发生时，先记入"制造费用"账户予以归集，同时确认"原材料——B材料"资产的减少。其会计分录为：

借：制造费用　　　　　　　　　　　　　　　　　20 475
　　贷：原材料——B材料　　　　　　　　　　　　　20 475

【例5-14】12月13日，以银行存款支付本月生产车间的水电费19 525元。

生产车间的水电费是为所有产品的生产而发生的，所以其属于间接性生产费用，在其发生时记入"制造费用"账户，同时确认"银行存款"资产的减少。其会计分录为：

借：制造费用　　　　　　　　　　　　　　　　　19 525
　　贷：银行存款　　　　　　　　　　　　　　　　19 525

【例5-15】12月31日，结算本月职工薪酬。其中，甲产品和乙产品的生产工人的职工薪酬分别为560 000元和180 000元。车间管理人员的职工薪酬为40 000元。

一方面，产品生产工人的职工薪酬属于直接性生产费用，所以甲、乙产品生产工人的职工薪酬560 000元和180 000元分别记入"生产成本——甲产品"和"生产成本——乙产品"明细账。车间管理人员为甲、乙产品的生产均提供了服务，所以，其职工薪酬属于间接性生产费用，记入"制造费用"。另一方面，由于企业对其职工形成支付薪酬的义务，所以为此应确认"应付职工薪酬"负债的增加。其会计分录为：

借：生产成本——甲产品　　　　　　　　　　　　560 000
　　　　　　——乙产品　　　　　　　　　　　　180 000
　　　制造费用　　　　　　　　　　　　　　　　 40 000
　　贷：应付职工薪酬　　　　　　　　　　　　　780 000

【例 5-16】12 月 31 日，计提本月生产车间固定资产折旧，固定资产原价 108 100 000元，预计净残值 100 000 元，预计使用年限 15 年，按直线法计提折旧。

生产车间本月固定资产的折旧费用（108 100 000–100 000）÷15÷12＝600 000 元，是为甲、乙两种产品的生产而发生的，应由甲、乙两种产品共同负担，属于间接性生产费用，在其发生时，先记入"制造费用"账户予以归集。由于此处涉及折旧的计提，所以应同时确认"累计折旧"的增加。其会计分录为：

借：制造费用　　　　　　　　　　　　　　　　600 000
　　贷：累计折旧　　　　　　　　　　　　　　　600 000

【例 5-17】12 月 31 日，归集和分配制造费用。假定按照甲、乙产品机器工时的比例 3∶1 分配制造费用。

一方面，本月发生的制造费用总额为 20 475＋40 000＋600 000＋19 525＝680 000 元，按照3∶1的比例分配，甲产品应该负担的金额 510 000 元记入"生产成本——甲产品"明细账，乙产品应该负担的金额 170 000 元记入"生产成本——乙产品"明细账。另一方面，确认"制造费用"减少 680 000 元。其会计分录为：

借：生产成本——甲产品　　　　　　　　　　　　510 000
　　　　　　——乙产品　　　　　　　　　　　　170 000
　　贷：制造费用　　　　　　　　　　　　　　　680 000

制造费用在会计期末分配转入相关产品"生产成本"明细账之后，"制造费用"账户一般就无期末余额。产品在生产过程中发生的全部生产费用（不论是直接性生产费用还是间接性生产费用）全部在相关产品的"生产成本"明细账中予以归集。

【例 5-18】至 12 月 31 日，本月完工的甲、乙产成品的生产成本分别为 1 960 000 元和 470 000 元。

由于期末产成品的成本需由"库存商品"账户予以反映，所以在会计期末，需将完工产成品的生产成本由相关产品的"生产成本"明细账转入该产品的"库存商品"明细账中。其会计分录为：

借：库存商品——甲产品　　　　　　　　　　　1 960 000
　　　　　　——乙产品　　　　　　　　　　　　470 000
　　贷：生产成本——甲产品　　　　　　　　　　1 960 000
　　　　　　　——乙产品　　　　　　　　　　　 470 000

甲产品、乙产品"生产成本"明细账的月末借方余额 23 000＋（897 000＋560 000＋510 000）–1 960 000＝30 000 元和 16 525＋（113 475＋180 000＋170 000）–470 000＝10 000元分别代表月末尚未完工的甲、乙在产品的成本。

企业生产业务的账户记录程序如图 5-3 所示。

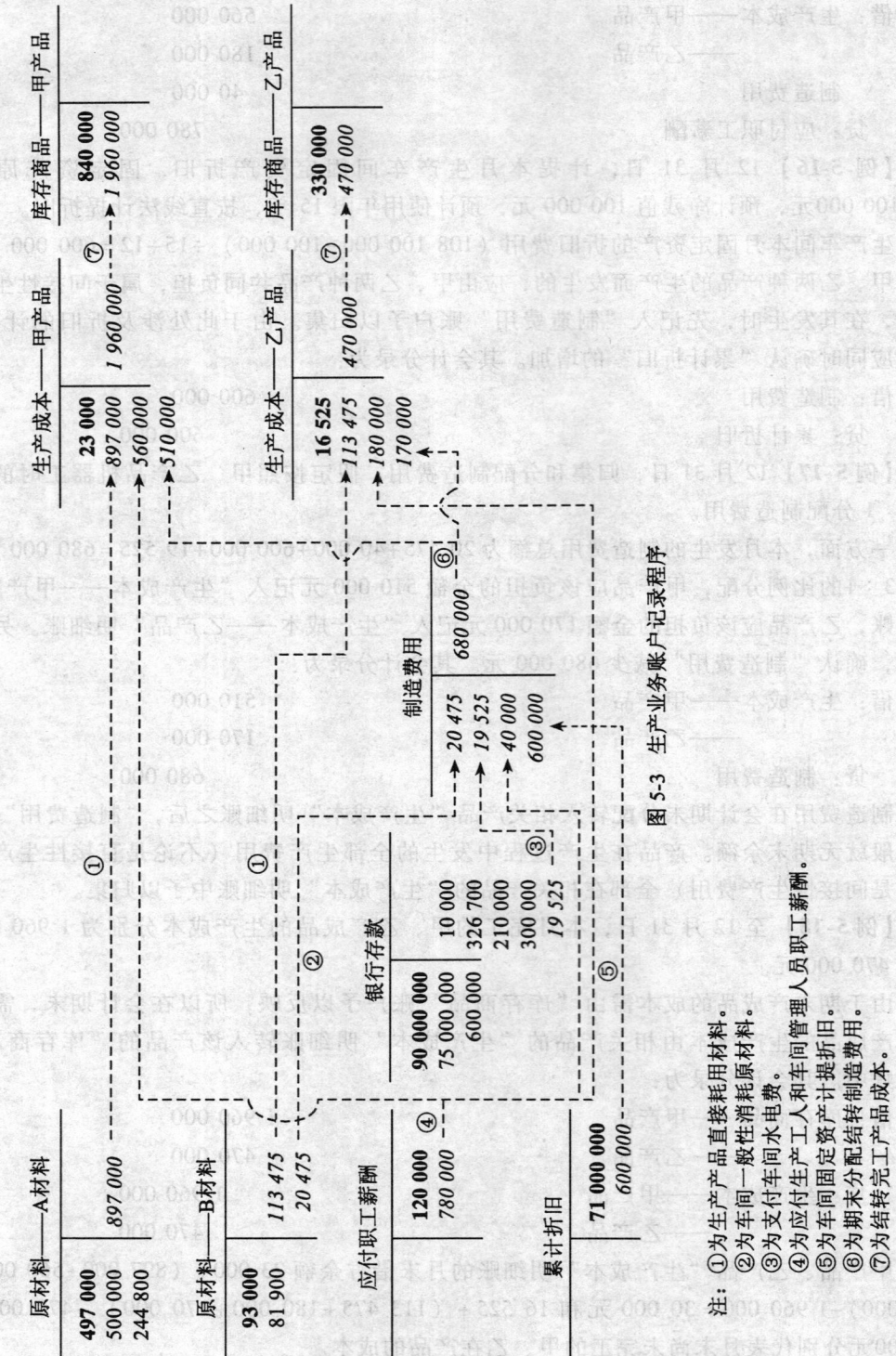

图 5-3 生产业务账户记录程序

注：①为生产产品直接耗用材料。
②为车间一般性消耗原材料。
③为支付车间水电费。
④为应付生产工人和车间管理人员职工薪酬。
⑤为车间固定资产计提折旧。
⑥为期末分配结转制造费用。
⑦为结转完工产品成本。

四、销售业务

销售活动是企业创造利润的主要途径,对于生产制造企业而言,其销售活动既包括诸如销售产成品这种主营业务活动,也包括诸如销售原材料这种其他业务活动。在销售活动中,除了形成销售收入、发生销售成本之外,还会发生销售费用和销售税金。

(一) 设置的主要账户

记录企业销售活动所需使用的账户主要包括以下几个:

1. 主营业务收入

"主营业务收入"属于损益类账户,它主要核算企业确认的销售商品、提供劳务等主营业务的收入。企业销售商品或提供劳务确认的营业收入额记入本账户的贷方;会计期末,该账户的贷方余额需从其借方转入"本年利润"账户的贷方,用以计算本期利润,结转后该账户无期末余额。该账户可根据主营业务的种类设置明细账以进行明细核算。

2. 主营业务成本

"主营业务成本"属于损益类账户,它主要核算企业销售商品、提供劳务等主营业务收入时应结转的成本。会计期末,企业应根据本期(月)销售各种商品、提供各种劳务等的实际成本,计算应结转的主营业务成本并记入本账户的借方;会计期末,该账户的借方余额需从其贷方转入"本年利润"账户的借方,用以计算本期利润,结转后该账户无期末余额。该账户可根据主营业务种类设置明细账以进行明细核算。

3. 其他业务收入

"其他业务收入"属于损益类账户,它主要核算企业确认的除主营业务活动以外的其他经营活动实现的收入,包括销售材料、出租固定资产、出租无形资产、出租包装物等实现的收入。企业确认的其他业务收入额记入本账户的贷方;会计期末,该账户的贷方余额需从其借方转入"本年利润"账户的贷方,用以计算本期利润,结转后该账户无期末余额。该账户可根据其他业务收入种类设置明细账以进行明细核算。

4. 其他业务成本

"其他业务成本"属于损益类账户,它主要核算企业确认的除主营业务活动以外的其他经营活动所产生的支出,包括销售原材料的成本、出租固定资产的折旧额、出租无形资产的摊销额、出租包装物的成本或摊销额等。企业发生的其他业务成本记入本账户的借方;会计期末,该账户的借方余额需从其贷方转入"本年利润"账户的借方,用以计算本期利润,结转后该账户无期末余额。该账户可根据其他业务成本的种类设置明细账以进行明细核算。

5. 营业税金及附加

"营业税金及附加"属于损益类账户,它主要核算企业经营活动(包括主营业务和其他业务)发生的营业税、消费税、城市维护建设税、资源税和教育费附加等相关税费。需要说明的是,房产税、车船使用税、土地使用税、印花税在"管理费用"账户核算,但与投资性房地产相关的房产税、土地使用税在本账户核算。企业按规定计算确定的与经营活动相关的税费记入本账户的借方;会计期末,该账户的借方余额需从其贷方转入"本年利润"账户的借方,用以计算本期利润,结转后该账户无期末余额。

6. 销售费用

"销售费用"属于损益类账户,它主要核算企业销售商品和材料、提供劳务的过程中发生的各种费用,包括保险费、包装费、展览费和广告费、商品维修费、预计产品质量保证损失、运输费、装卸费等以及为销售本企业商品而专设的销售机构(含销售网点、售后服务网点等)的职工薪酬、业务费、折旧费和固定资产修理费用等后续支出费用。企业在销售商品过程中发生的上述费用,记入本账户的借方;会计期末,该账户的借方余额需从其贷方转入"本年利润"账户的借方,用以计算本期利润,结转后该账户无期末余额。该账户可按费用项目设置明细账户以进行明细核算。

(二)主要经济业务的账务处理

【例5-19】12月3日,某公司从丙公司收回上月赊销款800 000元。

在该业务中,该公司上月通过"应收账款——丙公司"反映的债权在本期得以收回,所以应确认该债权资产减少800 000元,同时确认"银行存款"资产增加800 000元。其会计分录为:

借:银行存款　　　　　　　　　　　　　　　　800 000
　　贷:应收账款——丙公司　　　　　　　　　　　　800 000

【例5-20】某公司于12月份向丁公司销售乙产品1 200件,销售单价为800元。其中320 000元货款已于11月6日收取,余款待收。所售乙产品成本700 000元。

针对该业务,首先需确认"主营业务收入"增加1 200×800=960 000元。其次,由于其中320 000元的货款已于11月份预收,该公司在当时需确认对丁公司的"预收账款"负债,该负债通过交付商品予以清偿。12月份,该公司通过向丁公司发出商品的方式全额清偿了"预收账款"负债,因此,应确认"预收账款——丁公司"负债减少320 000元。最后,针对尚未收到的货款640 000元确认"应收账款——丁公司"资产的增加。其会计分录为:

借:应收账款——丁公司　　　　　　　　　　　640 000
　　预收账款——丁公司　　　　　　　　　　　320 000
　　贷:主营业务收入　　　　　　　　　　　　　　960 000

在确认商品销售收入的同时,还应确认(结转)商品销售成本。一方面,销售活动导致"库存商品——乙产品"被发出即减少700 000元。另一方面,所售商品的成本应记入"主营业务成本"。产生"主营业务成本"是取得"主营业务收入"的先决条件。其会计分录为:

借:主营业务成本　　　　　　　　　　　　　　700 000
　　贷:库存商品——乙产品　　　　　　　　　　　　700 000

【例5-21】某公司于12月份向丙公司销售甲产品2 000件,销售单价为1 600元,其中2 800 000元货款已经收到并存入银行,余款待收。所售甲产品成本为2 000 000元。

根据权责发生制原则,不论货款的结算方式如何,该公司将商品发出之后,其收入权利即刻得以形成,所以,该公司应确认"主营业务收入"增加2 000×1 600=3 200 000元。由于该商品销售采用部分现销、部分赊销的方式,所以,还应确认"银

行存款"资产增加 2 800 000 元,"应收账款——丙公司"债权资产增加 400 000 元。其会计分录为:

  借:银行存款   2 800 000
    应收账款——丙公司   400 000
   贷:主营业务收入   3 200 000

同时结转甲产品销售成本。

  借:主营业务成本   2 000 000
   贷:库存商品——甲产品   2 000 000

【例 5-22】12 月 25 日,某公司销售多余的 A 材料 200 公斤,销售单价为 550 元,货款已经收到。所售材料成本为 100 000 元。

销售原材料属于企业的其他业务,其销售收入 200×550=110 000 元记入"其他业务收入",销售成本 100 000 元记入"其他业务成本"。其会计分录为:

  借:银行存款   110 000
   贷:其他业务收入   110 000
  借:其他业务成本   100 000
   贷:原材料——A 材料   100 000

【例 5-23】12 月 27 日,某公司以银行存款支付本月的报纸广告费 10 000 元。

报纸广告费 10 000 元应记入"销售费用",同时确认"银行存款"资产减少 10 000 元。其会计分录为:

  借:销售费用   10 000
   贷:银行存款   10 000

【例 5-24】某公司 12 月份应纳消费税等税费 30 000 元。

针对企业形成的纳税义务,该公司应将其确认为"应交税费"负债。同时将税费 30 000 元记入"营业税金及附加"账户,该损益类账户的金额作为费用金额需计入当期损益。其会计分录为:

  借:营业税金及附加   30 000
   贷:应交税费   30 000

【例 5-25】12 月份,某公司销售人员的职工薪酬为 12 000 元。

销售人员的职工薪酬 12 000 元记入"销售费用",同时针对企业形成的支付职工薪酬的义务,确认"应付职工薪酬"负债 12 000 元。其会计分录为:

  借:销售费用   12 000
   贷:应付职工薪酬   12 000

【例 5-26】12 月份,某公司外设销售部门的固定资产折旧额为 18 000 元。

销售机构的固定资产折旧 18 000 元记入"销售费用",同时计提"累计折旧" 18 000 元。其会计分录为:

  借:销售费用   18 000
   贷:累计折旧   18 000

企业销售业务的账户记录程序如图 5-4 和图 5-5 所示。

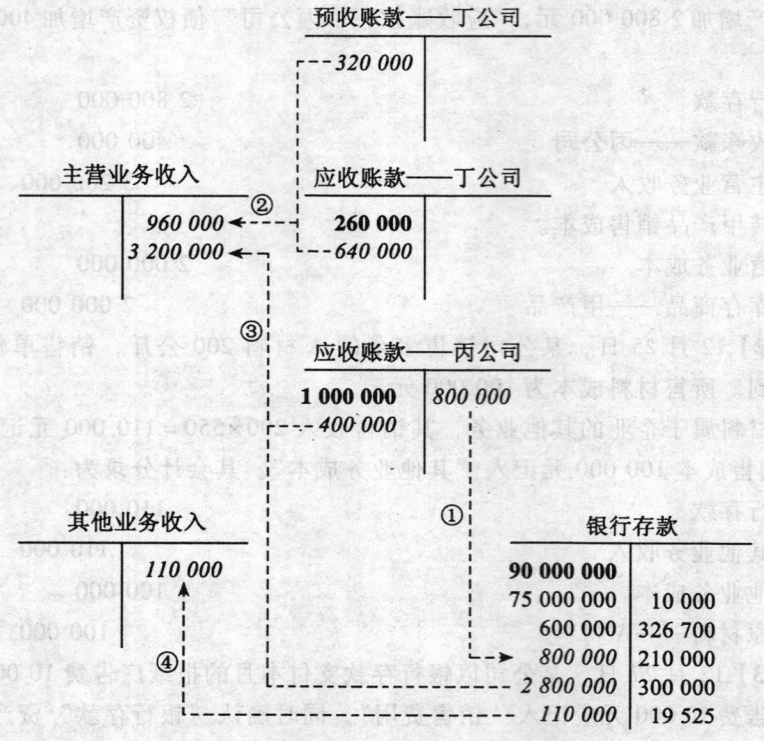

图 5-4　销售业务账户记录程序（收入确认）图

注：①为收回赊销款。
②为销售产品，部分货款前期已预收，部分货款尚未收到，确认主营业务收入。
③为销售商品，部分现销，部分赊销，确认主营业务收入。
④为确认原材料销售收入（其他业务收入）。

五、投资业务

企业为了提高闲置资金的收益率或者出于对被投资单位进行控制的目的，会将部分货币资金、实物资产或者专利技术等无形资产用于股权或债权投资。按现行会计准则的划分方法，投资项目包括"交易性金融资产"、"可供出售金融资产"、"持有至到期投资"和"长期股权投资"。

此处仅以"交易性金融资产"为例，简要介绍投资活动的账户设置和账务处理。

（一）设置的主要账户

1. 交易性金融资产

"交易性金融资产"属于资产类账户，它主要核算企业为交易目的所持有的债券投资、股票投资、基金投资等金融资产的公允价值。交易性金融资产的持有目的是为了在近期内出售。一般情况下，企业取得交易性金融资产时记入该账户的借方，出售交易性金融资产时记入其贷方，该账户期末借方余额，反映企业持有交易性金融资产的公允价值。该账户可按交易性金融资产的类别和品种以及相应的项目设置明细账户以进行明细核算。

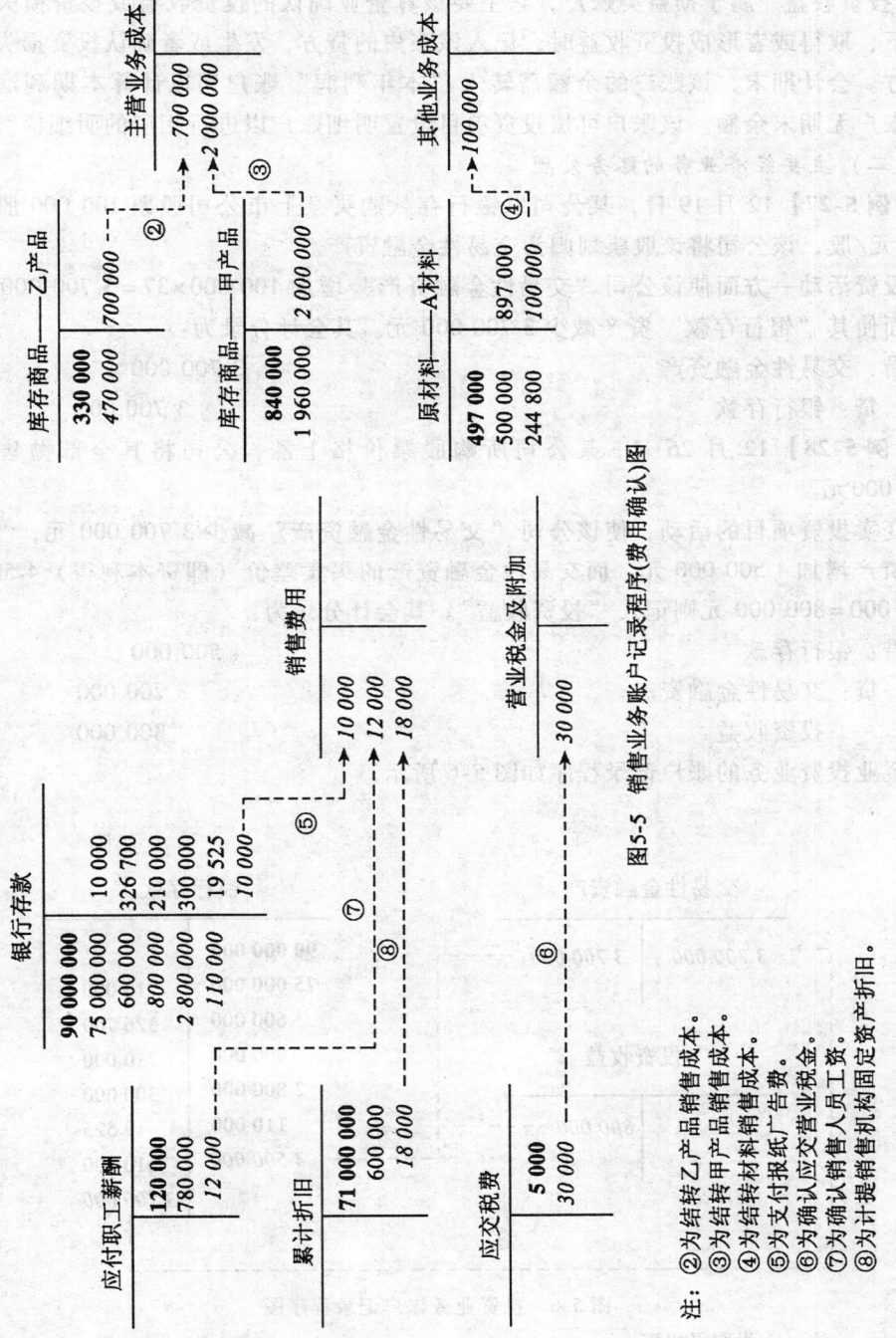

图5-5 销售业务账户记录程序(费用确认)图

2. 投资收益

"投资收益"属于损益类账户,它主要核算企业确认的投资收益或投资损失。一般情况下,取得或者形成投资收益时,记入该账户的贷方,发生或者确认投资损失时记入其借方。会计期末,该账户的余额需转入"本年利润"账户用以计算本期利润,结转后该账户无期末余额。该账户可按投资项目设置明细账户以进行相应的明细核算。

(二)主要经济业务的账务处理

【例5-27】12月19日,某公司以银行存款购买某上市公司股票100 000股,买价为37元/股,该公司将该股票划归为交易性金融资产。

投资活动一方面使该公司"交易性金融资产"增加100 000×37=3 700 000元,另一方面使其"银行存款"资产减少3 700 000元。其会计分录为:

借:交易性金融资产　　　　　　　　　　　3 700 000
　　贷:银行存款　　　　　　　　　　　　　　　　3 700 000

【例5-28】12月26日,某公司所购股票价格上涨,公司将其全部抛售,售价4 500 000元。

变卖投资项目的活动,使该公司"交易性金融资产"减少3 700 000元,"银行存款"资产增加4 500 000元。而交易性金融资产的买卖差价(即资本利得)4 500 000-3 700 000=800 000元则记入"投资收益"。其会计分录为:

借:银行存款　　　　　　　　　　　　　　4 500 000
　　贷:交易性金融资产　　　　　　　　　　　　　3 700 000
　　　　投资收益　　　　　　　　　　　　　　　　　800 000

企业投资业务的账户记录程序如图5-6所示。

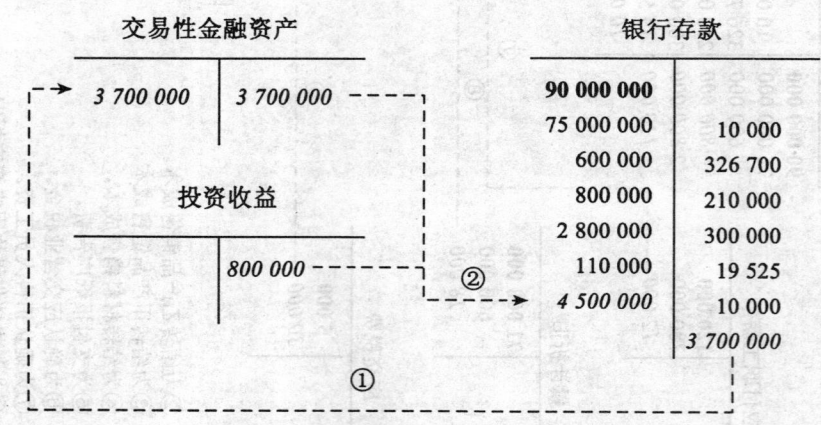

图5-6 投资业务账户记录程序图

注:①为取得投资。
　　②为变卖投资。

六、其他业务

除了销售业务和投资业务中产生的收入和费用会影响企业的损益之外,管理费用、来源于非日常经营活动的利得和损失也会对当期损益造成影响。

(一)设置的主要账户

核算其他业务的相关账户主要包括以下几个:

1. 管理费用

"管理费用"属于损益类账户,它主要核算企业为组织和管理企业生产经营所发生的管理费用,包括企业在筹建期间内发生的开办费、董事会和行政管理部门在企业的经营管理中发生的或者应由企业统一负担的公司经费(包括行政管理部门的职工工资及福利费、物料消耗、低值易耗品摊销、办公费和差旅费等)、工会经费、董事会费(包括董事会成员的津贴、会议费和差旅费等)、聘请中介机构费、咨询费(含顾问费)、诉讼费、业务招待费、房产税、车船使用税、土地使用税、印花税、技术转让费、矿产资源补偿费、研究费用、排污费等。企业发生的上述费用,记入本账户的借方;会计期末,该账户的借方余额需从其贷方转入"本年利润"账户的借方,用以计算本期利润,结转后该账户无期末余额。该账户可按费用项目设置明细账以进行明细核算。

2. 营业外收入

"营业外收入"属于损益类账户,它主要核算企业发生的各项营业外收入,主要包括非流动资产处置利得、非货币性资产交换利得、债务重组利得、政府补助、捐赠利得等。企业确认上述各类收入额时,记入本账户的贷方;会计期末,该账户的贷方余额需从其借方转入"本年利润"账户的贷方,用以计算本期利润,结转后该账户无期末余额。该账户可按营业外收入项目设置明细账以进行明细核算。

3. 营业外支出

"营业外支出"属于损益类账户,它主要核算企业发生的各项营业外支出,包括非流动资产处置损失、非货币性资产交换损失、债务重组损失、公益性捐赠支出、非常损失、盘亏损失等。企业确认上属各类支出额时,记入本账户的借方;会计期末,该账户的借方余额需从其贷方转入"本年利润"账户的借方,用以计算本期利润,结转后该账户无期末余额。该账户可按营业外支出项目设置明细账以进行明细核算。

(二)主要经济业务的账务处理

【例5-29】 12月份,某公司行政管理部门的固定资产折旧费用为26 000元。

行政管理部门的固定资产折旧费用26 000元记入"管理费用",同时以此金额确认"累计折旧"的增加。其会计分录为:

借:管理费用　　　　　　　　　　　　　　　26 000
　　贷:累计折旧　　　　　　　　　　　　　　　　26 000

【例5-30】 12月份,某公司行政管理人员的职工薪酬为24 000元。

一方面,行政管理人员的职工薪酬24 000元记入"管理费用"。另一方面,由于企业对其职工形成了支付薪酬的义务,所以为此应确认"应付职工薪酬"负债的增加。其会计分录为:

```
借：管理费用                          24 000
    贷：应付职工薪酬                       24 000
```

【例 5-31】 12 月 19 日，某公司接受外单位捐赠的设备一台，价值 300 000 元。

根据现行会计准则的规定，企业因接受捐赠所获取的"利得"应作为"营业外收入"确认。接受设备捐赠的经济活动使该公司的"固定资产"增加 300 000 元。其会计分录为：

```
借：固定资产                         300 000
    贷：营业外收入                        300 000
```

【例 5-32】 12 月 28 日，某公司因向南湖排放污水，被有关部门罚款 70 000 元，已用银行存款支付。

一方面，罚款使该公司"银行存款"资产减少 70 000 元。另一方面，罚款支出为企业非日常经营活动导致的经济利益的流出，属于"损失"，应作为"营业外支出"确认。其会计分录为：

```
借：营业外支出                        70 000
    贷：银行存款                          70 000
```

相关账户记录程序如图 5-7 所示。

七、期末账项调整

为了帮助会计信息使用者及时了解企业的经营成果状况，企业会计部门必须定期对账户记录进行结算以计算出特定会计期间的损益金额。一方面，我国以权责发生制为基础确认收入与费用，在这一基础上，企业是以收入权利是否已在本期形成作为确认收入的标准，而不论是否已经实际收到现金；另一方面，是以费用义务是否应由本期承担作为确认费用的标准，而不论是否已经实际支付现金。在会计期间假设下，权责发生制直接导致了"跨期项目"的形成。跨期项目是指由于收入权利的形成时间（或费用义务的发生时间）与现金的实际收取（或支出）时间产生差异，从而影响到几个会计期间会计确认与计量事项的收入和费用项目。例如，企业预付下一年度报刊订阅费，其现金支付时间是在本年，而其受益期则在下一年度，该项经济业务涉及现金支付当月和下一年度各月的会计确认与计量事项，因此，预付报刊订阅费这一经济事项属于跨期项目。在会计期末，需根据权责发生制原则对跨期项目进行调整，以收入权利和费用义务的形成时间为标准确认各期的收入和费用，为正确计算当期损益奠定基础。

（一）设置的主要账户

期末账项调整所需使用的账户主要包括以下几个：

1. 应付利息

"应付利息"属于负债类账户，它主要核算企业按照合同约定应支付的利息，包括吸收存款、分期付息到期还本的长期借款、企业债券等应支付的利息。资产负债表日，按相关资料与要求确认的应付未付利息，记入本账户贷方，支付时记入其借方。本账户期末贷方余额，反映企业应付未付的利息。该账户可按存款人或债权人设置明细账以进行明细核算。

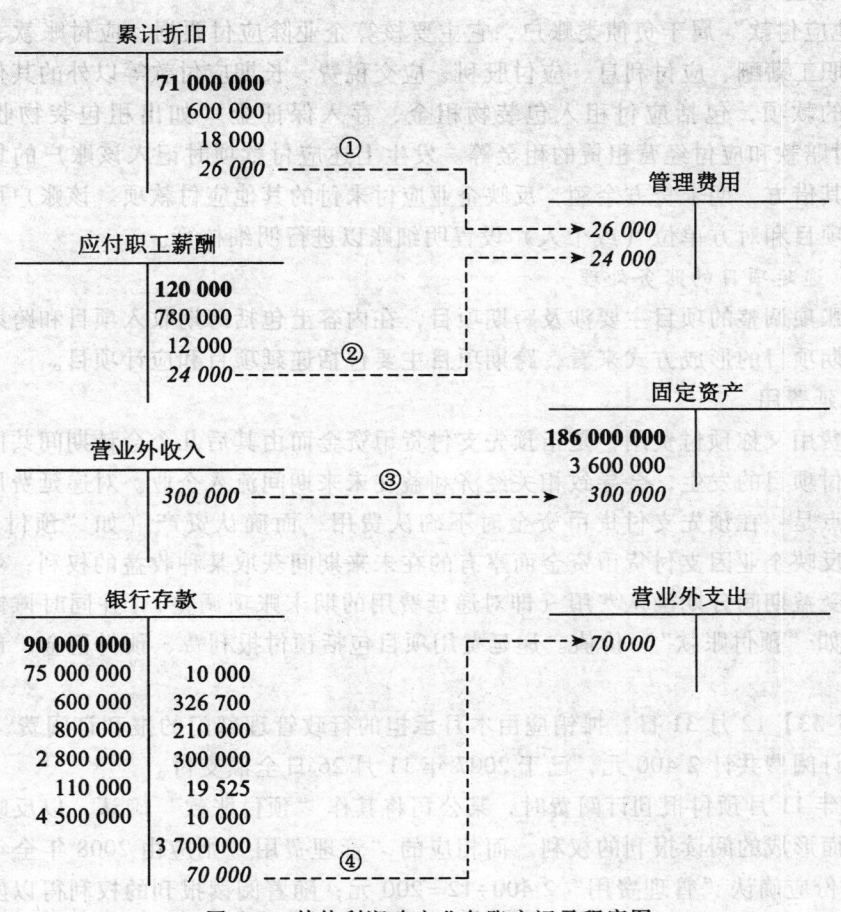

图 5-7 其他利润确定业务账户记录程序图

注：①为行政管理部门固定资产折旧。
②为行政管理人员职工薪酬。
③为接受设备捐赠。
④为支付罚款支出。

2. 其他应收款

"其他应收款"属于资产类账户，它主要核算企业除应收票据、应收账款、预付账款、应收股利、应收利息、长期应收款等以外的其他各种应收及暂付款项，主要包括：(1) 应收的各种赔款、罚款；(2) 应收的出租包装物租金；(3) 应向职工收取的各种垫付款项（如为职工垫付的水电费、应由职工负担的医药费、房租费、向职工预支的差旅费等）；(4) 存出保证金（如租入包装物支付的押金）。发生上述款项时，记入该账户的借方，收回时记入其贷方，期末借方余额反映企业尚未收回的其他应收款项。该账户可按对方单位（或个人）设置明细账以进行明细核算。

143

3. 其他应付款

"其他应付款"属于负债类账户,它主要核算企业除应付票据、应付账款、预收账款、应付职工薪酬、应付利息、应付股利、应交税费、长期应付款等以外的其他各项应付、暂收的款项,包括应付租入包装物租金、存入保证金(如出租包装物收取的押金)、应付赔款和应付经营租赁的租金等。发生上述应付款项时记入该账户的贷方,偿付时记入其借方,期末贷方余额,反映企业应付未付的其他应付款项。该账户可按其他应付款的项目和对方单位(或个人)设置明细账以进行明细核算。

(二) 递延项目的账务处理

期末账项调整的项目主要涉及跨期项目,在内容上包括跨期收入项目和跨期费用项目。就跨期项目的形成方式来看,跨期项目主要包括递延项目和应计项目。

1. 递延费用

递延费用又称预付费用,是指预先支付货币资金而由其后几个会计期间共同受益的项目。预付项目的发生,会导致相关经济利益在未来期间流入企业。对递延费用的账务处理的特点是:在预先支付货币资金时不确认费用,而确认资产(如"预付账款"),以此资产反映企业因支付货币资金而享有的在未来期间获取某种收益的权利;然后在后续若干个受益期间分期确认费用(即对递延费用的期末账项调整),并同时摊销原确认的资产(如"预付账款")价值。递延费用项目包括预付报刊费、预付租金、预付保险费等。

【例5-33】12月31日,摊销应由本月承担的行政管理部门的报刊订阅费,2008年度的报刊订阅费共计2 400元,已于2007年11月26日全额支付。

2007年11月预付报刊订阅费时,某公司将其作"预付账款"确认,以反映因预付货币资金而形成的阅读报刊的权利。而相应的"管理费用"则应由2008年全年各月承担,12月份应确认"管理费用"2 400÷12=200元;随着阅读报刊的权利得以实现,应将原确认的"预付账款"资产的价值摊销200元。其会计分录为:

借:管理费用　　　　　　　　　　　　　　　　200
　　贷:预付账款——中国邮政　　　　　　　　　　　200

2. 递延收入

递延收入是指预先收取货币资金而在其后会计期间确认收入的项目。对递延收入的账务处理的特点是:在预收现金时不确认收入,而确认负债(如"预收账款");然后在后续会计期间交付商品或提供劳务时确认收入,并同时确认前述负债的减少。递延收入项目包括预收的出租包装物租金、预收的出租房屋租金、出租设备租金等。

【例5-34】12月31日,确认本月的设备出租收入。某公司于9月28日从A公司预收第四季度设备租金共计45 000元。

该公司于9月预收设备租金45 000元时,通过确认为"预收账款"以反映因预收租金而形成的在未来提供出租服务的义务。随着该公司在第四季度各月提供出租服务的过程的进行,该公司便可分期确认租金收入,并同时确认"预收账款"负债的减少。设备出租业务是企业的其他业务,其租金收入记入"其他业务收入"。12月份应确认的"其他业务收入"为45 000÷3=15 000元。其会计分录为:

借：预收账款——A公司　　　　　　　　　　　　　15 000
　　贷：其他业务收入　　　　　　　　　　　　　　　　15 000

（三）应计项目的账务处理

应计项目是指费用责任或收入权利已在本期形成，但在以后的会计期间才实际支付或收到货币资金的跨期项目。它包括应计费用和应计收入。

1. 应计费用

应计费用是指费用义务已在本期形成，但需在未来会计期间支付货币资金的项目。对应计费用的账务处理的特点是：即使当期尚未支付货币资金，也应在费用责任产生的当期确认费用，同时针对承担的费用义务确认负债（如"应付利息"、"其他应付款"等）；在未来会计期间实际支付货币资金时，不确认费用，而确认前述负债的减少。应计费用项目包括应支付的借款利息、应付租入包装物、房屋、设备的租金等。

【例5-35】续例5-5，12月31日，确认本月的利息费用。

12月1日借入的短期借款的前六个月利息费用需至2009年5月31日才予以支付，但由于2008年12月也从短期借款中受益，所以该月应承担相应的利息费用600 000×4.5%÷12＝2 250元，该利息费用记入"财务费用"。同时，针对该公司形成的支付利息的义务确认"应付利息"负债。其会计分录为：

借：财务费用　　　　　　　　　　　　　　　　　　2 250
　　贷：应付利息　　　　　　　　　　　　　　　　　　　2 250

2. 应计收入

应计收入是指收入权利已在当期形成，但在未来会计期间才能实际收取货币资金的项目。对应计收入的账务处理的特点是：即使当期尚未收到货币资金，也应在收入权利形成的当期确认收入，同时针对享有的收入权利确认债权资产（如"其他应收款"等）；在未来会计期间实际收到货币资金时，不确认收入，而确认前述债权的减少。应计收入项目主要包括应收取的出租包装物、房屋、设备的租金。

【例5-36】12月31日，确认本月的包装物出租收入。12月1日，某公司向B公司出租包装物，租期3个月，合同约定租金收入共计5 400元于租赁期满时收取。

虽然该公司于2009年2月28日才能收取货币资金，但由于该公司2008年12月提供了包装物的出租服务，所以该月仍应确认出租收入5 400÷3＝1 800元，包装物出租属于企业的其他业务，出租收入记入"其他业务收入"。同时，针对其实现的收入权利，确认"其他应收款"的增加。其会计分录为：

借：其他应收款——B公司　　　　　　　　　　　　1 800
　　贷：其他业务收入　　　　　　　　　　　　　　　　1 800

期末账项调整的账户记录程序如图5-8所示。

八、利润的计算

在会计期末，企业会计部门需对本期的经营成果进行总结，即将本期的收入、利得与费用、损失相抵以计算利润。在会计处理程序中，利润的计算通过"本年利润"账

会计学基础

	前期	本期末（2008年12月31日）的期末账项调整	后期
递延费用	2007年11月26日 借：预付账款——中国邮政 2 400 　　贷：银行存款 2 400	预付账款——中国邮政　　管理费用 2 400　　　　　　　　26 000 　　　　　　200 ---→　24 000 　　　　　　　　　　　　200	
递延收入	2008年9月28日 借：银行存款 45 000 　　贷：预收账款——A公司 45 000	预收账款——A公司　　其他业务收入 　　　　　　　　　　　　110 000 15 000 ---→　　　　　　15 000	
应计费用		财务费用　　　　　　应付利息 2 250　　　　　　　　2 250	2009年5月31日 借：应付利息 13 500 　　贷：银行存款 13 500
应计收入		其他应收款——B公司　　其他业务收入 1 800 ←---　　　　　　110 000 　　　　　　　　　　　　15 000 　　　　　　　　　　　　1 800	2009年2月28日 借：银行存款 5 400 　　贷：其他应收款——B公司 5 400

图5-8　期末账项调整的账户记录程序图

146

户进行。在会计期末，将损益类账户的金额全部转入"本年利润"账户，在该账户中计算出当期的净利润，结转之后，损益类账户便无期末余额。

（一）设置的主要账户

利润计算过程所需使用的账户主要包括以下几个：

1. 所得税费用

"所得税费用"属于损益类账户，它主要核算企业确认的应从当期利润总额中扣除的所得税费用。资产负债表日，企业按照税法的规定计算确定的当期应交所得税，记入本账户的借方；会计期末，该账户的借方余额需从其贷方转入"本年利润"账户的借方，用以计算本期利润，结转后该账户无期末余额。该账户可设"当期所得税费用"、"递延所得税费用"明细账户以进行明细核算。

2. 应交税费

"应交税费"属于负债类账户，它主要核算企业按照税法等规定计算应交纳的各种税费，包括增值税、消费税、营业税、所得税、资源税、土地增值税、城市维护建设税、房产税、土地使用税、车船使用税、教育费附加、矿产资源补偿费等税费项目，企业代扣代缴的个人所得税等，也通过本账户核算。企业经营活动中计算的上述各种应交税费额要记入本账户的贷方，实际交纳时记入其借方。本账户期末的贷方余额，反映企业尚未交纳的税费；期末为借方余额，反映企业多交或尚未抵扣的税费。该账户可按应交的税费项目设置明细账户以进行明细核算，应交的增值税还应按"进项税额"、"销项税额"、"出口退税"、"进项税额转出"、"已交税金"等设置专栏。

3. 本年利润

"本年利润"属于所有者权益类账户，它主要核算企业当期实现的净利润（或发生的净亏损）。企业期（月）末结转利润时，应将各损益类账户的借方（或者贷方）金额转入本账户贷方（或者借方），以结平各损益类账户。结转后本账户的贷方余额为当期实现的净利润；借方余额为当期发生的净亏损。年度终了，应将本年收入和支出相抵后结出的本年实现的净利润额，从本账户的借方转入"利润分配"账户的贷方；或者是将本年收入和支出相抵后结出的净亏损额，从本账户的贷方转入"利润分配"账户的借方。结转后本账户应无余额。该账户不设明细账户。

（二）主要经济业务的账务处理

【例5-37】计提某企业本月应交纳的企业所得税额598 588元。

一方面确认"所得税费用"增加598 588元，另一方面针对该公司由此形成的纳税义务确认"应交税费"增加598 588元。其会计分录为：

借：所得税费用　　　　　　　　　　　　　598 588
　　贷：应交税费　　　　　　　　　　　　　　　　598 588

【例5-38】12月31日，为计算当期利润，将各损益类账户的余额转入"本年利润"账户。

相关损益类账户的余额均从与结转前余额方向相反的方向转出，转入"本年利润"账户。其会计分录为：

（1）结转收入、利得

借：主营业务收入 4 160 000
　　其他业务收入 126 800
　　投资收益 800 000
　　营业外收入 300 000
　　贷：本年利润 5 386 800

（2）结转费用、损失
借：本年利润 3 591 038
　　贷：主营业务成本 2 700 000
　　　　其他业务成本 100 000
　　　　营业税金及附加 30 000
　　　　销售费用 40 000
　　　　管理费用 50 200
　　　　财务费用 2 250
　　　　营业外支出 70 000
　　　　所得税费用 598 588

结转后，"本年利润"账户12月末贷方余额为 2 000 000＋5 386 800－3 591 038＝3 795 762 元，该余额表示 2008 年实现的净利润。

利润计算的账户记录程序如图 5-9 所示。

九、利润的分配

年末，相关损益类账户的金额转入"本年利润"账户后，"本年利润"账户的贷（或借）方余额即表示本年实现的净利润（或发生的净亏损）。由于在年度终了需要进行利润的分配程序，而此过程是通过"利润分配"账户来反映的，所以，企业会计部门需将"本年利润"账户的年末余额转入"利润分配——未分配利润"明细账，以为后续的利润分配过程奠定基础。

以本年可供分配利润（一般为本年净利润与年初未分配利润之和）为基础，利润分配的基本顺序为：（1）按照当年税后净利润的10%提取法定盈余公积，若其累计计提额达到公司注册资本的50%以上，则可不再提取；（2）支付优先股股利；（3）由企业自行确定比例提取任意盈余公积；（4）支付普通股股利。经过上述利润分配过程之后剩余的金额即为未分配利润。

（一）设置的主要账户

利润分配过程所需使用的账户主要包括以下几个：

1. 利润分配

"利润分配"属于所有者权益类账户，它主要核算企业利润的分配（或亏损的弥补）和历年分配（或弥补）后的余额。企业按照国家尚未支付或者企业章程的相关规定确定应当分配的利润数额时，记入本账户的借方（相关明细账户）。年度终了，企业应将本年实现的净利润，自"本年利润"账户的借方转入本账户的贷方（未分配利润）；若为净亏损则自"本年利润"账户的贷方转入本账户的借方（未分配利润）；同

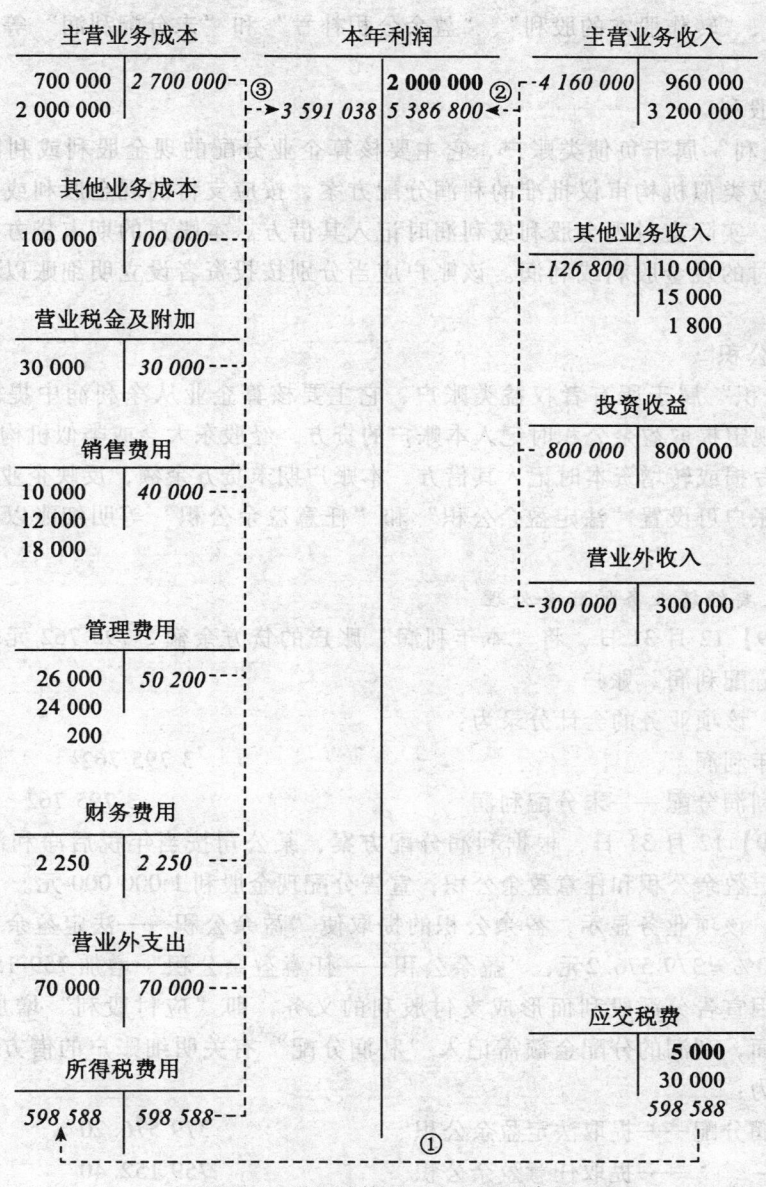

图 5-9 利润计算的账户记录程序图

注：①为计提企业所得税。
②为结转收入、利得。
③为结转费用、损失。

时，还应当将本账户所属其他明细账户的借方余额转入本账户内"未分配利润"明细账户的贷方，或者将本账户所属其他明细账户的贷方余额转入本账户内"未分配利润"明细账户的借方。年末结转后，本账户内除"未分配利润"明细账户外，其他明细账户均无余额。本账户的年末贷（或借）方余额，表示企业的未分配利润（或未弥补亏损)。该账户应当分别设置"提取法定盈余公积"、"提取任意盈余公积"、"应付现金股利或利润"、"转作股本的股利"、"盈余公积补亏"和"未分配利润"等明细账以进行明细核算。

2. 应付股利

"应付股利"属于负债类账户，它主要核算企业分配的现金股利或利润。企业根据股东大会或类似机构审议批准的利润分配方案，按应支付的现金股利或利润额记入本账户贷方；实际支付现金股利或利润时记入其借方。本账户的期末贷方余额，反映企业应付未付的现金股利或利润。该账户应当分别按投资者设立明细账以进行明细核算。

3. 盈余公积

"盈余公积"属于所有者权益类账户，它主要核算企业从净利润中提取的盈余公积。企业按规定提取盈余公积时记入本账户的贷方，经股东大会或类似机构决议，用盈余公积弥补亏损或转增资本时记入其借方，本账户期末贷方余额，反映企业盈余公积的实有额。该账户可设置"法定盈余公积"和"任意盈余公积"等明细账以进行明细核算。

（二）主要经济业务的账务处理

【例 5-39】12 月 31 日，将"本年利润"账户的贷方余额 3 795 762 元转入"利润分配——未分配利润"账户。

一方面，该项业务的会计分录为：

借：本年利润　　　　　　　　　　　　　　3 795 762
　　贷：利润分配——未分配利润　　　　　　　　　3 795 762

【例 5-40】12 月 31 日，根据利润分配方案，某公司按当年税后净利润的 10% 和 20% 提取法定盈余公积和任意盈余公积；宣告分配现金股利 1 000 000 元。

一方面，该项业务显示，盈余公积的提取使"盈余公积——法定盈余公积"增加 3 795 762×10% = 379 576.2 元，"盈余公积——任意盈余公积"增加 759 152.4 元；同时，该公司因宣告分派股利而形成支付股利的义务，即"应付股利"增加 1 000 000 元。另一方面，利润的分配金额需记入"利润分配"有关明细账户的借方。该项业务的会计分录为：

借：利润分配——提取法定盈余公积　　　　　　379 576.20
　　　　　　——提取任意盈余公积　　　　　　759 152.40
　　　　　　——应付现金股利　　　　　　　1 000 000.00
　　贷：盈余公积——法定盈余公积　　　　　　　379 576.20
　　　　　　　——任意盈余公积　　　　　　　759 152.40
　　　　应付股利　　　　　　　　　　　　1 000 000.00

【例 5-41】将"利润分配"账户所属其他明细账户的余额转入"利润分配——未分配利润"明细账户。

该项业务的会计分录为：

借：利润分配——未分配利润　　　　　　2 138 728.60
　　贷：利润分配——提取法定盈余公积　　　379 576.20
　　　　　　　——提取任意盈余公积　　　　759 152.40
　　　　　　　——应付现金股利　　　　　1 000 000.00

年末结转之后，除"利润分配——未分配利润"明细账外，"利润分配"其他明细账均无余额。本例中，"利润分配——未分配利润"的年末贷方余额为 8 014 525＋3 795 762－2 138 728.6＝9 671 558.4 元，该余额表示截至 2008 年末企业的累计未分配利润。

利润分配的账户记录程序如图 5-10 所示。

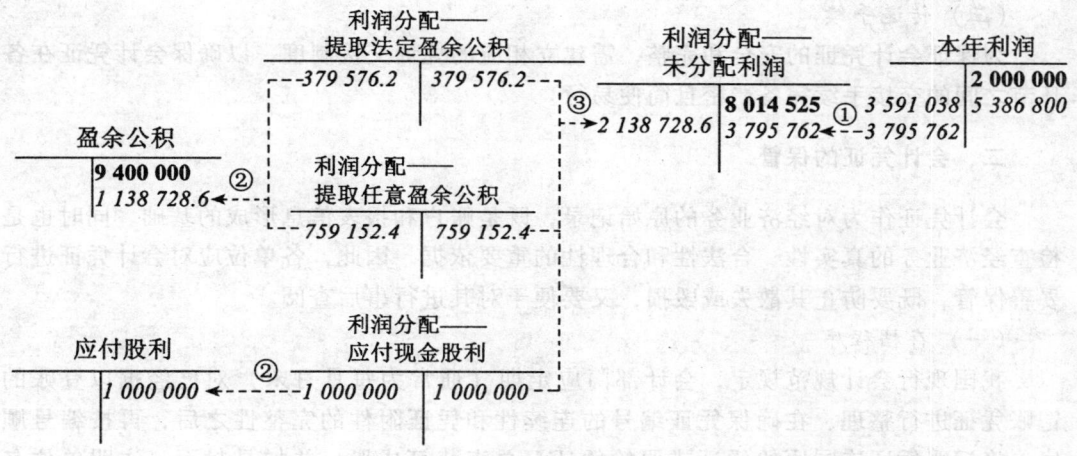

图 5-10　利润分配的账户记录程序图

注：①为年末将"本年利润"账户的余额转入"利润分配——未分配利润"账户。
　　②为分配利润。
　　③为将"利润分配"其他明细账的余额转入"利润分配——未分配利润"明细账。

第五节　会计凭证的传递与保管

一、会计凭证的传递

会计凭证的传递，是指会计凭证从其取得或填制开始，经过审核、出纳、记账、装订到归档保管为止，在有关业务部门和人员之间按照规定的路线、时间传递和处理的程序。我国现行会计规范要求，各单位会计凭证的传递程序应当科学、合理。正确地组织会计凭证的传递，一方面有利于对经济业务进行及时的会计处理，为账户记录和财务报告的编制奠定基础；另一方面则有助于加强岗位责任制度，保证内部控制制度的顺利实施，因为会计凭证在各个部门或人员之间的合理流转，会将其各自的业务活动紧密联系起来，从而在各部门或人员之间构架起相互牵制、相互监督的关系，并促使其准确、及时地完成各项工作任务。会计凭证的传递一般包括以下三个方面的内容：

（一）传递路线

各单位应根据自身的机构设置、人员分工情况、生产经营活动的特点以及经营管理和内部控制的要求，合理规划会计凭证所要经过的流转环节以及先后顺序。既要保证会计凭证经过所有必要的流转环节，以确保会计信息的正确生成；也要尽量避免会计凭证在不必要的环节停留，以提高会计信息处理的效率。

（二）传递时间

为防止会计凭证在特定环节停留的时间过长或过短，各单位应在考虑业务的复杂程度、业务量的大小以及会计人员的配备等情况的基础上，对相关部门或人员处理经济业务的必要时间做出合理评估，并以此确定会计凭证在各流转环节的停留时限。

（三）传递手续

为保证会计凭证的安全和完整，需建立相应的凭证交接制度，以确保会计凭证在各环节之间的交接手续完备严密且简便易行。

二、会计凭证的保管

会计凭证作为对经济业务的原始记录，既是账户和报表信息形成的基础，同时也是检查经济业务的真实性、合法性和合理性的重要依据，因此，各单位应对会计凭证进行妥善保管，既要防止其散失或毁损，又要便于对其进行事后查阅。

（一）存档程序

我国现行会计规范规定，会计部门应定期（通常为每月月末）对已经据以登账的记账凭证进行整理，在确保凭证编号的连续性和凭证附件的完整性之后，再按编号顺序，将记账凭证连同原始凭证或原始凭证汇总表装订成册，并加具封面，注明单位名称、年度、月份和起讫日期、凭证种类、起讫号码，最后由装订人在装订线封签处签名或者盖章。

对于数量过多的原始凭证，可以单独装订保管，在封面上注明记账凭证的日期、编号、种类，同时在记账凭证上注明"附件另订"字样以及原始凭证的名称、编号。各种经济合同、存出保证金收据以及涉外文件等重要原始凭证，应当另编目录，单独登记保管，并在有关的记账凭证和原始凭证上注明日期和编号。

我国现行会计规范规定，装订成册的会计凭证，在会计年度终了后，可暂由会计部门保管一年，期满之后，应当由会计部门编制移交清单，移交本单位档案机构统一保管；若未设立档案机构，应当在会计部门内部指定专人保管。

（二）借阅程序

根据有关会计规范的要求，原始凭证不得外借，其他单位如因特殊原因需要使用原始凭证时，经本单位会计机构负责人批准后可以复印。向外单位提供的原始凭证复印件应在专设的登记簿上登记，并由提供人员和收取人员共同签名或盖章。

我国现行会计规范规定，会计凭证最低保管期限为15年，保管期满之前，任何人不得自行销毁会计凭证。保管期满时，除了尚未结清的债权债务等未了事项的原始凭证和正在项目建设期间的建设单位的会计凭证之外，其他会计凭证可由本单位档案管理机构会同会计部门提出销毁意见，编制会计档案销毁清册，经单位负责人签字批准后予以销毁。销毁时，应当由档案机构和会计部门共同派员监销。

【本章小结】

1. 会计凭证是用来记录经济业务的整体内容、明确经济责任并作为记账依据的书面证明文件，它反映了与经济活动相关的信息、提供了会计记录的依据并能够明确相关的经济责任，可分为原始凭证与记账凭证。

2. 原始凭证按填制手续不同，可以分为一次凭证、累计凭证和汇总凭证；原始凭证有专门的填制与审核要求。

3. 记账凭证按所反映的经济业务的内容分为收款凭证、付款凭证和转账凭证，按填制方法可分为复式记账凭证和单式记账凭证，按是否经过汇总分为汇总记账凭证和非汇总记账凭证；记账凭证有专门的填制与审核要求。

4. 会计凭证传递时，要设计传递路线、限定传递时间、完善传递手续；会计凭证的保管要符合相应会计规范的要求。

5. 企业经济业务一般包括筹资业务、投资业务、采购业务、产品生产业务、销售业务、经营活动成果结算与分配业务和其他业务等；不同经营活动阶段、不同类型经济业务要设置不同的账户对其过程与结果进行反映与监督，而不同账户又有其自身的结构特点。

思 考 题

1. 会计凭证的作用有哪些？它可以分为哪几类？
2. 什么是原始凭证？按照不同的标准如何对原始凭证进行划分？
3. 原始凭证的审核要点包括哪些？
4. 什么是记账凭证？按照不同的标准如何对记账凭证进行划分？
5. 在设置收款、付款和转账凭证的情况下，对于现金与银行存款之间相互划转的业务应编制哪种记账凭证？
6. 记账凭证必须具备的基本内容包括哪些？
7. 所有记账凭证是否均需后附原始凭证？
8. 记账凭证的审核要点包括哪些？
9. 如何理解原始凭证与记账凭证的关系？
10. 会计凭证的传递一般包括哪些内容？
11. 如何保证会计凭证在存档期间的安全完整？

练 习 题

【练习题 5-1】

（一）目的

掌握记账凭证的填制方法。

（二）资料

某公司设置了收款、付款和转账凭证。2009 年 8 月 15 日，该公司预收甲公司的购货款 198 000 元；9 月 7 日，该公司向甲公司发出价款为 372 000 元的商品，双方约定余款于 10 月 8 日收取。

（三）要求

根据该公司 8 月 15 日、9 月 7 日和 10 月 8 日的经济业务编制记账凭证（暂不考虑销售成本的确认）。

【练习题 5-2】

（一）目的

熟悉原始凭证的审核方法。

（二）资料

某公司财务处对公司行政管理部门的日常开支实行定期报销制，并规定单次采购金额在 1 000 元以上的业务采用银行转账的方式支付。2009 年 9 月 30 日，吴某到财务处报销本月行政部门的相关费用，他向会计人员出示的单据如下：

（1）发票号码分别为 75188065、75188066、75188067 的 3 张的士费发票，金额分别为 25 元、12 元、23 元。

（2）金额为 1 579 元的碎纸机购货发票 1 张，相关货款早前已用现金支付给卖方。

（3）没有加盖单位公章的餐饮发票 5 张，金额为 823 元。

（4）填制日期为 2007 年 8 月 15 日、金额为 76 元的书店发票 1 张。

（5）金额为 960 元的发票一张，其记载的所购商品为 2G 容量的 U 盘，经核实，实际购买价格为 96 元，该发票金额写错了位。

（三）要求

分析上述原始凭证存在哪些问题，会计人员应如何处理这些凭证。

【练习题 5-3】

（一）目的

掌握筹资与投资业务的账务处理。

（二）资料

（1）2009 年 9 月 2 日，甲、乙、丙、丁四人共同出资设立某公司，注册资本总额为 6 000 000 元，四位投资者所占份额均为 25%。甲、乙以货币资金各投资 1 500 000 元；丙以一项专利技术投资，丁以一台设备投资，投资协议约定该专利技术和设备的价值分别为 1 800 000 元和 2 000 000 元。

（2）9 月 10 日，该公司向银行借入 3 年期银行借款 1 560 000 元。

（3）9 月 12 日，该公司以银行存款 500 000 元对 A 公司进行长期股权投资。

（4）9 月 15 日，该公司以银行存款 200 000 元购买 B 公司的股票，并准备在近期内出售。

（5）9 月 27 日，该公司以 280 000 元的价格抛售 B 公司的股票。

（三）要求

编制该公司上述筹资与投资业务的会计分录。

【练习题 5-4】

（一）目的

掌握采购业务的账务处理。

（二）资料

某公司 2009 年 10 月发生了如下采购业务：

（1）8 日，从甲公司处赊购 A 材料一批，价款为 700 000 元，材料已验收入库。

（2）12 日，向乙公司购买价款为 230 000 元的汽车一辆，并向其开具 2 个月期的银行承兑汇票。

（3）15 日，从丙公司处购入 B 材料 2 000 公斤，单价 110 元；C 材料 1 600 公斤，单价 85 元，上述货款均于 9 月 23 日向丙公司预付。此外，以银行存款支付 B、C 材料的运费共计 7 200 元（按运费比例分配）、B 和 C 材料的保险费共计 3 560 元（按买价比例分配）、B 材料的包装费 300 元。材料尚未运达企业。

（4）16 日，上述所购 B、C 材料运达企业并验收入库。

（5）20 日，购买某特许经营权，以转账支票支付 190 000 元款项。

（6）27 日，以银行存款向甲公司支付 8 日的赊购款 700 000 元。

（三）要求

编制该公司上述采购业务的会计分录。

【练习题 5-5】

（一）目的

掌握生产业务的账务处理。

（二）资料

某公司 2009 年 11 月 1 日的"生产成本"、"制造费用"账户均无期初余额，当月发生了如下生产业务：

（1）2 日，生产甲产品领用 A 材料 500 000 元，生产乙产品领用 B 材料 300 000 元。

（2）16 日，生产车间一般性消耗 B 材料 10 000 元。

（3）31 日，计提本月甲产品生产工人、乙产品生产工人以及生产车间管理人员的职工薪酬分别为 260 000 元、210 000 元和 120 000 元。

（4）31 日，计提本月生产车间设备和厂房的折旧共计 180 000 元。

（5）31 日，以银行存款支付生产车间本月的取暖费 15 000 元。

（6）31 日，按人工工时的比例 3∶2 分配制造费用。

（7）31 日，本月投产的产品均已完工并验收入库。

（三）要求

编制该公司上述生产业务的会计分录。

【练习题 5-6】

（一）目的

掌握销售业务的账务处理。

（二）资料

某公司 2009 年 11 月发生了如下销售业务：

（1）5 日，预收甲公司交付的丙商品购货款 2 790 000 元。

（2）8 日，支付本月电视台广告费 180 000 元。

(3) 15 日，向甲公司发出售价为 4 500 000 元的丙商品，余款尚未收到，甲公司开出银行承兑汇票一张。所售丙商品的成本为 2 600 000 元，应纳消费税 300 000 元。

(4) 21 日，销售不需用的 C 材料一批，所售材料成本为 60 000 元，售价为 82 000 元。

(5) 31 日，计提本月销售人员的职工薪酬 150 000 元。

(6) 31 日，计提外设销售机构的固定资产折旧 50 000 元。

（三）要求

编制该公司上述销售业务的会计分录。

【练习题 5-7】

（一）目的

掌握期末账项调整的方法。

（二）资料

某公司 2009 年 12 月 1 日相关账户的期初余额如表 5-22 所示。

表 5-22　　　　　　　　　　　账户期初余额表
2009 年 12 月 1 日　　　　　　　　　　　　　单位：元

会计账户	方向	金额	描述
预付账款	借	5 000	2009 年 1 月 1 日，支付行政办公大楼 2009 年度财产保险费 60 000 元。
其他应收款	借	90 000	2009 年 3 月 1 日，以经营租赁方式出租设备一台，租期 1 年，租金收入总额 120 000 元于租赁期满时收取。
预收账款	贷	24 000	2009 年 11 月 1 日，出租包装物并预收租金总额 32 000 元，租期 4 个月。
短期借款	贷	300 000	2009 年 7 月 1 日，向银行借入 9 个月期、到期一次还本付息的银行借款 300 000 元，年利率为 6%。

（三）要求

根据上述资料，该公司于 2009 年 12 月 31 日应做哪些期末账项调整？（请列明相关会计分录）

【练习题 5-8】

（一）目的

掌握利润的计算与分配业务的账务处理。

（二）资料

某公司 2009 年 12 月 1 日 "本年利润" 账户的贷方余额为 5 970 000 元，"利润分配——未分配利润" 账户的贷方余额为 8 620 000 元。该公司在 12 月份发生了如下经济业务：

（1）销售乙商品一批，售价9 820 000元，7 000 000元已收到并存入银行，余款待收。所售乙商品的成本为6 020 000元。

（2）进行财产清查时发现短缺一台笔记本电脑，原价10 000元，已提折旧7 000元。经查属保管人员保管不善造成，责成其赔偿1 000元，其余损失由企业承担，转作营业外支出。

（3）以银行存款支付本月行政管理部门的水电费1 500元。

（4）以18元/股的价格买入某上市公司的股票200 000股，该公司将其确认为交易性金融资产。2周后（仍属12月），以27元/股的价格将其抛售。

（5）一笔金额为28 000元的应付账款因故无法支付，经批准转作营业外收入。

（6）销售不需用原材料一批，售价270 000元，所售材料成本为210 000元，销售税金为6 000元。

（7）分别计提本月生产车间、行政办公大楼、外设销售机构的固定资产折旧390 000元、120 000元、100 000元。

（8）分别计提本月产品生产工人、车间管理人员、行政管理人员和销售人员的职工薪酬580 000元、160 000元、120 000元和140 000元。

（9）以银行存款支付新产品展览费23 000元。

（10）厂长助理李某向厂部财务处预借差旅费1 000元，月底报销实用金额800元，余款退还财务处。

（11）以银行存款支付本月银行借款利息9 200元。

（12）31日，根据本月税前利润总额（假定无纳税调整事项）计提企业所得税，税率为25%。

（13）31日，将本月损益类账户的余额转入"本年利润"账户。

（14）31日，将"本年利润"账户余额转入"利润分配——未分配利润"账户。

（15）根据利润分配方案，按当年税后净利润的10%和15%提取法定盈余公积和任意盈余公积；宣告分配现金股利1 600 000元。

（16）将"利润分配"账户所属其他明细账户的余额转入"利润分配——未分配利润"明细账户。

（三）要求

编制该公司上述经济业务的会计分录。

第六章 会计账簿

【学习目标】

本章主要阐述会计账簿的内涵与体系；会计账簿登记的基本方法与技术规范；对账和结账的内容与相应的技术。

通过本章的学习，了解我国企业的会计账簿体系；掌握总账、明细账和日记账登记的方法及技术规范；掌握账簿记录的核对方法与账簿记录误差的更正方法；熟悉结账的内容与方法；能够进行账簿的记录操作。

第一节 会计账簿概述

编制会计分录使得经济信息向会计信息的转变过程变得更加准确、便捷，同时，会计分录还有其独特的存在价值，即能够完整地反映各项经济交易与事项的来龙去脉，而这恰恰是随后进行的账户记录所难以做到的。但是，从会计信息的角度看，会计分录所显示的会计信息过于分散而缺乏条理性或系统性。比如，会计分录虽然记录了某项经济交易引起的库存现金的增加或减少，但却无法反映特定期间库存现金增减变动的总体情况。即会计分录能够反映某一项特定经济交易所引起的会计要素的具体项目的金额变化，却无法反映某一会计要素的具体项目在特定期间的增减变化过程和结果，而后者则恰恰是会计信息使用者在了解企业财务状况、经营成果和现金流量时所要关注的首要问题。例如，会计信息使用者一般只会对企业期末结存的固定资产价值感兴趣，而很少会去深究当初固定资产是现购的还是赊购的；再如，企业内部管理人员一般都会非常关注企业现金资产在本期的收入、支出与结余的整体情况，因为这将有助于加强对现金的管理和控制。

因此，通过账户记录来系统反映各个会计要素的具体项目在特定期间的增减变动及结果，便构成了会计记录工作的重要组成部分，而该项工作则是以会计分录的记录结果为基础进行的。由此，会计记录的基本程序的第二步便是根据已经编制的会计分录登记相关会计账户，即"过账"(posting)。作为会计记录的核心内容，账户记录可以提供关于各个会计要素的具体内容的分类信息，从而为编制财务报表并向信息使用者传递会计信息奠定基础。

一、会计账簿的概念

作为会计账户在实务工作中的具体形态，会计账簿是以会计凭证为依据，连续、系统、分类地记录各种经济业务的簿籍，其由若干张具有特定格式的账页组成，账页的格式实际上是账户结构的具体体现。一张或若干张账页用来记录某一会计要素的具体项目的增减变化及结存金额，由此形成一个会计账户，会计账簿便是由多个会计账户所形成的"集合"。账簿记录提供的有关经济项目的分类信息，是企业编制财务报表的基础。

二、会计账簿体系

为了满足企业各类利益相关者的信息需求，我国现行会计规范规定，各单位应当按照国家统一会计制度的规定和会计业务的需要设置会计账簿，会计账簿包括总账簿、明细账簿、日记账簿和其他辅助性账簿。

总账簿和明细账簿属于分类账簿，强调按企业经济业务所涉及的经济项目的类别进行分类记录。基于各类会计信息使用者对于会计信息的详略程度要求的差异性，分类账簿包括总分类账簿（简称"总账"）和明细分类账簿（简称"明细账"）。总账是由总分类账户组成的账簿，用以全面提供关于各个会计要素及其具体项目增减变动的系统化信息，这些信息是编制财务报表所需的基础。任何进行会计核算的企业，均需设置完整的总账体系，以便其能够反映企业各类经济业务的全貌。因此，总账是企业最重要的会计账簿，在整个账簿体系中居于核心地位。明细账主要是为了满足企业内部财产与财务管理等的特殊需要而设立的，其提供的信息是对总账所提供信息的一种补充或详细说明。明细账的设置与否取决于企业内部经营管理的需要。例如，企业若对三家企业赊销商品，针对其由此形成的收款权利，可在设置"应收账款"总账的基础上，按照赊购企业的名称分设三个"应收账款"明细账，以分别反映赊销企业对各家赊购企业的债权金额；若该企业只对一家企业赊销商品，则往往没有必要单设"应收账款"明细账，因为"应收账款"总账在此情况下已能反映赊销企业对该唯一赊购企业的债权。

日记账簿（简称日记账）属于序时账，强调按经济业务发生的时间的先后顺序进行记录。日记账分为普通日记账和特种日记账。普通日记账是针对各项经济业务所编的会计分录，按照经济业务发生的先后顺序依次填列，由于已使用记账凭证作为会计分录的载体，因此我国企业在一般情况下未再单设普通日记账记录经济业务。为了加强对流动性较强的库存现金和银行存款的日常管理，预防舞弊行为的发生，我国企业一般都设立两种特种日记账即现金日记账和银行存款日记账，用以逐日逐笔记录影响现金、银行存款发生变动的收款与付款业务。

总账和明细账均由会计人员登记，日记账则通常由出纳人员登记。总账是对明细账的综合，而明细账则是对总账的具体化，两类账簿记录之间形成相互对照、相互牵制的关系。由于总账和日记账的登记人员不同，因此这两类账簿之间也会形成相互牵制的关系并有助于保证账户记录的准确性。

我国企业的会计账簿体系如图6-1所示。

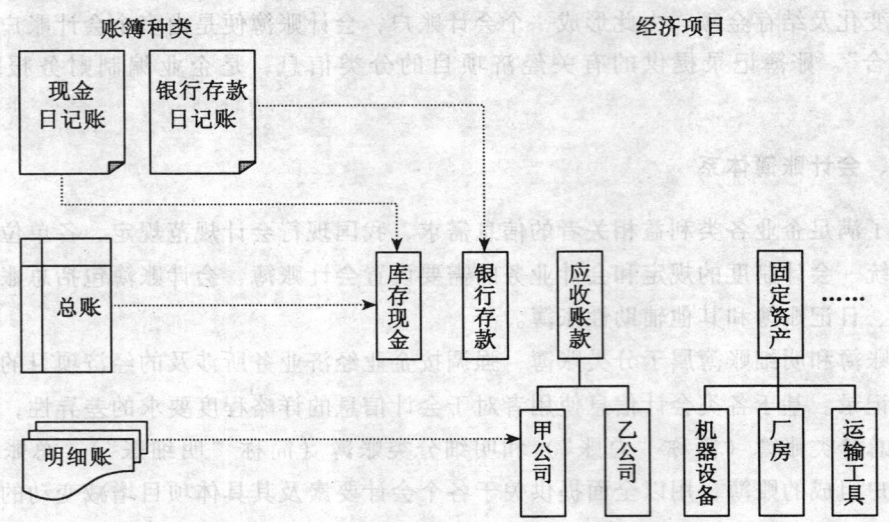

图 6-1 我国企业会计账簿体系结构图

第二节 会计账簿的登记

一、会计账簿登记的基本方法

我国现行会计规范规定，企业会计人员应当根据审核无误的会计凭证登记会计账簿，其中，记账凭证是主要的登账依据，而由于某些会计账簿（如数量金额式明细账）需要提供数量信息，因此原始凭证有时也成为会计账簿的登记依据。

（一）总账的登记

在会计账簿体系中居于核心地位的总账，其外表形式通常采用订本式，而账页格式则采用三栏式，即"借方"、"贷方"、"余额"三栏。总账的登记方式有两种：（1）根据记账凭证直接在总分类账中逐项记录所发生的经济业务；（2）先定期（如10天、15天等）对所发生的经济业务进行汇总，并以此编制汇总记账凭证，然后再将汇总结果记入总账。根据记账凭证（包括收款凭证、付款凭证和转账凭证）直接登记总账，是总账登记的基本方法。

【例6-1】续例5-24，将经济业务记入总账的过程如图6-2所示。

（二）明细账的登记

明细账是根据企业内部经营管理的需要，对某一总账的内容进行细分而设立的账户。例如，企业对其在赊销商品过程中形成的"应收账款"，可按赊购单位的名称设立"甲公司"、"乙公司"、"丙公司"等明细账；"固定资产"总账可按其具体种类设置"机器设备"、"建筑物"、"运输工具"等明细账。明细账提供的信息是对相关总账所做的进一步详细说明，以满足经营管理的特定需求。

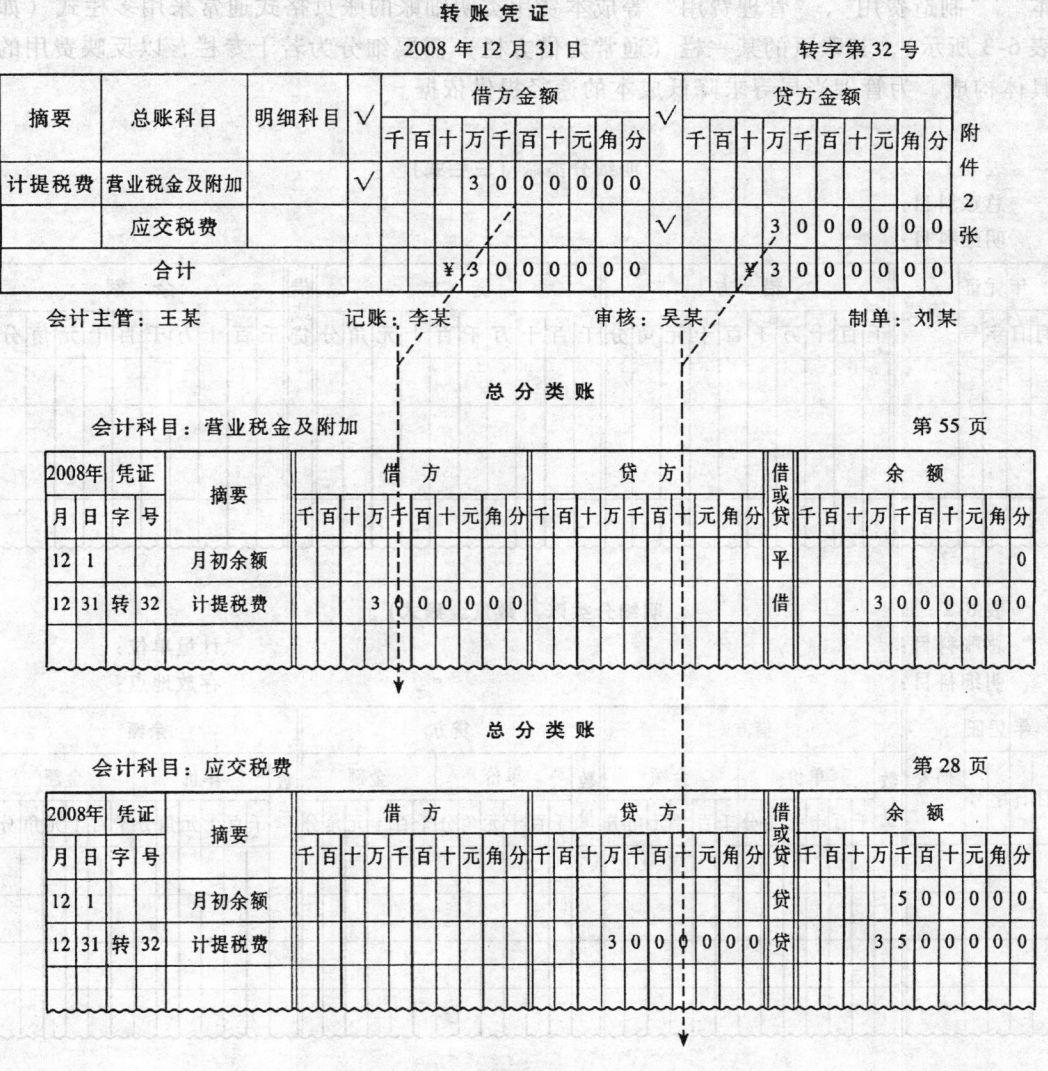

图 6-2 总账的登记程序图

为了便于分工记账，明细账簿通常采用活页式。根据会计信息使用者对各种会计要素的具体内容的不同信息需求，其账页有三种格式，即"三栏式"、"数量金额栏式"和"多栏式"。三栏式账页（如表 6-1 所示）设置了"借方"、"贷方"和"余额"三栏，体现了账户的基本结构，是账页的基本格式，其他格式的账页均是在三栏式账页格式的基础上演变而来。企业的债权债务如"应收账款"、"应付账款"等明细账、所有者权益如"实收资本（或股本）"、"资本公积"等明细账的账页格式通常采用三栏式。而"原材料"、"库存商品"、"周转材料"等存货类明细账的账页格式则通常采用数量金额式（如表 6-2 所示），在"借方"、"贷方"、"余额"三栏下均设置"数量"栏和"金额"栏，同时使用货币量度和实物量度来记录会计要素的具体内容。诸如"生产成本"、"制造费用"、"管理费用"等成本费用类明细账的账页格式通常采用多栏式（如表 6-3 所示），其账页的某一栏（通常为借方栏）需要细分为若干专栏，以反映费用的具体构成，为管理当局寻求降低成本的途径提供依据。

表 6-1　　　　　　　　　　　　明细分类账（三栏式）
总账科目：
明细科目：

年		凭证字号	摘要	借方									贷方									借或贷	余额								
月	日			千	百	十	万	千	百	十	元	角	分	千	百	十	万	千	百	十	元	角	分		千	百	十	万	千	百	十	元	角	分

表 6-2　　　　　　　　　　　　明细分类账（数量金额式）
总账科目：　　　　　　　　　　　　　　　　　　　　　　　　　　　　计量单位：
明细科目：　　　　　　　　　　　　　　　　　　　　　　　　　　　　存放地点：

年		凭证字号	摘要	借方								贷方								余额							
月	日			数量	单价				金额				数量	单价				金额				数量	单价				金额			
					千	百	十	元	角	分	千	百	十	元	角	分		千	百	十	元	角	分	千	百	十	元	角	分		千	百	十	元	角	分	千	百	十	元	角	分

表 6-3　　　　　　　　　　　　明细分类账（多栏式）
总账科目：
明细科目：

年		凭证字号	摘要	借方																					合计						余额					
月	日			千	百	十	元	角	分	千	百	十	元	角	分	千	百	十	元	角	分	千	百	十	元	角	分	千	百	十	元	角	分

明细账根据标有明细科目的记账凭证并参考相关原始凭证（例如，从原始凭证中获取数量金额式明细账所需要的相关存货的"数量"信息）的内容进行登记，其具体登记方法与总账基本相同。由于总账与其所属明细账是对同一会计对象的具体内容分别作的总括记录和详细记录，因此，总账与其所属明细账之间应遵循"平行登记"原则，相互联系地加以记录。所谓平行登记，即若对某一会计要素的具体内容同时设置了总账和明细账，则当某项经济业务引起该会计要素的具体内容发生金额变动时，应依据同一会计凭证登记相关总账和明细账，登记总账与明细账时的记账方向相同，且记入金额相等。

（三）日记账的登记

为加强对容易出现舞弊现象的货币资金的管理，我国企业一般设置了现金日记账和银行存款日记账等特种日记账。它们按时间顺序逐笔记录了有关经济业务所引起的库存现金或银行存款的增减变动金额。

现金日记账和银行存款日记账的外表形式通常采用订本式，而其账页格式则一般采用三栏式，如表6-4、表6-5所示。

表6-4　　　　　　　　　　　　　现金日记账　　　　　　　　　　　　第　　页

年		凭证字号	摘要	借方										贷方										余额									
月	日			千	百	十	万	千	百	十	元	角	分	千	百	十	万	千	百	十	元	角	分	千	百	十	万	千	百	十	元	角	分

表6-5　　　　　　　　　　　　　银行存款日记账　　　　　　　　　　第　　页

年		凭证字号	支票种类	号数	摘要	借方									贷方									余额								
月	日					百	十	万	千	百	十	元	角	分	百	十	万	千	百	十	元	角	分	百	十	万	千	百	十	元	角	分

现金日记账用来序时、逐项记录库存现金的增加和减少金额，因此，它根据现金收款凭证和现金付款凭证登记；而从银行提取现金的经济业务，则根据银行存款付款凭证记入现金日记账（"借方"栏）。同样，银行存款日记账用来序时、逐项记录银行存款的增减变动金额，因此，它根据银行存款收款凭证和银行存款付款凭证登记；而对于将现金存入银行的经济业务，则根据现金付款凭证记入银行存款日记账（"借方"栏）。

【例6-2】续例5-8，将经济业务记入相关账户的过程如图6-3所示。

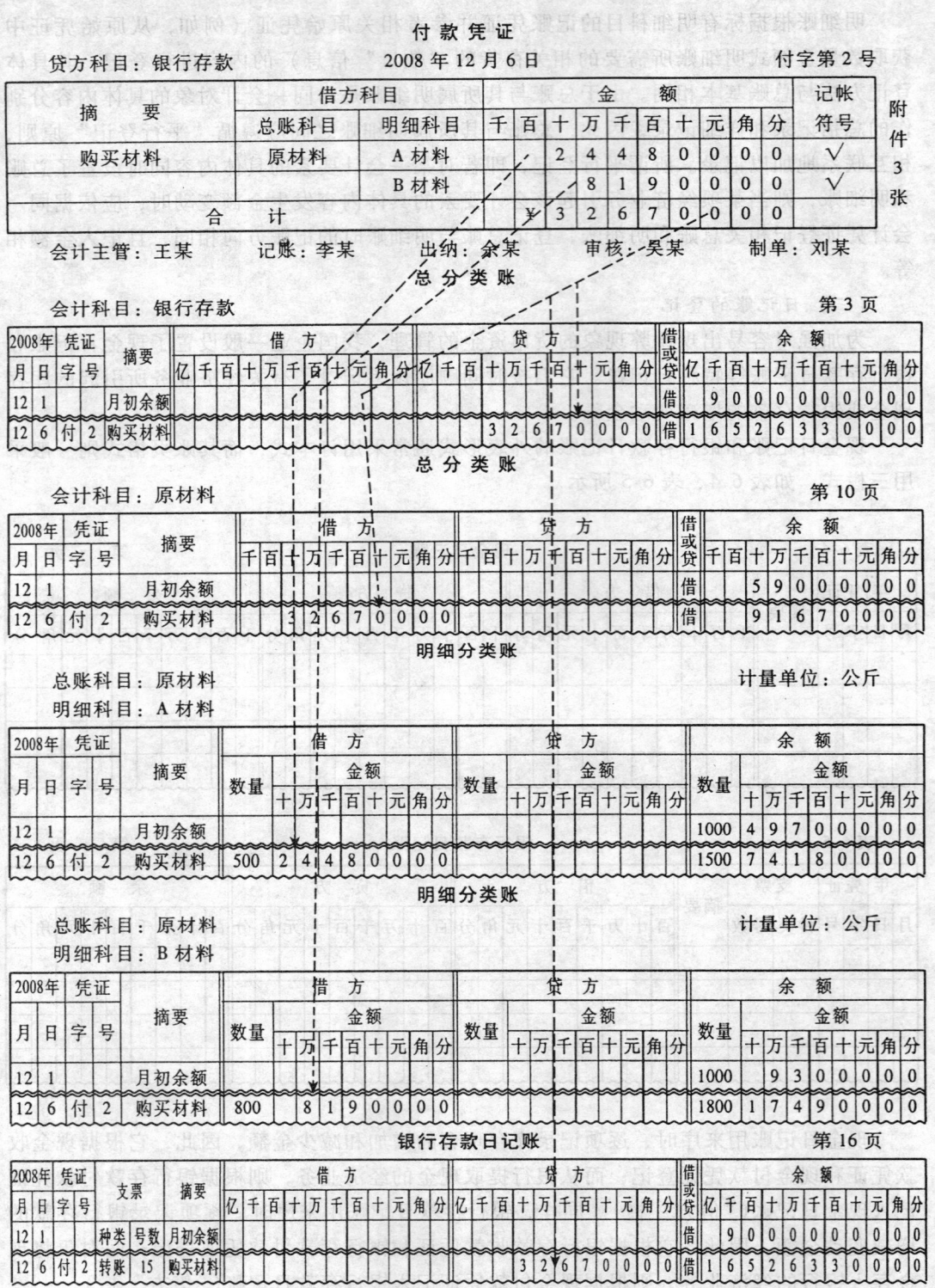

图6-3 总账、明细账和日记账的登记程序图

二、会计账簿登记的技术规范

为了保证账簿登记的规范性和准确性，我国现行会计规范对会计账簿的登记做了如下要求：

（一）凭证记账，随做符号

登记会计账簿时，应将会计凭证日期、编号、业务内容摘要、金额和其他有关资料逐项记入账内，即在记账凭证上记录该笔业务所实际记入的总账、明细账的账页数，而在账页上的"凭证种类"与"凭证号数"的相应栏目下，记录登记该笔账所依据的凭证号数，以便于互相钩稽与核查。登记完毕后，还要在记账凭证上签名或者盖章，表示该笔业务已经结束记账（过账）。

（二）字迹清楚，账面整洁

账簿登记要做到数字准确、摘要清楚、登记及时、字迹工整。在账页上严禁出现对不正确的记录采用挖、擦、刮、补以及使用褪色墨水进行更正的错误方式。依据凭证记账时，若出现错误，要按照规定的方法更正，并要注意保持原记录出现错误时的痕迹。

（三）数据书写，注意倾斜

账簿中书写的文字和数字上面要留有适当的空格，不要写满格，一般应占格距的1/2。数据书写时，要注意将倾斜度控制在15°~45°。

（四）主用蓝黑，慎用红墨

登记账簿要用蓝黑墨水或者碳素墨水书写，不得使用圆珠笔或者铅笔书写。红色墨水只是在错账更正、结账画线、列记负数余额、空行和空页的画销、在不设借贷等栏的多栏式账页中登记减少数等特殊情况下才可使用。

（五）顺序登记，不空行页

各种账簿按页次顺序连续登记、不得跳行和隔页。若因无意跳行后，应当在所空行中画双红线注销该行；若因无意隔页（特别是账页背面）后，应当在所空页面画交叉红线注销。或者在空行与空页处注明"此行空白"、"此页空白"字样，并由记账人员签名或者盖章。

（六）承上启下，日清月结

每一账页登记完毕结转下页时，应当结出本页借方发生额合计数、贷方发生额合计数及余额，并将金额分别写在本页最后一行和下页第一行有关栏内，并在本页最后一行摘要栏内注明"过次页"，在下页第一行摘要栏内注明"承前页"字样；也可以将本页合计数及金额只写在下页第一行有关栏内，并在摘要栏内注明"承前页"字样。需要结出每天、每月发生额与余额的账户，还应当在月末、年末结账时按照规定的要求结出其发生额与余额。

第三节 会计账簿的核对与结算

一、对账

账户记录是财务报表的编制依据，为了保证财务报表编制的准确性，我国现行会计规范要求，企业应当定期对会计账簿记录的有关数字与库存实物、货币资金、有价证券、往来单位或者个人等进行核对，保证账证相符、账账相符、账实相符。对账工作每年至少进行一次。

（一）账簿记录的核对

1. 账证核对

账簿记录中的数据来源于记账凭证及其所附的原始凭证，因此，定期将账簿记录与相关会计凭证进行核对，有助于发现过账中可能存在的错误。对于所发现的记账错误，应根据错账的具体情况采取相应的措施予以更正，以确保账证相符。一般来讲，账证核对包括以下内容：总账与相关的记账凭证相互核对；明细账与相关的记账凭证及所附的原始凭证相互核对；现金、银行存款日记账与相关的收、付款凭证相互核对。在进行账证核对时，应逐项检查账簿记录和会计凭证在所记账户名称、记账方向、记账金额以及凭证字号等方面是否一致。在核对方法上，账证核对既可以采用全面检查的方法（即逐项对每项经济业务的账簿记录进行检查），也可以采用抽查的方法（即随机选取部分经济业务的账簿记录进行检查）；既可以采用顺查法（即根据记账凭证检查账簿记录的正误），也可以采用逆查法（即根据账簿记录检查作为记账依据的会计凭证的正误）。

2. 账账核对

为满足会计信息使用者的要求，企业建立了以总账为主体的账簿体系。会计期末，企业应当根据账簿之间的关联关系检查账簿记录的正确性。账账核对包括总账本身的核对和总账与明细账、日记账之间的核对。

（1）总账与总账的核对

作为企业会计核算的核心账簿，完整的总账体系应能涵盖企业各项经济业务的所有方面。针对每一项经济业务，都必须在两个或两个以上的总账中按照"有借必有贷，借贷必相等"的记账规则进行登记，由此使得某一特定会计期间全部账户的本期借方发生额合计数必然等于其本期贷方发生额合计数。依据试算平衡原理，可通过编制试算平衡表（见表6-6）对总账记录的准确性进行检验。

表6-6　　　　　　　　　　　某公司试算平衡表
2008年12月31日　　　　　　　　　　　　　　　　单位：元

总分类账户	期初余额		本期发生额		期末余额	
	借方	贷方	借方	贷方	借方	贷方
库存现金	112 600				112 600	
银行存款	90 000 000		83 810 000	4 646 225	169 163 775	
交易性金融资产			3 700 000	3 700 000		
应收账款	1 260 000		1 040 000	800 000	1 500 000	
预付账款	2 002 400			2 000 200	2 200	
其他应收款			1 800		1 800	
在途物资			500 000	500 000		

续表

总分类账户	期初余额		本期发生额		期末余额	
	借方	贷方	借方	贷方	借方	贷方
原材料	590 000		826 700	1 130 950	285 750	
库存商品	1 170 000		2 430 000	2 700 000	900 000	
固定资产	186 000 000		3 900 000		189 900 000	
累计折旧		71 000 000		644 000		71 644 000
无形资产			210 000		210 000	
短期借款				600 000		600 000
应付票据				490 000		490 000
应付账款		300 000	300 000	1 600 000		1 600 000
预收账款		335 000	335 000			
应付职工薪酬		120 000		816 000		936 000
应交税费		5 000		628 588		633 588
应付利息				2250		2250
应付股利				1 000 000		1 000 000
股本		160 000 000		20 000 000		180 000 000
资本公积		30 000 000		55 000 000		85 000 000
盈余公积		9 400 000		1 138 728.6		10 538 728.6
本年利润		2 000 000	7 386 800	5 386 800		
利润分配		8 014 525	4 277 457.2	5 934 490.6		9 671 558.4
生产成本	39 525		2 430 475	2 430 000	40 000	
制造费用			680 000	680 000		
主营业务收入			4 160 000	4 160 000		
其他业务收入			126 800	126 800		
投资收益			800 000	800 000		
营业外收入			300 000	300 000		
主营业务成本			2 700 000	2 700 000		
其他业务成本			100 000	100 000		
营业税金及附加			30 000	30 000		
销售费用			40 000	40 000		
管理费用			50 200	50 200		
财务费用			2 250	2 250		
营业外支出			70 000	70 000		
所得税费用			598 588	598 588		
合计	281 174 525	281 174 525	120 806 070.2	120 806 070.2	362 116 125	362 116 125

试算平衡表在我国也称为"总分类账户本期发生额和余额对照表"。沿用例 5-4 至例 5-41 的相关数据，表 6-6 列示了 2008 年 12 月某公司各总账的月初余额、本月发生额和月末余额。利用试算平衡表检查总账记录的准确性时，需进行三组数据的平衡性检验，即全部账户期初借方余额合计数是否等于全部账户期初贷方余额合计数；全部账户本期借方发生额合计数是否等于全部账户本期贷方发生额合计数；全部账户期末借方余额合计数是否等于全部账户期末贷方余额合计数。若三组数据中有一组数据不存在平衡关系，则说明本期总账记录存在错误。但应注意的是，即使三组数据的平衡性检验全部通过，也不能得出总账记录是正确的结论，因为诸如重记或漏记经济业务、误用会计科目、借贷方账户出现等额误差等错误，并不影响借贷方发生额（或余额）合计数的平衡关系，对于该类错误，应通过特定的错账查找方法予以进一步查明。

（2）总账与明细账的核对

根据总账与明细账的"平行登记"原理，总账的期初（末）余额与其下属各明细账期初（末）余额合计数相等；总账的本期借（贷）方发生额总额等于其下属各明细账本期借（贷）方发生额的合计数。依据该数据钩稽关系可进行总账与明细账的核对：首先，编制"明细账记录汇总表"（或称"明细账发生额与余额明细表"），再将其与总账的本期发生额与期末余额进行核对，验证其是否一致。

例如，沿用例 5-4 至例 5-41 的相关数据，对"应收账款"的总账和明细账进行核对，如图 6-4 所示。

某公司"应收账款"明细账发生额及余额表

2008 年 12 月 31 日   单位：元

明细账户	期初余额	本期发生额		期末余额
		借方	贷方	
	金额	金额	金额	金额
丙公司	1 000 000	400 000	800 000	600 000
丁公司	260 000	640 000		900 000
合计	1 260 000	1 040 000	800 000	1 500 000

总分类账

会计科目：应收账款   第 10 页

2008年		凭证字号	摘要	借方	贷方	借或贷	余额
月	日			千百十万千百十元角分	千百十万千百十元角分		千百十万千百十元角分
12	1		月初余额			借	1 2 6 0 0 0 0 0 0
12	31		月末结账	1 0 4 0 0 0 0 0 0	8 0 0 0 0 0 0 0	借	1 5 0 0 0 0 0 0 0

图 6-4 总账与明细账的核对图

（3）总账与日记账的核对

总账和日记账分别由会计人员和出纳人员登记，定期将这两类由不同人员登记的账簿进行核对，可以形成相互牵制的作用。核对时，将现金或银行存款日记账中计算出的本期发生额及期末余额分别与"库存现金"、"银行存款"总账的相应记录予以对比，以确定两类账簿的金额是否相符，如图6-5所示。

总分类账

会计科目：银行存款   第3页

2008年		凭证字号	摘要	借方	贷方	借或贷	余额
月	日			亿千百十万千百十元角分	亿千百十万千百十元角分		亿千百十万千百十元角分
12	1		月初余额			借	9 0 0 0 0 0 0 0 0 0
12	31		月末结账	8 3 8 1 0 0 0 0 0 0	4 6 4 6 2 2 5 0 0	借	1 6 9 1 6 3 7 7 5 0 0

银行存款日记账

                                                                              第16页

2008年		凭证字号	支票		摘要	借方	贷方	借或贷	余额
月	日		种类	号数		亿千百十万千百十元角分	亿千百十万千百十元角分		亿千百十万千百十元角分
12	1				月初余额			借	9 0 0 0 0 0 0 0 0 0
12	31				月末结账	8 3 8 1 0 0 0 0 0 0	4 6 4 6 2 2 5 0 0	借	1 6 9 1 6 3 7 7 5 0 0

图6-5 总账与日记账的核对图

3. 账实核对

账证相符和账账相符的检验结果并不能完全保证账户记录的准确性，例如，记账凭证未能反映经济业务的真实情况，或者因为保管不善造成商品数量发生了账簿记录未能反映的变化，都会使账簿记录无法反映企业相关财产物资的实际状况。因此，为确保会计信息的真实可靠，企业应定期对有关财产物资进行清理检查，并做到账实相符。

账实核对通常是结合企业的财产清查工作进行的，由于财产物资的内容不同、特征各异，针对不同的财产物资应采用不同的清查方法。

（1）对库存现金的清查，应采用实地盘点法，即每日将现金日记账的账面余额与库存现金的实际存量进行核对。核对时应注意是否存在"白条抵库"（即将未经批准的借条、收据等充抵现金）的现象。同时，还要对出纳经管的各种有价证券进行盘查与清点核对。

（2）对银行存款的清查，应采用与银行核对账目的方法。即将企业的银行存款日记账与银行定期发出的对账单逐笔进行核对，检查两者是否相符。

（3）对原材料、存货、固定资产等具有实物形态的资产，通常采用实地盘点法对其进行清查。在清查过程中，除了检查账存数与实存数是否相等外，还要检查相关实物资产的完好性以及是否存在变质、毁损的情况。

（4）对债权、债务等往来账项的清查，应采取同对方单位核对账目的方法。具体做法就是定期编制对账单（函证），并送交对方进行核对。

在财产清查过程中，对于查证、核实的财产物资的实存数量以及盘盈、盘亏情况，应及时填写有关原始表格或单据，如"财产盘存单"、"账存实存对比表"等。在账实不符而需要调整有关账户记录时，这些原始表格或单据，就是会计记录的原始凭证。

（二）账簿记录误差的更正

在对账过程中，若发现账证不符、试算不平衡、账实不符等情况，则意味着账簿记录程序出现了误差。① 我国现行会计规范规定，账簿记录发生错误时，不准涂改、挖补、刮擦或者用药水消除字迹，不准重新抄写。此时，应对原账簿记录进行调整，以使其反映企业的真实状况。

对账簿记录误差的更正取决于产生错账的具体原因，根据账簿记录产生误差的环节，账簿记录误差可分为三种情况，并应采用不同的更正方法。

1. 原始凭证的非如实反映所导致的账簿记录误差

该种情况是指某种原因致使原始凭证未能反映相关财产物资的真实情况，从而导致随后的记账凭证和会计账簿均未能实现如实反映。例如，企业购买原材料并从销售方取得销售发票一张，若该原始凭证的填制与传递均符合相关规定并如实反映了购料业务的具体内容，则该原始凭证及据此形成的账簿记录就准确反映了原材料的真实价值。但若此后在财产清查过程中发现原材料由于保管不善、自然损耗、自然灾害等原因发生耗蚀或毁损，则表明原凭证与账簿记录已不能反映原材料的现时状况。此时，需根据相关财产物资的变化情况以及由此填制的新的原始凭证（如"盘存单"、"盘盈盘亏报告单"等），做出新的凭证记录和账簿记录，该最新会计记录结合原有会计记录，便能正确反映相关财产物资的实际结存状况。

若相关财产物资由于某种原因发生了后续减少变化，则会使其实存数小于账存数，即盘亏；若相关财产物资发生了后续增加变化，则会使其实存数大于账存数，即盘盈。对于在财产清查过程中发现的盘盈与盘亏，其账务处理分为两步：（1）发现盘盈或盘亏时，调增或调减相关财产物资的账面余额，同时将暂未对其形成处理意见的盘盈或盘亏金额记入"待处理财产损溢"账户；（2）在企业有关部门对盘盈或盘亏做出处理结论时，一方面注销原记入"待处理财产损溢"账户的金额，另一方面记录该处理结论对相关资产、负债、收入或费用等的影响。

【例6-3】某公司在2008年12月29日的财产清查中发现，B材料短缺20公斤，价值1 860元。12月31日，经调查认定，盘亏的原材料属于自然损耗，有关部门将其列做管理费用。

（1）12月29日，发现材料盘亏时，其会计分录为：

---

① 此处所指的"误差"，不包括在编制试算平衡表时发生的抄写和计算错误，而仅指某些凭证记录和账簿记录不能反映企业的真实状况，以下有关会计记录调整的阐述均以此为限。

借：待处理财产损溢　　　　　　　　　　　　　　　　　1 860
　　贷：原材料——B 材料　　　　　　　　　　　　　　　　1 860
（2）12 月 31 日，形成处理结论时，其会计分录为：
借：管理费用　　　　　　　　　　　　　　　　　　　　1 860
　　贷：待处理财产损溢　　　　　　　　　　　　　　　　1 860

【例 6-4】某公司在 2008 年 12 月 30 日的财产清查中发现现金溢余 300 元。12 月 31 日，经调查认定，该款项属于应归还给职工张某的押金。

（1）12 月 30 日，发现现金盘盈时，其会计分录为：
借：库存现金　　　　　　　　　　　　　　　　　　　　300
　　贷：待处理财产损溢　　　　　　　　　　　　　　　　300
（2）12 月 31 日，形成处理结论时，其会计分录为：
借：待处理财产损溢　　　　　　　　　　　　　　　　　300
　　贷：其他应付款——张某　　　　　　　　　　　　　　300

2. 记账凭证的非如实反映所导致的账簿记录误差

该种情况是指原始凭证如实反映了相关财产物资的真实情况，但记账凭证的编制发生错误，从而导致账簿记录的误差。它包括记账凭证的借贷方账户名称错误所导致的错账和记账凭证金额错误所导致的错账。

（1）记账凭证中的借贷方账户名称错误（不论金额是否错误）所导致的错账。针对该类错账，应采用"红字更正法"予以更正。其具体方法是：先用红字金额（在会计上，用红字表示冲销）填制一张与原错误的记账凭证内容完全相同的记账凭证，并据以用红字登记入账，以冲销原错误的凭证记录与账簿记录。然后再以蓝字填制一张正确的记账凭证，并据以用蓝字登记入账。

【例 6-5】2008 年 12 月 31 日，会计师刘某检查发现，12 月 12 日生产车间一般性耗用 B 材料 20 475 元的经济业务，据其编制的记账凭证为"借记生产成本（乙产品）20 475 元，贷记原材料（B 材料）20 475 元"，并据以登记入账。

上述会计记录中，借方账户使用错误，更正该错账的步骤如下：

首先，用红字填制一张与原错误的记账凭证内容完全相同的记账凭证，并据以用红字登记入账（如图 6-6 所示），由此冲销原错误的凭证记录与账簿记录。

然后，用蓝字填制正确的记账凭证，并据以用蓝字登记入账（如图 6-7 所示），由此形成正确的凭证记录与账簿记录。

（2）记账凭证中的借贷方账户名称正确，但所记金额错误，从而导致错账。根据金额错误的情况，可分为两种类型：

第一，所记金额大于应记的正确金额。针对该类错账，应采用"红字更正法"予以更正。其具体方法是：将多记的金额用红字填制一张与原错误的记账凭证所记载的借贷方账户名称相同的记账凭证，并据以用红字登记入账，以冲销多记的金额。

【例 6-6】2008 年 12 月 31 日，会计师刘某检查发现，12 月 3 日从丙公司收回上月赊销款 800 000 元的经济业务，据其编制的记账凭证为"借记银行存款 8 000 000 元，贷记应收账款（丙公司）8 000 000 元"，并据以登记入账。

会计学基础

转 账 凭 证

2008年12月31日　　　　　　　　　　　　　　　　　　　　转字第162号

摘　要	会计科目		借方金额	贷方金额	√	附件
	总账科目	明细账科目				
更正错账	生产成本	乙产品	(20 475)①		√	
	原材料	B材料		(20 475)	√	张
合　计			(20 475)	(20 475)		

会计主管：王某　　　　记账：郝某　　　　审核：刘某　　　　审核：胡某

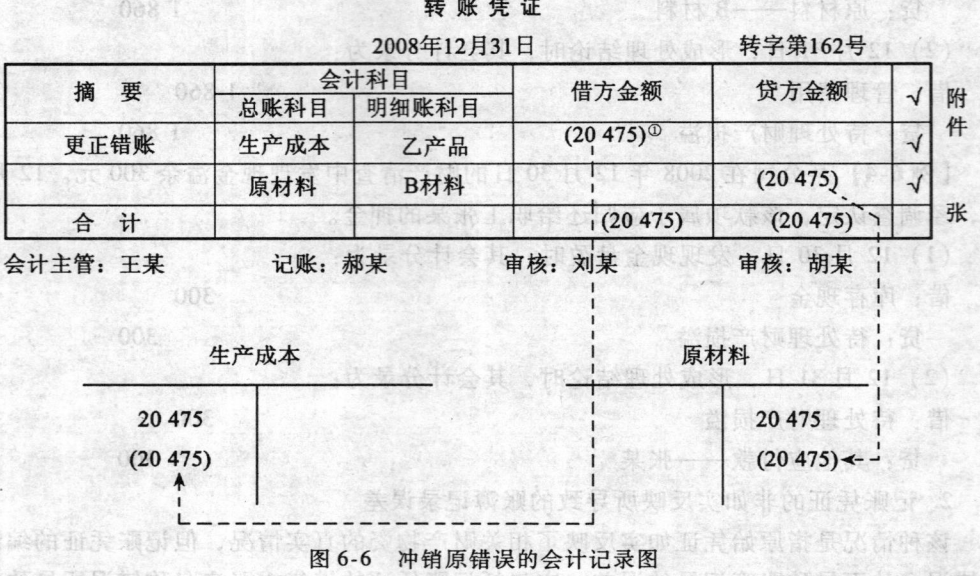

图6-6　冲销原错误的会计记录图

转 账 凭 证

2008年12月31日　　　　　　　　　　　　　　　　　　　　转字第163号

摘　要	会计科目		借方金额	贷方金额	√	附件
	总账科目	明细账科目				
更正错账	制造费用		20 475		√	
	原材料	B材料		20 475	√	张
合　计			20 475	20 475		

会计主管：王某　　　　记账：郝某　　　　审核：刘某　　　　审核：胡某

图6-7　更正会计记录图

上述会计记录中，借贷方会计账户均正确，金额被多记7 200 000元，为更正该错账，将多记的金额7 200 000元以红字编制记账凭证，该凭证中，借贷方会计账户与原错误的记账凭证相同。然后再据以用红字登记入账（如图6-8所示）。

---

① 此处以加括号的数字表示红字，下同。

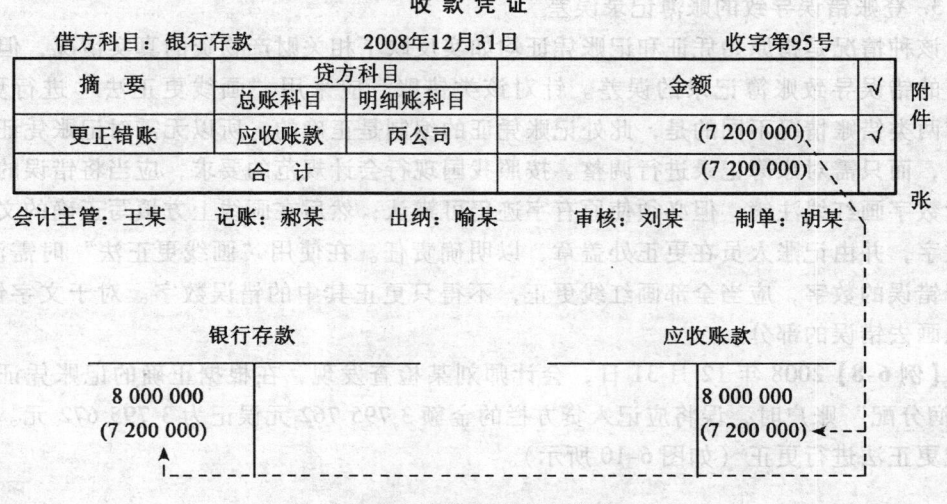

图 6-8 冲销多记的金额图

第二,所记金额小于应记的正确金额。针对该类错账,应采用"补充登记法"予以更正。其具体方法是:将少记的金额用蓝字填制一张与原错误的记账凭证所记载的借贷方账户名称相同的记账凭证,并据以用蓝字登记入账,以补充记载少记的金额。

【例 6-7】2008 年 12 月 31 日,会计师刘某检查发现,12 月 9 日以银行存款 210 000 元购入专利技术的经济业务,据其编制的记账凭证为"借记无形资产 21 000 元,贷记银行存款 21 000 元",并据以登记入账。

上述会计分录中,借贷方会计账户均正确,金额被少记 189 000 元,为更正该错账,将少记的金额 189 000 元以蓝字编制记账凭证,该凭证中,借贷方会计账户与原错误记账凭证相同。然后再据以用蓝字登记入账(如图 6-9 所示)。

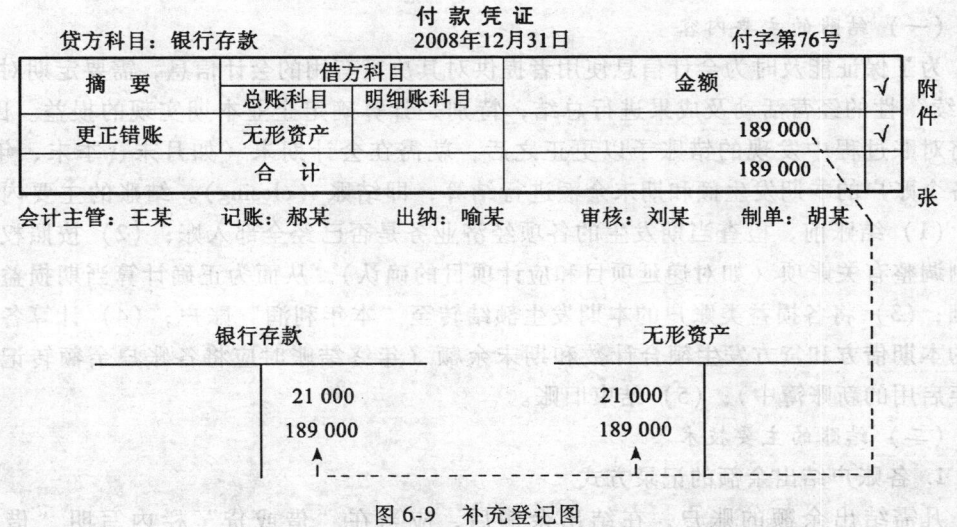

图 6-9 补充登记图

3. 登账错误导致的账簿记录误差

该种情况是指原始凭证和记账凭证均如实反映了相关财产物资的真实情况,但登账环节的错误导致账簿记录的误差。针对该类错账,应采用"画线更正法"进行更正。与前两类错账情况不同的是,此处记账凭证的编制是正确的,所以无需对记账凭证进行更正,而只需对账簿记录进行调整。按照我国现行会计规范的要求,应当将错误的文字或者数字画红线注销,但必须使原有字迹仍可辨认;然后在画线上方填写正确的文字或者数字,并由记账人员在更正处盖章,以明确责任。在使用"画线更正法"时需注意:对于错误的数字,应当全部画红线更正,不得只更正其中的错误数字。对于文字错误,可只画去错误的部分。

【例6-8】2008年12月31日,会计师刘某检查发现,在根据正确的记账凭证登记"利润分配"账户时,误将应记入贷方栏的金额 3 795 762 元误记为 3 795 672 元。采用画线更正法进行更正(如图6-10所示)。

总分类账

会计科目:应收账款　　　　　　　　　　　　　　　　　　　　　　第8页

2008年		凭证		摘　要	借　方	贷　方	借或贷	余额
月	日	字	号					
12	1			月初余额			借	8 014 525
12	31	转	182	结转本年利润	刘某	3 795 762 -3 795 672-	借	刘某 11 810 287 11 810 197

图 6-10　画线更正会计记录图

二、结账

(一)结账的主要内容

为了保证能及时为会计信息使用者提供对其决策有用的会计信息,需要定期对企业"持续"性的经营活动及成果进行总结,特别是计算确定企业本期实现的损益。因此,在将对账过程中发现的错账予以更正之后,就需在会计期末(如月末、季末、年末)对各个账户的本期发生额和期末余额进行结算,即结账(closing)。结账的主要内容包括:(1)结账前,检查当期发生的各项经济业务是否已经全部入账;(2)按照权责发生制调整有关账项(如对递延项目和应计项目的确认),从而为正确计算当期损益奠定基础;(3)将各损益类账户的本期发生额结转至"本年利润"账户;(4)计算各个账户的本期借方和贷方发生额合计数和期末余额(年终结账时应将各账户余额转记至下一年启用的新账簿中);(5)结束旧账。

(二)结账的主要技术

1. 各账户结出余额的记录方式

凡需结出余额的账户,在结出余额后,应当在"借或贷"栏内写明"借"或

"贷"字样。没有余额的账户,应当在"借或贷"等栏内写"平"字,并在"余额"栏内的元、角、分三栏用"-0-"表示,而不能仅用"0"表示。现金和银行存款日记账必须逐日逐笔结出余额,以便随时核对。

2. 账户的月结

凡是需要结出当月发生额的账户,应当在最后一笔账下摘要栏内注明"本月合计"字样,并在该行的借方与贷方栏分别结出本月借方发生额合计与本月贷方发生额合计,且在下面画通栏单红线;凡是需要结出本年累计发生额的账户,在各月结出当月的发生额与余额后,应当在"本月合计"行下的摘要栏内注明"本年累计"字样,并在该行的借方与贷方栏分别结出截至本月累计借方发生额合计与累计贷方发生额合计,并在下面再画一条通栏单红线。

3. 账户的年结

年度终了结账时,所有总账都应当结出全年发生额和年末余额。而12月末的"本年累计"就是全年累计发生额,应当在此行数据下面画通栏双红线(封账线)。①

4. 结束旧账

年度终了,应当把不同账簿下各账户的期末余额结转到下一会计年度的相同账簿、相同账户的相应方向,并在各账户"本年累计"行下摘要栏内注明"结转下年"字样;在下一会计年度新建的相同会计账簿、相同账户的第一行余额栏内填写上年结转的余额,并在新账户第一行摘要栏内注明"上年结转"字样。新旧账户之间余额的转录,属于账户间对转,不必编制记账凭证。

以某公司"原材料"总账为例,其全年各月份的月度结账和本年的年度结账程序如表6-7所示。

表6-7　　　　　　　　　总账账簿登记与结账表

科目:原材料　　　　　　　　　　　　　　　编号:1211　　第8页

2009年		记账凭证		摘要	借方								贷方								借或贷	余额								√
月	日	种类	号		十万	万	千	百	十	元	角	分	十万	万	千	百	十	元	角	分		十万	万	千	百	十	元	角	分	
1	1			上年结转																	借		3	9	0	0	0	0	0	
1	5	转	8	入库A材料		8	6	0	0	0	0	0																		

---

① 在每一账页月末结账时,在"本月合计"一行,是只在"借方"和"贷方"相应栏记本期借方发生额合计数和本期贷方发生额合计数,还是要在"余额"栏里也记上余额数,目前的《会计基础工作规范》中并未做出明确规定。因此,目前实务中有两种处理方式:第一种方式,是在"本月合计"行,只在"借方"和"贷方"相应栏记借方发生额合计数和贷方发生额合计数,而不在"余额"栏里记余额数,将余额数记入与本月最后一笔业务平行的"余额"栏内;第二种方式,是在"本月合计"行的相应栏目内,既记借方发生额合计数与贷方发生额合计数,也记余额数。

续表

2009年		记账凭证		摘要	借方 十万千百十元角分	贷方 十万千百十元角分	借或贷	余额 十万千百十元角分	√
月	日	种类	号						
1	22	转	23	入库C材料	4 0 0 0 0 0 0				
1	22	转	35	出库D材料		2 0 0 0 0 0 0			
1	31	转	42	生产耗A、B材料		9 5 0 0 0 0 0	借	5 0 0 0 0 0 0	
				本月合计	1 2 6 0 0 0 0 0	1 1 5 0 0 0 0 0			
2	1	转	3	入库A材料	2 0 0 0 0 0 0				
2	10	转	13	入库B材料	3 0 0 0 0 0 0				
2	28	转	36	生产耗材料		4 5 0 0 0 0 0	借	5 5 0 0 0 0 0	
				本月合计	5 0 0 0 0 0 0	4 5 0 0 0 0 0			
				本月止累计	1 7 6 0 0 0 0 0	1 6 0 0 0 0 0 0			
				过次页	1 7 6 0 0 0 0 0	1 6 0 0 0 0 0 0	借	5 5 0 0 0 0 0	
3	1			承前页	1 7 6 0 0 0 0 0	1 6 0 0 0 0 0 0	借	5 5 0 0 0 0 0	
3	2	转	14	入库材料	6 0 0 0 0 0 0				
				……					
				……			借	6 5 0 0 0 0 0	
				本月合计	8 0 0 0 0 0 0	7 0 0 0 0 0 0			
				本月止累计	2 5 6 0 0 0 0 0	2 3 0 0 0 0 0 0			
				……					
				……					
12	31			……			借	8 0 0 0 0 0 0	
				本月合计	1 0 0 0 0 0 0 0	8 0 0 0 0 0 0			
				本年累计	9 5 0 0 0 0 0 0	9 0 9 0 0 0 0 0			
				结转下年					

三、账簿的更换与保管

账簿是企业重要的档案，企业在会计年度开始的时候都要更换使用新的会计账簿，同时对旧账簿加以妥善保管。

（一）账簿的更换

一般来说，企业的总分类账、明细分类账及现金、银行存款日记账都应每年更换一次，只有少部分明细账不必每年更换，如固定资产明细账或固定资产卡片可以延续使用。与此同时，各会计账簿中相应账户的年末余额均要按照规定的要求与方法记入新年度启用的相应账簿内有关账户的期初余额中。

(二) 账簿的保管

账簿的保管与凭证的要求一样，都要按照规定的要求妥善保管。正在使用中的账簿，应当由经管账簿的有关会计人员直接管理并保证其安全与完整。每一会计期末，在将所有的旧账对账完毕后，需要将所有的活页账装订完毕、加具封面、由主管人员签字盖章并及时地将所有的订本账及活页账交由档案人员造册归档。归档时，应编制"会计账簿归档登记表"以明确责任。

会计账簿应有一定的保管期限，可根据其特点分为永久性保管和定期性保管两类。根据财政部和国家档案局于1998年8月21日发布并于1999年1月1日实施的《会计档案管理办法》的要求，会计账簿中，总账、明细账、一般日记账和辅助账簿的保管期限为15年，现金和银行存款日记账为25年，固定资产卡片在固定资产清理报废后保存5年，涉外和重大事项的会计账簿为永久保管。

【本章小结】

1. 会计账簿是以会计凭证为依据，连续、系统、分类地记录各种经济业务的簿籍；会计账簿的基本结构为名称、使用记录和具体格式。

2. 会计账簿按用途可分为分类账、日记账和辅助账，会计账簿按外表形式可分为订本式、活页式和卡片式账簿，会计账簿按账页格式可分三栏式、数量金额式和多栏式账簿；会计账簿的启用和登记有专门的技术规范。

3. 定期要对会计账簿进行核对，其内容为账证核对、账账核对和账实核对，账实核对的方法与技术方式因资产的存在形态不同而不同。

4. 账簿记录的误差有原始凭证的非如实反映所导致的误差、记账凭证的非如实反映所导致的误差和登账错误所导致的误差三类，不同误差需分别采用红字更正法、补充登记法和画线更正法予以更正。

5. 一定会计期末，要按照规定的技术要求，对各种账簿进行月结、年结与结旧转新；账簿的更换与保管要符合有关会计规范的要求。

思 考 题

1. 我国账簿体系的具体构成是什么？各账簿之间的关系是什么？
2. 总账有哪两种登记方式？
3. 什么是总账与明细账的"平行登记"？
4. 明细账的账页格式包括哪些？分别适用于什么账户？
5. 现金日记账和银行存款日记账的登账依据分别包括哪些？
6. 对账的内容包括哪些？总账与明细账的相互核对、总账与日记账的相互核对分别是依据什么原理？
7. 如何利用试算平衡表检查总账记录的准确性？
8. 试算平衡表是否能用于明细账的检验？
9. 不同的财产物资应分别采用怎样的清查方法？

10. 错账更正方法包括哪些？分别适用于哪些类型的错账？
11. 结账的内容包括什么？

练 习 题

【练习题 6-1】

（一）目的

掌握会计账簿的登记方法。

（二）资料

某公司 2009 年 3 月 1 日相关账户的余额如表 6-8 所示：

表 6-8　　　　　　　　　　　某公司账户余额表

2009 年 3 月 1 日　　　　　　　　　　　　　　　单位：元

总账			明细账		
账户	借方余额	贷方余额	账户	借方余额	贷方余额
库存现金	260 000				
银行存款	83 972 000				
应收账款	6 510 000		C 公司	3 240 000	
			D 公司	3 270 000	
原材料	220 000		A 材料	120 000	
			B 材料	100 000	
库存商品	740 000		甲产品	590 000	
			乙产品	150 000	
累计折旧		5 900 000			
预收账款		1 800 000	E 公司		700 000
			F 公司		1 100 000
应付职工薪酬		160 000			

注：因本期经济业务而发生金额变化的会计账户，若未在该表中列出其期初余额，则表明其期初余额为 0。

2009 年 3 月，该公司发生如下经济业务：

（1）2 日，以银行存款 600 000 元购买 A 材料。

（2）5 日，以银行存款支付上月职工薪酬 160 000 元。

（3）6 日，从 E 公司预收货款 200 000 元。

（4）7 日，从 D 公司处收回 2 月份的赊销商品款 2 950 000 元。

（5）10 日，生产甲产品耗用 A 材料 680 000 元，生产乙产品耗用 B 材料 92 000 元。

（6）11 日，向 E 公司发出售价为 900 000 元的甲产品，所售甲产品的成本为

570 000 元。

（7）15 日，将现金 100 000 元存入银行。

（8）31 日，分别计提本月生产部门、行政部门和销售部门的固定资产折旧 60 000 元、30 000 元和 20 000 元。

（9）31 日，分别计提本月产品生产人员、车间管理人员、行政管理人员和销售人员的职工薪酬 80 000 元、29 000 元、37 000 元和 21 000 元。

（三）要求

（1）根据上述经济业务编制记账凭证（假设该公司设置了收款凭证、付款凭证和转账凭证）。

（2）根据记账凭证，登记相关的总账、明细账和日记账（仅需登记因本期经济业务而导致金额发生变化的账户）。

【练习题 6-2】

（一）目的

掌握错账的更正方法。

（二）资料

某公司会计人员刘某在对账过程中发现如下几项账户记录误差：

（1）8 日，为生产乙产品耗用 B 材料 238 635 元，对此编制的会计分录为"借记生产成本（乙产品）238 365 元，贷记原材料（B 材料）238 365 元"，并已据以登账。

（2）15 日，以银行存款支付产品展览费 37 000 元，对此编制的会计分录为"借记管理费用 37 000 元，贷记银行存款 37 000 元"，并已据以登账。

（3）19 日，向甲公司预付原材料购货款 50 000 元，对此编制的会计分录为"借记预付账款（甲公司）500 000 元，贷记银行存款 500 000 元"，并已据以登账。

（4）27 日，以 986 560 元向乙公司赊销商品一批，据此在记账凭证中编制的会计分录准确，但在登记"主营业务收入"账户时，将金额写为 986 56 元。

（5）在月末财产清查中，发现 A 材料盘盈 580 元，此前，相关凭证和账簿记录均未反映这一情况。经批准，以该盘盈材料的金额冲减"管理费用"。

（三）要求

对上述账户记录误差进行更正。

第七章 会计报告

【学习目标】

本章主要阐述财务会计报告的概念与构成,财务会计报告的表述与报表列报;企业基本会计报表的概念、作用、内容、结构与编制方法;财务会计报告分析的基本方法以及基本分析指标。

通过本章的学习,理解财务会计报告的作用、构成、表述与报表列报要求;掌握资产负债表、利润表和现金流量表的内容与结构;熟悉资产负债表和利润表的编制方法;了解财务会计报告分析的主体、分析目的和基本方法;了解企业盈利能力、偿债能力和营运能力分析的内涵与内容,领会相关财务分析指标的内涵及其计算公式。

第一节 财务会计报告概述

一、财务会计报告的内涵

在企业日常的会计核算中,企业所发生的各项经济业务都已按照一定的会计程序在有关的账簿中进行了全面、连续、分类、汇总的计算和记录。但这些日常核算资料数量多且过于分散,不能集中、概括地反映企业的财务状况和经营成果。企业的投资者、债权人、政府部门以及其他与企业有利害关系的单位和个人,不能直接使用这些分散的会计记录来分析评价企业的财务状况和经营成果,并据以做出正确的决策。为此,有必要定期将日常会计核算资料进行分类汇总,并通过一定的方式来总括、综合地反映企业经济活动的过程和结果,为有关各方提供决策和管理所需的信息。因此,财务会计报告是指企业对外提供的反映企业某一特定日期的财务状况和某一会计期间的经营成果、现金流量等会计信息的文件。

二、财务会计报告的作用

(一) 财务会计报告的一般作用

会计信息系统要向企业的利益相关者提供企业的会计信息,而财务会计报告正是会计信息系统对外输出的结果,因此,它必须满足企业各利益相关者(包括投资者、债权人、政府有关部门以及社会公众等)的信息需求,为社会资源的合理配置提供所需的会计信息,反映管理层受托责任的履行情况,并有助于财务会计报告使用者做出合理的经济决策。

(二) 财务会计报告的具体作用

对于不同的利益相关者而言，财务会计报告的具体作用也不尽相同，主要表现在以下几个方面。

1. 财务会计报告对投资者和债权人的作用

从投资行为的角度看，投资者主要关心其投资风险与投资报酬，因此，要通过了解企业的获利能力、股利支付能力、未来现金流量等情况来判断投资风险与投资报酬；而企业的债权人主要关心其债权本金及利息能否按期得到偿还和支付，要通过了解企业的偿债能力、利息支付能力等来判断其债权的受偿程度。财务会计报告可以向投资者和债权人提供他们所关心的信息，进而有助于投资者和债权人做出正确的经济决策。

2. 财务会计报告对政府宏观管理部门的作用

政府要基于整个社会经济资源优化配置的需要而对企业经济活动实施有效的调节、控制和监督。因此，财政、税务和审计等有关机构可以通过财务会计报告所提供的信息，检查企业的资金运用情况以及财务成果状况，并督促企业合理使用资金，遵守财经纪律。

3. 财务会计报告对企业自身的作用

财务会计报告通过提供全面的会计信息，可以帮助企业内部管理者及企业职工了解企业的财务状况、经营成果及现金流量情况，掌握企业经济活动的进程，并及时总结经验教训，以便采取措施加强经营管理。此外，财务会计报告所提供的信息也为企业进行预测、决策和编制财务计划提供了重要的参考依据。

三、财务会计报告的构成

财务会计报告是全面披露企业财务活动信息的对外报告，它具有一个较完整的体系。我国现行会计规范规定，财务会计报告包括会计报表及其附注和其他应当在财务会计报告中披露的相关信息和资料，而会计报表及附注又统称为财务报表。

(一) 会计报表

1. 会计报表的含义

会计报表是财务会计报告的主体和核心，财务会计最有用的信息就集中于会计报表之中。它是企业向会计信息使用者提供的关于企业财务状况、经营成果和现金流量信息的书面文件。财务状况是指企业在特定日期的资产规模与结构、产权关系及权益构成的基本状况；经营成果是指企业在一定会计期间所发生的费用、取得的收入以及实现的利润或亏损，反映企业的盈利情况；现金流量则是指企业在经营活动、投资活动和筹资活动等经济活动中形成的现金流入与现金流出及现金流量净额情况，反映企业的资金周转情况及理财能力。会计报表是财务会计报告形成的基础，财务会计报告正是在会计报表基础上的拓展。

根据我国现行会计规范的要求，会计报表至少应当包括资产负债表、利润表、现金流量表以及所有者权益变动表等报表，小企业编制的会计报表可以不包括现金流量表。

会计报表的各个组成部分是相互联系的，它们从不同角度说明企业的财务状况、经营成果和现金流量情况。资产负债表主要反映企业在一定日期的全部资产、负债和所有者权益的情况；利润表主要提供企业在一定期间的经营成果，即利润或亏损的情况；现金流量表则反映企业现金及现金等价物的来源、运用以及增减变动的原因等；所有者权益（或股东权益）变动表反映企业年末所有者权益。因此，资产负债表、利润表、现金流量表和所有者权益（或股东权益）变动表是企业基本的会计报表，通过对这些报表的阅读、分析，可以使会计信息使用者了解其所需的会计信息。

2. 会计报表的分类

会计报表根据不同的标准可以进行不同的分类，主要的分类标准有如下几种：

（1）按照会计报表反映的经济内容，可以分为财务状况报表和经营成果报表。财务状况报表是反映企业在一定日期的财务状况或一定时期的财务状况变动的报表，如资产负债表、现金流量表等。经营成果报表是反映企业在一定时期的收入的实现、费用成本的耗费和利润形成情况的报表，如利润表。

（2）按照会计报表报送的对象，可以分为内部报表和外送报表。内部报表是企业根据内部管理的需要而编制的供本单位内部使用的会计报表，如管理费用明细表、产品生产成本表等。内部报表的种类、格式、内容和报送时间由企业自行决定。外送报表是企业按照国家统一会计制度的规定，编制和向外报送给外部会计信息使用者的报表，如资产负债表、利润表、现金流量表、所有者权益变动表等。外送报表的种类、格式、内容和报送时间由国家有关会计制度统一规定。

（3）按照编制报表的会计主体的不同，可以分为个别报表和合并报表。个别报表是指企业编报的仅反映企业本身的财务状况、经营成果和现金流量的报表。合并报表是指以母公司与子公司组成的企业集团为会计主体，由母公司编制的综合反映整个企业集团的财务状况、经营成果和现金流量的报表。

（4）按照会计报表编制的时间，可以分为月份、季度、半年度和年度报表。月份报表是月份终了后利用月度内有关资料所编制的会计报表，如资产负债表和利润表均应按月编制；季度报表是在每季结束时利用季度内各月份的资料所编制的会计报表；半年度报表是企业在每个会计年度的前6个月结束后所编制的会计报表；年度报表是年度终了后所编制的会计报表，如现金流量表、利润分配表等。

（二）会计报表附注

会计报表本身具有一定的局限性，使得其提供的信息受到一定的限制。为了提供更详尽的会计信息，往往在会计报表附注中对会计报表的某些项目作进一步的补充说明。会计报表附注是为了便于会计报表使用者理解会计报表的内容而对会计报表的编制基础、编制依据、编制原则和编制方法及主要项目等进行的解释和补充说明。会计报表附注是会计报表不可或缺的组成部分，会计报表使用者要了解企业的财务状况、经营成果和现金流量，应当全面阅读附注，相对于会计报表而言，附注的重要性同样不可忽略。

会计报表附注应当包括所有在会计报表正文中未提供但与企业财务状况、经营成果和现金流量密切相关、有助于会计信息使用者更好地理解企业的会计报表且可以公开的重要信息。会计报表附注的主要内容包括：（1）会计报表的编制基础；（2）遵循企业会计准则的声明；（3）重要会计政策的说明，包括会计报表项目的计量基础和会计政策的确定依据等；（4）重要会计估计的说明，包括下一会计期间内很可能导致资产、负债的账面价值出现重大调整的会计估计的确定依据等;(5)会计政策和会计估计变更以及差错更正的说明;(6)对已在资产负债表、利润表、现金流量表和所有者权益变动表中列示的重要项目的进一步说明;(7)或有和承诺事项、资产负债表日后非调整事项、关联方关系及其交易等需要说明的事项。此外,企业还应当在附注中披露在资产负债表日后、财务会计报告批准报出日前提议或宣布发放的股利总额和每股股利金额(或向投资者分配的利润总额)。

下列各项如果未在与会计报表一起公布的其他信息中披露,企业应当在附注中披露:(1)企业注册地、组织形式和总部地址;(2)企业的业务性质和主要经营活动;(3)母公司以及集团最终母公司的名称。

(三)其他应当在财务会计报告中披露的相关信息和资料

其他应当在财务会计报告中披露的相关信息和资料主要是指根据会计相关法规的要求,在财务会计报告中应当予以披露的信息和资料。这些信息不一定是可以用货币计量的定量信息,但这些信息对于投资者、债权人等进行相关经济决策具有重要价值,因此也应在财务会计报告中予以披露。

(四)美国财务会计准则委员会对财务会计报告构成的说明

1984年,美国财务会计准则委员会发布了第5号财务会计概念公告(Statement of Financial Accounting Concepts No.5),对财务会计报告的构成及信息提供方式做了进一步的说明,如图7-1所示。

四、财务会计报告的信息表述方式与财务报表的列报

(一)财务会计报告的信息表述方式

财务会计报告有两种表述信息的方式:一是确认,仅限于在会计报表表内的、可计入总计的会计信息;二是披露,包括报表附注、辅助报表和其他信息传输手段所表述的财务、非财务信息,但主要是非财务信息。

会计确认是指会计数据进入会计系统时确定如何进行记录的过程,即将某一会计事项作为资产、负债、所有者权益、收入、费用和利润等会计要素正式加以记录和列入报表的过程。会计确认是要明确某一会计事项涉及哪个会计要素的问题,一旦其被确认,就要同时以文字和数据加以记录,其金额包括在会计报表总计中。

会计确认贯穿整个会计工作的始终。会计处理的对象是能引起会计要素变化的各项经济业务,企业各项经济业务所产生的数据是否应当在会计凭证、账簿中加以记录以及怎样把账簿中的信息和其他数据转化为财务会计报告,都必须经过会计确认进行辨别和认定。在整个财务会计报告中,财务报表是核心,而在财务报表中,表内确认部分应是最相关、最可靠的会计信息。从会计信息处理的技术层面上看,会计确认主要包括围绕账户进行的初始确认和围绕会计报表进行的再确认。会计的初始确认是指针对某一项目或某一经济事项,确定其是否被记录为资产、负债、所有者权益、收入、费用和利润等以及在哪个账户中进行记录。会计的再确认,则是指在初始确认的基础上,按照会计信息使用者的要求对会计信息进行筛选、浓缩,并确定其是否最终作为会计报表相关项目的内容,它所代表的是会计的决策行为。至于如何在财务会计报告中表述(是确认还

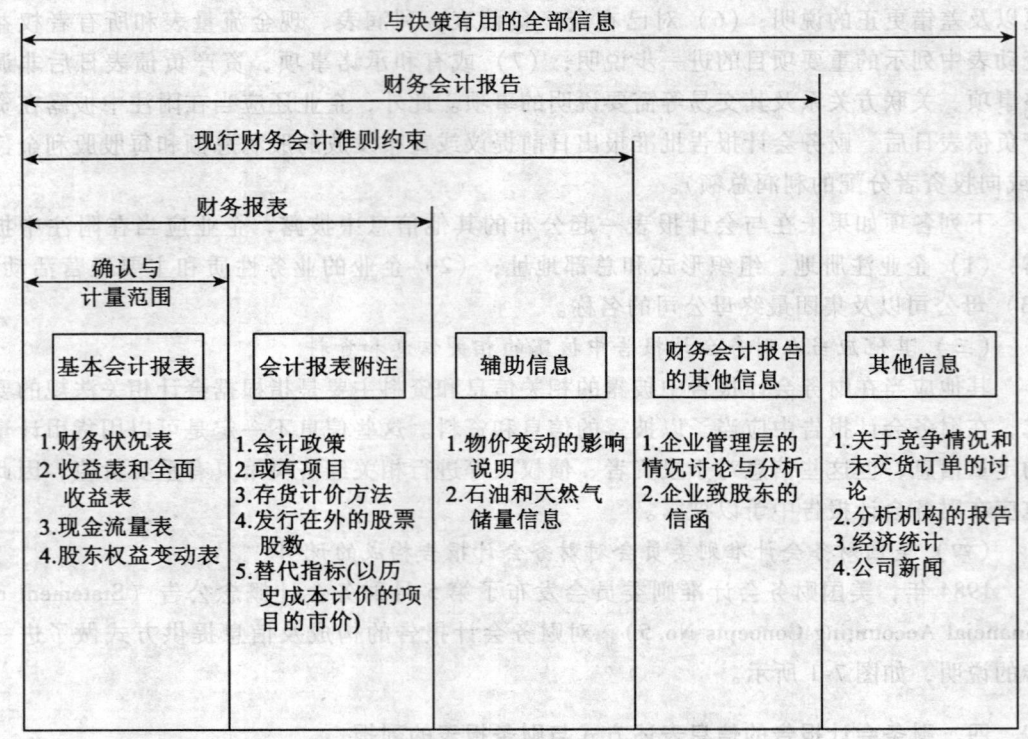

图 7-1 美国财务会计准则委员会对财务会计报告构成的说明图

是披露),则意味着财务会计的活动进入了最后的程序——报告。确认之所以重要,就因为它代表会计行为中的识别、判断即决策阶段,只有正确地进行确认,才能正确地记录和报告,也才能产生对会计信息使用者的决策有用的信息。

凡是在会计报表上通过确认加以表述的部分,必然正式经过会计分录,其文字归属于会计报表的要素与所属账户及项目,而金额则必须计入会计报表的总计。确认既要用文字又要用数字来描述一个项目,且其金额必须包括在财务报表的总计之中。因此,用其他方法(如注释、正文中加括号、辅助信息等)在财务会计报告中披露的信息与事实,则不是确认,即确认总是指在会计报表之内且不包括在括号中的旁注。

如前所述,会计报表的表述方式为表内确认,而报表附注的表述形式则与之不同。会计报表附注是在报表之外对报表的编制基础、编制依据、编制原则和编制方法以及主要项目等所做的解释,它并不是对日常会计记录的再确认。为了表示与会计报表的表内确认有所区别,通常把附注的表述称为表外披露。会计报表附注的表外披露与表内确认相比,主要有两个不同特点:第一,在表述方式上,附注可采用文字说明加数字描述,也可只用文字说明;第二,在表述作用上,附注可以用来解释或补充说明表内确认的信息,但不能用来更正表内错误的确认,企业不应以附注的披露代替确认和计量。

(二) 财务报表的列报

1. 财务报表的列报基础

企业应当以持续经营为基础，根据实际发生的交易和事项，按照基本准则和其他各项具体会计准则的规定进行确认和计量，并在此基础上编制财务报表。以持续经营为基础编制财务报表不再合理的，企业应当采用其他基础编制财务报表，并在附注中披露这一事实。

2. 财务报表的列报要求

财务报表项目的列报应当在各个会计期间保持一致，不得随意变更，但下列情况除外：（1）会计准则要求改变财务报表项目的列报；（2）企业经营业务的性质发生重大变化后，变更财务报表项目的列报能够提供更可靠、更相关的会计信息。

对于性质或功能不同的项目，应当在财务报表中单独列报，但不具有重要性的项目除外。性质或功能类似的项目，其所属类别具有重要性的，应当按其类别在财务报表中单独列报。所谓重要性，是指财务报表某项目的省略或错报会影响使用者据此做出经济决策。重要性应当根据企业所处环境，从项目的性质和金额大小两方面予以判断。

财务报表中的资产项目和负债项目的金额、收入项目和费用项目的金额不得相互抵消，但其他会计准则另有规定的除外。资产项目按扣除减值准备后的净额列示，不属于抵消。非日常活动产生的损益，以收入扣减费用后的净额列示，不属于抵消。

当期财务报表的列报，至少应当提供所有列报项目在上一可比会计期间的比较数据以及与理解当期财务报表相关的说明，但其他会计准则另有规定的除外。

我国现行会计规范规定，财务报表项目的列报发生变更的，应当对上期比较数据按照当期的列报要求进行调整，并在附注中披露调整的原因和性质以及调整的各项目金额。对上期比较数据进行调整不切实可行的，应当在附注中披露不能调整的原因。

此外，企业应当在财务报表的显著位置至少披露下列各项：（1）编报企业的名称；（2）资产负债表日或财务报表涵盖的会计期间；（3）人民币金额单位；（4）财务报表是合并财务报表的，应当予以标明。

企业至少应当按年编制财务报表。年度财务报表涵盖的期间短于一年的，应当披露年度财务报表的涵盖期间以及短于一年的原因。

财务报表格式和附注分别按一般企业、商业银行、保险公司、证券公司等企业类型予以规定。企业应当根据其经营活动的性质，确定本企业适用的财务报表格式和附注。

第二节　资产负债表

一、资产负债表的概念与作用

（一）资产负债表的概念

资产负债表是反映企业某一特定日期财务状况的会计报表，也被称为"财务状况表"。它是根据"资产=负债+所有者权益"的会计等式，按照一定的分类标准和一定的顺序，把企业在一定日期的资产、负债、所有者权益各项目予以适当的排列，并对日常工作中形成的大量数据进行高度浓缩整理后编制而成的。

资产负债表属静态报表,反映了企业在某一特定日期的资产、负债和所有者权益的财务状况。资产负债表上的数字为时点数,表明了企业在特定日期所拥有或控制的经济资源、所承担的现有债务以及所有者对企业净资产的要求权,是企业基本的财务报表。

（二）资产负债表的作用

作为企业基本的财务报表,资产负债表能够反映资产、负债和所有者权益的全貌,它所提供的会计信息,对于各种不同的会计信息使用者都具有十分重要的作用,具体体现在以下几个方面:

1. 反映企业所掌握的经济资源及其分布与结构

资产是企业的经济资源。通过资产负债表,会计信息使用者可以了解企业在某一特定日期拥有或控制的经济资源及其构成,获悉其经济资源占用形态、分布状况等信息。由于企业总的生产经营规模可以通过企业资产总额来反映,因此资产负债表还可反映企业的生产经营规模。

2. 反映企业的资金来源及其构成

企业资金来源包括企业举债筹资所形成的负债以及吸收所有者投资所形成的所有者权益。资产负债表列示了企业在某一特定日期的资产、负债和所有者权益,通过对企业的债务状况与所有者权益信息的分析,报表使用者可了解企业资金来源及构成情况。资本结构是指企业资金来源中负债与所有者权益的相对比例,通过对负债与所有者权益的构成及相互关系的分析,就可以衡量和评价资本结构是否合理。

3. 帮助评估企业的流动性及财务弹性

资产负债表可以反映企业资产与负债的数量关系,从而有利于分析和评价企业的流动性及偿债能力。流动性是指资产能够以合理价格顺利变现的能力。企业是否有足够的资产及时转换成现金以清偿短期负债,是短期债权人最关心的。若短期流动性不佳,长期债权人和股东的安全也会受到影响。资产负债表中的流动资产和流动负债能够提供短期流动性方面的信息。

资产负债表还可以反映不同类别资产的变现能力和不同负债的偿还顺序,进而有助于分析评估企业的财务弹性。财务弹性是指企业在面临突发性的现金需求时,能够在资金调度上采取有效行动做出迅速反应的能力,也即企业的调适能力。

4. 帮助评估企业的经营绩效

债权人和股东共同关注企业的经营绩效,因为绩效好坏影响企业向债权人还本付息和对股东支付股利的能力。投资报酬率是用来评价企业经营绩效的常用指标,如总资产报酬率、所有者权益报酬率等,因此,资产负债表信息是评价企业经营绩效的基础。

5. 帮助评估企业财务状况的变动情况

将本期末的资产负债表与上期或者以前各期期末的资产负债表进行比较,可以了解不同时点的资产、负债和所有者权益的变化情况,从中分析变化的规律,并预测企业未来财务状况的发展趋势。

二、资产负债表的内容与结构

（一）资产负债表的内容

资产负债表主要反映三个方面的内容：第一，企业在某一特定日期所拥有的经济资源，即某一特定时点企业所拥有或控制的各项资产的余额，包括流动资产、长期投资、固定资产、无形资产及其他资产；第二，在某一特定日期企业所承担的债务，包括各项流动负债和长期负债；第三，在某一特定日期企业的净资产，包括投资者投入的资本、资本公积、盈余公积和未分配利润。

（二）资产负债表的结构

资产负债表由表头、表体和表尾三部分组成。表头概括地说明报表名称、编制单位、编制日期、报表编号、货币名称、计量单位等；表体是资产负债表的主体部分，包括资产、负债和所有者权益各项目的名称及其金额；表尾则主要是各项附注资料。

就资产负债表的表体部分而言，其结构包括两层含义：一是资产负债表所体现出的资产、负债、所有者权益三者之间的基本关系，即资产负债表的基本结构；二是资产负债表所揭示的各个会计要素的具体内容的逻辑与结构关系，即资产负债表各会计要素的具体内容的排列顺序。

资产负债表表体的基本结构分为"账户式"和"报告式"两种。我国资产负债表采用的是账户式结构。

报告式资产负债表又称为垂直式资产负债表，即上下结构，是将资产、负债、所有者权益项目采用垂直形式分别列示，体现的是"资产−负债＝所有者权益"的会计等式的基本关系，其简表格式如表7-1所示。报告式资产负债表便于编制比较资产负债表，即可以在一张表中平行列示相邻的若干期资产负债表。但是，报告式资产负债表也存在缺陷，即资产与负债及所有者权益间的平衡关系不够一目了然，并且资产、负债及所有者权益的项目太多，使报表上下太长不便于编制与使用。

表7-1　　　　　　　　　　资产负债表（报告式）

编制单位：　　　　　　　　　年　月　日　　　　　　　　　单位：元

项　目	金　额
资产	
流动资产	
……	
资产合计	
负债	
流动负债	
……	
负债合计	
所有者权益	
实收资本	
……	
所有者权益合计	

账户式资产负债表也称为水平式资产负债表,即左右结构,是按照分类账户的格式将资产列示在报表的左方,负债和所有者权益列示在报表的右方,体现的是"资产=负债+所有者权益"的会计等式的基本关系。在资产负债表的金额栏下,分别列示有"年初数"与"年末数"两个数额,以便比较其变动情况。账户式资产负债表的优点是资产、负债和所有者权益的平衡关系一目了然,但不便于编制连续几年的比较资产负债表。账户式资产负债表的简表格式如表 7-2 所示。

表 7-2　　　　　　　　　　　　资产负债表（账户式）

编制单位：　　　　　　　　　　　　　年　月　日　　　　　　　　　　　　　　单位：元

资产	金额	负债及所有者权益	金额
流动资产 …… 非流动资产 ……		负债 　流动负债 　…… 　负债合计	
		所有者权益 　实收资本 　…… 　所有者权益合计	
资产总计		负债及所有者权益总计	

无论是账户式还是报告式的资产负债表,所有的项目都要按一定的标准进行分类,并以适当的顺序加以排列。国际上通行的分类是按照流动性对资产和负债进行分类,我国也不例外。

资产项目的流动性是指资产变现的时间或期限的长短。能够快速变现的资产（如货币资金、应收账款等）被视为流动性强的资产,而变现时间或期限较长的资产（如固定资产等）则被视为流动性弱的资产。在确定资产负债表中资产的具体项目的排列顺序时,一般按照先列示流动资产、后列示长期资产的顺序。对于资产的具体项目而言,流动资产按货币资金、交易性金融资产、应收及预付账款、存货等顺序排列；而非流动资产按可供出售金融资产、持有至到期投资、长期应收款、长期股权投资、固定资产、在建工程、无形资产和其他非流动资产等顺序排列。

负债项目的流动性是指偿还到期债务的时间或期限的长短。在短期内就需偿还的负债被视为流动性强的负债,反之就是流动性弱的负债。负债据此可分为流动负债和非流动负债,负债项目的排列也是先列示流动负债,后列示非流动负债,其中流动负债按短期借款、应付票据、应付和预收账款等顺序排列。

所有者权益则是资产负债表的最后部分,一般排列顺序是：实收资本（或股本）、资本公积、盈余公积和未分配利润。

三、资产负债表的编制方法

（一）资产负债表信息的来源

资产负债表的表体主要包括两类信息：一是资产负债表项目，说明该项目"是什么"；二是与项目对应的货币数量，说明该项目金额"是多少"。资产负债表各项目以资产、负债、所有者权益各要素及具体内容为基础，而各相关货币数量信息已通过日常的会计处理在相关的资产账户、负债账户和所有者权益账户中进行记录。因此，资产负债表的信息来源即资产账户、负债账户和所有者权益账户的日常记录及其结果。

资产负债表的编制即是对日常会计核算记录的数据进行归类、整理和汇总，并进一步加工成报表项目的过程。资产负债表主体部分的各项目均设有"年初余额"和"期末余额"两栏，其目的是便于将各项目的期末余额与年初余额进行对比，以分析企业财务状况的纵向变化趋势。

资产负债表所提供的数量信息包括"期末余额"和"年初余额"，而账户信息是资产负债表的信息来源。每一个会计账户都能提供账户发生额和账户余额的信息，其中账户发生额又可分为本期借方发生额和本期贷方发生额，账户余额包括期初余额和期末余额。因此，资产负债表的"期末余额"可以根据各相关账户的期末余额确定，而资产负债表的"年初余额"则是上年末资产负债表的"期末余额"。

（二）资产负债表"年初余额"与"期末余额"的填列方法

1."年初余额"的填列方法

资产负债表中"年初余额"栏内各项目的数字，应根据上一年度末资产负债表的"期末余额"栏内的数字填列。

如果本年度资产负债表中各项目的名称和内容与上年度不一致，则应按照本年度的规定，对上年年末资产负债表各项目的名称和数字进行调整，按调整后的数字填入本年度资产负债表的"年初余额"栏内。

2."期末余额"的填列方法

资产负债表中"期末余额"是指某一会计期末的数字，即月末、季末、半年末或年末的数字，总括反映企业在某一会计期末的财务状况。资产负债表各项目的"期末余额"主要以各相关账户的期末余额为基础进行填列，但资产负债表各项目反映的内容更加概括和集中，因此，这一填列过程是一个"再确认"的过程。资产负债表各项目的"期末余额"的填列方法包括以下几种：

（1）根据总账科目余额直接填列。资产负债表中有些项目反映的内容和计算口径与总分类账户完全相同，这些项目就可根据相应的总分类账户的期末余额直接填列。如"短期借款"、"应收股利"等项目。

（2）根据明细科目余额计算填列。资产负债表中有些项目反映的内容是由几个明细分类账户分类反映的，应根据这几个明细分类账户的期末余额计算填列。例如，"应收账款"项目应根据"应收账款"、"预收账款"科目所属的明细科目的期末借方余额计算填列。

（3）根据总账科目余额和明细科目余额分析计算填列。资产负债表中有些项目不能根据有关总分类账的期末余额直接或计算填列，也不能根据有关明细分类账户的期末余额计算填列，而需根据有关总分类账户和明细分类账户的期末余额分析计算填列。例如，"长期借款"项目，应根据"长期借款"总分类账户的期末余额扣除其中将于一年内（含一年）到期且企业不能自主地将清偿义务展期的长期借款后的金额计算填列。

(4) 根据有关科目余额减去其备抵科目余额后的净额填列。如资产负债表中的"应收账款"项目，应根据"应收账款"科目的期末余额减去"坏账准备"科目余额后的净额填列；"固定资产"项目则应根据"固定资产"科目的期末余额减去"累计折旧"、"固定资产减值准备"备抵科目余额后的净额填列。

(5) 综合运用以上方法填列。资产负债表中有些项目的填列，需要综合运用以上各种方法。如"存货"项目，需要根据"原材料"、"库存商品"、"委托加工物资"、"周转材料"、"材料采购"、"在途物资"、"发出商品"、"材料成本差异"等总账科目期末余额的分析汇总数，再减去"存货跌价准备"科目余额后的净额填列。

(三) 资产负债表编制举例

【例 7-1】 某公司 2009 年 12 月 31 日全部总账和有关明细账的余额如表 7-3 所示。

表 7-3　　　　　　　　　某公司总账和有关明细账的余额表
2009 年 12 月 31 日　　　　　　　　　　　　　　　　单位：元

总账	明细账	期末余额 借方	期末余额 贷方	总账	明细账	期末余额 借方	期末余额 贷方
库存现金		15 000		短期借款			1 000 000
银行存款		300 000		应付票据			200 000
其他货币资金		5 000		应付账款			200 000
交易性金融资产		280 000			A 公司		240 000
应收账款		460 000			B 公司	40 000	
	甲公司	500 000		预收账款			20 000
	乙公司		40 000		乙公司		30 000
预付账款		94 000			丁公司	10 000	
	丙公司	100 000		其他应付款			180 000
	丁公司		6 000	应付职工薪酬			700 000
其他应收款		160 000		应交税费			1 200 000
原材料		500 000		应付股利			400 000
生产成本		200 000		长期借款			1 280 000
库存商品		400 000		应付债券			4 500 000
长期股权投资		5 000 000		长期应付款			3 500 000
长期股权投资减值准备			314 000	实收资本			6 000 000
固定资产		14 000 000		资本公积			1 200 000
累计折旧			1 400 000	盈余公积			100 000
无形资产		1 500 000		利润分配			800 000
长期待摊费用		80 000					

根据上述资料，编制该公司 2009 年 12 月 31 日的资产负债表，如表 7-4 所示。①

表 7-4　　　　　　　　　　　　　　资产负债表
编制单位：某公司　　　　　　　2009 年 12 月 31 日　　　　　　　　　　　　　单位：元

资　产	年初余额	期末余额	负债及所有者权益	年初余额	期末余额
流动资产：			流动负债：		
货币资金		320 000	短期借款		1 000 000
交易性金融资产		280 000	交易性金融负债		0
应收票据		0	应付票据		200 000
应收账款		510 000	应付账款		246 000
预付款项		140 000	预收款项		70 000
应收利息		0	应付职工薪酬		700 000
应收股利		0	应交税费		1 200 000
其他应收款		160 000	应付利息		0
存货		1 100 000	应付股利		400 000
一年内到期的非流动资产		0	其他应付款		180 000
其他流动资产		0	一年内到期的非流动负债		0
流动资产合计		2 510 000	其他流动负债		0
非流动资产：			流动负债合计		3 996 000
可供出售金融资产		0	非流动负债：		
持有至到期投资		0	长期借款		1 280 000
长期应收款		0	应付债券		4 500 000
长期股权投资		4 686 000	长期应付款		3 500 000
投资性房地产		0	专项应付款		0
固定资产		12 600 000	预计负债		0
在建工程		0	递延所得税负债		0
工程物资		0	其他非流动负债		0
固定资产清理		0	非流动负债合计		9 280 000
生产性生物资产		0	负债合计		13 276 000
油气资产		0	所有者权益（或股东权益）：		

---

①　表中略去年初余额。

续表

资　产	年初余额	期末余额	负债及所有者权益	年初余额	期末余额
无形资产		1 500 000	实收资本（或股本）		6 000 000
开发支出		0	资本公积		1 200 000
商誉		0	减：库存股		0
长期待摊费用		80 000	盈余公积		100 000
递延所得税资产		0	未分配利润		800 000
其他非流动资产		0	所有者权益合计		8 100 000
非流动资产合计		18 866 000			
资产总计		21 376 000	负债和所有者权益总计		21 376 000

第三节　利　润　表

一、利润表的概念与作用

（一）利润表的概念

利润表是反映企业一定会计期间（如月度、季度、半年度或年度）的生产经营成果的会计报表。企业一定会计期间的经营成果既可能表现为盈利，也可能表现为亏损，因此，利润表也被称为损益表。它全面揭示了企业在某一特定时期实现的各种收入、发生的各种费用、成本或支出以及企业实现的利润或发生的亏损情况。

利润表是根据"收入－费用＝利润"的基本关系来编制的，其具体内容取决于收入、费用以及利润等会计要素及其内容。利润表项目是收入、费用和利润等会计要素的内容的具体体现。从反映企业经营资金运动的角度看，它是一种反映企业经营资金运动的动态表现的报表，主要提供有关企业经营成果方面的信息，属于动态会计报表。

（二）利润表的作用

利润表可以反映企业一定会计期间的收入实现情况和成本费用耗费情况以及企业一定会计期间的生产经营活动的成果，并据以判断资本的保值增值情况。利润表提供的会计信息对于信息使用者而言，具有以下几个方面的作用：

1. 帮助分析和评估企业的经营成果

利润表提供了企业在一定会计期间所取得的主营业务收入和其他业务收入以及投资收益等信息，其中主营业务收入数额表明企业的销售规模与市场占有份额，根据主营业务收入的增长幅度可以判断企业的发展趋势。同时，利润表还提供了企业在一定会计期间的营业成本以及管理费用、销售费用和财务费用等费用信息，会计信息使用者可以据此确定企业的费用水平，比较费用的增长幅度以判断企业对费用的控制能力。企业的经营成果是指企业利用其所拥有或控制的经济资源所取得的报酬，通常用各种收入扣除相关的成本费用及税金等项目后的一个绝对数指标表示。利用利润表所提供的会计信息，可以分析和评价企业的经营成果。结合资产负债表的数据，可以通过资产利润率等指标对企业的获利能力进行分析。

2. 帮助评价和考核企业的经营业绩

在企业所有权与管理权分离的背景下，管理者应履行其受托经营责任，合理运用所有者委托其经营管理的财产并为所有者谋取经济利益。利润表的各项数据，体现了企业在生产经营、融资和投资等活动中的管理效率及经济效益，综合反映了企业的经营业绩。通过比较前后期利润表上各种收入、费用和利润的增减变动情况以及对其差异原因的分析，可以较为客观地评价和考核各职能部门和管理人员的业绩。

3. 帮助预测企业未来期间的盈利趋势

利润表提供的收入、费用等信息能够反映企业的生产经营成果，通过不同时期的利润表所提供的不同信息（如本月发生额、本年累计金额以及上年金额等），可以比较企业前后期利润的变化情况，了解投资者投入资本的完整性，分析企业利润的发展趋势及获利能力，并预测企业未来期间的盈利情况。

二、利润表的结构与内容

（一）利润表的结构

利润表分为表头、表体和表尾三个基本部分。表头包括报表名称、编制单位名称、编表时间和货币计量单位等要素；利润表作为时期报表反映的是企业在某一特定会计期间的经营过程及结果，因此编表时间应为时期数（如某月份、某季度以及某年度等）；表体是利润表的主体部分，包括收入、费用和利润等各项目的名称及其金额；表尾主要是各项附注资料。

在利润表的表体部分反映收入、费用与利润等要素的具体内容时，有两种基本方式：单步式和多步式。

单步式是将计入利润的各种"收入"项目和各种"费用"项目分别汇集，最后将"收入"总额与"费用"总额加以比较并计算出利润数额。因其只有一个相减的步骤，故称为单步式，采用这种方法的利润表称为单步式利润表。单步式利润表的简表格式如表 7-5 所示。单步式利润表的优点在于比较直观、简单以及易于编制；其缺点则在于不能提供较为详细的分类利润信息，不利于对利润各组成部分的结构分析，无法完全满足报表使用者的需要。

多步式是依据利润的构成、按照利润的计算程序（或步骤）来确定利润表的结构及各项目的次序，采用这种方式的利润表称为多步式利润表。即将损益的内容做出多项分类并产生一些中间信息，从而反映其收益的计算过程。由于多步式利润表通过多个步骤完成利润的计算过程，因此可以提供比较详细的分类利润信息。一般情况下，多步式利润表将损益的计算过程划分为四个部分：（1）反映企业营业利润的形成情况；（2）反映企业利润总额的形成情况；（3）反映企业的净利润；（4）反映每股收益。多步式利润表的优点在于便于报表使用者对企业生产经营情况进行分析，有利于正确评价企业的经营业绩和获利能力以及盈利的稳定性。由于多步式利润表比单步式利润表能够提供更为有用的信息，其结构更为科学，因此世界各国或地区使用较为普遍的是多步式利润表，我国也是如此。

表 7-5　　　　　　　　　　　利润表（单步式）
　　　　　　　　　　　　　　　　年　月　　　　　　　　　　　　　单位：元

项　目	本月金额	本年累计金额
收入		
营业收入		
……		
收入合计		
费用		
营业成本		
……		
费用合计		
利润（或亏损）总额		

（二）利润表的内容

我国现行利润表采用多步式利润表的格式，每一栏又分为左右两边，左边是项目，右边是金额数字（本月金额、本年累计金额或上年金额以及本年金额），其主要反映如下四个方面的内容：

第一，构成营业利润的各项要素，包括主营业务、其他业务、公允价值变动以及对外投资等所产生的收入和扣除相应的营业成本、营业税金及附加、销售费用、管理费用和财务费用以及资产减值损失等成本、费用、税费后的余额。

第二，构成利润总额的各项要素，主要包括营业利润和营业外收支净额。

第三，构成净利润的各项要素，主要包括利润总额和扣除本期计入损益的所得税费用。

第四，计算每股收益，并考虑基本每股收益和稀释每股收益。

此外，企业应当在利润表"每股收益"项下增列"其他综合收益"项目和"综合收益总额"项目。"其他综合收益"项目反映企业根据企业会计准则的规定未在损益中确认的各项利得和损失扣除所得税影响后的净额，"综合收益总额"项目反映企业净利润与其他综合收益的合计金额。"其他综合收益"和"综合收益总额"项目的序号在原有基础上顺延。企业还应当在附注中详细披露其他综合收益的各项目及其所得税的影响以及原计入其他综合收益、当期转入损益的金额等信息。

三、利润表的编制方法

（一）利润表信息的来源

与资产负债表类似，利润表也包括两类信息，一是利润表项目，二是与项目对应的货币数量。根据前文所介绍的利润表的结构与内容，可以看出利润表中的项目是以收入、费用、利润要素及其具体内容为基础的。日常经济交易和事项对这些会计要素和具体项目的货币数量方面的影响,已经在相关损益类账户中进行了会计记录,因此,利润表信息的数据来自于损益类账户的日常记录及其结果。另外,由于构成会计期间利润总额的具体内容的各项收入、费用、成本以及支出等,其发生数额均被记录为相关损益类账户的"本期发生额",因而,利润表各项目的货币数量信息应当根据损益类账户的本期发生额确定。

与资产负债表相同,利润表的编制也是对日常会计核算记录的数据进行归类、整理和汇总,并进一步加工的过程。利润表作为企业主要的财务报表之一,应按月编制,同时一般还应编制比较利润表。如果前期利润表项目的名称和内容与本期不一致,应将前期利润表项目的名称和内容按本期项目的名称和内容进行调整,以便于不同会计期间的比较。

月度利润表的表体一般设两个栏次,即"本月金额"和"本年累计金额",其中"本月金额"反映各项目的本月实际发生数,"本年累计金额"则反映自年初起至本月末止的累计实际发生额。但在编报中期利润表和年度利润表时,不设"本月金额"栏,而改设为"上年金额"栏,分别填列上年同期累计实际发生额和上年全年累计实际发生额。

如果上年度利润表的项目名称和内容与本年度利润表不一致,就应对上年度利润报表项目的名称和数字按本年度的规定进行调整,再填入报表的"上年金额"栏。

(二)利润表各项目的填列方法

1."本月金额"的填列方法

(1)根据相应损益类账户的本月发生额的净额直接填列。利润表中有些项目反映的内容和计算口径与总分类账户完全相同,这些项目可根据相应的总分类账户的本月发生额直接填列。例如,"投资收益"项目,反映企业以各种方式对外投资所取得的收益或发生的损失,应根据"投资收益"总分类账户的本月发生额的净额直接填列。这样的项目包括:销售费用、管理费用、财务费用、营业税金及附加、投资收益、公允价值变动收益、资产减值损失以及所得税费用等。

(2)根据几个总分类账户的发生额计算填列。利润表中有些项目反映的内容是由几个总分类账户分别反映的,不能根据总账的发生额直接填列,而应根据这几个总分类账户的本月发生额加减计算填列。例如,"营业收入"项目,应根据"主营业务收入"和"其他业务收入"总分类账户的本月发生额相加后填列。这样的项目包括:营业收入、营业成本等。

(3)根据表内其他项目数字计算填列。利润表中有些项目可以直接根据表内其他项目数字计算填列。例如,"营业利润"项目,应根据利润表内"营业收入"减去表内"营业成本"、"营业税金及附加"、"销售费用"、"管理费用"、"财务费用"以及"资产减值损失",再加上表内"公允价值变动收益"和"投资收益"计算填列。这样的项目包括:营业利润、利润总额以及净利润。

(4)根据相关准则的规定计算的金额填列。主要是指"每股收益"下的"基本每股收益"和"稀释每股收益"的填列。

2."本年累计金额"的填列方法

利润表各项目的"本年累计金额"的填列，应当以上一会计期间（月份）的利润表中的"本年累计金额"加上对应的本月利润表中的"本月金额"确定。

当企业编制年度财务会计报告时，利润表中提供的是"上年金额"和"本年金额"两栏信息。利润表中各项目的"上年金额"，根据上年度利润表中各项目的"本年金额"填列上年度全年实际发生的累计金额。当上年度利润表与本年度利润表项目名称和内容不一致时，应按规定对其进行调整，以确保利润表提供信息的一致性。

（三）利润表编制举例

【例7-2】某公司2009年11月有关损益类账户的当月发生额如表7-6所示，该公司2009年10月利润表中各项目"本年累计金额"栏的金额如表7-7所示。

表7-6　　　　　　　　　某公司损益类账户本月的发生额表

2009年11月　　　　　　　　　　　　　　　　　单位：元

总　账	借方发生额	贷方发生额
主营业务收入	100 000	5 100 000
主营业务成本	3 100 000	50 000
营业税金及附加	750 000	
其他业务收入		900 000
其他业务成本	300 000	
销售费用	560 000	
管理费用	440 000	
财务费用	100 000	
投资收益	200 000	1 600 000
营业外收入		325 000
营业外支出	100 000	
所得税费用	98 000	
资产减值损失	0	
公允价值变动损益	0	

表7-7　　　　　　　　某公司利润表各项目的本年累计金额表

2009年10月　　　　　　　　　　　　　　　　　单位：元

总　账	本年累计金额	
	借　方	贷　方
主营业务收入		61 000 000
主营业务成本	20 350 000	
营业税金及附加	6 800 000	
其他业务收入		2 900 000
其他业务成本	1 000 000	

续表

总 账	本年累计金额	
	借 方	贷 方
销售费用	7 000 000	
管理费用	4 000 000	
财务费用	800 000	
投资收益		8 200 000
营业外收入		1 400 000
营业外支出	850 000	
所得税费用	8 800 000	
资产减值损失	0	
公允价值变动损益	0	

根据上述资料，编制该公司2009年11月份的利润表，如表7-8所示。

表7-8　　　　　　　　　　　　利　润　表
编制单位：某公司　　　　　　　2009年11月　　　　　　　　　　　　单位：元

项　目	本月金额	本年累计金额
一、营业收入	5 900 000	69 800 000
减：营业成本	3 350 000	24 700 000
营业税金及附加	750 000	7 550 000
销售费用	560 000	7 560 000
管理费用	440 000	4 440 000
财务费用	100 000	900 000
资产减值损失	0	0
加：公允价值变动损益	0	0
投资收益	1 400 000	9 600 000
二、营业利润	2 100 000	34 250 000
加：营业外收入	325 000	1 725 000
减：营业外支出	100 000	950 000
三、利润总额	2 325 000	35 025 000
减：所得税	98 000	8 898 000
四、净利润	2 227 000	26 127 000
五、每股收益	略	略
（一）基本每股收益	略	略
（二）稀释每股收益	略	略

第四节 现金流量表

一、现金流量表的概念与作用

（一）现金流量及现金流量表的概念

1. 现金流量的概念

现金流量是一定会计期间企业现金流入和流出的数量。反映现金流量的指标有现金流入量、现金流出量和现金净流量，现金流入量是指一定会计期间现金流入的数量，现金流出量是指一定会计期间现金流出的数量，现金净流量则是一定会计期间现金流入量减去现金流出量后的差额。若将会计要素项目分为现金项目和非现金项目，则企业的各项经济活动对企业现金流量分别有着不同的影响。

第一，现金项目内部各项目之间的增减变动的经济业务。现金项目是指企业流动资产中的现金及现金等价物。从银行提取现金或将现金存入银行等均属于现金项目内部各项目之间的增减变动的经济业务，这类经济业务只会引起现金项目内部一个项目增加另一个项目减少的变动，但不会影响现金流量净额的增减变动。

第二，非现金项目内部之间的增减变动的经济业务。非现金项目包括非现金的流动资产项目、非流动资产项目、流动负债项目、非流动负债项目以及所有者权益项目等。非现金项目内部之间的增减变动的经济业务，如用固定资产对外投资、投资人用固定资产投资等，不涉及现金的收支，既不会影响现金流入量和流出量的增减变动，也不会影响企业现金流量净额的增减变动。

第三，现金项目和非现金项目之间的增减变动的经济业务。这类业务会引起现金流入量或流出量以及现金流量净额的增减变动，例如销售商品取得现金收入、用银行存款购买原材料等。

2. 现金流量表的概念

现金流量表是反映企业在一定会计期间内现金及现金等价物流入和流出状况的报表。现金流量表通过现金及现金等价物的流入和流出反映企业在一定会计期间内的经营活动、投资活动和筹资活动对现金流量产生的影响，并通过现金流量的变动情况，来揭示企业财务状况变动的原因及结果。因此，现金流量实际上是以现金为基础编制的财务状况变动表。

现金流量表反映的是企业一定会计期间现金的流入和流出情况，而现金的流入和流出又是企业经营资金运动的一个组成部分，是企业经营资金运动的一种动态表现，故现金流量表属于动态报表。

现金流量表是在财务状况变动表的基础上发展而来的，财务状况变动表是以营运资金为基础进行编制的，存在一定的局限性。营运资金是流动资产和流动负债的差额，流动资产中不但包括现金等流动性较强的资产，还包括存货、应收账款等其他流动性相对较差的资产。如果一个企业的现金大幅度减少，应收账款和存货却大量增加，则企业的营运资金不一定表现为减少，反而可能增加，此时，就会给人一种似乎企业的财务状况不错的印象。但当应收账款的回收可能性很低，存货也存在积压时，单从财务状况变动表分析就会误导会计信息使用者，为了弥补财务状况变动表的这一缺陷，现金流量表就应运而生了。现金流量表强调通过企业经济活动中现金的流转来揭示企业的财务状况变动，以报告企业理财过程的详细信息。现金流量表在一定程度上也是资本市场发展催生的产物。

（二）现金流量表的编制基础

现金流量表是以现金和现金等价物为基础编制的，此处的现金是指企业的库存现金以及可以随时用于支付的存款。现金等价物，是指企业持有的期限短、流动性强、易于转换为已知金额的现金、价值变动风险很小的投资。具体包括以下几方面：

第一，库存现金。库存现金是指企业持有的、可随时用于支付的现金限额，即与会计核算中"库存现金"科目所包括的内容一致。

第二，银行存款。银行存款是指企业存放在金融企业随时可以用于支付的存款，即与会计核算中"银行存款"科目所包括的内容基本一致。但存放在金融企业的款项若不能随时用于支付，则不能作为现金流量表中的现金，例如不能随时支取的定期存款，但提前通知金融企业便可支取的定期存款，则包括在现金流量表中的现金范围内。

第三，其他货币资金。其他货币资金是指企业存放在金融企业有特定用途的资金，如外埠存款、银行汇票存款、银行本票存款、信用证保证金存款以及信用卡存款等。

第四，现金等价物。现金等价物是指企业持有的期限短、流动性高、易于转换为已知金额的现金、价值变动风险很小的短期投资。现金等价物虽然不是现金，但其支付能力与现金的差别不大，可视为现金。在实务中，现金等价物通常是指企业购买的在3个月或更短时间内到期或可转换为已知金额的现金的短期债券。通常情况下，由于股票投资的价值变动的风险较大，无论是否能随时变现，均不作为现金等价物。由于企业的经营活动特点不同，对现金等价物范围的确定也不同，企业应根据自身的具体情况确定现金等价物的范围，并在会计报表附注中披露确定现金等价物的会计政策，并保持这种划分标准在前后各期一致。

（三）现金流量表的作用

现金流量表的目的是提供企业某一会计期间的现金和现金等价物流入和流出的信息以及分别由经营活动、投资活动和筹资活动等所引起的现金和现金等价物流入流出的数额。现金流量表的作用具体体现在以下几个方面：

1. 帮助分析和评价企业财务状况的变动情况

现金流量表把企业的现金流量分为经营活动的现金流量、投资活动的现金流量和筹资活动的现金流量，并分别反映现金流入额、现金流出额和现金流量净额。企业所从事的经营、投资和筹资活动都影响着企业的财务状况，而这种影响又会通过现金流量的变化表现出来。通常情况下，若现金流量表中各部分现金流量结构合理，现金流入额和流出额无重大异常波动，则表明企业的财务状况较为正常，经营周转较为顺畅。此外，现金流量表还披露一些重要的不涉及现金收支的投资和筹资活动对企业产生的影响，这些活动虽然不影响企业的现金流量，但可能影响企业整体财务状况。因此，将现金流量表提供的信息与其他财务报表提供的信息相结合，可以分析企业当前整体财务状况，并剖析导致企业财务状况变动的原因。

2. 帮助分析和评价企业的偿债能力和支付能力

企业偿还债务、支付现金股利、发放工资以及购买材料等，通常都需要实际的现金流出。企业资产负债表和利润表都是在权责发生制的基础上编制的，账面上的繁荣并不一定意味着企业有足够的现金满足支付需要。判断一个企业是否具有偿债能力和支付能力，关键就是看其是否能够产生净现金流入，从而有足够的现金进行偿债或支付。因此，在分析企业的偿债能力和支付能力时，应将资产负债表、利润表的信息与现金流量表所提供的现金流量信息结合起来，才能更全面地帮助信息使用者分析和评价企业的偿债能力和支付能力。

3. 帮助分析和评估企业的收益质量

由于会计收益是根据历史成本原则、配比原则以及谨慎性原则等一系列会计原则与程序形成的产物，极易受到人为操纵。近年来，一些公司利用创造交易等手段操纵盈余、虚增利润，或者通过其他方法进行盈余管理，既欺骗了投资者，也影响了证券市场健康稳定的发展。因此，客观、合理地评价企业的收益，正确认识企业的盈利能力十分重要。现金流量作为企业的"血液"，是企业生存发展的命脉，与企业经营管理的各方面息息相关。会计收益如果没有现金流量作为支撑，则无法进行实际的支付和分配，并可能会误导投资者。现金流量表根据收付实现制的原则编制，可以在一定程度上弥补权责发生制下会计收益信息质量的不足，消除会计收益计算中由于采用权责发生制所带来的人为操纵和估计因素的影响。

二、现金流量表的内容与结构

（一）现金流量表的内容

现金流量表是反映企业在一定会计期间内现金及现金等价物流入和流出状况的报表，并对现金流量进行分类反映。目前，多数国家的现金流量表分别从企业的经营活动、投资活动和筹资活动三个方面来揭示现金的流入量、流出量及净流量。

1. 经营活动产生的现金流量

经营活动，是指企业投资活动和筹资活动以外的所有交易和事项。就工商企业而言，经营活动主要包括：销售商品、提供劳务、经营租赁、购买商品、接受劳务、广告宣传以及交纳税款等。由于各类企业所处的行业特点不同，对经营活动的认定存在一定的差异，具体编制现金流量表时，应结合企业的实际情况确定其经营活动的范围。

经营活动产生的现金流量是企业运用其所拥有或控制的经济资源从事生产经营活动所产生的现金流入和流出。一般来说，经营活动产生的现金流入项目主要有：销售商品、提供劳务收到的现金，收到的税费返还，收到的其他与经营活动有关的现金；而经营活动产生的现金流出项目主要有：购买商品、接受劳务支付的现金，支付给职工以及为职工支付的现金，支付的各项税费，支付的其他与经营活动有关的现金。

2. 投资活动产生的现金流量

投资活动，是指企业长期资产的购建和不包括在现金等价物范围内的投资及其处置活动。这里所指的长期资产是指固定资产、在建工程、无形资产以及其他资产等持有期限在一年或一个营业周期以上的资产。之所以将"包括在现金等价物范围内的投资"排除在外，是因为已经将包括在现金等价物范围内的投资视同现金。投资活动主要包括：取得和收回投资、购建和处置固定资产、无形资产和其他长期资产等。

投资活动产生的现金流量是企业从事长期资产的购建和不包括在现金等价物范围内的投资及其处置活动所产生的现金流入和流出。一般来说，投资活动产生的现金流入项目主要有：收回投资所收到的现金，取得投资收益所收到的现金，处置固定资产、无形资产和其他长期资产所收回的现金净额，处置子公司及其他营业单位收到的现金净额，收到的其他与投资活动有关的现金。而投资活动产生的现金流出项目主要有：购建固定资产、无形资产和其他长期资产所支付的现金，投资所支付的现金，取得子公司及其他营业单位支付的现金净额，支付的其他与投资活动有关的现金。

3. 筹资活动产生的现金流量

筹资活动，是指导致企业资本及债务规模和构成发生变化的活动。这里所说的资本，既包括实收资本（股本），也包括资本溢价（股本溢价）。这里所说的债务，是指企业对外举债所借入的款项。筹资活动主要包括：吸收投资、发行股票、分配利润、发行债券、向金融企业借入款项以及偿还债务等。要注意的是，应付账款、应付票据等商业应付款的发生和偿付属于经营活动，不属于筹资活动。

一般来说，筹资活动产生的现金流入项目主要有：吸收投资所收到的现金，取得借款所收到的现金，收到的其他与筹资活动有关的现金等。而筹资活动产生的现金流出项目主要有：偿还债务所支付的现金，分配股利、利润或偿付利息所支付的现金，支付的其他与筹资活动有关的现金。

（二）现金流量表的结构

现金流量表的基本结构包括表头、表体和补充资料三个部分。

表头包括报表名称、编制单位名称、编表时间和货币计量单位四个要素。由于现金流量表反映的是企业在某一会计期间的现金及现金等价物的流入和流出的信息，因此编表时间应为时期数，一般为某年度。

表体是现金流量表的主体部分，采用报告式结构并按照现金流量的性质，依次反映经营活动产生的现金流量、投资活动产生的现金流量和筹资活动产生的现金流量，最后汇总反映企业现金及现金等价物的净增加额。在各类经济活动产生的现金流量下，还分别按具体项目反映其现金流入、现金流出和现金流量净额。

补充资料主要包括三个部分的内容：一是不涉及现金收支的重大投资和筹资活动；二是将净利润调节为经营活动的现金流量；三是现金及现金等价物净增加的情况。

我国一般企业现金流量表的具体格式和内容如表7-9所示。

表 7-9　　　　　　　　　　　　　　　现金流量表
编制单位：某公司　　　　　　　　　　　2009 年　　　　　　　　　　　　　　　单位：元

项　目	本年金额	上年金额
一、经营活动产生的现金流量：		
销售商品、提供劳务收到的现金		
收到的税费返还		
收到的其他与经营活动有关的现金		
经营活动现金流入小计		
购买商品、接受劳务支付的现金		
支付给职工以及为职工支付的现金		
支付的各项税费		
支付的其他与经营活动有关的现金		
经营活动现金流出小计		
经营活动产生的现金流量净额		
二、投资活动产生的现金流量：		
收回投资所收到的现金		
取得投资收益所收到的现金		
处置固定资产、无形资产和其他长期资产所收回的现金净额		
处置子公司及其他营业单位收到的现金净额		
收到的其他与投资活动有关的现金		
投资活动现金流入小计		
购建固定资产、无形资产和其他长期资产所支付的现金		
投资所支付的现金		
取得子公司及其他营业单位支付的现金净额		
支付的其他与投资活动有关的现金		
投资活动现金流出小计		
投资活动产生的现金流量净额		
三、筹资活动产生的现金流量：		
吸收投资所收到的现金		
取得借款所收到的现金		
收到的其他与筹资活动有关的现金		
筹资活动现金流入小计		
偿还债务支付的现金		
分配股利、利润或偿付利息支付的现金		
支付的其他与筹资活动有关的现金		
筹资活动现金流出小计		
筹资活动产生的现金流量净额		
四、汇率变动对现金的影响		
五、现金及现金等价物净增加额		

续表

项　　目	本年金额	上年金额
期初现金及现金等价物余额		
期末现金及现金等价物余额		
补　充　资　料		
一、将净利润调节为经营活动现金流量：		
净利润		
加：资产减值准备		
固定资产折旧		
无形资产摊销		
长期待摊费用摊销		
待摊费用减少（减：增加）		
预提费用增加（减：减少）		
处置固定资产、无形资产和其他长期资产的损失（减：收益）		
固定资产报废损失（减：收益）		
公允价值变动损失（减：收益）		
财务费用（减：收益）		
投资损失（减：收益）		
递延税款资产减少		
递延税款负债增加		
存货的减少（减：增加）		
经营性应收项目的减少（减：增加）		
经营性应付项目的增加（减：减少）		
其他		
经营活动产生的现金流量净额		
二、不涉及现金收支的重大投资和筹资活动：		
债务转为资本		
一年内到期的可转换公司债券		
融资租赁固定资产		
三、现金及现金等价物净变动情况：		
现金的期末余额		
减：现金的期初余额		
加：现金等价物的期末余额		
减：现金等价物的期初余额		
现金及现金等价物净增加额		

三、现金流量表的编制方法

现金流量表的编制与资产负债表和利润表的编制不同,它是在比较资产负债表、利润表和有关账户信息的基础上确定现金的变化后编制的。

如表7-9所示,现金流量表中的"上年金额"栏,可以直接根据上一年度的现金流量表中的"本年金额"栏分项对应填列。下面对现金流量表各部分"本年金额"栏的基本编制方法做简要介绍。

(一)"经营活动产生的现金流量"的基本填列方法

经营活动产生的现金流量是一项重要的指标,它可以反映企业在不动用外部筹集的资金的情况下,通过经营活动产生的现金流量是否足以偿还负债、支付股利以及进行投资。

现金流量表的编制方法根据列报经营活动现金流量方式的不同而分为直接法和间接法两种方法。根据我国现行会计规范的规定,现金流量表表体中经营活动产生的现金流量采用直接法列报,补充资料中经营活动产生的现金流量则采用间接法列报。

直接法是通过现金收入和现金支出的主要类别反映来自企业经营活动的现金流量。利润表是按照权责发生制的要求来列报收入、费用和利润的,其收入和费用是在发生时确认计量的,而确认时可能尚未收到或支付现金;现金流量表则是按收付实现制编制的。为了计算经营活动的现金流量,必须把在权责发生制基础上的营业收入转化为在收付实现制基础上的经营活动的现金流量。采用直接法编制经营活动的现金流量时,一般以利润表中的本期营业收入为起算点,调整与经营活动有关的项目的增减变动,然后分别计算出经营活动的现金流量。

间接法则是以"净利润"为出发点,将在权责发生制基础上的净利润调整为在收付实现制基础上的经营活动的现金流量,调整项目包括不涉及现金的收入、费用、营业外收支等有关项目的增减变动。利润表中反映的净利润是按照权责发生制确定的,其中有些收入、费用项目并没有实际发生现金流入和流出,因此要对这些项目进行调整;而有些构成净利润的项目并不属于经营活动,也要进行调整。

(二)"投资活动产生的现金流量"的基本填列方法

投资活动是指企业长期资产的购建和不包括在现金等价物范围内的投资及其处置活动。具体而言,现金流量表中的投资活动包括企业对外投资和对内长期资产投资。对外投资具体包括长期股权投资、长期债权投资、其他长期投资和短期股票投资及短期债券投资(不包括现金等价物);对内长期资产投资具体包括企业固定资产、无形资产和其他长期资产的购建与处置。

通常情况下,企业投资活动的业务相对于经营活动的业务而言少很多。投资活动产生的现金流量的各项目的数据来源包括资产负债表、利润表以及相关账户信息,可根据相关账户记录和资料分析后直接填列。例如,"购建固定资产、无形资产和其他长期资产所支付的现金"项目,可以根据"固定资产"、"在建工程"、"无形资产"、"库存现金"以及"银行存款"等账户的记录分析填列。

(三)"筹资活动产生的现金流量"的基本填列方法

筹资活动是指导致企业资本及债务规模和构成发生变化的活动,包括所有与长期负债、股东权益以及其他筹资项目有关的活动。具体而言,现金流量表中的筹资活动包括权益性投资的吸收与减少、银行等金融机构借款的借入与偿还、债券的发行与偿还等。一般来说,企业筹资活动的业务也相对较少。筹资活动产生的现金流量的填列方法与投资活动产生的现金流量的填列方法类似,各项目根据相关账户记录和资料分析后直接填列即可。例如,"取得借款所收到的现金"项目,反映企业举借各种借款而收到的现金,可以根据"短期借款"、"长期借款"、"库存现金"以及"银行存款"等账户的记录分析填列。

第五节 财务会计报告信息的分析与利用

一、财务会计报告分析概述

(一)财务会计报告分析的主体及分析目的

财务会计报告是企业披露的重要信息,信息使用者需要使用该信息并对其进行分析,并且他们出于不同的目的使用财务会计报告,关注不同的信息。财务会计报告分析的主体包括投资者、债权人、政府机构、企业管理层和其他与企业有利害关系的单位、个人。

财务会计报告分析的一般目的可以概括为评价企业过去的经营业绩、衡量企业现在的财务状况并预测企业未来的发展趋势。财务会计报告分析的具体目的则受财务会计报告分析主体的制约,不同的财务会计报告分析主体有不同的分析目的。

投资者包括现有投资者和潜在投资者,其投资的目的是为了扩大财富,因此他们在进行财务会计报告分析时主要了解三个方面的信息:一是公司当前和长期的收益水平的高低以及公司收益是否容易受重大变动的影响;二是公司目前的财务状况以及由公司资本结构决定的风险和报酬如何;三是与其他竞争者相比公司处于何种地位。

债权人最关心企业偿还债务的能力,并以此为依据决定是否给企业提供信用,是否需要提前收回债权。他们进行财务会计报告分析是为了回答以下几个方面的问题:一是公司为什么需要额外筹集资金;二是公司还本付息所需资金的可能来源是什么;三是公司对于以前的短期和长期借款是否按期偿还;四是公司将来在哪些方面还需要借款。

政府机构包括税务部门、国有企业的管理部门、证券管理机构、会计监管机构和社会保障部门等。它们分析财务会计报告是为了从宏观上掌握相关信息并履行自己的监督管理职责。

企业管理层是最主要的财务会计报告的内部分析主体,他们拥有大量的外部信息使用者无法得到的内部信息。他们关心企业的财务状况、盈利能力和持续发展的能力。

除上述主要的财务会计报告分析主体外,还包括其他一些财务会计报告分析主体,如企业职工、中介机构(审计人员、咨询人员)等。职工可通过财务会计报告分析了解企业的现状及未来发展趋势等;审计人员通过财务会计报告分析可以确定审计的重点领域；财务会计报告分析领域的逐渐扩展与咨询业的发展有关，一些国家的"财务分析师"已经成为一种专门职业，他们为各类报表使用人提供专业咨询。

（二）财务会计报告分析的概念

财务会计报告分析的起点是阅读财务报表等资料，终点是做出某种判断（包括进行评价并找出问题），中间的分析过程则由比较、分类、类比、归纳、演绎、分析和综合等认识事物的步骤和方法组成。因此，简言之，财务会计报告分析就是从报表中获取符合报表使用人分析目的的信息，认识企业活动的特点，评价其业绩并发现问题。

具体而言，财务会计报告分析是一门以财务报表资料及其他相关资料为依据，采用一系列专门的分析技术和方法，对企业等经济组织过去和现在有关筹资活动、投资活动、经营活动的偿债能力、盈利能力和营运能力状况进行分析与评价，为企业的投资者、债权人、经营者及其他关心企业的组织或个人了解企业过去、评价企业现状、预测企业未来，做出正确决策提供准确的信息或依据的经济应用学科。

（三）财务会计报告分析的基本方法

要真正体现出财务会计报告的价值，就应通过对财务会计报告的分析，把企业过去和现在经营状况的信息转换为能帮助报告使用者预测未来并进行决策的有用信息。而这种转换是通过一定的财务会计报告的分析方法来完成的。财务会计报告分析的基本方法主要包括比率分析法、比较分析法和因素分析法。

1. 比率分析法

比率分析法是利用会计报表中两项相关数值的比率来反映和揭示企业财务状况和经营成果的一种分析方法。由于相对数比孤立的单个项目的分析更能深入地揭示财务本质，更能恰当地评价企业的财务状况和经营成果，所以比率分析法运用得十分广泛，同时也是其他分析法的基础。

运用比率分析法应该注意两点：第一，相比较的两个项目必须是彼此关联的，如两个项目不相关或相关性不大，这个比率则毫无意义；第二，各种比率计算出来后要和本企业的历史或同类企业相比才更有意义。

2. 比较分析法

比较分析法是通过比较不同的数据从而发现其规律性或找出差别。用于比较的可以是绝对额，也可以是相对额。比较分析的具体方法很多，根据比较对象（即"和谁比"）可以分为三种具体的方法：一是趋势分析法，也叫纵向分析，是与本企业的历史指标相比；二是横向分析法，即与同类企业或行业平均指标相比；三是差异分析法，即将实际指标值与计划指标值相比。不同的比较分析法可以得到不同的有意义的结论，在实际中经常将几种比较方法结合使用。

3. 因素分析法

因素分析法是管理会计中进行成本差异分析时广泛使用的一种方法。随着企业管理水平的提高，在对财务会计报告进行分析时也逐渐开始使用这种方法。因素分析法是把一些综合性指标分解为若干个经济因素，然后分别测算各因素变动对综合性指标的影响程度的方法。财务指标往往具有高度的综合性，一项指标的变动往往是多种因素共同作用的结果。在财务会计报告分析中，要了解某项指标受哪些因素的共同影响以及每个因素的影响程度，就需要通过因素分析法来解决。

因素分析法的实质是将某项指标与计划数或前期数等相比较的差异按因素分解成几个部分，每个部分是由不同的因素变化引起的。在实际的分析中，因素分析法和比较分析法是结合使用的，比较之后通过分解来深入了解差异产生的原因，分解之后通过比较以进一步认识其特征，这种不断的比较和分解就构成了财务会计报告分析的主要过程。

运用因素分析法应特别注意因素分解的相关性问题，即分析指标与其影响因素之间必须真正相关而具有实际的经济意义，各影响因素的变动确实能说明分析指标的差异产生的原因。换言之，经济意义上的因素分解与数学上的因素分解不同，不是在数学算式上相等就行，而是要看其经济意义。

二、企业盈利能力分析

（一）盈利能力分析概述

1. 盈利能力分析的内涵

盈利能力通常是指企业在一定时期内赚取利润的能力。盈利能力的大小是一个相对的概念，即应当把获取的利润与资源投入结合起来进行分析。企业经营业绩的好坏最终可通过企业的盈利能力来反映。无论是企业的经理人员、债权人，还是投资者都非常关心企业的盈利能力，并重视对利润率及其变动趋势的分析与预测。

从企业的角度来看，企业从事经营活动的直接目的是最大限度地赚取利润并维持企业持续稳定地经营和发展。持续稳定地经营和发展是获取利润的基础，而最大限度地获取利润又是企业持续稳定发展的目标和保证。因此，盈利能力是企业经理人员最重要的业绩衡量标准，也是发现问题、改进企业管理的突破口。

2. 盈利能力分析的内容

盈利能力分析是企业财务会计报告分析的重点。对企业盈利能力的分析主要是通过利润率指标进行的，这是因为利润额受企业规模或投入总量的影响较大，不便于不同规模的企业之间进行对比，同时也不能准确地反映企业的盈利能力和盈利水平。从不同角度或不同的分析目的看，利润率指标可有多种形式。对盈利能力的分析通常可从三个方面着手：一是与投资有关的盈利能力分析；二是与销售有关的盈利能力分析；三是上市公司的盈利能力分析。

（二）与投资有关的盈利能力分析

1. 与投资有关的盈利能力分析概述

与投资有关的盈利能力即企业运用投资产生利润的能力。企业收入的取得是以企业一定的原始投资为基础的。一般说来，企业的投资额大，收入相对就多，利润的绝对数也就多；反之，企业的投资额少，收入相对就少，利润的绝对数就少。所以一个企业所获利润的多少，是与企业的投资紧密相连的。

评价一个企业与投资有关的盈利能力的指标是投资报酬率，它是指投入资本与所取得的利润额之间的比率关系，它能从投入产出角度反映企业的盈利能力。投资报酬率指标一般包括总资产报酬率、净资产收益率以及资本金收益率等。

2. 主要指标计算与分析

（1）总资产报酬率。总资产报酬率是指企业息税前利润与平均总资产之间的比率，它用来衡量企业运用全部资产获利的能力，也被称为总资产收益率，计算公式如(7-1)式所示：

$$总资产报酬率 =（利润总额+利息支出）/平均总资产 \times 100\% \quad (7-1)$$

（7-1）式中，平均总资产为期初资产总额与期末资产总额的平均数。总资产报酬率表示企业全部资产获取收益的水平，全面反映了企业的获利能力和投入产出状况。该指标越高，表明企业投入产出的水平越好，企业的资产运营越有效。一般情况下，企业可将此指标与市场利率进行比较，如果该指标大于市场利率，则表明企业可以充分利用财务杠杆进行负债经营，获取尽可能多的收益。评价总资产报酬率时，需要与企业前期、同行业其他企业进行比较，也可以对总资产报酬率进行因素分析。

（2）净资产收益率。净资产收益率是指企业本期净利润与平均净资产的比率，也叫净值报酬率或权益报酬率。该指标体现了自有资本获得净收益的能力。其计算公式如(7-2)式所示：

$$净资产收益率 = 净利润/平均净资产 \times 100\% \quad (7-2)$$

（7-2）式中，平均净资产为年初净资产与年末净资产的平均值。净资产收益率反映公司所有者权益的投资报酬率，具有很强的综合性。一般认为，企业净资产收益率越高，企业自有资本获取收益的能力越强，运营效益越好，对企业投资人、债权人的保证程度就越好。

（3）资本金收益率。资本金收益率是指企业本期净利润与资本金的比率，该指标反映了投资者投入资本的获利能力。其计算公式如(7-3)式所示：

$$资本金收益率 = 净利润/平均实收资本 \times 100\% \quad (7-3)$$

（7-3）式中，平均实收资本为年初实收资本与年末实收资本的平均数。资本金收益率反映投资者原始投资的获利能力，更能反映出投资者投资所产生的收益，与投资者的利益密切相关。

（三）与销售有关的盈利能力分析

1. 与销售有关的盈利能力分析概述

与销售有关的盈利能力主要研究利润与收入或成本之间的比率关系。因此，反映与销售有关的盈利能力的指标可分为两类：一类是各种利润额与收入之间的比率，统称收入利润率；另一类是各种利润额与成本之间的比率，统称成本利润率。

反映收入利润率的指标主要有产品销售利润率、营业收入利润率、销售利润率、销售净利润率、销售息税前利润率以及销售毛利率等，不同的收入利润率其内涵不同，揭示的收入与利润关系不同，在分析评价中的作用也不同。反映成本利润率的指标也有多种形式，主要有：销售成本利润率、营业成本费用利润率以及全部成本费用利润率等。以下仅对主要计算指标做简要介绍。

2. 主要指标计算与分析

（1）销售净利润率。销售净利润率是指净利润与销售收入的百分比，其计算公式如(7-4)式所示：

$$销售净利润率 = 净利润/销售收入 \times 100\% \quad (7-4)$$

(7-4)式中,销售收入一般是指销售收入净额。该指标反映每一元销售收入带来的净利润是多少,表示销售收入的收益水平。从销售净利润率的指标关系看,净利润与销售净利润率成正比,而销售收入与销售净利润率成反比。企业在增加销售收入的同时,必须相应地获得更多的净利润,才能使销售净利润率保持不变或有所提高。通过分析销售净利润率的升降变动,可以促使企业在扩大销售的同时注意改进经营管理,提高盈利水平。

(2)销售毛利率。销售毛利率是指毛利占销售收入的百分比,其中毛利是销售收入与销售成本的差。其计算公式如(7-5)式所示:

$$销售毛利率=(销售收入-销售成本)/销售收入\times 100\% \quad (7-5)$$

(7-5)式所计算的销售毛利率表示每一元销售收入扣除销售成本后,有多少可以用于补偿各项期间费用和形成盈利。销售毛利率是企业销售净利润率的最初基础,没有足够大的毛利率便不能盈利。

(3)销售成本利润率。销售成本利润率是指产品销售利润与产品销售成本之间的比率。其计算公式如(7-6)式所示:

$$销售成本利润率=产品销售利润/产品销售成本\times 100\% \quad (7-6)$$

(7-6)式所计算的销售成本利润率反映了企业投入的销售成本产生销售利润的能力。

(四)上市公司的盈利能力分析

1. 上市公司的盈利能力分析概述

随着我国社会主义市场经济体制的建立、发展和完善,我国的企业管理体制正在由传统的管理体制向现代企业制度转变。企业股份制改造是建立现代企业制度的重要形式。随着股份制企业的增多和资本市场的完善,上市公司的数量也在逐渐增加。

由于上市公司自身所具有的特点,其盈利能力除了可通过一般企业的盈利能力指标进行分析外,还应进行一些特殊指标的分析,特别是一些与企业股票价格或市场价值相关的指标的分析,如每股收益、每股净资产普通股权益报酬率、股利发放率以及价格与收益比率等指标。

2. 主要指标计算与分析

(1)每股收益。每股收益是指本年净收益与年末普通股份总数的比值。其计算公式如(7-7)式所示:

$$每股收益=(净利润-优先股股利)/发行在外的普通股的加权平均股数 \quad (7-7)$$

(7-7)式中,分子之所以要扣除优先股股利,是因为优先股通常获取相对固定的股利收入,无权享有公司的剩余利润,其性质更接近于公司债券,计算时扣除优先股股利,可以使每股收益反映普通股的收益状况。分母之所以要用发行在外的普通股的加权平均数,是因为公式中的分子通常是"本年度"的净利润,而本年度的净利润是整个年度内的实存资本创造的,本期内发行的普通股股数只能在增加以后的这一段时期内产生收益,本期内减少的普通股股数在减少以前的期间内仍产生收益,所以必须采用加权平均数,以正确反映本期内发行在外的股份数额。

每股收益是衡量上市公司盈利能力最重要的财务指标。它反映普通股的获利水平。分析时可以进行公司间的比较来评价公司相对的盈利能力,也可以进行不同时期的比较以了解公司盈利能力的变化趋势,还可以进行经营实绩和盈利预测的比较而掌握公司的管理能力。

(2)每股净资产。每股净资产是期末净资产(即股东权益)与年度末普通股份总数的比值,也称为每股账面价值或每股权益。其计算公式如(7-8)式所示:

$$每股净资产 = 年度末股东权益 / 年度末普通股数 \qquad (7-8)$$

(7-8)式中,"年度末股东权益"是指扣除优先股权益后的余额。该指标反映发行在外的每股普通股所代表的净资产成本即账面权益。分析时只能有限地使用这个指标,因为它是用历史成本计量的,既不反映净资产的变现价值也不反映净资产的产出能力。每股净资产在理论上提供了股票的最低价值,如果公司的股票价格低于净资产的成本,而成本又接近变现价值,就说明公司已无存在的价值,清算是股东最好的选择。

三、企业偿债能力分析

(一)企业偿债能力分析概述

1. 偿债能力分析的内涵

偿债能力是指企业偿还各种到期债务的能力。

企业负债是过去的交易或事项形成的现时义务,履行该义务预期会导致经济利益流出企业。负债是企业资金来源的重要组成部分,其基本特点是:第一,负债的清偿预期会导致经济利益流出企业;第二,负债是由过去的交易或事项形成的,其债务责任能够以货币确切地计量或者合理地估计。负债按其偿还期的长短可分为流动负债和非流动负债。

2. 偿债能力分析的内容

企业偿债能力分析的内容受到企业负债内容和偿债所需资产内容的制约,不同的负债的偿还所需要的资产不同,或者说不同的资产可用于偿还的债务也不同。一般地说,由于负债可分为流动负债和非流动负债,资产可分为流动资产和非流动资产,因此,偿债能力分析通常可分为短期偿债能力分析和长期偿债能力分析。

短期偿债能力是指企业偿还流动负债的能力,或者说是指企业在短期债务到期时企业资产可以变现为现金用于偿还流动负债的能力。短期偿债能力分析,首先要明确影响短期偿债能力的因素,在此基础上,通过对一系列反映短期偿债能力的指标进行计算与分析,说明企业短期偿债能力的状况。

长期偿债能力是指企业偿还长期负债的能力,或者说是在企业长期债务到期时,企业盈利或资产可用于偿还长期负债的能力。对企业长期偿债能力进行分析时要结合长期负债的特点,在明确影响长期偿债能力因素的基础上,从企业盈利能力和资产规模两方面对企业偿还长期负债的能力进行分析和评价。

(二)短期偿债能力分析

1. 短期偿债能力分析概述

短期偿债能力分析首先必须明确影响短期偿债能力的因素,这是企业短期偿债能力分析的基础。影响短期偿债能力的因素主要包括流动资产、流动负债的规模与结构等。

流动资产是偿还流动负债的物质保证,其流动性从根本上决定了企业偿还流动负债的能力。研究流动资产的规模与构成，对分析企业的短期偿债能力十分必要。一般地说，流动资产越多，企业短期偿债能力越强。

流动负债的规模也是影响企业短期偿债能力的重要因素，因为短期负债的规模越大，短期内企业需要偿还的债务负担就越重。一般说来，企业的所有债务都是要偿还的，但是并非所有债务都需要在到期时立即偿还（例如与银行达成协议将债务展期），债务偿还的强制程度和紧迫性也影响了企业的短期偿债能力。

除此之外，企业的经营现金流量状况、财务管理水平以及母公司与子公司之间的资金调拨等也影响偿债能力。同时，企业外部因素也影响企业短期偿债能力，如宏观经济形势、证券市场的发育与完善程度以及银行的信贷政策等。

2. 主要指标计算与分析

（1）流动比率。流动比率是流动资产与流动负债之间的比率，其计算公式如(7-9)式所示：

$$流动比率 = 流动资产 / 流动负债 \quad (7-9)$$

(7-9)式计算出的流动比率是衡量企业短期偿债能力的重要指标，表明企业每一元流动负债有多少流动资产作为支付的保障，反映了企业流动资产在短期债务到期时可变现用于偿还流动负债的能力。一般认为，企业的流动比率为2以上较好。

企业能否偿还短期债务，要看有多少短期债务以及有多少可变现偿债的流动资产。流动资产越多，短期债务越少，则偿债能力越强。如果用流动资产偿还全部流动负债，企业剩余的便是营运资金，营运资金越多，说明不能偿还的风险越小。因此，营运资金的多少可以反映偿还短期债务的能力。但是，营运资金作为一个绝对数指标，不便于企业之间的比较，而流动比率是流动资产和流动负债的比值，是一个相对数，排除了企业规模不同的影响，更适合企业之间以及本企业不同历史时期的比较。

从债权人的立场上说，流动比率越高越好，因为流动比率越高，债权越有保障，借出的资金越安全。但从经营者和所有者的角度看，并不一定要求流动比率越高越好，在偿债能力允许的范围内，根据经营的需要进行负债经营也是现代企业经营的策略之一。

（2）速动比率。速动比率是速动资产与流动负债的比值，也被称为酸性测试比率。所谓速动资产是流动资产扣除存货后的数额，速动比率的内涵是每一元流动负债有多少元速动资产作保障。速动比率的计算公式如（7-10）式所示：

$$速动比率 = (流动资产 - 存货) / 流动负债 \quad (7-10)$$

(7-10)式所计算得出的速动比率越高，表明企业偿还流动负债的能力越强。在计算速动比率时要把存货从流动资产中剔除，主要是因为流动资产中存货的变现速度最慢，把存货从流动资产总额中减去而计算出的速动比率反映的短期偿债能力更加令人信服。一般认为，企业的速动比率为1以上较好。

（三）长期偿债能力分析

1. 长期偿债能力分析概述

长期偿债能力是企业偿还长期债务的现金保障程度。企业的长期债务是指偿还期在1年或者超过1年的一个营业周期以上的负债，包括长期借款、应付债券以及长期应付款等。

由于长期债务的期限长，企业的长期偿债能力主要取决于企业的资本结构和获利能力。资本结构是指企业各种长期筹资来源的构成和比例关系。长期资本来源主要是权益筹资和长期债务。资本结构对企业长期偿债能力的影响主要体现在以下两个方面：第一，权益资本是承担长期债务的基础；第二，资本结构影响企业的财务风险，进而影响企业的偿债能力。

长期偿债能力与获利能力密切相关。企业能否有充足的现金流入偿还长期负债，在很大程度上取决于企业的获利能力。一般来说，企业的获利能力越强，长期偿债能力越强；反之，则越弱。

2. 主要指标计算与分析

（1）资产负债率。资产负债率是负债总额除以资产总额的百分比，也被称为债务比率。资产负债率的计算公式如（7-11）式所示：

$$资产负债率 = （负债总额/资产总额）\times 100\% \qquad (7-11)$$

（7-11）式计算得出的资产负债率反映在总资产中有多大比例是通过借债来筹资的，也可以衡量企业在清算时保护债权人利益的程度。资产负债率是衡量企业负债水平及风险程度的重要标志。

一般认为，资产负债率的适宜水平是40%~60%。对于经营风险比较高的企业，为减少财务风险应选择比较低的资产负债率；对于经营风险低的企业，为增加股东收益则可选择比较高的资产负债率。

（2）已获利息倍数。已获利息倍数是指企业经营业务收益与利息费用的比率，用以衡量偿付借款利息的能力，也叫利息保障倍数。已获利息倍数的计算公式如（7-12）式所示：

$$已获利息倍数 = 息税前利润/利息费用 \qquad (7-12)$$

（7-12）式中的分子"息税前利润"是指利润表中未扣除利息费用和所得税之前的利润，既可以用"利润总额加利息费用"来测算，也可以用"净利润加所得税、利息费用"来测算。由于我国现行利润表中的"利息费用"没有单列，而是混在"财务费用"之中，外部信息使用者只能用"利润总额加财务费用"来估计。已获利息倍数指标反映企业经营收益为所需支付的债务利息的多少倍。只要已获利息倍数足够大，企业就有充足的能力偿付利息，否则相反。

四、企业营运能力分析

（一）企业营运能力分析概述

1. 企业营运能力分析的内涵

企业营运能力是指企业营运资产的效率与效益，主要是资产的周转率或周转速度。企业营运资产的效益通常是指企业的产出额与资产占用额之间的比率。企业营运能力分析就是要通过对反映企业资产营运效率与效益的指标进行计算与分析，评价企业的营运能力，为企业提高经济效益指明方向。

通过企业营运能力分析，可评价企业资产营运的效率，发现企业在资产营运中存在的问题，此外，营运能力分析也是盈利能力分析和偿债能力分析的基础与补充。

2. 企业营运能力分析的内容

反映企业营运能力的指标有许多，要正确分析评价企业营运能力，就必须正确设计评价企业营运能力的指标体系。在评价企业营运能力时，应体现各种资产的特点。企业的资产主要包括固定资产和流动资产，它们的营运方式不同并各具特点，因此，在分析企业营运能力时可从三个方面进行考察：一是流动资产营运能力分析；二是固定资产营运能力分析；三是全部资产营运能力分析。

（二）主要指标计算与分析

1. 流动资产营运能力分析

（1）应收账款周转率。应收账款周转率也叫应收账款周转次数，是赊销收入净额与平均应收账款的比值，其计算公式如（7-13）式所示：

$$应收账款周转率（次数）= 赊销收入净额 / 应收账款平均余额 \quad (7-13)$$

（7-13）式中：

$$赊销收入净额 = 销售收入 - 现销收入 - 销售退回、折让、折扣$$

$$应收账款平均余额 =（期初应收账款 + 期末应收账款）/ 2$$

（7-13）式所计算得出的应收账款周转率可以用来估计应收账款变现的速度和管理的效率，回收迅速既可以节约资金，也说明企业信用状况好，不易发生坏账损失。但应收账款周转率也并非越高越好，还应结合企业的信用政策做具体分析。

（2）存货周转率。存货周转率是指企业在一定时期内存货占用资金可周转的次数。其计算公式如（7-14）式所示：①

$$存货周转率（次数）= 销售成本 / 平均存货 \quad (7-14)$$

（7-14）式中：

$$平均存货 =（期初存货 + 期末存货）/ 2$$

一般来讲，存货周转速度越快，存货占用水平越低，流动性越强，说明企业营运能力越强；相反，存货周转率低，则表明企业存货占用资金较多，可能是经营能力较差，出现了库存积压或存货呆滞。但是，若存货周转率过高，也可能说明企业存货管理方面存在一些问题，具体应结合企业的产业特征和自身特点来决定合理的存货周转率标准。

（3）流动资产周转率

流动资产周转率是销售收入与全部流动资产平均余额的比值。其计算公式如(7-15)式所示：

$$流动资产周转率（次数）= 销售收入净额 / 流动资产平均余额 \quad (7-15)$$

（7-15）式中：

$$流动资产平均余额 =（期初流动资产余额 + 期末流动资产余额）/ 2$$

（7-15）式计算得出的流动资产周转率指标既反映了流动资产的周转速度，也综合反映了流动资产的利用效果。流动资产在一定时期的周转次数越多，亦即每周转一次所需要的天数越少，周转速度就越快，流动资产营运能力就越好；反之，周转速度越慢，

---

① 也可用销售收入做分子。

流动资产营运能力就越差。

2. 固定资产营运能力分析

固定资产周转率是一定时期所实现的销售收入净额同固定资产平均净值之间的比率，其计算公式如（7-16）式所示：

$$固定资产周转率 = 销售收入净额 / 固定资产平均净值 \qquad (7-16)$$

（7-16）式中：

$$固定资产平均净值 = （期初固定资产净值 + 期末固定资产净值） / 2$$

（7-16）式计算得出的固定资产周转率高，表明企业固定资产利用充分，固定资产的效率发挥充分；反之则表明固定资产使用效率不高，提供的生产成果不多，固定资产营运能力不强。

3. 全部资产营运能力分析

（1）全部资产产值率。全部资产产值率是指企业占用每百元资产所创造的总产值，其计算公式如（7-17）式所示：

$$全部资产产值率 = 总产值 / 平均总资产额 \times 100\% \qquad (7-17)$$

（7-17）式中：

$$平均总资产额 = （期初资产总额 + 期末资产总额） / 2$$

（7-17）式计算得出的全部资产产值率指标反映了总产值与总资产之间的关系。在一般情况下，该指标值越高，说明企业资产的投入产出率越高，企业全部资产运营状况越好。

（2）全部资产周转率。全部资产周转率是反映企业全部资产综合使用效率的指标，其计算公式如（7-18）式所示：

$$全部资产周转率 = 总周转额（总收入） / 平均总资产 \qquad (7-18)$$

由（7-18）式可见，在全部资产中周转速度最快的应属流动资产，因此，全部资产周转速度受流动资产周转速度的影响较大。根据全部资产周转速度与流动资产周转速度的关系，可确定影响全部资产周转率的因素如（7-19）式所示：

$$\begin{aligned}全部资产周转率 &= （销售收入 / 平均流动资产） \times （平均流动资产 / 平均总资产）\\ &= 流动资产周转率 \times 流动资产占总资产的比重 \qquad (7-19)\end{aligned}$$

由（7-19）式可见，全部资产周转率的快慢取决于两个因素：一是流动资产周转率，因为流动资产的周转速度往往高于其他类资产的周转速度，加速流动资产周转就会使总资产的周转速度加快，反之则会使总资产周转速度减慢；二是流动资产占总资产的比重，因为流动资产的周转速度快于其他类资产的周转速度，所以，企业流动资产所占比例越大，总资产周转速度就越快，反之则越慢。

五、企业综合能力与社会贡献能力分析

除上述企业盈利能力、企业偿债能力和企业营运能力三类基本指标外，不同性质以及不同产权结构的企业还有相应的个性化评价指标。

如我国目前在对国有企业资本金绩效的评价方面就有特殊的要求。在定量评价指标方面有资本积累率与资本保值增值率、不良资产比率、资产损失比率、现金流动负债比率、长期资产适合率、经营亏损挂账比率、总资产增长率、固定资产成新率、三年利润平均增长率和三年资本平均增长率等；而在定性评价方面，就有领导班子基本素质、产品市场占有能力（服务满意度）、在岗员工素质状况、技术装备更新水平（服务硬环境）、行业或区域影响力、企业经营发展策略和长期发展能力预测等。

此外，国家有关部门还出台有相关规定，要求国有企业与上市公司必须各自披露其社会责任履行情况的信息，以作为有关部门考核与监管其综合能力与社会贡献能力的基本依据。

【本章小结】

1. 财务会计报告是企业会计核算的最终成果，它是用于综合反映企业一定日期的财务状况以及一定时期的经营成果和现金流量的书面文件，它对不同会计信息使用者有着不同的作用。

2. 财务会计报告由会计报表、会计报表附注和其他应当在财务会计报告中披露的相关信息和资料三个部分所构成，它有确认和披露两种表述方式，其列报要求为符合规定、编制有据、口径统一、要素齐全与编报及时。

3. 资产负债表主要反映企业某一特定日期的财务状况，它有报告式与账户式两种列报格式，其内容、结构与编制方法基本一致。

4. 利润表主要反映企业一定会计期间的生产经营成果，它有单步式与多步式两种列报格式，其内容、结构和编制方法基本一致。

5. 现金流量表主要反映企业在一定会计期间内的现金及现金等价物的流入和流出状况，其内容分为经营活动产生的现金流量、投资活动产生的现金流量和筹资活动产生的现金流量，其编制方法有直接法与间接法两种。

6. 财务会计报告分析主要是为不同利益相关者了解企业过去、评价现状、预测未来以做出正确决策而提供加工后的信息，其基本方法有比率分析法、比较分析法和因素分析法等，它分析的主要内容为企业盈利能力、企业偿债能力、企业营运能力、企业综合能力与社会贡献能力等方面，并分别设计有不同的指标，以考核不同的内容。

思 考 题

1. 什么是财务会计报告？财务会计报告由哪些内容构成？
2. 财务会计报告有哪两种表述方式？不同的表述方式有何区别？
3. 什么是资产负债表？它有何重要作用？
4. 什么是利润表？它有何重要作用？
5. 什么是现金流量表？它有何重要作用？
6. 资产负债表有哪几种格式？我国采取的是哪种格式？资产负债表各项目是如何排列的？应当如何编制与填列？
7. 利润表有哪几种格式？我国采取的是哪种格式？应当如何编制与填列？
8. 什么是现金流量？其项目可分为哪几类？应当如何在报表上反映？
9. 财务报表附注应主要披露哪些信息？

10. 财务会计报告分析的主体有哪些？各主体的分析目的分别是什么？
11. 企业偿债能力分析的主要内容是什么？
12. 财务会计报告分析的主要方法有哪些？

练 习 题

【练习题 7-1】

（一）目的

掌握资产负债表的编制与偿债能力分析。

（二）资料

某公司 2009 年 12 月 31 日全部账户的余额如表 7-10 所示。

表 7-10　　　　　　　　　　某公司账户余额表
　　　　　　　　　　　　　2009 年 12 月 31 日　　　　　　　　　　　单位：元

账户名称	借方余额	账户名称	贷方余额
现金	1 000	短期借款	20 000
银行存款	30 000	应付账款	64 000
应收账款	54 000	应交税费	16 000
原材料	56 000	长期借款	300 000
产成品	60 000	实收资本	350 000
生产成本	20 000	利润分配	18 000
固定资产	700 000	累计折旧	250 000
无形资产	100 000	坏账准备	3 000

该公司年初资产总额为 500 000 元，负债总额为 200 000 元，2009 年度实现净利润 98 000 元。

（三）要求

（1）根据上述资料编制该公司 2009 年 12 月 31 日的资产负债表，格式如表 7-11 所示。

表 7-11　　　　　　　　　　　资 产 负 债 表
编制单位：某公司　　　　　　2009 年 12 月 31 日　　　　　　　　　　单位：元

资产	金额	负债及所有者权益	金额
货币资金		短期借款	
应收账款		应付账款	
存货		应交税费	
固定资产原价		长期借款	
减：累计折旧		实收资本	
固定资产净值		未分配利润	
无形资产			
资产总计		负债及所有者权益总计	

（2）计算该公司下列财务指标（不能整除的保留两位小数），并简要分析该公司的偿债能力。

①年初资产负债率。
②年末资产负债率。
③年度资产利润率。
④年初产权比率。
⑤年末产权比率。
⑥年末流动比率。
⑦年末速动比率。

【练习题 7-2】

（一）目的

掌握利润表的编制。

（二）资料

某公司 2009 年 9 月有关损益类账户的当月发生额如表 7-12 所示，该公司 2009 年 8 月利润表中各项目"全年累计数"栏的金额如表 7-13 所示。

表 7-12　　　　　　　　　某公司损益类账户本月发生额

2009 年 9 月　　　　　　　　　　　　　　　单位：元

总　账	借方发生额	贷方发生额
主营业务收入	100 000	5 000 000
主营业务成本	2 600 000	60 000
营业税金及附加	730 000	
其他业务收入		900 000
其他业务成本	300 000	
销售费用	600 000	
管理费用	230 000	
财务费用	200 000	
投资收益	310 000	1 600 000
营业外收入		330 000
营业外支出	130 000	
所得税费用	100 000	
资产减值损失	0	
公允价值变动损益	0	

表 7-13　　　　　　　　　某公司利润表各项目的累计金额
　　　　　　　　　　　　　　　2009 年 8 月　　　　　　　　　　　　　单位：元

总　账	本年累计金额	
	借　方	贷　方
主营业务收入		62 000 000
主营业务成本	21 000 000	
营业税金及附加	7 200 000	
其他业务收入		3 100 000
其他业务成本	1 200 000	
销售费用	6 800 000	
管理费用	3 500 000	
财务费用	910 000	
投资收益		7 500 000
营业外收入		2 000 000
营业外支出	900 000	
所得税费用	8 200 000	
资产减值损失	0	
公允价值变动损益	0	

（三）要求

根据上述资料，编制该公司 2009 年 9 月的利润表，格式如表 7-14 所示。

表 7-14　　　　　　　　　　　　利　润　表
编制单位：某公司　　　　　　　　2009 年 9 月　　　　　　　　　　　　单位：元

项　目	本月金额	本年累计金额
一、营业收入		
减：营业成本		
营业税金及附加		
销售费用		
管理费用		
财务费用		
资产减值损失		
加：公允价值变动损益		

续表

项　　目	本月金额	本年累计金额
投资收益		
二、营业利润		
加：营业外收入		
减：营业外支出		
三、利润总额		
减：所得税		
四、净利润		
五、每股收益	略	略
（一）基本每股收益	略	略
（二）稀释每股收益	略	略

【练习题 7-3】

（一）目的

掌握相关财务指标的计算。

（二）资料

某公司 2009 年 12 月 31 日的简略资产负债表如表 7-15 所示。

表 7-15　　　　　　　　　　　　　资产负债表

编制单位：某公司　　　　　　2009 年 12 月 31 日　　　　　　　　　　　　单位：元

资　产	期末余额	负债与所有者权益	期末余额
货币资金	25 000	应付账款	
应收账款		应交税费	25 000
存货		长期负债	
固定资产净值	294 000	实收资本	200 000
		未分配利润	
合计	432 000	合计	

已知：（1）期末流动比率=1.5。　　（2）期末资产负债率=50%。

　　　（3）本期存货周转次数=4.5 次。（4）本期销售成本=315 000 元。

　　　（5）期末存货=期初存货。

（三）要求

根据上述资料，计算并填列资产负债表中的空项。

第八章 会 计 循 环

【学习目标】

本章主要阐述会计循环的基本过程；账务处理程序的意义和种类；不同账务处理程序的特点、基本内容、优缺点及其适用范围。

通过本章的学习，理解会计循环的内涵，认识会计循环的基本过程及其主要业务工作；掌握记账凭证账务处理程序、汇总记账凭证账务处理程序、科目汇总表账务处理程序和日记总账账务处理程序的特点、基本内容、优缺点及其适用范围；熟悉汇总记账凭证的填制和科目汇总表的编制方法；能够运用记账凭证账务处理程序处理简单企业的全部经济业务。

企业财务会计工作的最终成果是对外提供会计信息，而会计信息的生成与报告的核心是对企业发生的经济交易或事项进行会计确认和会计计量，因此会计确认与会计计量是贯穿企业会计信息处理全过程的非常重要的环节。在我国企业的会计实务工作中，会计信息的处理和加工过程表现为根据发生的经济交易或事项填制记账凭证、登记会计账簿和编制财务报表。由于每一个企业在不同会计期间所从事的经济活动往往具有重复性，是周而复始的，因此每一个企业在不同的会计期间对其经济交易或事项的会计信息处理过程往往也是重复进行的，是周而复始的，也就是说企业的会计信息生成过程具有重复性，具有"循环"的特征。本章主要阐述会计循环的基本过程，并通过综合案例示范其具体的操作过程。

第一节 会计循环过程

一、会计循环的含义及其基本过程

（一）会计循环的含义

企业对外提供会计信息的主要目标是为了向企业外部会计信息使用者提供对其决策有用的信息，而要实现这一主要目标就必须加强日常会计核算工作。为了保障企业日常会计核算工作的有序进行，需要建立相应的会计核算系统，这一会计核算系统的实质就是对企业日常发生的经济交易或事项进行的确认、计量、记录和报告，并且这一过程实际上是一个连续不断、周而复始的过程。会计循环就是指企业将一定时期内发生的所有经济业务，依照一定的步骤、方法加以记录、归类、汇总直至编制财务报表的整个过程，并在连续的会计期间里周而复始地不断循环。企业首先需要以会计确认的方式对其经济活动数据进行"过滤",认定并接受应当由会计核算系统加以处理的原始经济数据而排除其他数据,同时对经济交易或事项涉及的价值数量关系进行计算和衡量,确定与财务状况、经营成果和现金流量等有关的货币化数量结果;其次,对于上述经济交易或事项的确认内容和计量结果,通过账户(账簿)做出全面、完整而相互关联的记录;最后,在会计期间终了时将账户中记录的企业经济活动信息按会计信息使用者的要求进行汇总、浓缩,并主要以财务报表的方式提供企业的财务状况、经营成果和现金流量信息。

会计循环实际上就是会计信息系统的运行过程,包括原始信息的输入、信息加工与转换、会计信息的输出。从会计方法运用的角度看,会计循环也就是在一个特定的会计期间企业对其经济活动进行确认、计量、记录和报告的完整过程。

(二)会计循环的基本过程

企业会计循环的基本过程包括经济交易或事项的发生、分析经济交易或事项、记录经济交易或事项、期末账项调整、核对账户记录、结算账户记录、编制财务报表等。[①]

1. 经济交易或事项的发生

会计主体在发生对内和对外的经济业务时,不论是买卖、借贷或其他往来交易和事项,只要经过双方同意并议定公平价格或承诺,就是经济交易或事项的发生。因此,经济交易或事项必须是具有经济活动内容,并可以计价结算的经济业务。

2. 分析经济交易或事项

经济交易或事项的相关原始信息最初反映在发票、收据、出库单、入库单等原始单据或凭证上,所以,首先应当对原始凭证所记载的经济信息进行分析,并运用会计确认标准判断和决定是否应将相关的经济交易或事项纳入会计核算系统予以反映,这就是会计上的初始确认过程。经初步认定后,还应当对于那些应该被纳入会计核算系统的经济交易或事项采用相应的会计计量方法进行价值计量。

分析经济交易或事项是一个对企业经济活动进行识别和判断的过程。企业所发生的经济活动是否应进入会计核算系统,对哪些会计要素产生影响,属于何种会计要素的哪一项目,应当记入什么账户,其导致的价值数量的变化是多少,等等,都是分析经济交易或事项时应当确定和解决的问题。对经济交易或事项进行分析和判断,是记录经济交易的前提和基础。

3. 记录经济交易或事项

对经济交易或事项的发生所导致的会计要素的变化结果,应当在会计账户中加以记录。会计实务中,在将经济交易或事项记入账户前需要先编制会计分录,标明经济交易或事项应当记入的账户名称、借贷方向及其金额。因此,对经济交易或事项的会计记录,包括分录记录和账户记录两个具体环节。分录记录是账户记录的基础,它提供单项经济交易或事项的详细信息;账户记录则将单项经济交易或事项信息按会计要素的具体内容(项目)进行汇总,它可以提供分类的、系统的经济活动信息。

---

① 唐国平. 会计学原理. 2版. 北京:中国财政经济出版社,2007:337-340.

4. 期末账项调整

为了正确计算期间损益，在期末结账前，应当按照权责发生制原则对那些在平时的会计记录中未能予以反映的收入和费用进行确认，并过入相应的账户。通过这种期末账项调整，把那些应该由本期享有的收入或负担的费用计入本期的损益中，而不论其是否已经实际收付款项。期末应当调整的收入与费用项目主要包括应计未付费用、应计未收收入、预付费用摊销、递延收益摊销等。

5. 核对账户记录

账户（账簿）记录资料是企业编制财务报表的直接依据，因此，为了确保财务报表提供的会计信息能够真实、可靠地反映企业的财务状况、经营成果和现金流量，企业必须在会计期末对各类账户（账簿）记录的正确性进行检查，即核对账目。核对账目的主要内容包括"账证核对"、"账账核对"和"账实核对"。若在核对过程中发现错账，企业应采用规定的错账更正方法对原有会计记录进行调整、更正，使其能够准确反映企业经济活动的真实情况。

6. 结算账户记录

当账户（账簿）记录核对无误后，应对各个账户记录正式结账。结账实际上是对各个账户所记录的经济活动情况进行分类总结，为编制财务报表提供资料来源。在结账时，应当逐一计算各个账户的本期发生额及余额，包括总分类账户、明细账户等。

7. 编制财务报表

当各个账户（账簿）的本期发生额及余额计算确定以后，即可根据会计信息使用者的要求对账簿记录中的各类信息进行筛选、浓缩，并确定应当列入财务报表相关项目的内容与金额，编制财务报表。

（三）会计循环的具体过程

从我国企业的实际情况看，会计循环的具体过程表现为：首先对经济交易或事项进行确认和计量，并根据其结果编制记账凭证（即会计分录）；其次根据记账凭证登记会计账簿（账户），期末调整有关账项并核对账目和结算各个账户的日常记录；最后根据审核无误的账簿记录编制财务报表。我国企业会计循环的具体过程如图8-1所示。

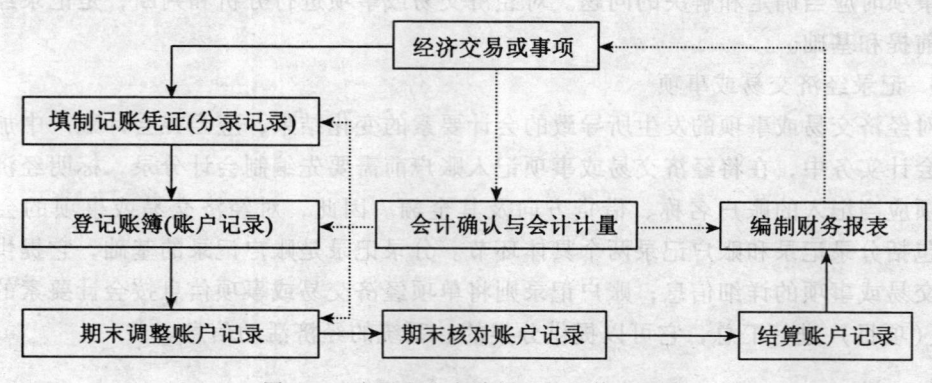

图8-1 我国企业会计循环的具体过程图

二、账务处理程序

(一) 账务处理程序的意义和种类

1. 账务处理程序的意义

账务处理程序也称会计核算组织程序或会计核算形式，是会计循环得以不断往复的技术组织方式，它是以账簿体系为核心，把凭证组织、账簿组织、记账程序和方法有机结合起来的业务处理形式。其中凭证组织是指会计凭证的种类、格式和相互关系；账簿组织是指会计账簿的种类、格式和相互关系；记账程序与方法是指编制凭证、登记账簿和提供编制会计报表所需要的数据资料的程序与方法。

由于会计凭证、会计账簿和财务报表之间的结合方式不同，形成了不同的账务处理程序，不同的账务处理程序又有不同的特点和适用范围。因此，各单位应根据经济活动的特点、规模大小、管理要求等选择适宜的账务处理程序。具体地说，科学地组织账务处理程序的意义在于：(1) 有利于保证会计记录的完整性和正确性，进而确保会计信息质量；(2) 有利于实现会计工作程序的规范化，进而提高会计工作效率。

2. 账务处理程序的种类

在我国，常用的账务处理程序主要有记账凭证账务处理程序、汇总记账凭证账务处理程序、科目汇总表账务处理程序和日记总账账务处理程序。这些账务处理程序有很多相同点，又有不同点，而其最主要的区别在于登记总分类账的依据和方法不同。

(二) 记账凭证账务处理程序

1. 记账凭证账务处理程序的特点

记账凭证账务处理程序是直接根据各种记账凭证逐笔登记总分类账的一种账务处理程序。在这种账务处理程序下，现金日记账和银行存款日记账只被用来序时地登记各笔收付款业务，并不作为登记总分类账的依据。记账凭证账务处理程序是账务处理程序中最基本的一种，从一定意义上说，其他账务处理程序均是在此基础上发展和演变而来的。

采用记账凭证账务处理程序时，记账凭证一般采用收款凭证、付款凭证和转账凭证的专用记账凭证的格式，也可以采用一种通用的格式。设置的现金日记账和银行存款日记账一般可以采用三栏式格式，总分类账也可以采用三栏式格式，明细分类账则可以根据需要采用三栏式、数量金额式和多栏式格式。

2. 记账凭证账务处理程序的基本内容

记账凭证账务处理程序的主要特点是直接根据各种记账凭证逐笔登记总分类账，记账凭证是登记总分类账的直接根据。记账凭证账务处理程序如图 8-2 所示。[①]

图 8-2 中的账务处理程序共有六个步骤，其基本内容与要求如下：

(1) 根据各种原始凭证或原始凭证汇总表填制记账凭证。

(2) 根据记账凭证中涉及现金和银行存款收支的凭证逐日逐笔登记现金日记账和

[①] 还可以采用通用记账凭证，即不分收款、付款和转账凭证。

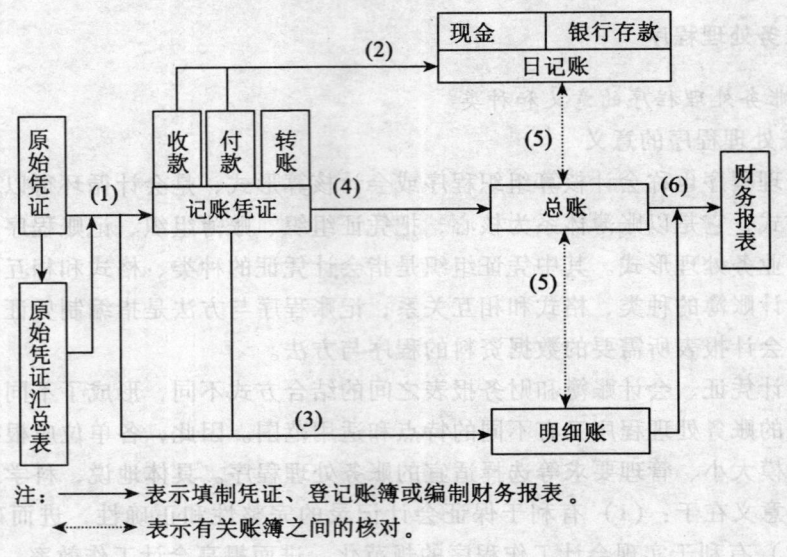

图 8-2 记账凭证账务处理程序图

银行存款日记账。

（3）根据原始凭证、原始凭证汇总表或记账凭证逐笔登记各种明细分类账。

（4）根据记账凭证逐笔登记总分类账。

（5）月末，将现金日记账、银行存款日记账以及各种明细分类账的发生额与余额合计数分别与总分类账户中相关账户的余额核对相符。

（6）月末，根据总分类账和明细分类账的有关记录编制财务报表。

3. 记账凭证账务处理程序的优缺点及适用范围

记账凭证账务处理程序简单明了，易于理解，总分类账可以较详细地反映经济业务的发生和完成情况，方便会计核对与查账。其缺点是登记总分类账的工作量较大，因而适用于规模较小、经济业务量较少的单位。本章第二节会计循环案例将采用记账凭证账务处理程序进行账务处理。

（三）汇总记账凭证账务处理程序

1. 汇总记账凭证账务处理程序的特点

汇总记账凭证账务处理程序是根据记账凭证定期编制汇总记账凭证，然后根据汇总记账凭证登记总分类账的一种账务处理程序。

采用汇总记账凭证账务处理程序时，其会计凭证的设置要求如下：记账凭证一般采用收款凭证、付款凭证和转账凭证的专用记账凭证的格式，也可以采用一种通用的格式；与此同时，还要设置三种具有专门格式的汇总收款凭证、汇总付款凭证与汇总转账凭证。其所设置的现金日记账和银行存款日记账一般可以采用三栏式格式，总分类账也可以采用三栏式格式，明细分类账则可以根据需要采用三栏式、数量金额式和多栏式格式。但是，总分类账的账页格式必须增设"对应账户"栏。

汇总记账凭证也是一种记账凭证，它是根据收款凭证、付款凭证和转账凭证定期

（一般 5 天或 10 天）汇总编制而成的，其种类可分为汇总收款凭证、汇总付款凭证和汇总转账凭证三种。

汇总收款凭证是根据库存现金和银行存款收款凭证汇总编制而成的。汇总编制时，汇总收款凭证应按库存现金账户、银行存款账户的借方设置，并按其相对应的贷方账户归类汇总，一般 5 天或 10 天汇总填制一次，每月编制一张。月末，结算出汇总收款凭证的合计数，分别记入库存现金账户、银行存款账户的借方以及与其相对应的各个账户的贷方。

汇总付款凭证是根据库存现金和银行存款付款凭证汇总编制而成的。汇总编制时，汇总付款凭证应按库存现金账户、银行存款账户的贷方设置，并按其相对应的借方账户归类汇总，一般 5 天或 10 天汇总填制一次，每月编制一张。月末，结算出汇总付款凭证的合计数，分别记入库存现金账户、银行存款账户的贷方以及与其相对应的各个账户的借方。

在编制汇总收款凭证和汇总付款凭证时，需要注意库存现金和银行存款之间的相互划转业务。如果企业同时填制了收款凭证和付款凭证，汇总时应以付款凭证为根据，而收款凭证就不再汇总以免重复。例如，将库存现金存入银行的业务，只需根据库存现金付款凭证汇总，银行存款收款凭证就不再汇总；反之，从银行存款中提取现金的业务，只需根据银行存款付款凭证汇总，库存现金收款凭证就不再汇总。

汇总转账凭证是根据转账凭证汇总编制而成的。汇总编制时，汇总转账凭证应按除库存现金账户、银行存款账户以外的每一个账户的贷方设置，并按其相对应的借方账户归类汇总，一般 5 天或 10 天汇总填制一次，每月编制一张。月末，结算出汇总转账凭证的合计数，分别记入总分类账中各应借账户的借方以及该汇总转账凭证所开设的应贷账户的贷方。

为了便于汇总记账凭证的编制，在平时编制记账凭证时，收款凭证上账户的对应关系应保持一个借方账户与一个或几个贷方账户相对应，尽量避免多个借方账户与一个或几个贷方账户相对应；付款凭证和转账凭证上账户的对应关系应保持一个贷方账户与一个或几个借方账户相对应，尽量避免多个贷方账户与一个或几个借方账户相对应。否则，就会给汇总记账凭证的编制带来不便。

2. 汇总记账凭证账务处理程序的基本内容

汇总记账凭证账务处理程序的主要特点是根据各种汇总记账凭证登记总分类账，汇总记账凭证成为登记总分类账的直接根据。汇总记账凭证账务处理程序如图 8-3 所示。

图 8-3 中的账务处理程序共有七个步骤，其基本内容与要求如下：

（1）根据各种原始凭证或原始凭证汇总表填制收款凭证、付款凭证和转账凭证。

（2）根据收款凭证和付款凭证逐日逐笔登记现金日记账和银行存款日记账。

（3）根据原始凭证、原始凭证汇总表或记账凭证逐笔登记各种明细分类账。

（4）根据各种记账凭证定期编制收款、付款和转账三种汇总记账凭证。

（5）根据各种汇总记账凭证登记总分类账。

（6）月末，将现金日记账、银行存款日记账以及各种明细分类账的发生额与余额合计数分别与总分类账户中相关账户的余额核对相符。

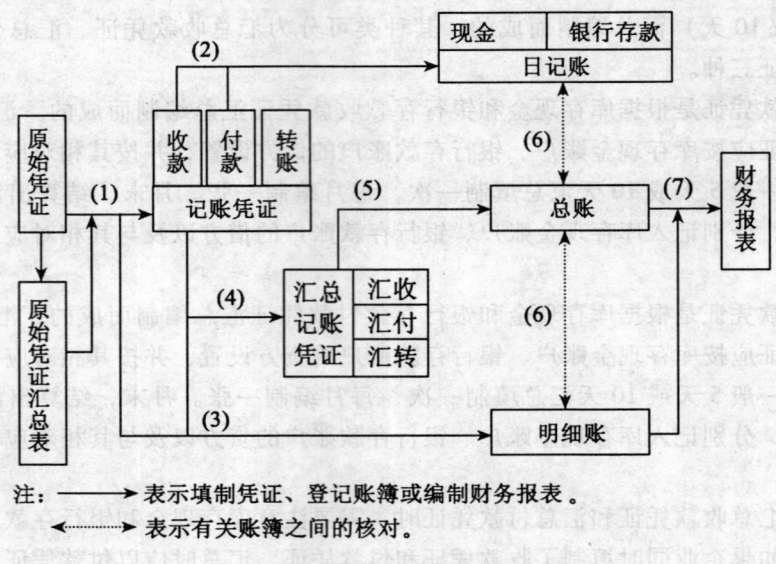

图 8-3 汇总记账凭证账务处理程序图

(7) 月末,根据总分类账和明细分类账的有关记录编制财务报表。

3. 汇总记账凭证的填制

汇总收款凭证、汇总付款凭证和汇总转账凭证应定期汇总填列。编制汇总记账凭证时,汇总收款凭证以借方科目为主体,一般编制"库存现金"和"银行存款"两张;汇总付款凭证以贷方科目为主体,一般编制"库存现金"和"银行存款"两张;汇总转账凭证一般是以所涉及的贷方科目为主体进行汇总。① 三种凭证的一般格式如表 8-1、表 8-2、表 8-3 所示。

表 8-1 汇总收款凭证

借方账户: 年 月 汇收字第 号

贷方账户	金额					总账页数	
	(1)	(2)	(3)	……	合计	借方	贷方
附注	(1) 自____日至____,凭证共××张						
	(2) 自____日至____,凭证共××张						
	(3) 自____日至____,凭证共××张						

---

① 实际工作中,在设计汇总转账凭证时究竟以哪一方账户为主体账户并无一定之规,主要是考虑在做会计凭证时哪一方使用账户的频率低,就应当以哪一方账户作为汇总的主体。因为这样所使用的转账凭证就少,可以减少工作量,以提高效率。一般情况下,会计分录的编制规律体现出使用的贷方账户要比借方账户少,故在汇总转账凭证的设计上,即以其贷方有发生额的账户为主体进行汇总。

表 8-2 　　　　　　　　　　　　　汇总付款凭证
贷方账户：　　　　　　　　　　　　年　月　　　　　　　　　　　　汇付字第　号

借方账户	金　额					总账页数	
	(1)	(2)	(3)	……	合计	借方	贷方
附注	(1) 自＿＿日至＿＿，凭证共××张 (2) 自＿＿日至＿＿，凭证共××张 (3) 自＿＿日至＿＿，凭证共××张						

表 8-3 　　　　　　　　　　　　　汇总转账凭证
贷方账户：　　　　　　　　　　　　年　月　　　　　　　　　　　　汇转字第　号

借方账户	金　额					总账页数	
	(1)	(2)	(3)	……	合计	借方	贷方
附注	(1) 自＿＿日至＿＿，凭证共××张 (2) 自＿＿日至＿＿，凭证共××张 (3) 自＿＿日至＿＿，凭证共××张						

4. 汇总记账凭证账务处理程序的优缺点及适用范围

汇总记账凭证账务处理程序的优点是：（1）通过编制汇总记账凭证，月终一次登记总账，大大减少了登记总账的工作量；（2）将所有记账凭证分别按收款凭证、付款凭证和转账凭证进行汇总，简化了凭证整理和归类工作，可以反映出账户的对应关系，便于检查分析经济活动的来龙去脉；（3）通过定期编制汇总记账凭证可以对汇总期内记账凭证的编制进行试算平衡。但采用这种账务处理程序，编制汇总记账凭证的工作量仍然较大，因而这种方法一般适用于某些规模较大、经济业务较多的企业。

（四）科目汇总表账务处理程序

1. 科目汇总表账务处理程序的特点

科目汇总表账务处理程序是根据记账凭证定期编制科目汇总表，然后根据科目汇总表登记总分类账。

采用科目汇总表账务处理程序时，其会计凭证的设置要求如下：记账凭证一般采用收款凭证、付款凭证和转账凭证的专用记账凭证的格式，也可以采用一种通用的格式；与此同时，还要设置一种具有专门格式的科目汇总表（又称记账凭证汇总表）。其所设置的现金日记账和银行存款日记账一般可以采用三栏式格式，总分类账也可以采用三栏式格式，明细分类账则可以根据需要采用三栏式、数量金额式和多栏式格式。但是，总分类账中不必登记"摘要"栏。

科目汇总表也是一种记账凭证。它根据收款凭证、付款凭证和转账凭证，按照相同的账户归类，定期汇总计算每一个账户的借方发生额和贷方发生额，并将汇总的发生额填入科目汇总表的相应栏目内。对于库存现金账户和银行存款账户的借方发生额和贷方发生额，也可以直接根据现金日记账和银行存款日记账的收支合计数填列，而不再根据收款凭证和付款凭证归类汇总填列。科目汇总表可以每月汇总一次，编制一张，也可以5天或10天汇总一次，每次编制一张。为了便于填制科目汇总表，所有记账凭证采用单项记账凭证为好，即对同一笔经济业务，分别按每个账户的借方和贷方填制一张记账凭证，这样便于按相同的账户进行归类，分别汇总计算其借方和贷方金额，而且不容易发生差错。

科目汇总表的作用与汇总记账凭证的作用相同，都可以简化总分类账的登记工作，但它们的填制方法不同，产生的结果也不同。科目汇总表是定期汇总计算每一账户的借方发生额和贷方发生额，不考虑账户的对应关系，全部账户的借、贷方发生额可以汇总在一张表内，其结果是科目汇总表和据此登记的总分类账都不能反映各账户间的对应关系，所以不便于了解经济业务的具体内容。汇总记账凭证是定期以每一账户的贷方（或借方），分别按与其相对应的借方（或贷方）账户汇总发生额，其结果是汇总记账凭证和据此登记的总分类账都能反映各账户间的对应关系，所以也便于了解经济业务的具体内容。

2. 科目汇总表账务处理程序的基本内容

科目汇总表账务处理程序的主要特点是根据科目汇总表登记总分类账，科目汇总表成为登记总分类账的直接根据。科目汇总表账务处理程序如图8-4所示。

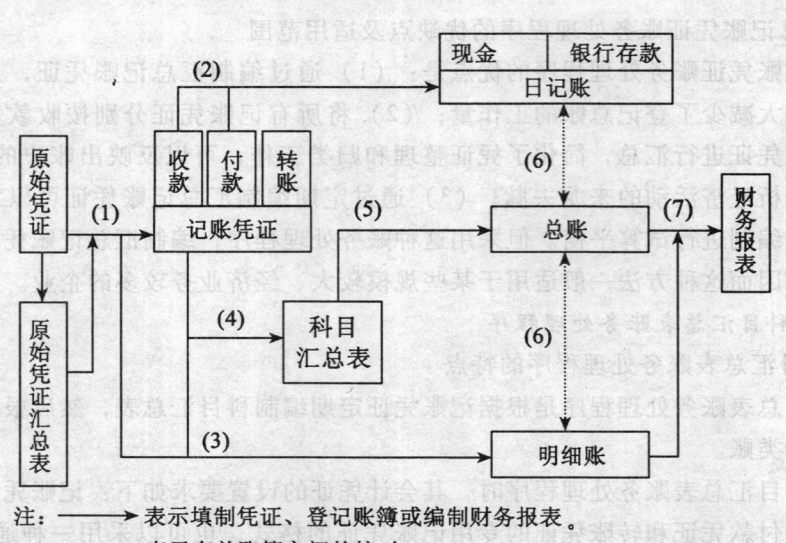

图8-4　科目汇总表账务处理程序图

图 8-4 中的账务处理程序共有七个步骤,其基本内容与要求如下:
(1) 根据各种原始凭证或原始凭证汇总表填制收款凭证、付款凭证和转账凭证。
(2) 根据收款凭证和付款凭证逐日逐笔登记现金日记账和银行存款日记账。
(3) 根据原始凭证、原始凭证汇总表或记账凭证逐笔登记各种明细分类账。
(4) 根据各种记账凭证定期编制科目汇总表。
(5) 根据各科目汇总表登记总分类账。
(6) 月末,将现金日记账、银行存款日记账以及各种明细分类账的发生额与余额合计数分别与总分类账户中相关账户的余额核对相符。
(7) 月末,根据总分类账和明细分类账的有关记录编制财务报表。

3. 科目汇总表的编制方法

科目汇总表是定期(每 5 天或 10 天)将这一期间的全部记账凭证按相同的账户并区分借方、贷方汇总编制的一种特种记账凭证。其一般格式如表 8-4 所示。

表 8-4 科目汇总表
年 月 日 至 年 月 日   科汇字第 号

账户名称	总账页数	本期发生额		记账凭证起止号数
		借方	贷方	
合计				

科目汇总表的编制方法是:先将汇总期内发生的各项经济业务按相同的会计账户进行归类,区分借方、贷方进行汇总计算其本期发生额,并填列在相关栏目内;再将科目汇总表借方数额与贷方数额分别合计,算出其借方、贷方发生额总计,汇总计算后借方与贷方发生额合计应当相等。

4. 科目汇总表账务处理程序的优缺点及适用范围

科目汇总表账务处理程序的优点是:
(1) 根据科目汇总表定期汇总登记总账,大大减少了登记总账的工作量;
(2) 通过编制科目汇总表可以对汇总期间记账凭证的编制是否正确进行试算平衡,便于及时发现差错,从而保证会计工作的质量。这种账务处理程序的缺点是科目汇总表不能反映账户的对应关系,从而不利于对经济活动进行分析和检查。因此,这种账务处理程序一般适用于规模较大、经济业务较多的企业。

(五) 日记总账账务处理程序

1. 日记总账账务处理程序的特点

日记总账账务处理程序是指根据记账凭证逐笔登记日记总账的一种账务处理程序。这种账务处理程序的主要特点是:设置日记总账,所有经济业务都必须在日记总账中进行登记。日记总账既要根据业务发生的时间顺序登记,又要将所有科目的总分类核算都集中到一张账页上。因此，它既是日记账，又是总账。

采用日记总账账务处理程序时，记账凭证一般采用收款凭证、付款凭证和转账凭证的专用记账凭证的格式，也可以采用一种通用的格式。设置的现金日记账和银行存款日记账一般可以采用三栏式格式，明细分类账则可以根据需要采用三栏式、数量金额式和多栏式格式，而日记总账则需要设置专门的格式。

2. 日记总账账务处理程序的基本内容

日记总账账务处理程序如图8-5所示。

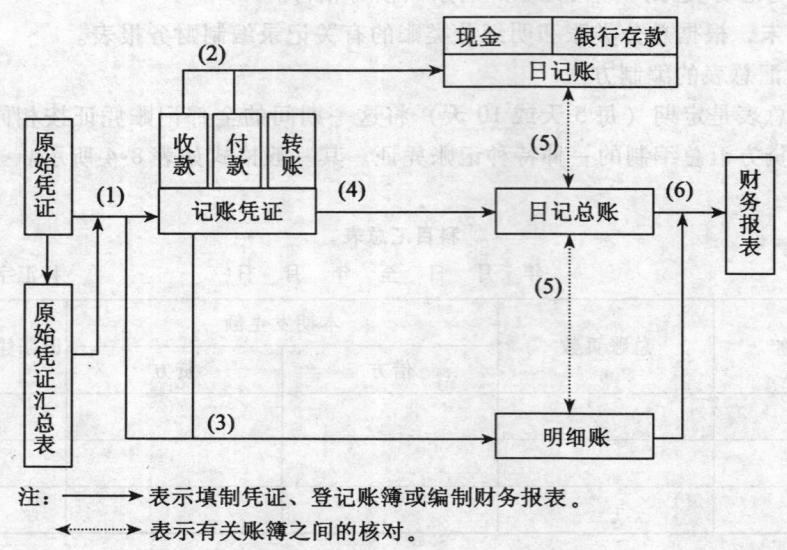

图8-5 日记总账账务处理程序图

图8-5中的账务处理程序共有六个步骤，其基本内容与要求如下：

（1）根据各种原始凭证或原始凭证汇总表填制收款凭证、付款凭证和转账凭证。

（2）根据收款凭证和付款凭证逐日逐笔登记现金日记账和银行存款日记账。

（3）根据原始凭证、原始凭证汇总表或记账凭证逐笔登记各种明细分类账。

（4）根据各种记账凭证逐笔登记日记总账。

（5）月末，将现金日记账、银行存款日记账以及各种明细分类账的发生额与余额合计数分别与日记总账中相关账户的余额核对相符。

（6）月末，根据日记总账和明细分类账的有关记录编制财务报表。

3. 日记总账的格式与登记要求

日记总账账务处理程序下，其日记总账的基本格式如表8-5所示。

表8-5所示的日记总账，要求所有经济业务都必须在日记总账中进行登记。在登记日记总账时，既要根据业务发生的时间顺序登记，又要将所有科目的总分类核算都集中到一张账页上。因此，它既是日记账，又是总账。

表 8-5　　　　　　　　　　　　　　　　　日 记 总 账　　　　　　　　　　　　　　　　第　页

年		凭证		摘要	发生额	科目：		科目：		科目：		……	科目：		科目：	
月	日	种类	号数			借方	贷方	借方	贷方	借方	贷方		借方	贷方	借方	贷方
				期初余额												
												……				
				本月合计												
				月末余额												

登记日记总账时，应在同一行将每笔经济业务的借、贷方发生额按应借、应贷账户分别填列到相应账户的借方栏或贷方栏内，同时将这一发生额记入同一行的"发生额"栏内。① 到每月的月末时，应计算出各科目的本期发生额和月末余额。其中，"发生额"一栏的当月合计数应该与全部科目的借方发生额合计数、贷方发生额合计数分别核对相符。

4. 日记总账账务处理程序的优缺点及适用范围

在日记总账账务处理程序下，序时核算与总分类核算结合进行，核算程序简便易行，同时全部账户集中在一张账页上，使核算清晰，账户对应关系清楚。但是如果单位的规模较大，运用的会计科目较多，日记总账的账户栏次就会过多，账页宽幅就会过长，不便记账和查阅。所以日记总账账务处理程序只适用于规模较小、经济业务比较简单、使用会计科目较少的单位。

第二节　会计循环案例

一、案例资料

（一）公司基本情况简介

某有限责任公司于 2009 年 6 月 30 日在湖北省武汉市工商行政管理局注册成立，公司主要经营业务是甲产品和乙产品的制造和销售，属于典型的制造型工业企业。该公司严格按照《中华人民共和国公司法》的规定，建立了健全和完善的公司治理结构，并设立了股东会、董事会和监事会。同时，该公司严格按照财政部《内部会计控制规范》的要求，建立健全了公司内部会计控制制度，并确保其有效运行。该公司的董事长为王某，总经理为刘某。

---

① 若企业的收付业务多，转账业务少时，可以将发生的转账业务根据转账凭证逐日、逐笔地登记日记总账；而对于收、付款业务，既可以根据收、付款凭证逐日汇总登记日记总账，也可以在月末根据三栏式现金日记账和银行存款日记账汇总后登记。

该有限责任公司内部设立了"财务部"负责公司的会计与财务管理工作,张某为该部门负责人。会计工作岗位设置及分工情况如下:

(1) 记账员李某:会计师,主要负责总分类账的登记、财务报表的编制等工作。

(2) 记账员孙某:会计师,主要负责记账凭证的编制等工作。

(3) 出纳员陈某:助理会计师,主要负责现金、银行存款的管理以及现金日记账和银行存款日记账的登记工作。

(4) 稽核员赵某:会计师,主要负责会计账目的稽核工作。

(二) 公司账户期初余额资料

该有限责任公司 2009 年 12 月 1 日有关账户的期初余额资料如表 8-6 所示。

表 8-6　　　　　　　　某有限责任公司账户余额表
2009 年 12 月 1 日　　　　　　　　　　　　单位:元

总账	借方余额	明细账	借方余额	总账	贷方余额	明细账	贷方余额
库存现金	10 000			短期借款	100 000		
银行存款	500 000			应付账款	500 000	甲公司	200 000
应收账款	150 000	丙公司	63 000			乙公司	300 000
		丁公司	87 000	应付职工薪酬	117 000		
原材料	320 000	A 材料	180 000	应交税费	20 000		
		B 材料	140 000	长期借款	250 000		
库存商品	440 000	甲产品	250 000	实收资本	1 500 000	张某	900 000
		乙产品	190 000			李某	600 000
				盈余公积	15 000		
固定资产	1 200 000			利润分配	135 000		
无形资产	72 000			累计折旧	50 000		
				累计摊销	5 000		

该有限责任公司 2009 年 12 月 1 日期初 A 材料有 12 000 公斤,B 材料有 7 000 公斤,甲产品有 1 000 件,乙产品有 1 000 件。

(三) 公司 2009 年 12 月发生的经济交易与事项

该有限责任公司 2009 年 12 月发生下列经济交易与事项(代替原始凭证):

(1) 1 日,以银行存款 100 500 元偿还到期的短期借款,其中本金 100 000 元,利息 500 元。

(2) 2 日,接开户银行通知,丁公司所欠 87 000 元的货款已经到账。

(3) 4 日,销售本公司生产的乙产品 1 000 件给丁公司,单位售价 250 元,货款 250 000 元尚未收到。

(4) 6 日,以现金 500 元购买办公室日常办公用品一批。

（5）8日，开出金额为200 000元的转账支票一张，支付所欠甲公司的材料款。

（6）10日，接开户银行通知，丙公司所欠63 000元的货款已经到账。

（7）11日，销售本公司生产的甲产品1 000件给丙公司，单位售价450元，同时收到丙公司开出的一张金额为450 000元的转账支票，同日到银行办理完入账手续。

（8）13日，开出金额为3 000元的转账支票一张，支付都市报的广告费。

（9）15日，开出金额为300 000元的转账支票一张，支付所欠乙公司的材料款。

（10）17日，从甲公司购入A材料5 000公斤，单价15元，货款75 000元尚未支付。

（11）18日，公司总经理刘某报销差旅费2 100元，出纳以现金支付。

（12）20日，从己公司购入B材料4 000公斤，单价20元，公司开出一张金额为80 000元的转账支票付款。

（13）21日，接开户银行通知，丁公司所欠250 000元的货款已经有200 000元到账。

（14）22日，以现金1 000元支付公司行政部门使用的小汽车的维修费。

（15）23日，开出金额为20 000元的转账支票一张，支付所欠税务机关的税款。

（16）24日，行政管理部门宴请客人以现金2 000元支付。

（17）25日，出纳到银行提取现金117 000元发放上月职工工资。

（18）31日，计提本月短期借款利息12 500元。

（19）31日，计提本月固定资产折旧20 000元。其中，生产用固定资产折旧15 000元，行政管理部门用固定资产折旧5 000元。

（20）31日，本月无形资产摊销1 000元。

（21）31日，结算本月工资费用：生产甲产品的工人工资60 000元，生产乙产品的工人工资40 000元，车间管理人员工资10 000元，行政管理人员工资20 000元。

（22）31日，计算并结转本月耗用原材料的实际成本。其中，甲产品耗用A材料8 000公斤、耗用B材料2 000公斤；乙产品耗用A材料7 000公斤、耗用B材料4 000公斤。该有限责任公司采用月末一次加权平均法计算确定耗用原材料的实际成本。

（23）31日，归集并分配本月制造费用（甲产品和乙产品的制造费用按生产工人的工资比例进行分配）。

（24）31日，本月投产的甲产品1 000件和乙产品1 000件全部完工入库，计算并结转甲产品和乙产品的实际生产成本。

（25）31日，计算并结转本月所销售的甲产品和乙产品的实际销售成本。该有限责任公司采用先进先出法计算确定销售产品的实际成本。

（26）31日，结转本月收入和费用，计算本月利润。

（27）31日，按25%的所得税税率计算该公司本月应交的企业所得税，并将其转入本年利润账户，计算本月净利润。

（28）31日，按净利润10%提取盈余公积。

二、会计循环过程及结果

（一）填制记账凭证

根据经济交易与事项所涉及的原始凭证，经审核后编制的记账凭证如表8-7至表8-38所示。

表8-7

记 账 凭 证

2009年12月1日　　　　　　　　　　　　　　　　　　　记字第1号

摘要	总账科目	明细科目	√	借方金额 千百十万千百十元角分	√	贷方金额 千百十万千百十元角分	附件2张
偿还短期借款	短期借款		√	1 0 0 0 0 0 0 0			
	财务费用		√	5 0 0 0 0			
	银行存款				√	1 0 0 5 0 0 0 0	
	合计			1 0 0 5 0 0 0 0		1 0 0 5 0 0 0 0	

会计主管：张某　　记账：李某　　出纳：陈某　　审核：赵某　　制单：孙某

表8-8

记 账 凭 证

2009年12月2日　　　　　　　　　　　　　　　　　　　记字第2号

摘要	总账科目	明细科目	√	借方金额 千百十万千百十元角分	√	贷方金额 千百十万千百十元角分	附件1张
收回货款	银行存款		√	8 7 0 0 0 0 0			
	应收账款	丁公司			√	8 7 0 0 0 0 0	
	合计			8 7 0 0 0 0 0		8 7 0 0 0 0 0	

会计主管：张某　　记账：李某　　出纳：陈某　　审核：赵某　　制单：孙某

表8-9

记 账 凭 证

2009年12月4日　　　　　　　　　　　　　　　　　　　记字第3号

摘要	总账科目	明细科目	√	借方金额 千百十万千百十元角分	√	贷方金额 千百十万千百十元角分	附件1张
销售乙产品	应收账款	丁公司	√	2 5 0 0 0 0 0 0			
	主营业务收入				√	2 5 0 0 0 0 0 0	
	合计			2 5 0 0 0 0 0 0		2 5 0 0 0 0 0 0	

会计主管：张某　　记账：李某　　出纳：　　审核：赵某　　制单：孙某

表 8-10

记 账 凭 证

2009 年 12 月 6 日　　　　　　　　　　　　　　　记字第 4 号

摘要	总账科目	明细科目	√	借方金额 千百十万千百十元角分	√	贷方金额 千百十万千百十元角分	附件1张
购买办公用品	管理费用		√	5 0 0 0 0			
	库存现金				√	5 0 0 0 0	
	合计			5 0 0 0 0		5 0 0 0 0	

会计主管：张某　　记账：李某　　出纳：陈某　　审核：赵某　　制单：孙某

表 8-11

记 账 凭 证

2009 年 12 月 8 日　　　　　　　　　　　　　　　记字第 5 号

摘要	总账科目	明细科目	√	借方金额 千百十万千百十元角分	√	贷方金额 千百十万千百十元角分	附件2张
偿还货款	应付账款	甲公司	√	2 0 0 0 0 0 0 0			
	银行存款				√	2 0 0 0 0 0 0 0	
	合计			2 0 0 0 0 0 0 0		2 0 0 0 0 0 0 0	

会计主管：张某　　记账：李某　　出纳：陈某　　审核：赵某　　制单：孙某

表 8-12

记 账 凭 证

2009 年 12 月 10 日　　　　　　　　　　　　　　　记字第 6 号

摘要	总账科目	明细科目	√	借方金额 千百十万千百十元角分	√	贷方金额 千百十万千百十元角分	附件1张
收回货款	银行存款		√	6 3 0 0 0 0			
	应收账款	丙公司			√	6 3 0 0 0 0	
	合计			6 3 0 0 0 0		6 3 0 0 0 0	

会计主管：张某　　记账：李某　　出纳：陈某　　审核：赵某　　制单：孙某

表 8-13

记 账 凭 证

2009 年 12 月 11 日　　　　　　　　　　　　　　　记字第 7 号

摘要	总账科目	明细科目	√	借方金额 千百十万千百十元角分	√	贷方金额 千百十万千百十元角分	附件3张
销售甲产品	银行存款		√	4 5 0 0 0 0 0			
	主营业务 收入				√	4 5 0 0 0 0 0	
	合计			4 5 0 0 0 0 0		4 5 0 0 0 0 0	

会计主管：张某　　记账：李某　　出纳：陈某　　审核：赵某　　制单：孙某

表 8-14

记 账 凭 证

2009 年 12 月 13 日　　　　　　　　　　　　记字第 8 号

摘要	总账科目	明细科目	√	借方金额									√	贷方金额									附件
				千	百	十	万	千	百	十	元	角	分		千	百	十	万	千	百	十	元	角	分	
支付广告费	销售费用		√				3	0	0	0	0	0													2张
	银行存款													√				3	0	0	0	0	0	
	合计						3	0	0	0	0	0						3	0	0	0	0	0	

会计主管：张某　　记账：李某　　出纳：陈某　　审核：赵某　　制单：孙某

表 8-15

记 账 凭 证

2009 年 12 月 15 日　　　　　　　　　　　　记字第 9 号

摘要	总账科目	明细科目	√	借方金额									√	贷方金额									附件
				千	百	十	万	千	百	十	元	角	分		千	百	十	万	千	百	十	元	角	分	
偿还货款	应付账款	乙公司	√			3	0	0	0	0	0	0	0												2张
	银行存款													√			3	0	0	0	0	0	0	0	
	合计					3	0	0	0	0	0	0	0				3	0	0	0	0	0	0	0	

会计主管：张某　　记账：李某　　出纳：陈某　　审核：赵某　　制单：孙某

表 8-16

记 账 凭 证

2009 年 12 月 17 日　　　　　　　　　　　　记字第 10 号

摘要	总账科目	明细科目	√	借方金额									√	贷方金额									附件
				千	百	十	万	千	百	十	元	角	分		千	百	十	万	千	百	十	元	角	分	
购买A材料	原材料	A材料	√				7	5	0	0	0	0	0												2张
	应付账款	甲公司												√				7	5	0	0	0	0	0	
	合计						7	5	0	0	0	0	0					7	5	0	0	0	0	0	

会计主管：张某　　记账：李某　　出纳：　　　　审核：赵某　　制单：孙某

表 8-17

记 账 凭 证

2009 年 12 月 18 日　　　　　　　　　　　　记字第 11 号

摘要	总账科目	明细科目	√	借方金额									√	贷方金额									附件
				千	百	十	万	千	百	十	元	角	分		千	百	十	万	千	百	十	元	角	分	
报销差旅费	管理费用		√					2	1	0	0	0	0												6张
	库存现金													√					2	1	0	0	0	0	
	合计							2	1	0	0	0	0						2	1	0	0	0	0	

会计主管：张某　　记账：李某　　出纳：陈某　　审核：赵某　　制单：孙某

表 8-18

记 账 凭 证

2009 年 12 月 20 日　　　　　　　　　　　　记字第 12 号

摘要	总账科目	明细科目	√	借方金额 千 百 十 万 千 百 十 元 角 分	√	贷方金额 千 百 十 万 千 百 十 元 角 分	附件
购买 B 材料	原材料	B 材料	√	8 0 0 0 0 0 0			2张
	银行存款				√	8 0 0 0 0 0 0	
	合计			8 0 0 0 0 0 0		8 0 0 0 0 0 0	

会计主管：张某　　　记账：李某　　　出纳：陈某　　　审核：赵某　　　制单：孙某

表 8-19

记 账 凭 证

2009 年 12 月 21 日　　　　　　　　　　　　记字第 13 号

摘要	总账科目	明细科目	√	借方金额 千 百 十 万 千 百 十 元 角 分	√	贷方金额 千 百 十 万 千 百 十 元 角 分	附件
收回货款	银行存款		√	2 0 0 0 0 0 0 0			2张
	应收账款	丁公司			√	2 0 0 0 0 0 0 0	
	合计			2 0 0 0 0 0 0 0		2 0 0 0 0 0 0 0	

会计主管：张某　　　记账：李某　　　出纳：陈某　　　审核：赵某　　　制单：孙某

表 8-20

记 账 凭 证

2009 年 12 月 22 日　　　　　　　　　　　　记字第 14 号

摘要	总账科目	明细科目	√	借方金额 千 百 十 万 千 百 十 元 角 分	√	贷方金额 千 百 十 万 千 百 十 元 角 分	附件
汽车维修费	管理费用		√	1 0 0 0 0 0			1张
	库存现金				√	1 0 0 0 0 0	
	合计			1 0 0 0 0 0		1 0 0 0 0 0	

会计主管：张某　　　记账：李某　　　出纳：陈某　　　审核：赵某　　　制单：孙某

表 8-21

记 账 凭 证

2009 年 12 月 23 日　　　　　　　　　　　　记字第 15 号

摘要	总账科目	明细科目	√	借方金额 千 百 十 万 千 百 十 元 角 分	√	贷方金额 千 百 十 万 千 百 十 元 角 分	附件
上缴税款	应交税费		√	2 0 0 0 0 0 0			2张
	银行存款				√	2 0 0 0 0 0 0	
	合计			2 0 0 0 0 0 0		2 0 0 0 0 0 0	

会计主管：张某　　　记账：李某　　　出纳：陈某　　　审核：赵某　　　制单：孙某

表 8-22

记账凭证

2009 年 12 月 24 日　　　　　　　　　　　记字第 16 号

摘要	总账科目	明细科目	√	借方金额 千百十万千百十元角分	√	贷方金额 千百十万千百十元角分	附件
招待费	管理费用		√	2 0 0 0 0 0			8张
	库存现金				√	2 0 0 0 0 0	
	合计			2 0 0 0 0 0		2 0 0 0 0 0	

会计主管：张某　　记账：李某　　出纳：陈某　　审核：赵某　　制单：孙某

表 8-23

记账凭证

2009 年 12 月 25 日　　　　　　　　　　　记字第 17 号

摘要	总账科目	明细科目	√	借方金额 千百十万千百十元角分	√	贷方金额 千百十万千百十元角分	附件
提取现金	库存现金		√	1 1 7 0 0 0 0 0			1张
	银行存款				√	1 1 7 0 0 0 0 0	
	合计			1 1 7 0 0 0 0 0		1 1 7 0 0 0 0 0	

会计主管：张某　　记账：李某　　出纳：陈某　　审核：赵某　　制单：孙某

表 8-24

记账凭证

2009 年 12 月 25 日　　　　　　　　　　　记字第 18 号

摘要	总账科目	明细科目	√	借方金额 千百十万千百十元角分	√	贷方金额 千百十万千百十元角分	附件
发放工资	应付职工薪酬		√	1 1 7 0 0 0 0 0			5张
	库存现金				√	1 1 7 0 0 0 0 0	
	合计			1 1 7 0 0 0 0 0		1 1 7 0 0 0 0 0	

会计主管：张某　　记账：李某　　出纳：陈某　　审核：赵某　　制单：孙某

表 8-25

记账凭证

2009 年 12 月 31 日　　　　　　　　　　　记字第 19 号

摘要	总账科目	明细科目	√	借方金额 千百十万千百十元角分	√	贷方金额 千百十万千百十元角分	附件
计提利息	财务费用		√	1 2 5 0 0 0 0			1张
	应付利息				√	1 2 5 0 0 0 0	
	合计			1 2 5 0 0 0 0		1 2 5 0 0 0 0	

会计主管：张某　　记账：李某　　出纳：　　审核：赵某　　制单：孙某

表 8-26

记 账 凭 证

2009 年 12 月 31 日　　　　　　　　　　　　　记字第 20 号

摘要	总账科目	明细科目	√	借方金额									√	贷方金额									
				千	百	十	万	千	百	十	元	角	分		千	百	十	万	千	百	十	元	角	分
计提折旧	制造费用		√				1	5	0	0	0	0	0											
	管理费用		√					5	0	0	0	0	0											
	累计折旧													√				2	0	0	0	0	0	0
	合计						2	0	0	0	0	0	0					2	0	0	0	0	0	0

会计主管：张某　　记账：李某　　出纳：　　审核：赵某　　制单：孙某

附件 1 张

表 8-27

记 账 凭 证

2009 年 12 月 31 日　　　　　　　　　　　　　记字第 21 号

摘要	总账科目	明细科目	√	借方金额									√	贷方金额									
				千	百	十	万	千	百	十	元	角	分		千	百	十	万	千	百	十	元	角	分
无形资产摊销	管理费用		√					1	0	0	0	0	0											
	累计摊销													√					1	0	0	0	0	0
	合计							1	0	0	0	0	0						1	0	0	0	0	0

会计主管：张某　　记账：李某　　出纳：　　审核：赵某　　制单：孙某

附件 1 张

表 8-28

记 账 凭 证

2009 年 12 月 31 日　　　　　　　　　　　　　第 22 号

摘要	总账科目	明细科目	√	借方金额									√	贷方金额									
				千	百	十	万	千	百	十	元	角	分		千	百	十	万	千	百	十	元	角	分
结算本月工资	生产成本	甲产品	√				6	0	0	0	0	0	0											
	生产成本	乙产品	√				4	0	0	0	0	0	0											
	制造费用		√				1	0	0	0	0	0	0											
	管理费用		√				2	0	0	0	0	0	0											
	应付职工薪酬														√			1	3	0	0	0	0	0	0
	合计					1	3	0	0	0	0	0	0				1	3	0	0	0	0	0	0

会计主管：张某　　记账：李某　　出纳：　　审核：赵某　　制单：孙某

附件 1 张

表 8-29

记 账 凭 证

2009 年 12 月 31 日　　　　　　　　　　　　　记字第 23 号

摘要	总账科目	明细科目	√	借方金额 千百十万千百十元角分	√	贷方金额 千百十万千百十元角分	
结转耗用材料的实际成本	生产成本	甲产品	√	1 6 0 0 0 0 0 0			附件1张
	生产成本	乙产品	√	1 8 5 0 0 0 0 0			
	原材料	A 材料			√	2 2 5 0 0 0 0 0	
	原材料	B 材料			√	1 2 0 0 0 0 0 0	
	合计			3 4 5 0 0 0 0 0		3 4 5 0 0 0 0 0	

会计主管：张某　　　记账：李某　　　出纳：　　　审核：赵某　　　制单：孙某

表 8-30

记 账 凭 证

2009 年 12 月 31 日　　　　　　　　　　　　　记字第 24 号

摘要	总账科目	明细科目	√	借方金额 千百十万千百十元角分	√	贷方金额 千百十万千百十元角分	
制造费用汇集与分配	生产成本	甲产品	√	1 5 0 0 0 0 0			附件1张
	生产成本	乙产品	√	1 0 0 0 0 0 0			
	制造费用				√	2 5 0 0 0 0 0	
	合计			2 5 0 0 0 0 0		2 5 0 0 0 0 0	

会计主管：张某　　　记账：李某　　　出纳：　　　审核：赵某　　　制单：孙某

表 8-31

记 账 凭 证

2009 年 12 月 31 日　　　　　　　　　　　　　记字第 25 号

摘要	总账科目	明细科目	√	借方金额 千百十万千百十元角分	√	贷方金额 千百十万千百十元角分	
计算并结转完工产品生产成本	库存商品	甲产品	√	2 3 5 0 0 0 0 0			附件2张
	库存商品	乙产品	√	2 3 5 0 0 0 0 0			
	生产成本	甲产品			√	2 3 5 0 0 0 0 0	
	生产成本	乙产品			√	2 3 5 0 0 0 0 0	
	合计			4 7 0 0 0 0 0 0		4 7 0 0 0 0 0 0	

会计主管：张某　　　记账：李某　　　出纳：　　　审核：赵某　　　制单：孙某

表 8-32

记 账 凭 证

2009 年 12 月 31 日　　　　　　　　　记字第 26 号

摘要	总账科目	明细科目	√	借方金额									√	贷方金额									
				千	百	十	万	千	百	十	元	角	分		千	百	十	万	千	百	十	元	角	分
计算并结转销售产品销售成本	主营业务成本		√			4	4	0	0	0	0	0	0											
	库存商品	甲产品												√			2	5	0	0	0	0	0	0
	库存商品	乙产品												√			1	9	0	0	0	0	0	0
	合计					4	4	0	0	0	0	0	0				4	4	0	0	0	0	0	0

附件 1 张

会计主管：张某　　　记账：李某　　　出纳：　　　　审核：赵某　　　制单：孙某

表 8-33

记 账 凭 证

2009 年 12 月 31 日　　　　　　　　　记字第 27 号

摘要	总账科目	明细科目	√	借方金额									√	贷方金额									
				千	百	十	万	千	百	十	元	角	分		千	百	十	万	千	百	十	元	角	分
结转收入	主营业务收入		√			7	0	0	0	0	0	0	0											
	本年利润													√			7	0	0	0	0	0	0	0
	合计					7	0	0	0	0	0	0	0				7	0	0	0	0	0	0	0

附件 张

会计主管：张某　　　记账：李某　　　出纳：　　　　审核：赵某　　　制单：孙某

表 8-34

记 账 凭 证

2009 年 12 月 31 日　　　　　　　　　记字第 28 号

摘要	总账科目	明细科目	√	借方金额									√	贷方金额									
				千	百	十	万	千	百	十	元	角	分		千	百	十	万	千	百	十	元	角	分
结转销售成本和各种费用	本年利润		√			4	8	7	6	0	0	0	0											
	主营业务成本													√			4	4	0	0	0	0	0	0
	管理费用													√				3	1	6	0	0	0	0
	销售费用													√					3	0	0	0	0	0
	财务费用													√				1	3	0	0	0	0	0
	合计					4	8	7	6	0	0	0	0				4	8	7	6	0	0	0	0

附件 张

会计主管：张某　　　记账：李某　　　出纳：　　　　审核：赵某　　　制单：孙某

表 8-35

记 账 凭 证

2009 年 12 月 31 日　　　　　　　　　记字第 29 号

摘要	总账科目	明细科目	√	借方金额 千百十万千百十元角分	√	贷方金额 千百十万千百十元角分	附件 张
计算本月所得税	所得税费用		√	5 3 1 0 0 0 0			
	应交税费				√	5 3 1 0 0 0 0	
	合计			5 3 1 0 0 0 0		5 3 1 0 0 0 0	

会计主管：张某　　　记账：李某　　　出纳：　　　审核：赵某　　　制单：孙某

表 8-36

记 账 凭 证

2009 年 12 月 31 日　　　　　　　　　记字第 30 号

摘要	总账科目	明细科目	√	借方金额 千百十万千百十元角分	√	贷方金额 千百十万千百十元角分	附件 张
结转所得税费用	本年利润		√	5 3 1 0 0 0 0			
	所得税费用				√	5 3 1 0 0 0 0	
	合计			5 3 1 0 0 0 0		5 3 1 0 0 0 0	

会计主管：张某　　　记账：李某　　　出纳：　　　审核：赵某　　　制单：孙某

表 8-37

记 账 凭 证

2009 年 12 月 31 日　　　　　　　　　记字第 31 号

摘要	总账科目	明细科目	√	借方金额 千百十万千百十元角分	√	贷方金额 千百十万千百十元角分	附件 张
结转净利润	本年利润		√	1 5 9 3 0 0 0 0			
	利润分配				√	1 5 9 3 0 0 0 0	
	合计			1 5 9 3 0 0 0 0		1 5 9 3 0 0 0 0	

会计主管：张某　　　记账：李某　　　出纳：　　　审核：赵某　　　制单：孙某

表 8-38

记 账 凭 证

2009 年 12 月 31 日　　　　　　　　　记字第 32 号

摘要	总账科目	明细科目	√	借方金额 千百十万千百十元角分	√	贷方金额 千百十万千百十元角分	附件 张
提取盈余公积	利润分配		√	1 5 9 3 0 0 0			
	盈余公积				√	1 5 9 3 0 0 0	
	合计			1 5 9 3 0 0 0		1 5 9 3 0 0 0	

会计主管：张某　　　记账：李某　　　出纳：　　　审核：赵某　　　制单：孙某

（二）登记账簿

1. 总分类账

根据所编制的记账凭证，登记相关的总分类账如表 8-39 至表 8-65 所示。

表 8-39　　　　　　　　　　　　　总　账

会计科目：库存现金　　　　　　　　　　　　　　　　　　　　　　　　第 1 页

2009年 月	2009年 日	凭证 字	凭证 号	摘要	借方 千	借方 百	借方 十	借方 万	借方 千	借方 百	借方 十	借方 元	借方 角	借方 分	贷方 千	贷方 百	贷方 十	贷方 万	贷方 千	贷方 百	贷方 十	贷方 元	贷方 角	贷方 分	借或贷	余额 千	余额 百	余额 十	余额 万	余额 千	余额 百	余额 十	余额 元	余额 角	余额 分
12	1			月初余额																					借					1	0	0	0	0	0	0
12	6	记	4	购买办公用品																5	0	0	0	0	借						9	5	0	0	0	0
12	18	记	11	支付差旅费															2	1	0	0	0	0	借						7	4	0	0	0	0
12	22	记	14	汽车维修费															1	0	0	0	0	0	借						6	4	0	0	0	0
12	24	记	16	招待费															2	0	0	0	0	0	借						4	4	0	0	0	0
12	25	记	17	提取现金				1	1	7	0	0	0	0											借					1	2	1	4	0	0	0	0
12	25	记	18	发放工资														1	1	7	0	0	0	0	借						4	4	0	0	0	0
12	31			本月合计				1	1	7	0	0	0	0				1	2	2	6	0	0	0												

表 8-40　　　　　　　　　　　　　总　账

会计科目：银行存款　　　　　　　　　　　　　　　　　　　　　　　　第 2 页

2009年 月	2009年 日	凭证 字	凭证 号	摘要	借方 千	借方 百	借方 十	借方 万	借方 千	借方 百	借方 十	借方 元	借方 角	借方 分	贷方 千	贷方 百	贷方 十	贷方 万	贷方 千	贷方 百	贷方 十	贷方 元	贷方 角	贷方 分	借或贷	余额 千	余额 百	余额 十	余额 万	余额 千	余额 百	余额 十	余额 元	余额 角	余额 分
12	1			月初余额																					借				5	0	0	0	0	0	0	0
12	1	记	1	偿还借款														1	0	0	5	0	0	0	0	借				3	9	9	5	0	0	0	0
12	2	记	2	收回货款					8	7	0	0	0	0											借				4	8	6	5	0	0	0	0
12	8	记	5	偿还货款														2	0	0	0	0	0	0	0	借				2	8	6	5	0	0	0	0
12	10	记	6	收回货款					6	3	0	0	0	0											借				3	4	9	5	0	0	0	0
12	11	记	7	销售收款					4	5	0	0	0	0											借				7	9	9	5	0	0	0	0
12	13	记	8	支付广告费															3	0	0	0	0	0	借				7	9	6	5	0	0	0	0
12	15	记	9	偿还货款														3	0	0	0	0	0	0	0	借				4	9	6	5	0	0	0	0
12	20	记	12	购买材料															8	0	0	0	0	0	借				4	1	6	5	0	0	0	0
12	21	记	13	收回货款					2	0	0	0	0	0											借				6	1	6	5	0	0	0	0
12	23	记	15	上缴税款															2	0	0	0	0	0	借				5	9	6	5	0	0	0	0
12	25	记	17	提取现金															1	1	7	0	0	0	0	借				4	7	9	5	0	0	0	0
12	31			本月合计				8	0	0	0	0	0	0				8	2	0	5	0	0	0	0												

表 8-41 总账
会计科目：应收账款 第 3 页

2009年		凭证		摘要	借方	贷方	借或贷	余额
月	日	字	号		千百十万千百十元角分	千百十万千百十元角分		千百十万千百十元角分
12	1			月初余额			借	1 5 0 0 0 0 0 0
12	2	记	2	收回货款		8 7 0 0 0 0 0	借	6 3 0 0 0 0 0
12	4	记	3	销售	2 5 0 0 0 0 0 0		借	3 1 3 0 0 0 0 0
12	10	记	6	收回货款		6 3 0 0 0 0 0	借	2 5 0 0 0 0 0 0
12	21	记	13	收回货款		2 0 0 0 0 0 0	借	5 0 0 0 0 0 0
12	31			本月合计	2 5 0 0 0 0 0 0	3 5 0 0 0 0 0 0		

表 8-42 总账
会计科目：原材料 第 4 页

2009年		凭证		摘要	借方	贷方	借或贷	余额
月	日	字	号		千百十万千百十元角分	千百十万千百十元角分		千百十万千百十元角分
12	1			月初余额			借	3 2 0 0 0 0 0 0
12	17	记	10	购买材料	7 5 0 0 0 0 0		借	3 9 5 0 0 0 0 0
12	20	记	12	购买材料	8 0 0 0 0 0 0		借	4 7 5 0 0 0 0 0
12	31	记	23	耗用材料		3 4 5 0 0 0 0 0	借	1 3 0 0 0 0 0 0
12	31			本月合计	1 5 5 0 0 0 0 0	3 4 5 0 0 0 0 0		

表 8-43 总账
会计科目：库存商品 第 5 页

2009年		凭证		摘要	借方	贷方	借或贷	余额
月	日	字	号		千百十万千百十元角分	千百十万千百十元角分		千百十万千百十元角分
12	1			月初余额			借	4 4 0 0 0 0 0 0
12	31	记	25	产品入库	4 7 0 0 0 0 0 0		借	9 1 0 0 0 0 0 0
12	31	记	26	结转销售成本		4 4 0 0 0 0 0 0	借	4 7 0 0 0 0 0 0
12	31			本月合计	4 7 0 0 0 0 0 0	4 4 0 0 0 0 0 0		

表8-44 总账
会计科目：固定资产 第6页

2009年		凭证字号	摘要	借方 千百十万千百十元角分	贷方 千百十万千百十元角分	借或贷	余额 千百十万千百十元角分
月	日						
12	1		月初余额			借	1 2 0 0 0 0 0 0 0
12	31		本月合计	0	0		

表8-45 总账
会计科目：累计折旧 第7页

2009年		凭证字号	摘要	借方 千百十万千百十元角分	贷方 千百十万千百十元角分	借或贷	余额 千百十万千百十元角分
月	日						
12	1		月初余额			贷	5 0 0 0 0 0 0
12	31	记20	计提折旧		2 0 0 0 0 0	贷	7 0 0 0 0 0 0
12	31		本月合计	0	2 0 0 0 0 0		

表8-46 总账
会计科目：无形资产 第8页

2009年		凭证字号	摘要	借方 千百十万千百十元角分	贷方 千百十万千百十元角分	借或贷	余额 千百十万千百十元角分
月	日						
12	1		月初余额			借	7 2 0 0 0 0 0
12	31		本月合计	0	0		

表8-47 总账
会计科目：累计摊销 第9页

2009年		凭证字号	摘要	借方 千百十万千百十元角分	贷方 千百十万千百十元角分	借或贷	余额 千百十万千百十元角分
月	日						
12	1		月初余额			贷	5 0 0 0 0 0
12	31	记21	无形资产摊销		1 0 0 0 0 0	贷	6 0 0 0 0 0
12	31		本月合计	0	1 0 0 0 0 0		

表 8-48　　　　　　　　　　　　　　　　　总　账

会计科目：短期借款　　　　　　　　　　　　　　　　　　　　　　　　　　　　第 10 页

2009年		凭证	摘要	借方										贷方										借或贷	余额									
月	日	字	号		千	百	十	万	千	百	十	元	角	分	千	百	十	万	千	百	十	元	角	分		千	百	十	万	千	百	十	元	角	分
12	1			月初余额																						贷			1	0	0	0	0	0	0	0
12	1	记	1	偿还借款				1	0	0	0	0	0	0											平						-	0	-		
12	31			本月合计				1	0	0	0	0	0	0										0											

表 8-49　　　　　　　　　　　　　　　　　总　账

会计科目：应付账款　　　　　　　　　　　　　　　　　　　　　　　　　　　　第 11 页

2009年		凭证		摘要	借方										贷方										借或贷	余额									
月	日	字	号		千	百	十	万	千	百	十	元	角	分	千	百	十	万	千	百	十	元	角	分		千	百	十	万	千	百	十	元	角	分
12	1			月初余额																					贷				5	0	0	0	0	0	0	0
12	8	记	5	偿还货款				2	0	0	0	0	0	0											贷				3	0	0	0	0	0	0	0
12	15	记	9	偿还货款				3	0	0	0	0	0	0											平							-	0	-		
12	17	记	10	购买材料														7	5	0	0	0	0	0	贷					7	5	0	0	0	0	0
12	31			本月合计				5	0	0	0	0	0	0				7	5	0	0	0	0	0												

表 8-50　　　　　　　　　　　　　　　　　总　账

会计科目：应付职工薪酬　　　　　　　　　　　　　　　　　　　　　　　　　　第 12 页

2009年		凭证		摘要	借方										贷方										借或贷	余额									
月	日	字	号		千	百	十	万	千	百	十	元	角	分	千	百	十	万	千	百	十	元	角	分		千	百	十	万	千	百	十	元	角	分
12	1			月初余额																					贷				1	1	7	0	0	0	0	0
12	25	记	18	发放工资				1	1	7	0	0	0	0											平										0	
12	31	记	22	结算工资														1	3	0	0	0	0	0	贷				1	3	0	0	0	0	0	0
12	31			本月合计				1	1	7	0	0	0	0				1	3	0	0	0	0	0												

表 8-51　　　　　　　　　　　　　　　　　总　账

会计科目：应交税费　　　　　　　　　　　　　　　　　　　　　　　　　　　　第 13 页

2009年		凭证		摘要	借方										贷方										借或贷	余额									
月	日	字	号		千	百	十	万	千	百	十	元	角	分	千	百	十	万	千	百	十	元	角	分		千	百	十	万	千	百	十	元	角	分
12	1			月初余额																					贷					2	0	0	0	0	0	0
12	23	记	15	上缴税款					2	0	0	0	0	0											平										0	
12	31	记	29	所得税															5	3	1	0	0	0	贷						5	3	1	0	0	0
12	31			本月合计					2	0	0	0	0	0						5	3	1	0	0	0												

表 8-52　　　　　　　　　　　　　　总　账

会计科目：应付利息　　　　　　　　　　　　　　　　　　　　　　　　第 14 页

2009年		凭证字号	摘要	借方										贷方										借或贷	余额									
月	日			千	百	十	万	千	百	十	元	角	分	千	百	十	万	千	百	十	元	角	分		千	百	十	万	千	百	十	元	角	分
12	31	记19	计提利息															1	2	5	0	0	0	贷					1	2	5	0	0	0
12	31		本月合计										0					1	2	5	0	0	0											

表 8-53　　　　　　　　　　　　　　总　账

会计科目：长期借款　　　　　　　　　　　　　　　　　　　　　　　　第 15 页

2009年		凭证字号	摘要	借方										贷方										借或贷	余额									
月	日			千	百	十	万	千	百	十	元	角	分	千	百	十	万	千	百	十	元	角	分		千	百	十	万	千	百	十	元	角	分
12	1		月初余额																					贷		2	5	0	0	0	0	0	0	
12	31		本月合计										0										0											

表 8-54　　　　　　　　　　　　　　总　账

会计科目：实收资本　　　　　　　　　　　　　　　　　　　　　　　　第 16 页

2009年		凭证字号	摘要	借方										贷方										借或贷	余额									
月	日			千	百	十	万	千	百	十	元	角	分	千	百	十	万	千	百	十	元	角	分		千	百	十	万	千	百	十	元	角	分
12	1		月初余额																					贷	1	5	0	0	0	0	0	0	0	
12	31		本月合计										0										0											

表 8-55　　　　　　　　　　　　　　总　账

会计科目：盈余公积　　　　　　　　　　　　　　　　　　　　　　　　第 17 页

2009年		凭证字号	摘要	借方										贷方										借或贷	余额									
月	日			千	百	十	万	千	百	十	元	角	分	千	百	十	万	千	百	十	元	角	分		千	百	十	万	千	百	十	元	角	分
12	1		月初余额																					贷			1	5	0	0	0	0	0	
12	31	记32	提取盈余公积														1	5	9	3	0	0	0	贷			3	0	9	3	0	0	0	
12	31		本月合计										0				1	5	9	3	0	0	0											

表 8-56　　　　　　　　　　　　　　总　账

会计科目：利润分配　　　　　　　　　　　　　　　　　　　　　　　　　　　第 18 页

2009年		凭证字号	摘要	借方 千百十万千百十元角分	贷方 千百十万千百十元角分	借或贷	余额 千百十万千百十元角分
月	日						
12	1		月初余额			贷	1 3 5 0 0 0 0 0
12	31	记31	结转净利润		1 5 9 3 0 0 0 0	贷	2 9 4 3 0 0 0 0
12	31	记32	提取盈余公积	1 5 9 3 0 0 0		贷	2 7 8 3 7 0 0 0
12	31		本月合计	1 5 9 3 0 0 0	1 5 9 3 0 0 0 0		

表 8-57　　　　　　　　　　　　　　总　账

会计科目：本年利润　　　　　　　　　　　　　　　　　　　　　　　　　　　第 19 页

2009年		凭证字号	摘要	借方 千百十万千百十元角分	贷方 千百十万千百十元角分	借或贷	余额 千百十万千百十元角分
月	日						
12	31	记27	结账		7 0 0 0 0 0 0 0	贷	7 0 0 0 0 0 0 0
12	31	记28	结账	4 8 7 6 0 0 0 0		贷	2 1 2 4 0 0 0 0
12	31	记30	结账	5 3 1 0 0 0 0		贷	1 5 9 3 0 0 0 0
12	31	记31	结转净利润	1 5 9 3 0 0 0 0		平	- 0 -
12	31		本月合计	7 0 0 0 0 0 0 0	7 0 0 0 0 0 0 0		

表 8-58　　　　　　　　　　　　　　总　账

会计科目：生产成本　　　　　　　　　　　　　　　　　　　　　　　　　　　第 20 页

2009年		凭证字号	摘要	借方 千百十万千百十元角分	贷方 千百十万千百十元角分	借或贷	余额 千百十万千百十元角分
月	日						
12	31	记22	结算工资	1 0 0 0 0 0 0 0		借	1 0 0 0 0 0 0 0
12	31	记23	耗用材料	3 4 5 0 0 0 0 0		借	4 4 5 0 0 0 0 0
12	31	记24	制造费用分配	2 5 0 0 0 0 0		借	4 7 0 0 0 0 0 0
12	31	记25	结转产品成本		4 7 0 0 0 0 0 0	平	- 0 -
12	31		本月合计	4 7 0 0 0 0 0 0	4 7 0 0 0 0 0 0		

表 8-59 总　账

会计科目：制造费用　　　　　　　　　　　　　　　　　第 21 页

2009年		凭证		摘要	借方	贷方	借或贷	余额
月	日	字	号		千百十万千百十元角分	千百十万千百十元角分		千百十万千百十元角分
12	31	记	20	计提折旧	1 5 0 0 0 0 0		借	1 5 0 0 0 0 0
12	31	记	22	结算工资	1 0 0 0 0 0 0		借	2 5 0 0 0 0 0
12	31	记	24	制造费用分配		2 5 0 0 0 0 0	平	— 0 —
12	31			本月合计	2 5 0 0 0 0 0	2 5 0 0 0 0 0		

表 8-60 总　账

会计科目：主营业务收入　　　　　　　　　　　　　　　第 22 页

2009年		凭证		摘要	借方	贷方	借或贷	余额
月	日	字	号		千百十万千百十元角分	千百十万千百十元角分		千百十万千百十元角分
12	4	记	3	销售		2 5 0 0 0 0 0	贷	2 5 0 0 0 0 0
12	11	记	7	销售		4 5 0 0 0 0 0	贷	7 0 0 0 0 0 0
12	31	记	27	结账	7 0 0 0 0 0 0		平	— 0 —
12	31			本月合计	7 0 0 0 0 0 0	7 0 0 0 0 0 0		

表 8-61 总　账

会计科目：主营业务成本　　　　　　　　　　　　　　　第 23 页

2009年		凭证		摘要	借方	贷方	借或贷	余额
月	日	字	号		千百十万千百十元角分	千百十万千百十元角分		千百十万千百十元角分
12	31	记	26	结转销售成本	4 4 0 0 0 0 0		借	4 4 0 0 0 0 0
12	31	记	28	结账		4 4 0 0 0 0 0	平	— 0 —
12	31			本月合计	4 4 0 0 0 0 0	4 4 0 0 0 0 0		

表 8-62 总　账

会计科目：销售费用　　　　　　　　　　　　　　　　　第 24 页

2009年		凭证		摘要	借方	贷方	借或贷	余额
月	日	字	号		千百十万千百十元角分	千百十万千百十元角分		千百十万千百十元角分
12	13	记	8	广告费	3 0 0 0 0 0		借	3 0 0 0 0 0
12	31	记	28	结账		3 0 0 0 0 0	平	— 0 —
12	31			本月合计	3 0 0 0 0 0	3 0 0 0 0 0		

表8-63　　　　　　　　　　　　　　总　账

会计科目：管理费用　　　　　　　　　　　　　　　　　　　　　　　　第25页

2009年		凭证		摘要	借方									贷方									借或贷	余额								
月	日	字	号		千	百	十	万	千	百	十	元	角	分	千	百	十	万	千	百	十	元	角	分		千	百	十	万	千	百	十	元	角	分
12	6	记	4	购买办公用品						5	0	0	0	0											借							5	0	0	0	0
12	18	记	11	差旅费					2	1	0	0	0	0											借						2	6	0	0	0	0
12	22	记	14	汽车维修费					1	0	0	0	0	0											借						3	6	0	0	0	0
12	24	记	16	招待费					2	0	0	0	0	0											借						5	6	0	0	0	0
12	31	记	20	计提折旧					5	0	0	0	0	0											借					1	0	6	0	0	0	0
12	31	记	21	无形资产摊销					1	0	0	0	0	0											借					1	1	6	0	0	0	0
12	31	记	22	结算工资					2	0	0	0	0	0											借						3	1	6	0	0	0	0
12	31	记	28	结账															3	1	6	0	0	0	0	平							-	0	-	
12	31			本月合计					3	1	6	0	0	0	0					3	1	6	0	0	0	0										

表8-64　　　　　　　　　　　　　　总　账

会计科目：财务费用　　　　　　　　　　　　　　　　　　　　　　　　第26页

2009年		凭证		摘要	借方										贷方										借或贷	余额									
月	日	字	号		千	百	十	万	千	百	十	元	角	分	千	百	十	万	千	百	十	元	角	分		千	百	十	万	千	百	十	元	角	分
12	1	记	1	利息费用						5	0	0	0	0											借							5	0	0	0	0
12	31	记	19	计提利息					1	2	5	0	0	0											借						1	3	0	0	0	0
12	31	记	28	结账															1	3	0	0	0	0	平							-	0	-	
12	31			本月合计					1	3	0	0	0	0					1	3	0	0	0	0											

表8-65　　　　　　　　　　　　　　总　账

会计科目：所得税费用　　　　　　　　　　　　　　　　　　　　　　　第27页

2009年		凭证		摘要	借方										贷方										借或贷	余额									
月	日	字	号		千	百	十	万	千	百	十	元	角	分	千	百	十	万	千	百	十	元	角	分		千	百	十	万	千	百	十	元	角	分
12	31	记	29	所得税					5	3	1	0	0	0											借						5	3	1	0	0	0
12	31	记	30	结账															5	3	1	0	0	0	平							-	0	-	
12	31			本月合计					5	3	1	0	0	0					5	3	1	0	0	0											

2. 明细分类账

根据所编制的记账凭证,登记相关的明细分类账如表 8-66 至表 8-77 所示:①

表 8-66　　　　　　　　　　　　　明　细　账

总账科目:应收账款　　　　　　　　　　　　　　　　　　　　　总 30 页　　分第 2 页

明细科目:丙公司

2009年		凭证字号	摘要	借方	贷方	借或贷	余额
月	日			千百十万千百十元角分	千百十万千百十元角分		千百十万千百十元角分
12	1					借	6 3 0 0 0 0 0
12	10	记 6	收回货款		6 3 0 0 0 0 0	平	－0－
12	31		本月合计	0	6 3 0 0 0 0 0		

表 8-67　　　　　　　　　　　　　明　细　账

总账科目:应收账款　　　　　　　　　　　　　　　　　　　　　总 30 页　　分第 4 页

明细科目:丁公司

2009年		凭证字号	摘要	借方	贷方	借或贷	余额
月	日			千百十万千百十元角分	千百十万千百十元角分		千百十万千百十元角分
12	1		月初余额			借	8 7 0 0 0 0 0
12	2	记 2	收回货款		8 7 0 0 0 0 0	平	0
12	4	记 3	销售	2 5 0 0 0 0 0		借	2 5 0 0 0 0 0
12	21	记 13	收回货款		2 0 0 0 0 0 0	借	5 0 0 0 0 0
12	31		本月合计	2 5 0 0 0 0 0	2 8 7 0 0 0 0		

表 8-68　　　　　　　　　　　　　明　细　账

总账科目:应付账款　　　　　　　　　　　　　　　　　　　　　总 50 页　　分第 6 页

明细科目:甲公司

2009年		凭证字号	摘要	借方	贷方	借或贷	余额
月	日			千百十万千百十元角分	千百十万千百十元角分		千百十万千百十元角分
12	1		月初余额			贷	2 0 0 0 0 0 0
12	8	记 5	偿还货款	2 0 0 0 0 0 0		平	0
12	17	记 10	购买材料		7 5 0 0 0 0	贷	7 5 0 0 0 0
12	31		本月合计	2 0 0 0 0 0 0	7 5 0 0 0 0		

---

① 以下明细分类账中由于版面纸张大小的限制,数量金额式明细分类账和多栏式明细分类账采用简化的样式。

251

表8-69　　　　　　　　　　　　　明　细　账

总账科目：应付账款　　　　　　　　　　　　　　　　总50页　　分第12页
明细科目：乙公司

2009年		凭证字号	摘要	借方 千百十万千百十元角分	贷方 千百十万千百十元角分	借或贷	余额 千百十万千百十元角分
月	日						
12	1		月初余额			贷	3 0 0 0 0 0 0 0
12	15	记9	偿还货款	3 0 0 0 0 0 0 0		平	－ 0 －
12	31		本月合计	3 0 0 0 0 0 0 0	0		

表8-70　　　　　　　　　　　　　明　细　账

总账科目：实收资本　　　　　　　　　　　　　　　　总35页　　分第1页
明细科目：张某

2009年		凭证字号	摘要	借方 千百十万千百十元角分	贷方 千百十万千百十元角分	借或贷	余额 千百十万千百十元角分
月	日						
12	1		月初余额			贷	9 0 0 0 0 0 0 0
12	31		本月合计	0	0		

表8-71　　　　　　　　　　　　　明　细　账

总账科目：实收资本　　　　　　　　　　　　　　　　总35页　　分第3页
明细科目：李某

2009年		凭证字号	摘要	借方 千百十万千百十元角分	贷方 千百十万千百十元角分	借或贷	余额 千百十万千百十元角分
月	日						
12	1		月初余额			贷	6 0 0 0 0 0 0 0
12	31		本月合计	0	0		

表8-72　　　　　　　　　　　　　明　细　账　　　　　　　　　　总90页　　分第2页

总账科目：原材料　　　　　　　　　　　　　　　　　　　　　　　计量单位：公斤
明细科目：A材料　　　　　　　　　　　　　　　　　　　　　　　计价单位：元

2009年		凭证字号	摘要	借方			贷方			余额		
月	日			数量	单价	金额	数量	单价	金额	数量	单价	金额
12	1		月初余额							12 000	15	180 000
12	17	记10	购入	5 000	15	75 000				17 000	15	255 000
12	31	记23	耗用				15 000	15	225 000	2 000	15	30 000
12	31		本月合计	5 000		75 000	15 000	15	225 000			

表 8-73　　　　　　　　　　　　　明　细　账　　　　　　　　总 90 页　　分第 4 页

总账科目：原材料　　　　　　　　　　　　　　　　　　　　　　　计量单位：公斤

明细科目：B 材料　　　　　　　　　　　　　　　　　　　　　　　计价单位：元

2009年		凭证		摘要	借方			贷方			余额		
月	日	字	号		数量	单价	金额	数量	单价	金额	数量	单价	金额
12	1			月初余额							7 000	20	140 000
12	20	记	12	购入	4 000	20	80 000				11 000	20	220 000
12	31	记	23	耗用				6 000	20	120 000	5 000	20	100 000
12	31			本月合计	4 000	20	80 000	6 000	20	120 000			

表 8-74　　　　　　　　　　　　　明　细　账　　　　　　　　总 70 页　　分第 6 页

总账科目：库存商品　　　　　　　　　　　　　　　　　　　　　　计量单位：件

明细科目：甲产品　　　　　　　　　　　　　　　　　　　　　　　计价单位：元

2009年		凭证		摘要	借方			贷方			余额		
月	日	字	号		数量	单价	金额	数量	单价	金额	数量	单价	金额
12	1			月初余额							1 000	250	250 000
12	31	记	25	完工入库	1 000	235	235 000				2 000		485 000
12	31	记	26	已销产品				1 000	250	250 000	1 000	235	235 000
12	31			本月合计	1 000	235	235 000	1 000	250	250 000			

表 8-75　　　　　　　　　　　　　明　细　账　　　　　　　　总 70 页　　分第 8 页

总账科目：库存商品　　　　　　　　　　　　　　　　　　　　　　计量单位：件

明细科目：乙产品　　　　　　　　　　　　　　　　　　　　　　　计价单位：元

2009年		凭证		摘要	借方			贷方			余额		
月	日	字	号		数量	单价	金额	数量	单价	金额	数量	单价	金额
12	1			月初余额							1 000	190	190 000
12	31	记	25	完工入库	1 000	235	235 000				2 000		425 000
12	31	记	26	已销产品				1 000	190	190 000	1 000	235	235 000
12	31			本月合计	1 000	235	235 000	1 000	190	190 000			

表 8-76　　　　　　　　　　　明　细　账

总账科目：生产成本　　　　　　　　　　　　　　　　　总 20 页　　分第 5 页
明细科目：甲产品　　　　　　　　　　　　　　　　　　　　　　计价单位：元

2009年		凭证		摘要	借方				贷方	余额
月	日	字	号		直接材料	直接人工	制造费用	合计		
12	31	记	22	结算工资		60 000		60 000		60 000
12	31	记	23	耗用材料	160 000			160 000		220 000
12	31	记	24	分配制造费用			15 000	15 000		235 000
12	31	记	25	完工产品入库					235 000	0
12	31			本月合计	160 000	60 000	15 000	235 000	235 000	

表 8-77　　　　　　　　　　　明　细　账

总账科目：生产成本　　　　　　　　　　　　　　　　　总 20 页　　分第 10 页
明细科目：乙产品　　　　　　　　　　　　　　　　　　　　　　计价单位：元

2009年		凭证		摘要	借方				贷方	余额
月	日	字	号		直接材料	直接人工	制造费用	合计		
12	31	记	22	结算工资		40 000		40 000		40 000
12	31	记	23	耗用材料	185 000			185 000		225 000
12	31	记	24	分配制造费用			10 000	10 000		235 000
12	31	记	25	完工产品入库					235 000	0
12	31			本月合计	185 000	40 000	10 000	235 000	235 000	

3. 日记账

根据所编制的记账凭证，登记相关的日记账如表 8-78 和表 8-79 所示。

表 8-78　　　　　　　　　　　现金日记账　　　　　　　　　　　第　15　页

2009年		凭证		摘要	借方									贷方									余　额								
月	日	字	号		千	百	十	万	千	百	十	元	角	分	千	百	十	万	千	百	十	元	角	分	千	百	十	万	千	百	十	元	角	分
12	1			月初余额																							1	0	0	0	0	0	0
12	6	记	4	购买办公用品															5	0	0	0	0					9	5	0	0	0	0
12	18	记	11	支付差旅费														2	1	0	0	0	0					7	4	0	0	0	0
12	22	记	14	汽车维修费														1	0	0	0	0	0					6	4	0	0	0	0
12	24	记	16	招待费														2	0	0	0	0	0					4	4	0	0	0	0
12	25	记	17	提取现金			1	1	7	0	0	0	0	0												1	2	1	4	0	0	0	0
12	25	记	18	发放工资														1	1	7	0	0	0					4	4	0	0	0	0
12	31			本月合计			1	1	7	0	0	0	0	0				1	2	2	6	0	0	0	0									

表 8-79　　　　　　　　　　　　　银行存款日记账　　　　　　　　　　　　　第 20 页

2009年		凭证		摘要	结算凭证		借方	贷方	余额
月	日	字	号		种类	号码			
12	1			月初余额					500 000.00
12	1	记	1	偿还借款				100 500.00	399 500.00
12	2	记	2	收回货款			87 000.00		486 500.00
12	8	记	5	偿还货款				200 000.00	286 500.00
12	10	记	6	收回货款			63 000.00		349 500.00
12	11	记	7	销售收款			450 000.00		799 500.00
12	13	记	8	支付广告费				3 000.00	796 500.00
12	15	记	9	偿还货款				300 000.00	496 500.00
12	20	记	12	购买材料				80 000.00	416 500.00
12	21	记	13	收回货款			200 000.00		616 500.00
12	23	记	15	上缴税款				20 000.00	596 500.00
12	25	记	17	提取现金				117 000.00	479 500.00
12	31			本月合计			800 000.00	820 500.00	

（三）期末结账

计算总分类账和明细分类账各账户、现金日记账和银行存款日记账的本期发生额和期末余额。结账结果详见各账簿及账页。

（四）期末核对账簿记录

经核对，期末该公司账证、账账、账实相符。其试算平衡表如表 8-80 所示。

表 8-80　　　　　　　　　某有限责任公司试算平衡表

2009 年 12 月 31 日　　　　　　　　　　　　　　　　单位：元

总分类账户	期初余额		本期发生额		期末余额	
	借方	贷方	借方	贷方	借方	贷方
库存现金	10 000		117 000	122 600	4 400	
银行存款	500 000		800 000	820 500	479 500	
应收账款	150 000		250 000	350 000	50 000	
原材料	320 000		155 000	345 000	130 000	
库存商品	440 000		470 000	440 000	470 000	

续表

总分类账户	期初余额		本期发生额		期末余额	
	借方	贷方	借方	贷方	借方	贷方
固定资产	1 200 000		0	0	1 200 000	
累计折旧		50 000		20 000		70 000
无形资产	72 000		0	0	72 000	
累计摊销		5 000		1 000		6 000
短期借款		100 000	100 000			0
应付账款		500 000	500 000	75 000		75 000
应付职工薪酬		117 000	117 000	130 000		130 000
应交税费		20 000	20 000	53 100		53 100
应付利息				12 500		12 500
长期借款		250 000	0	0		250 000
实收资本		1 500 000	0	0		1 500 000
盈余公积		15 000		15 930		30 930
利润分配		135 000	15 930	159 300		278 370
本年利润			700 000	700 000		
生产成本			470 000	470 000		
制造费用			25 000	25 000		
主营业务收入			700 000	700 000		
主营业务成本			440 000	440 000		
销售费用			3 000	3 000		
管理费用			31 600	31 600		
财务费用			13 000	13 000		
所得税费用			53 100	53 100		
合　计	2 692 000	2 692 000	4 980 630	4 980 630	2 405 900	2 405 900

（五）编制资产负债表和利润表

在核对账目的基础上，该有限责任公司编制 2009 年 12 月 31 日的资产负债表和 2009 年 12 月的利润表如表 8-81、表 8-82 所示。

表 8-81　　　　　　　　　　　　　　　资产负债表　　　　　　　　　　　　　　　会企 01 表
编制单位：某有限责任公司　　　　　　2009 年 12 月 31 日　　　　　　　　　　　单位：元

资　产	期末余额	负债和所有者权益	期末余额
流动资产：		流动负债：	
货币资金	483 900	短期借款	
交易性金融资产		交易性金融负债	
应收票据		应付票据	
应收账款	50 000	应付账款	75 000
预付款项		预收款项	
应收利息		应付职工薪酬	130 000
应收股利		应交税费	53 100
其他应收款		应付利息	12 500
存货	600 000	应付股利	
一年内到期的非流动资产		其他应付款	
其他流动资产		一年内到期的非流动负债	
流动资产合计	1 133 900	其他流动负债	
非流动资产：		流动负债合计	270 600
可供出售金融资产		非流动负债：	
持有至到期投资		长期借款	250 000
长期应收款		应付债券	
长期股权投资		长期应付款	
投资性房地产		专项应付款	
固定资产	1 130 000	预计负债	
在建工程		递延所得税负债	
工程物资		其他非流动负债	
固定资产清理		非流动负债合计	
生产性生物资产		负债合计	520 600
油气资产		所有者权益：	
无形资产	66 000	实收资本（或股本）	1 500 000
开发支出		资本公积	
商誉		减：库存股	
长期待摊费用		盈余公积	30 930
递延所得税资产		未分配利润	278 370
其他非流动资产		所有者权益合计	180 930
非流动资产合计	1 196 000		
资产总计	2 329 900	负债和所有者权益总计	2 329 900

表 8-82　　　　　　　　　　利　润　表　　　　　　　　　会企 02 表
编制单位：某有限责任公司　　　2009 年 12 月　　　　　　　　单位：元

项　目	本月金额
一、营业收入	700 000
减：营业成本	440 000
营业税金及附加	
销售费用	3 000
管理费用	31 600
财务费用	13 000
资产减值损失	
加：公允价值变动收益（损失以"-"号填列）	
投资收益（损失以"-"号填列）	
其中：对联营企业和合营企业的投资收益	
二、营业利润（亏损以"-"号填列）	212 400
加：营业外收入	
减：营业外支出	
其中：非流动资产处置损失	
三、利润总额（亏损总额以"-"号填列）	212 400
减：所得税费用	53 100
四、净利润（净亏损以"-"号填列）	159 300
五、每股收益	
（一）基本每股收益	
（二）稀释每股收益	
六、其他综合收益	
七、综合收益总额	

【本章小结】

1. 会计循环包括原始信息的输入、信息的加工与转换、会计信息的输出三个阶段；从会计方法运用的角度看，会计循环是在一个特定会计期间企业对其经济活动进行确认、计量、记录和报告的完整过程。

2. 会计循环的基本过程包括经济交易或事项的发生、分析和记录经济交易或事项、期末账项调整、核对与结算账户记录、编制财务报表等步骤。

3. 账务处理程序是会计循环得以不断往复的技术组织方式，它需要以账簿体系为核心，把凭证组织、账簿组织、记账程序和方法有机地结合起来。

4. 常用的账务处理程序主要有记账凭证账务处理程序、汇总记账凭证账务处理程序、科目汇总表账务处理程序和日记总账账务处理程序；不同的账务处理程序的区别主要在于登记总账的依据不同；不同的账务处理程序具有不同的凭证组织、账簿组织和账务处理步骤，由于它们具有不同的优势与特点，因而有不同的使用范围。

思 考 题

1. 什么是会计循环？会计循环包括哪些过程？
2. 什么是账务处理程序？正确选择账务处理程序有什么意义？
3. 账务处理程序有哪些种类？其主要区别是什么？
4. 记账凭证账务处理程序的特点是什么？它有哪些优缺点？
5. 汇总记账凭证账务处理程序的特点是什么？它有哪些优缺点？
6. 科目汇总表账务处理程序的特点是什么？它有哪些优缺点？
7. 试比较汇总记账凭证与科目汇总表的汇总方法。
8. 日记总账账务处理程序的特点是什么？它有哪些优缺点？
9. 各种账务处理程序的基本内容是什么？不同的账务处理程序有什么异同点？
10. 每种账务处理程序各自的适用范围是什么？

练 习 题

【练习题 8-1】

（一）目的

掌握会计循环的过程及其业务处理的基本程序。

（二）资料

某有限责任公司 2009 年 12 月份的有关资料如下：

1. 各账户的月初余额如表 8-83 所示。

表 8-83　　　　　　　　　某有限责任公司账户余额表
2009 年 12 月 1 日　　　　　　　　　　　　　　　单位：元

账户名称	借方余额	账户名称	贷方余额
库存现金	1 850	短期借款	500 000
银行存款	806 150	应付账款	177 900
应收账款	480 000	应付职工薪酬	292 000
其他应收款	1 500	应交税费	226 000
原材料	287 000	应付利息	14 800
生产成本	259 340	实收资本	3 600 000
库存商品	963 000	盈余公积	621 500
固定资产	4 000 000	本年利润	131 600
长期待摊费用	10 000	利润分配	280 240
		累计折旧	964 800

其中：

(1)"原材料"账户的余额包括：A 材料 2 000 公斤，计 127 000 元；B 材料 4 000 公斤，计 160 000 元。

(2)"生产成本"账户的余额是 4 000 件未完工甲产品的成本，包括：直接材料 144 900 元，直接人工 71 100 元，制造费用 43 340 元。

(3)"库存商品"账户的余额包括：甲产品 2 000 件，计 288 000 元；乙产品 4 500 件，计 675 000 元。

(4)"应收账款"账户的余额包括：应收甲公司账款 180 000 元，应收丁公司账款 300 000 元。

(5)"其他应收款"账户的余额是职工李某暂借的差旅费。

(6)"应付账款"账户的余额包括：应付乙公司账款 148 200 元，应付丙公司账款 29 700 元。

(7)"应付利息"账户的余额是应付短期借款利息。

2. 12 月份发生的各项经济业务如下：

(1) 1 日收到甲公司上月账款 180 000 元，丁公司上月账款 200 000 元，存入银行；向乙公司购入 A 材料 2 000 公斤，材料已验收入库，货款 127 200 元尚未支付，运杂费 2 800 元已用银行支票付讫，材料按实际采购成本计价。

(2) 2 日，发出 A 材料 2 500 公斤。其中，制造甲产品用料 2 000 公斤，其余材料为车间一般耗用。

(3) 3 日，发出 B 材料 3 000 公斤，用于乙产品的生产。

(4) 4 日，开出支票支付上月应交税金 226 000 元；以库存现金 450 元支付零星管理费用。

(5) 5 日，开出支票支付丙公司上月账款；通过开户银行支付上月所欠职工工资 192 000 元。

(6) 6 日，购入 A 材料 1 000 公斤，已验收入库，开出支票支付货款 45 000 元，材料按实际采购成本计价；出售甲产品 1 500 件给甲公司，货款 330 000 元尚未收到。

(7) 7 日，收到丁公司账款 100 000 元，存入银行；开出支票支付所欠乙公司的账款 88 000 元；完工甲产品 1 000 件验收入库。

(8) 8 日，售给丁公司乙产品 1 000 件，货款 200 000 元尚未收到。以支票支付销售运杂费 10 000 元。

(9) 9 日，发出 A 材料 1 000 公斤，用于制造甲产品。

(10) 10 日，行政管理人员李某报销差旅费 1 450 元，余款以现金交回。

(11) 11 日，开出支票，金额 20 000 元，捐赠给希望工程。

(12) 12 日，向丙公司购入 B 材料 2 000 公斤，已验收入库，货款 80 000 元尚未支付。以支票付讫运杂费 8 000 元。材料按实际采购成本计价。

(13) 13 日，完工甲产品 1 500 件，验收入库。

(14) 14 日，售出乙产品 1 500 件，价款 300 000 元存入银行，并以银行存款支付运杂费 12 000 元；售出甲产品 1 000 件，价款 230 000 元存入银行。

(15) 15日，向乙公司购入 A 材料 3 000 公斤，货款 186 000 元尚未支付，材料已验收入库。运杂费 12 000 元以支票付讫。材料按实际采购成本计价。

(16) 16日，开出银行支票 5 000 元，提取现金；用现金 650 元购入办公用品，直接交行政管理部门使用；开出支票支付乙公司货款 85 000 元，支付车间机器零星修理费 5 000 元。

(17) 17日，向丙公司购入 B 材料 3 000 公斤，价款 120 000 元尚未支付，材料已验收入库。

(18) 18日，开出支票支付职工医药费 15 600 元。

(19) 19日，发出 A 材料 2 000 公斤。其中，用于甲产品 1 500 公斤，用于乙产品 500 公斤。发出 B 材料 3 000 公斤，用于乙产品生产。

(20) 20日，开出支票支付乙公司购料款 127 200 元。

(21) 21日，收到甲公司货款 160 000 元，存入银行。

(22) 22日，向丙公司购入 B 材料 3 000 公斤，价款 120 000 元尚未支付，材料已验收入库。以支票支付运杂费 13 800 元。材料按实际采购成本计价。

(23) 23日，从银行提取现金 2 000 元，以备日常开支。

(24) 24日，售给甲公司甲产品 1 000 件，价款 230 000 元尚未收到。

(25) 25日，用支票付讫 24 日销售运杂费 10 500 元。

(26) 26日，完工甲产品 500 件，验收入库。

(27) 27日，支付本月份水费 4 850 元，其中车间负担 2 980 元。

(28) 28日，结算本月份电费，其中车间照明耗电 4 540 元，管理部门耗电 3 840 元，款项尚未支付。

(29) 29日，发出 B 材料 2 400 公斤，用于乙产品生产，支付违约金 10 000 元。

(30) 30日，收到甲公司账款 240 000 元，存入银行。

(31) 31日：

①结算本月份应付职工薪酬 221 160 元，其中：生产工人人工费用 155 040 元，并按产品生产工时在甲、乙产品之间进行分配，其中甲产品 16 000 工时，乙产品 18 000 工时；车间管理人员人工费用 13 680 元；公司行政管理人员薪酬 52 440 元。

②摊销长期待摊费用 10 000 元，其中 60% 由车间部门负担，其余由行政管理部门负担。

③确认本月份应负担的借款利息 7 400 元。

④计提本月份固定资产折旧 23 000 元，其中车间部门负担 70%。

⑤结转本月份制造费用，并按产品生产工时在甲、乙产品之间进行分配。

⑥甲产品 4 000 件全部完工，结转其制造成本。

⑦结转已售出甲、乙产品的销售成本。

⑧结转本月份主营业务收入、主营业务成本、管理费用等损益类账户，计算本月利润总额，并按 25% 的所得税税率计算本年应交所得税金额以及所得税费用，确定本年净利润，并结账。

3. 假定发出材料及库存商品均按月末一次加权平均法计价。

（三）要求

若该公司采用记账凭证账务处理程序，根据上述资料完成下列工作：

(1) 编制记账凭证（采用通用记账凭证）。

(2) 登记总分类账、明细分类账和日记账。

(3) 结账并编制 2009 年 12 月份的试算平衡表。

(4) 编制 2009 年 12 月 31 日的资产负债表和 2009 年 12 月的利润表。

【练习题 8-2】

（一）目的

掌握科目汇总表的编制方法。

（二）资料

某公司采用科目汇总表作为会计核算组织程序。2009 年 6 月 30 日编制的科目汇总表如表 8-84 所示。

表 8-84　　　　　　　　　　　科目汇总表　　　　　　　　　　单位：元

借　方	会计科目	贷　方
508	库存现金	
4 600	银行存款	
700	应收账款	
12 000	原材料	
50 000	固定资产	
3 000	管理费用	
	应付账款	2 000
	实收资本	60 000
	预收账款	2 068
	应付职工薪酬	2 600
70 808	合　　计	66 668

经与有关账簿记录核对，发现在记账和过账的过程中存在以下错误：

1. 本月"库存现金"账户借方发生额应为 2 840 元，贷方发生额应为 2 372 元。

2. 企业用银行存款 4 000 元偿还一笔欠款，已经正确记入"应付账款"账户，但未记入"银行存款"账户。

3. 企业提取现金 500 元零用，已经正确记入"库存现金"账户，但未记入"银行存款"账户。

4. 用现金 850 元购买当月厂部办公用品，已正确记入"库存现金"账户，但未记入"管理费用"账户。

5. 用现金 50 元支付零星费用，过账时误记为：

借：管理费用　　　　　　　　　　　　　　　　　　　　　　　500
　　贷：现金　　　　　　　　　　　　　　　　　　　　　　　　　　　500
（三）要求
根据以上资料，编制正确的科目汇总表。

【练习题 8-3】
（一）目的
掌握运用科目汇总表处理账务的会计循环的基本程序。
（二）资料
练习题 8-1 所编制完成的全部记账凭证。
（三）要求
若该公司采用科目汇总表账务处理程序，根据上述资料完成下列工作：
(1) 编制本月份的科目汇总表。
(2) 登记总分类账。
(3) 结账并编制 2009 年 12 月份的试算平衡表。
(4) 编制 2009 年 12 月 31 日的资产负债表和 2009 年 12 月份的利润表。

第九章 会计规范

【学习目标】

本章主要阐述我国会计规范体系的基本结构；介绍会计法律、会计报告规范、会计核算规范、会计监督规范和会计工作管理规范的内容。

通过本章的学习，掌握我国会计规范体系的构成；熟悉我国会计法律的特点与主要内容；熟悉会计报告规范的主要规定；了解会计核算规范的主要内容与要求，熟悉《中华人民共和国会计法》、《企业会计准则》和其他有关法规对于会计核算的规定；了解会计监督规范和会计工作管理规范的主要内容，熟悉《会计基础工作规范》中相关技术性规则；了解会计电算化管理制度、《会计档案管理办法》和会计人员管理制度等相关规范的内容与要求。

第一节 会计规范体系

会计规范是指由国家权力机关或其他授权机构制定的，用来规范会计工作、调整会计关系的各种行为规范的总称，是进行会计工作、从事会计职业所需要遵循的基本尺度。会计规范包括管理会计工作的各种法律、法令、条例、规则、章程、制度等规范性文件。我国的会计规范体系通常由五个部分构成：一是会计法律；二是会计行政法规；三是会计部门规章；四是会计技术规则；五是地方性会计法规和地方政府会计规章。经过中华人民共和国成立以来60多年的发展，我国已基本形成了一套以《中华人民共和国会计法》（以下简称《会计法》）为中心、国家统一的会计制度以及会计准则为基础的比较完整的会计规范体系。会计规范体系已成为会计实务工作和经济活动顺利进行的有力保障，对资本市场的发展起到了重要的保证和促进作用。

一、会计法律

会计法律是指由全国人民代表大会及其常务委员会制定和颁布的，由国家主席签发的有关调整会计关系的规范性文件或法律规范。

在我国，会计法律规范主要体现在2000年7月1日实施的《会计法》中。《会计法》是依据《中华人民共和国宪法》的基本精神制定的，具有强制性，是调整我国经济生活中会计关系的法律总规范，对会计法规、会计规章的制定与实施具有普遍的指导意义。《会计法》是会计法律制度中层次最高的法律规范，是规范会计工作的"宪法"和制定其他会计法规的依据，也是指导会计工作的最高准则。《会计法》中明确规定了其作用、适用范围、会计人员行使职权的保障措施和会计工作的管理体制等，明确规定了会计信息的内容和要求及企业会计核算、监督的原则以及会计机构的设置、会计人员的配备和相关人员的法律责任。

除了《会计法》这部会计的"宪法"外，还有许多其他涉及会计问题的法律，比如《中华人民共和国审计法》、《中华人民共和国注册会计师法》、《中华人民共和国公司法》（以下简称《公司法》）、《中华人民共和国破产法》、《中华人民共和国证券法》（以下简称《证券法》）、《中华人民共和国商业银行法》、《中华人民共和国保险法》、《中华人民共和国企业所得税法》等。这些法律从不同的行业和角度对会计工作进行了规范，对《会计法》规范的内容起着补充的作用，使《会计法》能更好地发挥其在会计实践中的主体作用。

二、会计行政法规

会计行政法规是我国现行会计规范体系的一个重要组成部分，它包括三个方面的内容：

第一是会计行政法规。会计行政法规是由国务院制定颁布或者国务院有关部门拟订经国务院批准发布的由国务院总理签发的规范性文件，其法律效力仅次于会计法律，如《总会计师条例》、《企业财务会计报告条例》等。

第二是会计部门规章。会计部门规章主要是由主管全国会计工作的行政部门——财政部就会计工作中某些方面的内容所制定的规范性文件，或者是财政部与国务院其他部门共同签发的相关文件，如《会计基础工作规范》和《会计档案管理办法》等。

第三是会计技术规范。它是侧重于会计业务管理的技术性规范，主要包括《企业会计准则》（含基本准则、具体会计准则、《企业会计准则应用指南》和《企业会计准则解释》等）、《企业会计制度》、《金融企业会计制度》和《小企业会计制度》等。2006年2月15日财政部以财会〔2006〕第3号文件的形式发布了《企业会计准则》，2006年10月30日以财会〔2006〕第18号文件的形式发布了《企业会计准则应用指南》，2007年11月16日和2008年8月7日财政部又分别印发了《企业会计准则解释第1号》和《企业会计准则解释第2号》。2009年6月11日，财政部发布了《企业会计准则解释第3号》。作为国家社会规范乃至强制性规范的重要组成部分，《企业会计准则》既是一种反映经济活动、确认产权关系和规范收益分配的会计技术标准，是生成和提供会计信息、实现社会资源优化配置的重要依据，也是政府干预经济活动、规范经济秩序和从事国际经济交往等的重要手段。具体会计准则是根据《企业会计准则》中基本准则的框架和原则，针对具体的经济业务或财务报表项目可能发生的各种确认、计量以及报告披露问题所做的处理规范，对会计实务有着直接的影响作用。但是，具体会计准则规范的重点是会计判断的过程，在会计要素的确认、计量和报告披露等方面的规定比较抽象，因此在运用具体会计准则时需要依赖会计人员的职业判断。

三、地方性会计法规和地方政府会计规章

地方性会计法规和地方政府会计规章，主要是指各省、自治区、直辖市和经国务院批准较大的市的人民代表大会和人民政府根据会计法律、会计行政法规和国家统一会计

制度的规定,结合本地实际情况制定的、在各自的行政区域内实施的地方性会计规范性文件。

综上所述,目前我国已基本形成了由会计法律、会计行政法规、会计部门规章、会计技术规范及地方性会计法规和地方政府会计规章五个层次所构成的具有中国特色的会计规范体系,如表9-1所示。

表9-1　　　　　　　　　　会计规范体系结构表

会计规范体系	会计法律	《中华人民共和国会计法》、《中华人民共和国公司法》以及《中华人民共和国证券法》等会计的相关法规
	会计行政法规	《总会计师条例》、《企业财务会计报告条例》等
	会计部门规章	《会计基础工作规范》、《会计档案管理办法》等
	会计技术规范	《企业会计准则》(含基本准则、具体会计准则、《企业会计准则应用指南》和《企业会计准则解释》等)和《企业会计制度》等
	地方性会计法规和地方政府会计规章	如《湖北省会计从业资格管理办法》等

第二节　会计法律

会计法律是指由全国人民代表大会及其常务委员会制定和颁布的,有关调整会计关系的规范性文件或法律规范。主要包括两种法律形式:(1)独立的会计法,即《会计法》;(2)在其他法律中出现的对会计工作的法律规定,如《公司法》和有关的税收征管法等。会计法律是会计规范体系中权威最高、最具法律效力的法律规范,是制定其他各层次会计规范的依据。

一、会计法

《会计法》是调整我国经济生活中会计关系的法律总规范,是会计法律制度中层次最高的法律规范,是制定其他会计法规的依据,也是指导会计工作、规范会计行为的最高准则。1985年1月21日,第六届全国人大第九次会议审议通过了《会计法》,这标志着我国会计工作开始进入法制阶段。1993年12月29日,第八届全国人大常委会第五次会议审议通过了《关于修订中华人民共和国〈会计法〉的决定》。1999年10月25日,第九届全国人大常委会第十二次会议审议通过了《会计法(修订草案)》,10月31日全国人大常委会第十二次会议举行全体会议,表决通过了经修订后的《会计法》,自2000年7月1日起施行,这是我国对《会计法》的第二次修订。现行《会计法》共7章52条,其主要内容概括如下:

(一)立法宗旨及适用范围

立法宗旨是为了规范会计行为,保证会计资料真实、完整,加强经济管理和财务管理，提高经济效益，维护社会主义市场经济秩序；无论是国家还是单位都必须严格规范会计行为，保证会计资料的真实、完整；国家机关、社会团体、公司、企业、事业单位和其他组织都必须依照该法处理会计事务。

（二）单位负责人和会计人员的基本责任

单位负责人对本单位的会计工作和会计资料的真实性、完整性负责；会计机构、会计人员均需依法进行会计核算，实行会计监督；任何单位或者个人不得以任何方式授意、指使、强令会计机构、会计人员伪造、变造会计凭证、会计账簿和其他会计资料，提供虚假财务会计报告；任何单位或者个人不得对依法履行职责、抵制违反《会计法》规定的行为的会计人员实行打击报复。

（三）会计工作的管理体制

国务院财政部门主管全国的会计工作，县级以上地方各级人民政府财政部门管理本行政区域内的会计工作；我国实行统一的会计制度，统一的会计制度由财政部制定并公布；国务院有关部门可以依照《会计法》和国家统一的会计制度，制定对会计核算和会计监督有特殊要求的行业实施国家统一的会计制度的具体办法或者补充规定，报国务院财政部门审核批准；中国人民解放军总后勤部可以依照《会计法》和国家统一的会计制度，制定军队实施国家统一的会计制度的具体办法，报国务院财政部门备案。

（四）会计核算与会计监督

任何事项的会计核算都必须符合《会计法》的相关规定；各单位应当建立、健全内部会计监督制度；各单位的会计机构、会计人员对违反《会计法》和国家统一的会计制度规定的会计事项，有权拒绝办理或者按照职权予以纠正；财政、审计、税务、人民银行、证券监管、保险监管等部门应当依照有关法律、行政法规规定的职责，对各单位的会计资料实施监督检查；需经注册会计师进行审计的单位，应当向受委托的会计师事务所如实提供会计资料及有关情况，各单位或者个人不得以任何方式要求或者示意注册会计师及其所在的会计师事务所出具不实或者不当的审计报告；财政部门有权对会计师事务所出具的审计报告的内容、程序进行监督；依法对有关单位的会计资料实施监督检查的部门及其工作人员对在监督检查中知悉的国家秘密和商业秘密负有保密义务。

（五）会计机构和会计人员

各单位应当根据会计业务的需要设置会计机构，不具备设置条件的，可以委托中介结构代理记账；国有的或国有资产占控股地位或者占主导地位的大、中型企业必须设置总会计师，同时配备一定数量的、有从业资格证书的、遵守职业道德、具有专业技术职称的会计人员；因有与会计职务有关的违法行为被依法追究刑事责任的人员，不得取得或者重新取得会计从业资格；会计人员调动工作或者离职，必须与接管人员办清交接手续。

（六）法律责任

违法必究是社会主义法治的基本要求。单位、直接负责的主管人员及其他有关人员违反《会计法》所应承担的法律责任，主要包括行政责任和刑事责任。实施行政责任的主体应当是县级以上人民政府财政部门、所在单位或者有关单位，行政责任的承担主体应当是单位、直接负责的主管人员和其他直接责任人员;刑事责任的承担主体应当是个人、单位、直接负责的主管人员和其他直接责任人员。

二、其他与会计相关的法律规范

除《会计法》之外,《公司法》和《证券法》等商法对企业财务行为也有具体规定。如2006年1月1日开始实施的《公司法》,其中第八章"公司财务、会计"就是专门针对公司财务会计的规定。它规定公司应当依照法律、行政法规和国务院财政部门的规定建立本公司的财务、会计制度,应当在每一会计年度终了时依照法律、行政法规和国务院财政部门的规定编制财务会计报告,并依法经会计师事务所审计。2006年1月1日开始实施的《证券法》中对财务会计报告信息的规定和要求,也是会计法规的重要组成部分。

第三节 会计报告规范

一、企业财务会计报告规范的出台

企业财务会计报告是用于全面反映企业某一特定日期财务状况和某一个会计期间经营成果、现金流量的文件。随着市场经济的发展,财务会计报告的作用越来越重要,已经成为企业筹集资金、介入社会经济活动的重要工具。因此,编制财务会计报告是企业会计核算工作中极为重要的一个环节。然而,一些企业为了追求自身利益,编制虚假的或者隐瞒重要事实的财务会计报告,扰乱了正常的市场经济秩序。为了加强对企业财务会计报告的管理,严格规范企业财务会计报告的编制和提供行为,进一步提高会计信息质量,杜绝会计造假,2000年6月21日,国务院发布了《企业财务会计报告条例》,并规定从2001年1月1日起施行。

二、《企业财务会计报告条例》的基本内容

《企业财务会计报告条例》共有6章46条,系统地规范了企业财务会计报告的编制、构成、法律责任等,其基本内容与要求有如下几个方面:

(一)财务报告的构成

财务会计报告分为年度、半年度、季度和月度财务会计报告;年度和半年度财务会计报告包括会计报表、会计报表附注和财务情况说明书;会计报表应当包括资产负债表、利润表、现金流量表及相关附表;月度财务会计报告通常仅指会计报表,会计报表至少应当包括资产负债表和利润表;国家统一的会计制度规定季度、月度财务会计报告需要编制会计报表附注的,从其规定。

(二)财务报告的要素与列示要求

资产负债表应当按照资产、负债和所有者权益(或者股东权益)分类分项列示;利润表应当按照各项收入、费用以及构成利润的各个项目分类分项列示;现金流量表应当按照经营活动、投资活动和筹资活动的现金流量分类分项列示;相关附表是反映企业

财务状况、经营成果和现金流量的补充报表，主要包括利润分配表以及国家统一的会计制度规定的其他附表。

（三）财务报告的基本信息结构

财务报告的基本信息结构主要包括三个方面的内容：（1）基本会计报表的信息结构。明确要求年度、半年度会计报表至少应当反映两个年度或者相关两个期间的比较数据。（2）会计报表附注的基本信息结构。明确要求会计报表附注至少应当包括下列内容：不符合基本会计假设的说明；重要会计政策和会计估计及变更情况、变更原因及其对财务状况和经营成果的影响；或有事项和资产负债表日后事项的说明；关联方关系及其交易的说明；重要资产转让及其出售情况；企业合并、分立；重大投资、融资活动；会计报表中重要项目的明细资料；有助于理解和分析会计报表需要说明的其他事项。（3）财务情况说明书的基本信息结构。至少应当对下列情况做出说明：企业生产经营的基本情况；利润实现和分配情况；资金增减和周转情况；对企业财务状况、经营成果和现金流量有重大影响的其他事项。

（四）财务报告的编制与提供

第一，关于财务报告的编制。企业应当于年度终了编报年度财务会计报告；国家统一的会计制度规定企业应当编报半年度、季度和月度财务会计报告的，从其规定；企业编制财务会计报告，应当根据真实的交易、事项以及完整、准确的账簿记录等资料，并按照国家统一的会计制度规定的编制基础、编制依据、编制原则和方法进行；企业应当依照有关法律、行政法规和本条例规定的结账日进行结账，不得提前或者延迟；年度结账日为公历年度每年的12月31日；半年度、季度、月度结账日分别为公历年度每半年、每季、每月的最后一天。

第二，关于财务报告的提供。企业应当依照法律、行政法规和国家统一的会计制度中有关财务会计报告提供期限的规定，及时对外提供财务会计报告；企业对外提供的财务会计报告应当依次编定页数，加具封面，装订成册，加盖公章；封面上应当注明企业名称、企业统一代码、组织形式、地址、报表所属年度或者月份、报出日期，并由企业负责人和主管会计工作的负责人、会计机构负责人（会计主管人员）签名并盖章；设置总会计师的企业，还应当由总会计师签名并盖章；提供对象有投资者、监事会、国家有关部门或者管理机构、企业的职工代表大会等；财务会计报告需经注册会计师审计的，企业应当将注册会计师及会计师事务所出具的审计报告随同财务会计报告一并对外提供。

（五）财务报告的法律责任

《企业财务会计报告条例》中，对违反本条例的行为作了明确具体的界定，并对应承担的行政责任和刑事责任做出了详细规定。

第四节 会计核算规范

我国现行会计法律规范中，关于会计核算的内容主要体现在《会计法》、《企业会计准则》、《企业会计准则应用指南》、《企业会计准则解释》以及《企业会计制度》

之中。

一、《会计法》的相关规定

(一) 会计核算的基本要求

1. 会计核算的具体内容

会计核算的具体内容有：款项和有价证券的收付；财物的收发、增减和使用；债权、债务的发生和结算；资本、基金的增减；收入、支出、费用、成本的计算；财务成果的计算和处理；需要办理会计手续、进行会计核算的其他事项。

2. 会计年度

我国公司的会计年度自公历1月1日起至12月31日止。

3. 记账本位币

我国会计核算以人民币为记账本位币。业务收支以人民币以外的货币为主的单位，可以选定其中一种货币作为记账本位币，但是编报的财务会计报告应当折算为人民币。

4. 会计记录的文字

会计记录的文字应当使用中文。在民族自治地方，会计记录可以同时使用当地通用的一种民族文字。在中华人民共和国境内的外商投资企业、外国企业和其他外国组织的会计记录可以同时使用一种外国文字。

(二) 会计核算的技术性限定

1. 会计凭证

会计机构、会计人员必须按照国家统一的会计制度的规定对原始凭证进行审核，对不真实、不合法的原始凭证有权不予接受，并向单位负责人报告；对记载不准确、不完整的原始凭证予以退回，并要求按照国家统一的会计制度的规定更正、补充；原始凭证记载的各项内容均不得涂改；原始凭证有错误的，应当由出具单位重开或者更正，更正处应当加盖出具单位印章；原始凭证金额有错误的，应当由出具单位重开，不得在原始凭证上更正。记账凭证应当根据经过审核的原始凭证及有关资料编制。

2. 会计账簿

会计账簿登记必须以经过审核的会计凭证为依据，并符合有关法律、行政法规和国家统一的会计制度的规定；会计账簿记录发生错误的，应当按照国家统一的会计制度规定的方法更正，并由会计人员和会计机构负责人（会计主管人员）在更正处盖章；使用电子计算机进行会计核算的，其会计账簿的登记与更正，应当符合国家统一的会计制度的规定。

3. 财务会计报告

财务会计报告应当根据经过审核的会计账簿记录和有关资料编制，并符合《会计法》和国家统一的会计制度关于财务会计报告的编制要求、提供对象和提供期限的规定，其他法律、行政法规另有规定的从其规定；向不同的会计资料使用者提供的财务会计报告，其编制依据应当一致；有关法律、行政法规规定会计报表、会计报表附注和财务情况说明书须经注册会计师审计的，注册会计师及其所在的会计师事务所出具的审计报告应当随同财务会计报告一并提供；财务会计报告应当由单位负责人和主管会计工作的负责人、会计机构负责人（会计主管人员）签名并盖章；设置总会计师的单位，还需由总会计师签名并盖章；单位负责人应当保证财务会计报告真实、完整；单位提供的担保、未决诉讼等或有事项，应当按照国家统一的会计制度的规定，在财务会计报告中予以说明。

（三）会计记录的真实性要求

各单位发生的各项经济业务事项应当在依法设置的会计账簿上统一登记、核算，不得违反《会计法》和国家统一的会计制度的规定私设会计账簿登记、核算；会计凭证、会计账簿、财务会计报告和其他会计资料，必须符合国家统一的会计制度的规定；使用电子计算机进行会计核算的，其软件及其生成的会计凭证、会计账簿、财务会计报告和其他会计资料，也必须符合国家统一的会计制度的规定；任何单位和个人不得伪造、变造会计凭证、会计账簿及其他会计资料，不得提供虚假的财务会计报告；各单位应当定期将会计账簿记录与实物、款项及有关资料相互核对，保证会计账簿记录与实物及款项的实有数额相符、会计账簿记录与会计凭证的有关内容相符、会计账簿之间相对应的记录相符、会计账簿记录与会计报表的有关内容相符。

（四）会计业务处理要求

各单位采用的会计处理方法，前后各期应当一致，不得随意变更；确有必要变更的，应当按照国家统一的会计制度的规定变更，并将变更的原因、情况及影响在财务会计报告中说明；企业进行会计核算不得有下列行为：随意改变资产、负债、所有者权益的确认标准或者计量方法，虚列、多列、不列或者少列资产、负债、所有者权益；虚列或者隐瞒收入，推迟或者提前确认收入；随意改变费用、成本的确认标准或者计量方法，虚列、多列、不列或者少列费用、成本；随意调整利润的计算、分配方法，编造虚假利润或者隐瞒利润；违反国家统一的会计制度规定的其他行为。

（五）会计资料保管

各单位对会计凭证、会计账簿、财务会计报告和其他会计资料应当建立档案，妥善保管。

二、《企业会计准则》的相关规定

1992年11月30日，财政部发布了中华人民共和国成立以来第一个会计准则《企业会计准则——基本准则》，并决定自1993年7月1日起在全国正式实施，1997年5月22日财政部又颁发了第一个具体会计准则——《关联方关系及其交易的披露》。我国现行的企业会计准则是2006年2月15日颁布并于2007年1月1日实施的《企业会计准则》中的基本准则和38项具体准则。基本准则、具体准则和《企业会计准则应用指南》及《企业会计准则解释》等构成了我国的企业会计准则体系，基本准则是企业会计准则体系的概念基础，是具体准则、《企业会计准则应用指南》和《企业会计准则解释》等的制定依据。

（一）企业会计基本准则的规定

我国《企业会计准则》中的基本准则类似于国际会计准则理事会的《编报财务报表的框架》，在企业会计准则体系建设中扮演着同样的角色，在整个企业会计准则体系中居于统驭地位。基本准则不仅统驭着具体准则的制定，而且还为在会计实务中出现而具体准则尚未规范的新会计问题提供了会计处理的基本原则。

基本准则主要包括以下内容：(1) 明确了我国财务会计报告的目的是向财务会计报告使用者提供决策有用的信息，并反映企业管理层受托责任的履行情况；(2) 强调了企业会计确认、计量和报告应当以会计主体、持续经营、会计分期和货币计量为会计基本假设，规定企业会计确认、计量和报告应当以权责发生制为基础；(3) 建立了企业会计信息质量要求体系，规定企业财务会计报告中提供的会计信息应当满足会计信息质量要求；(4) 将会计要素分为资产、负债、所有者权益、收入、费用和利润六个要素，同时对各要素进行了严格的定义；(5) 规定了企业在将符合确认条件的会计要素登记入账并列报于财务报表时的五种可供选择的计量属性，即历史成本、重置成本、可变现净值、现值和公允价值等，但一般应当采用历史成本，当采用其他计量属性计量时应当保证所确定的会计要素金额能够取得并可靠计量；(6) 明确了财务会计报告的基本概念、应当包括的主要内容和所反映信息的基本要求等。

（二）具体会计准则的规定

我国现行的企业会计准则体系包括38个具体准则，是财政部于2006年2月15日以财会〔2006〕第3号文件的形式发布的。具体准则分为一般业务准则，如存货、固定资产、无形资产、收入等；特殊业务准则，如股份支付、债务重组、非货币性资产交换、企业合并等；报告类准则如财务报表列报、中期财务报表、现金流量表、合并财务报表、分部报告等。具体会计准则主要规范了各项具体业务事项的确认、计量和报告。

（三）《企业会计准则应用指南》和《企业会计准则解释》的规定

我国现行的《企业会计准则应用指南》是财政部于2006年10月30日以财会〔2006〕第18号文件的形式发布的，包括具体准则的解释和会计科目、主要账务处理（根据会计准则规定了156个会计科目及其主要账务处理）等，为企业执行会计准则提供了操作性规范。《企业会计准则应用指南》是对具体准则相关条款的细化和重点难点内容提供的操作性规定。此外，财政部根据会计准则实施中的问题，又先后于2006年、2008年和2009年印发了《企业会计准则解释第1号》、《企业会计准则解释第2号》和《企业会计准则解释第3号》，对会计准则中的具体内容进行了解释。

三、其他相关法规中关于会计核算的规定

2001年发布的《企业会计制度》从会计的基本概念出发，对资产、负债、所有者权益、收入、成本和费用、利润的概念做了明确界定，对利润及其分配、非货币性资产交易、外币业务、会计调整、或有事项、关联方关系及其交易等会计事项的会计核算进行了详细规定，对财务会计报告的编制作了详细说明。但自2007年1月1日起开始执行《企业会计准则》的企业不再执行《企业会计制度》。

除了以上介绍的会计核算法规外，我国还有分别适用于不同性质和规模的企业的会计制度，如《金融企业会计制度》、《小企业会计制度》，还有适用于行政事业单位的《高等院校会计制度（试行）》、《科学事业单位会计制度》、《测绘事业单位会计制度》、《医院会计制度（试行）》、《事业单位会计制度》、《事业单位会计准则》、《中小学会计制度（试行）》等。

第五节 会计监督规范

会计监督是指依照国家有关法律、法规、规章对会计工作进行的监督活动，通过利用正确的会计信息，对经济活动进行全面、综合的协调、控制、监督和督促，以达到提高会计信息质量和经济效益的目的。会计监督可以分为单位内部监督、政府监督和社会监督。《会计法》等法律、行政法规、规章对单位内部监督以及政府和社会监督都作了相应的规定。

一、单位内部监督

《会计法》要求各单位应当建立、健全本单位内部会计监督制度。单位内部会计监督制度应当符合下列要求：（1）记账人员与经济业务事项的审批人员、经办人员、财物保管人员的职责权限应当明确，并相互分离、相互制约；（2）重大对外投资、资产处置、资金调度和其他重要经济业务事项的决策和执行的相互监督、相互制约程序应当明确；（3）财产清查的范围、期限和组织程序应当明确；（4）对会计资料定期进行内部审计的办法和程序应当明确。这是《会计法》对各单位内部建立会计监督制度所做的原则性规定。

企业内部会计监督制度是一个企业为了保证其经营管理合法合规、资产安全、财务会计报告及相关信息真实完整，提高经营效率和效果，防止舞弊、控制风险等目的，而在企业内部采取的一系列政策和程序。从我国会计工作的实际情况出发，建立企业内部会计监督制度应当遵循合法性、全面性、适应性和科学性的原则。

二、政府监督

会计工作的政府监督是一种外部监督，主要是指政府有关部门依据法律、行政法规的规定和部门的职责权限，对有关单位的会计行为、会计资料所进行的监督检查。根据财政部于2001年2月20日发布的第10号部长令——《财政部门实施会计监督办法》中的第二条规定，国务院财政部门及其派出机构和县级以上地方各级人民政府财政部门（以下统称财政部门）对国家机关、社会团体、公司、企业、事业单位和其他组织（以下统称单位）执行《会计法》和国家统一的会计制度的行为实施监督检查以及对违法会计行为实施行政处罚。

《会计法》规定财政部门对各单位的下列情况实施监督：（1）是否依法设置会计账簿；（2）会计凭证、会计账簿、财务会计报告和其他会计资料是否真实、完整；（3）会计核算是否符合本法和国家统一的会计制度的规定；（4）从事会计工作的人员是否具备从业资格。在对前款第（2）项所列事项实施监督的过程中，发现重大违法嫌疑时，国务院财政部门及其派出机构可以向与被监督单位有经济业务往来的单位和被监督单位开立账户的金融机构查询有关情况，有关单位和金融机构应当给予支持。

《财政部门实施会计监督办法》明确规定了会计监督检查的内容，包括各单位设置会计账簿的情况，各单位会计凭证、会计账簿、财务会计报告和其他会计资料的真实性、完整性，各单位会计核算情况，各单位会计档案的建立、保管和销毁是否符合法律、行政法规和国家统一的会计制度的规定，各单位任用会计人员的情况和会计师事务所出具的审计报告的程序和内容等。

《财政部门实施会计监督办法》规定财政部门实施会计监督检查的形式有：（1）对单位遵守《会计法》、会计行政法规和国家统一的会计制度的情况进行全面检查；（2）对单位会计基础工作、从事会计工作的人员持有会计从业资格证书、会计人员从业情况进行专项检查或者抽查；（3）对有检举线索或者在财政管理工作中发现有违法嫌疑的单位进行重点检查；（4）对经注册会计师审计的财务会计报告进行定期抽查；（5）对会计师事务所出具的审计报告进行抽查；（6）依法实施其他形式的会计监督检查。

会计工作是一项社会经济管理活动，其所提供的会计资料是一种社会资源，因此对会计工作的监督除了要发挥财政部门的作用外，还要发挥业务主管部门、其他政府管理部门的作用。《会计法》规定财政、审计、税务、人民银行、证券监管、保险监管等部门应当依照有关法律、行政法规规定的职责，对有关单位的会计资料实施监督检查；监督检查部门对有关单位的会计资料依法实施监督检查后，应当出具检查结论；有关监督检查部门已经作出的检查结论能够满足其他监督检查部门履行本部门职责需要的，其他监督检查部门应当加以利用，避免重复查账；这体现了财政部门与其他政府管理部门在管理会计事务中的相互协作、配合的关系，是对有关部门实施监督检查的约束性规定。

实际工作中各政府部门实施会计监督的内容各有侧重，财政部门对所有单位实施以保证会计工作秩序和会计信息真实完整为重点的全面监督检查；审计机关依据宪法和审计法律、法规，主要对各级政府的财政收支、国家的财政金融机构和企事业单位的财务收支进行审计监督和检查；税务部门依据税收征管方面的法律、法规，以保证国家税收为主要目的对有纳税义务的单位实施监督检查；人民银行和证券监管、保险监管部门依据相应的法律、行政法规的规定，对所监管的金融、证券、保险类单位以保护国家、出资人和社会公众利益为目的实施行业性的监督管理。

三、社会监督

会计工作的社会监督主要是指由注册会计师及其所在的会计师事务所依法对委托单位的经济活动进行鉴证的一种监督制度。此外，新闻媒体、社会舆论、信访、申诉等检举违反《会计法》和国家统一的会计制度规定的行为也属于会计工作社会监督的范畴。社会监督作为一种外部监督形式，以其特有的独立性而得到法律的认可，具有很强的权威性、公正性和法定证明力。

第六节 会计工作管理制度

会计工作管理制度是指会计工作的一些基础制度，主要规定从事会计工作所必须遵循的基本原则和基本规程等，其内容大致分为以下四个方面。

一、会计基础工作规范

会计基础工作是会计工作的基本环节，也是经济管理工作的重要基础。1984年4月24日，财政部曾发布了《会计人员工作规则》。1996年6月17日，为了加强会计基础工作以建立规范的会计工作秩序、提高会计工作水平，根据《会计法》的有关规定，财政部以财会〔1996〕第19号文件的形式制定发布了《会计基础工作规范》（以下简称《基础规范》），它的制定和实施既是做好会计工作的内在要求，也是《会计法》的重要配套规章。《基础规范》由6章共101条组成，其主要内容为以下4个方面的具体规范。

（一）会计机构和会计人员的规范

会计机构是各单位办理会计事务的职能部门，会计人员是从事会计工作的职员。会计机构和会计人员是会计工作的承担者，在会计工作中占主导地位，决定着会计基础工作的状态。设置会计机构并配备素质和数量与之相适应的会计人员，是开展会计工作的起点，也是最基本的会计基础工作。《基础规范》关于会计机构和会计人员的规范涉及以下8个方面的内容：（1）会计机构设置规范。各单位应当根据会计业务的需要设置会计机构；不具备单独设置会计机构条件的，应当在有关机构中设置专职会计人员；是否设置会计机构主要取决于本单位会计业务的需要，即是否能保证本单位会计工作的正常进行；如果一个单位既没有设置会计机构，也没有配备专职会计人员，则应当根据财政部发布的《代理记账管理暂行办法》的要求，委托会计师事务所或者持有代理记账许可证书的其他代理记账机构进行代理记账，以使单位的会计工作有序进行而不影响单位正常的经营管理工作。（2）会计机构负责人配备规范。设置会计机构的应当配备会计机构负责人；在有关机构中配备专职会计人员的应当在专职会计人员中指定会计主管人员，会计机构负责人、会计主管人员的任职资格和任免问题有专门的要求。（3）会计人员配备规范。配备的会计人员应当具备的两个条件：一是应当配备持有会计证的会计人员，未取得会计证的人员不得从事会计工作；二是应当配备有必要的专业知识和专业技能，熟悉国家有关法律、法规和财务会计制度，遵守职业道德的会计人员。会计人员应当按照国家有关规定参加会计业务的培训，各单位应当合理安排会计人员的培训，保证会计人员每年有一定的时间用于学习和参加培训。至于一个单位应当配备多少名会计人员，《基础规范》未作明确规定，要求有条件的部门和单位，可以根据本部门（系统）、本单位的具体情况在实施办法中予以明确。（4）总会计师设置规范。总会计师的设置要求为：一是大、中型企业、事业单位、业务主管部门应当根据《会计法》、《总会计师条例》等的规定设置总会计师，总会计师由具有会计师以上专业技术资格的人员担任；二是设置总会计师的单位，总会计师应当行使《总会计师条例》规定的职责、权限；三是总会计师的任命（聘任）、免职（解聘）依照《总会计师条例》和有关法律的规定办理，即国有大中型企业、事业单位和业务主管部门的总会计师由本单位主要行政领导人提名，政府主管部门任命或者聘任，免职或者解聘程序与任命或者聘任程序相同；事业单位和业务主管部门的总会计师依照干部管理权限任命或者聘任，免职或者解聘程序与任命或者聘任程序相同；城乡集体所有制企业事业单位的总会计师的任免，参照《总会计师条例》的有关规定进行；其他单位总会计师的任免，按照有关法律规定进行。（5）会计工作岗位设置规范。会计工作岗位设置要求为：一是会计工作岗位可以一人一岗、一人多岗或者一岗多人，但应当符合内部牵制制度的要求，出纳人员不得兼管稽核、会计档案保管和收入、费用、债权债务账目的登记工作；二是会计人员的工作岗位应当有计划地进行轮换，以促进会计人员全面熟悉业务，不断提高业务素质；三是会计工作岗位的设置由各单位根据会计业务需要确定，主要有会计机构负责人或者会计主管人员、出纳、财产物资核算、工资核算、成本费用核算、财务成果核算、资金核算、往来结算、总账报表、稽核和档案管理等岗位。开展会计电算化和设置管理会计的单位，可以根据需要设置相应工作岗位，也可以与其他工作岗位相结合。（6）会计人员回避制度。国家机关、国有企业、事业单位任用会计人员应当实行回避制度；单位领导人的直系亲属不得担任本单位的会计机构负责人、会计主管人员；会计机构负责人、会计主管人员的直系亲属不得在本单位会计机构中担任出纳工作。（7）会计人员职业道德。主要包括敬业爱岗、熟悉法规、依法办事、客观公正、搞好服务、保守秘密等。（8）会计工作交接。会计人员工作调动或者因故离职时必须将本人所经管的会计工作全部移交给接替人员，没有办清交接手续不得调动或者离职。

（二）会计核算的基本规范

会计核算是会计的基本职能之一，在会计基础工作中具有非常重要的地位。《基础规范》从第36条至第72条对会计核算的基础管理问题做出了具体规定，主要包括以下几个方面的内容：（1）会计核算的一般要求。具体规范了各单位应当依法建账、会计核算的内容和会计核算的基本要求。（2）填制会计凭证。对原始凭证、记账凭证和会计凭证的字迹与保管提出了明确具体的要求。（3）登记会计账簿。对会计账簿的设置、会计账簿的启用、会计账簿的登记、账簿记录错误的更正、对账和结账做出了明确规定。（4）编制财务会计报告。必须严格遵守财务会计报告的编制程序和质量要求。

（三）会计监督的基本规范

《基础规范》规定各单位的会计机构、会计人员对本单位的经济活动进行会计监督，其主要内容有：（1）会计监督的依据。依据法律、法规、规章、制度进行会计监督，具体依据包括五个方面，即国家财经法律、法规、规章；会计法律、法规和国家统一会计制度；各省、自治区、直辖市财政厅（局）和国务院业务主管部门制定的具体实施办法或者补充规定；各单位制定的单位内部会计管理制度；各单位内部的预算、财务计划、经济计划、业务计划等。（2）原始凭证的审核和监督。对原始凭证的审核和监督，主要应当抓住两个环节，一是原始凭证的真实性、合法性；二是原始凭证的准确性和完整性。（3）会计账簿的监督。对伪造、变造、故意毁灭会计账簿或者账外设账的行为，应当制止和纠正；制止和纠正无效的，应当向上级主管单位报告，请求做出处理。（4）实物、款项的监督。应当对实物、款项进行监督，督促建立并严格执行财产清查制度；发现账簿记录与实物、款项不符时，应当按照国家有关规定进行处理；超出会计机构、会计人员职权范围的，应当立即向本单位领导报告，请求查明原因并作出处理。（5）财务报告的监督。对指使、强令编造、篡改财务报告的行为，应当制止和纠正；制止和纠正无效的，应当向上级主管单位报告，请求处理。这主要是针对实际工作中假造会计报表等问题所作出的规定。(6) 财务收支的监督。对审批手续不全的财务收支，应当退回，要求补充、更正；对违反规定不纳入单位统一会计核算的财务收支，应当制止和纠正；对违反国家统一的财政、财务、会计制度规定的财务收支，不予办理；对认为是违反国家统一的财政、财务、会计制度规定的财务收支，应当制止和纠正，制止和纠正无效的，应当向单位领导人提出书面意见请求处理，单位领导人应当在接到书面意见起十日内做出书面决定，并对决定承担责任；对违反国家统一的财政、财务、会计制度规定的财务收支，不予制止和纠正，又不向单位领导人提出书面意见的，也应当承担责任；对严重违反国家利益和社会公众利益的财务收支，应当向主管单位或者财政、审计、税务机关报告。(7) 其他经济活动的监督。对违反单位内部会计管理制度以及单位制定的预算、财务计划、经济计划、业务计划等的经济活动要实行监督。(8) 配合搞好国家监督和社会监督。各单位必须依照法律和国家有关规定接受财政、审计、税务机关等的监督，如实提供会计凭证、会计账簿、会计报表和其他会计资料以及有关情况，不得拒绝、隐匿、谎报；按照法律规定应当委托注册会计师进行审计的单位，应当委托注册会计师进行审计，并配合注册会计师的工作，如实提供会计凭证、会计账簿、会计报表和其他会计资料以及有关情况，不得拒绝、隐匿、谎报，不得示意注册会计师出具不当的审计报告。

(四) 建立内部会计管理制度的基本规范

建立健全单位内部会计管理制度，是贯彻执行会计法律、法规、规章、制度，保证单位会计工作有序进行的重要措施，也是加强会计基础工作的重要手段。实践证明，建立并严格执行单位内部会计管理制度的单位，其会计基础工作就比较扎实，会计工作在经济管理中就能有效发挥作用。

制定内部会计管理制度应当遵循一定的原则，以保证内部会计管理制度科学、合理、切实可行。这些原则包括：应当执行法律、法规和国家统一的财务会计制度；应当体现本单位的生产经营、业务管理的特点和要求；应当全面规范本单位的各项会计工作，建立健全会计基础工作，保证会计工作的有序进行；应当科学、合理，便于操作和执行；应当定期检查执行情况；应当根据管理需要和执行中的问题不断完善。

《基础规范》从强化会计管理和各单位的实际情况出发，示范性地提出了应当建立的十二项内部会计管理制度，即内部会计管理体系、会计人员岗位责任制度、账务处理程序制度、内部牵制制度、稽核制度、原始记录管理制度、定额管理制度、计量验收制度、财产清查制度、财务收支审批制度、成本核算制度和财务会计分析制度，同时还对各项内部会计管理制度应当包括的主要内容提出了原则性指导意见。应当强调的是，各单位建立哪些内部会计管理制度，各项内部会计管理制度应包括哪些内容，主要取决于单位内部的经营管理需要，不同类型的单位对内部会计管理制度可以有不同的选择，如行政单位往往不需要建立成本核算制度等。

二、会计电算化管理制度

20 世纪 80 年代末期，我国的会计电算化工作得到了突飞猛进的发展，为了加强会计电算化管理，财政部先后出台了三个相应的规范：一是 1989 年 12 月 9 日发布的《会计核算软件管理的几项规定（试行）》(1994年7月1日废止)；二是1994年6月30日发布并于当年7月1日实施的《会计电算化管理办法》；三是1996年6月10日发布并于当日实施的《会计电算化工作规范》。

（一）《会计电算化管理办法》

财政部发布《会计电算化管理办法》的目的是为了加强对会计电算化工作的管理，促进我国会计电算化事业的发展，以逐步实现会计工作现代化。该管理规范出台的依据是《会计法》的有关规定，它是我国会计电算化管理的基础性规范。

此规范明确了我国会计电算化的管理部门与职责，即财政部管理全国的会计电算化工作，地方各级财政部门管理本地区的会计电算化工作；明确了会计电算化工作的基本任务。该规范要求各单位使用的会计核算软件及其生成的会计凭证、会计账簿、会计报表和其他会计资料，应当符合国家法律、法规、规章的规定；在我国境内销售的商品化会计核算软件应当经过评审；在国外开发研制并经过实际运行的商品化会计核算软件，应当由财政部组织评审，在确认符合我国法律、法规、规章和其他规定后，方可在我国市场上销售；采用电子计算机替代手工记账的单位应当具备一定的基本条件；采用电子计算机替代手工记账的，其会计凭证、会计账簿、会计报表等会计档案保管期限按照《会计档案管理办法》的规定执行。

（二）《会计电算化工作规范》

现行的《会计电算化工作规范》是依据《会计法》和《会计电算化管理办法》的相关规定所出台的具体规则。该规范共设5章35条，其主要内容与基本要求如下：

第一，推行会计电算化工作的原则性规定。其主要内容有：提出该规范的制定目的是为了指导和规范基层单位会计电算化工作，推动会计电算化事业的健康发展；要求各企业、行政、事业单位应当根据本规范的要求，制定本单位会计电算化实施工作的具体方案，搞好会计电算化工作；各级财政部门和业务主管部门应当根据此规范，加强对基层单位开展会计电算化工作的指导；会计电算化是会计工作的发展方向，各级领导都应当重视这一工作；大中型企业、事业单位和县级以上国家机关都应积极创造条件，尽早实现会计电算化；其他单位也应当逐步创造条件，适时开展会计电算化工作；开展会计电算化工作，是促进会计基础工作规范化和提高经济效益的重要手段和有效措施；各单位要把会计电算化作为建立现代企业制度和提高会计工作质量的一项重要工作。

第二，配备电子计算机和会计软件的要求。主要是对单位会计核算中计算机与会计核算软件的配备和运用做了技术性的规定，其主要内容有：各单位应根据实际情况和今后的发展目标，投入一定的财力，以保证会计电算化工作的正常进行；各单位应根据实际情况和财力状况，选择与本单位会计电算化工作规划相适应的计算机机种、机型和系统软件及有关配套设备。

第三，如何替代手工记账的要求。主要是对计算机替代手工记账后，如何实现信息转换与方法对接做了具体规定。

第四，建立会计电算化的内部管理制度问题。主要是如何加强会计电算化实施后的内部管理工作，要求开展会计电算化的单位应根据工作需要，建立健全包括会计电算化岗位责任制、会计电算化操作管理制度、计算机硬软件和数据管理制度、电算化会计档案管理制度的会计电算化内部管理制度，以保证会计电算化工作的顺利开展。

三、《会计档案管理办法》

1984年6月1日，财政部和国家档案局发布了《会计档案管理办法》，以加强单位会计档案管理、促进会计工作为单位和国家经济建设服务。随着我国社会主义市场经济的发展，经济和会计工作中的新情况、新问题不断出现，1998年8月21日，财政部和国家档案局在总结原《会计档案管理办法》的实施情况和充分调查研究的基础上，依据《会计法》和《中华人民共和国档案法》的有关规定，修订并重新颁发了自1999年1月1日起施行的《会计档案管理办法》，其基本内容与要求如下。

（一）会计档案及其范围

会计档案是指会计凭证、会计账簿和财务报告等会计核算专业材料，是记录和反映单位经济业务的重要史料和证据。具体包括会计凭证类的原始凭证、记账凭证、汇总凭证和其他会计凭证，会计账簿类的总账、明细账、日记账、固定资产卡片、辅助账簿和其他会计账簿，财务报告类的月度、季度、年度财务报告和其他财务报告，其他类的银行存款余额调节表、银行对账单和其他应当保存的会计核算专业资料、会计档案移交清册、会计档案保管清册及会计档案销毁清册等。

（二）会计档案的整理

每一会计年度终了，单位会计机构负责对会计资料进行整理立卷。整理时应对会计资料按一定的标准进行分类，然后装订成册，并按统一的次序排放。一般情况下，会计凭证每月装订一次，装订好的凭证按年分月妥善保管归档；各种会计账簿年度结账后，除跨年使用的账簿外，其他账簿应按时整理立卷；会计报表编制完成及时报送后，留存的报表应按月装订成册，小企业可按季装订成册。

（三）会计档案的保管

当年形成的会计档案，在会计年度终了后可暂由会计机构保管一年，期满之后应当由会计机构编制移交清册，移交本单位档案机构统一保管；未设立档案机构的，应当在会计机构内部指定专人保管。出纳人员不得兼管会计档案。

会计档案的保管期限分为永久、定期两类。定期保管期限分为3年、5年、10年、15年、25年5类。会计档案的保管期限，从会计年度终了后的第一天算起。各种会计档案的保管期限如表9-2所示。

表9-2　　　　　　　　企业和其他组织会计档案保管期限表

序号	档案名称	保管期限	备　　注
	一、会计凭证类		
1	原始凭证	15年	
2	记账凭证	15年	
3	汇总凭证	15年	

续表

序号	档案名称	保管期限	备注
二、会计账簿类			
4	总账	15 年	包括日记总账
5	明细账	15 年	
6	日记账	15 年	现金和银行存款日记账保管 25 年
7	固定资产卡片		固定资产报废清理后保管 5 年
8	辅助账簿	15 年	
三、财务报告类			包括各级主管部门汇总财务报告
9	月、季度财务报告	3 年	包括文字分析
10	年度财务报告（决算）	永久	包括文字分析
四、其他类			
11	会计移交清册	15 年	
12	会计档案保管清册	永久	
13	会计档案销毁清册	永久	
14	银行余额调节表	5 年	
15	银行对账单	5 年	

（四）会计档案的借阅

会计档案为本单位提供和使用，原则上不得借出，有特殊需要外借时须经上级主管单位或单位领导、会计主管人员批准。

外部人员借阅会计档案时，应持单位正式介绍信，经会计主管人员或单位负责人批准后，方可办理借阅手续；单位内部人员借阅会计档案时，应经会计主管人员或单位负责人批准后，方可办理借阅手续。

借阅会计档案的人员不得在案卷中乱画、标记、拆散原卷册，也不得涂改、抽换、携带外出或复制原件。有特殊需要时，须经领导批准后方能携带外出或复制原件。

（五）会计档案的销毁

对于保管期满的会计档案需要销毁时，应按照以下程序销毁：由本单位档案机构会同会计机构提出销毁意见，编制会计档案销毁清册，列明销毁会计档案的名称、卷号、册数、起止年度和档案编号、应保管期限、已保管期限、销毁时间等内容；单位负责人在会计档案销毁清册上签署意见；销毁会计档案时，应当由档案机构和会计机构共同派员监销，国家机关销毁会计档案时应当由同级财政部门、审计部门派员参加监销，财政部门销毁会计档案时应当由同级审计部门派员参加监销，监销人在销毁会计档案前应当按照会计档案销毁清册所列内容清点核对所要销毁的会计档案；销毁后，相关人员应当在会计档案销毁清册上签名盖章，并将监销情况报告本单位负责人。

保管期满但未结清的债权债务原始凭证和涉及其他未了事项的原始凭证,不得销毁,应当单独抽出立卷,保管到未了事项完结时为止。单独抽出立卷的会计档案,应当在会计档案销毁清册和会计档案保管清册中列明。项目正在建设期间的建设单位,其保管期满的会计档案不得销毁。

四、会计人员管理制度

(一) 会计人员的结构概况

会计职业在我国的职业体系中,是一个充满生机与活力的职业。由于会计职业对社会经济发展的重要作用,因此,我国会计人员的数量众多,范围广泛。据不完全统计,截至 2006 年,我国共有各种会计人员 1 300 万人左右。这个庞大的职业群体,可以从三个不同的角度进行划分。

首先,从会计人员所从事的工作性质与内容上看,可将其划分为从事会计实务工作的人员(它包括企业单位、政府与非营利组织和社会会计服务人员三种)①、会计事务管理人员、会计教育和会计科研工作人员等。据统计,到 2007 年底,全国共有约 1 300 万人从事单位内部的会计工作,约有 9.2 万名注册会计师在 6 800 多家会计师事务所从事社会性的会计服务工作。

其次,从会计人员(主要是从事会计实务工作的人员)的业务职称结构上看,可以分为会计员、助理会计师、会计师与高级会计师(包括副高职高级会计师与正高职高级会计师两个层次)四个职级,不同职级的会计专业人员具有不同的专业要求,需要分别通过考试与评审的方式确定其相应的职级。

最后,从会计人员的行政职级上看,大致可以划分为出纳、报账会计、稽核会计、记账会计、会计主管、财务科长(股长或者处长)、财务部经理、财务总监(上市公司与股份有限公司)或总会计师(国有企业、事业或者地市级以上财政管理部门)以及财务副总经理等。

(二) 单位会计人员的从业管理

根据《会计法》的规定,我国从事会计职业的人员,需要通过一定的方式取得从事这一职业工作的基本资格后,才可从事相应的会计工作。与此相关的管理规范主要有:

1.《会计人员从业资格管理办法》

1991 年起,我国开始对单位内部会计人员实行持有"会计证"上岗从业的制度,与此同时,还颁发了《会计证管理办法(试行)》。这一规范实行以后,对于加强会计人员管理,提高会计队伍素质和会计工作水平,发挥了重要作用。1996 年 7 月 19 日,财政部为了加强对会计工作和会计人员的管理,促进各单位配备合格的会计人员,提高会计队伍素质和会计工作水平,充分发挥会计工作在社会主义市场经济建设中的作用,根据《会计法》关于财政部门管理会计工作的规定,以财会字〔1996〕第 18 号文件的

---

① 西方分为受雇会计师与公共会计师两类。

形式正式发布了《会计证管理办法》。2005年1月22日，财政部为了加强会计从业资格管理，规范会计人员行为，根据《会计法》及相关法律的规定，全面规范会计从业资格考试制度，以财政部第26号令的形式发布了《会计人员从业资格管理办法》，并自2005年3月1日起施行，该办法共5章40条，基本内容与要求有如下5个方面：

（1）考试条件。申请参加会计从业资格考试的人员，应当符合下列基本条件：遵守会计和其他财经法律、法规；具备良好的道德品质；具备会计专业基础知识和技能。

（2）考试科目。会计从业资格考试科目为财经法规与会计职业道德、会计基础、初级会计电算化（或者珠算五级）。具备国家教育行政主管部门认可的中专以上（含中专，下同）会计类（会计学、会计电算化、注册会计师专门化、审计学、财务管理和理财学）专业学历（或学位）的，自毕业之日起2年内（含2年），免试会计基础和初级会计电算化（或者珠算五级）。

（3）考试组织。会计从业资格考试大纲由财政部统一制定并公布，但会计从业资格考试的具体组织与实施则由省、自治区、直辖市、计划单列市财政厅（局），新疆生产建设兵团财务局，中共中央直属机关事务管理局、国务院机关事务管理局、铁道部、中国人民武装警察部队后勤部和中国人民解放军总后勤部（以下简称中央主管单位）在其规定的管理范围内负责组织实施。

（4）合格颁证。考试合格者，由有关主管部门颁发会计从业资格证（会计证）。会计证是具备一定会计专业知识和技能的人员从事会计工作的资格证书。凡未取得会计证的人员，不得在国家机关、社会团体、企业、事业单位和其他组织从事会计工作，各单位也不得任用其担任会计岗位工作。会计证的颁发和管理按属地原则由所在地的同级财政部门负责。

2. 《会计专业技术资格考试暂行规定》

我国自1992年开始对会计专业人员职称职级的评定由评审改为考试，财政部、原人事部于1992年3月21日联合颁布了《会计专业技术资格考试暂行规定》，财政部、原人事部、全国会计专业技术资格考试领导小组及其办公室还陆续下发了会计专业技术资格考试的相关规定。2000年1月1日，为了完善会计专业技术资格考试制度，科学、客观、公正地评价会计专业人员的学识水平和业务能力，财政部、原人事部对原《会计专业技术资格考试暂行规定》和《会计专业技术资格考试暂行规定实施办法》进行了修订并正式颁发实施新的《会计专业技术资格考试暂行规定》。该规范共十八条，其基本内容与要求有如下5个方面：

（1）会计专业技术资格的职级划分及聘任。会计专业技术资格分为初级资格、中级资格和高级资格。取得初级资格的，单位可根据有关规定按照下列条件聘任相应的专业技术职务：第一，助理会计师，要求为大专毕业担任会计员职务满二年；中专毕业担任会计员职务满四年；不具备规定学历，担任会计员职务满五年；不符合上述条件的人员，只可聘任会计员职务。第二，取得中级资格并符合国家有关规定，可聘任会计师职务。第三，高级资格（高级会计师资格）实行考试与评审相结合的评价制度。

（2）会计专业技术资格考试人员条件。第一，基本条件。报考人员应具备下列基本条件：坚持原则，具备良好的职业道德品质；认真执行《会计法》和国家统一的会计制度以及有关财经法律、法规、规章制度，无严重违反财经纪律的行为；履行岗位职责，热爱本职工作；具备会计从业资格，持有会计从业资格证书（会计证）。第二，相关条件。报名参加会计专业技术初级资格考试的人员，必须具备教育部门认可的高中毕业以上学历。报名参加会计专业技术中级资格考试的人员，必须具备下列条件之一：取得大学专科学历，从事会计工作满五年；取得大学本科学历，从事会计工作满四年；取得双学士学位或研究生班毕业，从事会计工作满二年；取得硕士学位从事会计工作满一年或取得博士学位。

（3）考试科目的设置。第一，会计专业技术初级资格考试科目为两个科目，即初级会计实务、经济法基础；参加初级资格考试的人员必须在一个考试年度内通过全部科目的考试。第二，会计专业技术中级资格考试科目为三个科目，即中级会计实务、财务管理和经济法；会计专业技术中级资格考试以两年为一个周期，参加考试的人员必须在连续的两个考试年度内通过全部科目的考试。

（4）考试日期。会计专业技术资格考试，原则上每年举行一次。考试日期一般为每年五月最后一个星期六、星期日。

（5）考试时间。初级资格考试分两个半天进行，初级会计实务科目为3个小时，经济法基础科目为2.5小时；中级资格考试分三个半天进行，中级会计实务为3小时，经济法、财务管理二个科目均为2.5小时。

3.《会计人员继续教育》

为了加强会计人员继续教育的管理工作，财政部曾于1998年1月23日发布了《会计人员继续教育暂行规定》（财会字［1998］第4号）、1998年11月9日印发了《财政部关于开展中央单位会计人员继续教育工作有关问题的通知》（财会字［1998］第69号）。2006年11月20日，财政部为了贯彻落实《会计法》中关于"会计人员应当遵守职业道德，提高业务素质。对会计人员的教育和培训工作应当加强"的规定，为了推进会计人员继续教育科学化、制度化、规范化，培养造就高素质的会计队伍，提高会计人员的专业胜任能力，进一步推进会计人员继续教育工作，根据《会计法》和《会计从业资格管理办法》（财政部令第26号）的相关要求，以财会［2006］第19号文件的形式发布了《会计人员继续教育规定》，要求自2007年1月1日起施行。该规范共8章33条，其基本内容与要求有如下4个方面：

（1）教育对象。主要是取得并持有会计从业资格证书的人员，可分为高级、中级、初级三个级别：高级会计人员继续教育的对象为取得或者受聘高级会计专业技术资格（职称）及具备相当水平的会计人员；中级会计人员继续教育的对象为取得或者受聘中级会计专业技术资格（职称）及具备相当水平的会计人员；初级会计人员继续教育的对象为取得或者受聘初级会计专业技术资格（职称）的会计人员以及取得会计从业资格证书但未取得或者受聘初级会计专业技术资格（职称）的会计人员。

（2）教育时间。要求会计人员每年接受培训（面授）的时间累计不应少于24小时。

（3）教育内容。主要包括四个方面：一是会计理论继续教育，重点加强会计基础理论和应用理论的培训，提高会计人员用理论指导实践的能力；二是政策法规继续教育，重点加强会计法规制度及其他相关法规制度的培训，提高会计人员依法理财的能力；三是业务知识培训和技能训练，重点加强履行岗位职责所必备的专业知识和经营管理、内部控制、信息化等方面的培训，提高会计人员的实际工作能力和业务技能；四是职业道德继续教育，重点加强会计职业道德的培训，提高会计人员的职业道德水平。

（4）教育形式。主要以接受培训为主，在职自学是会计人员继续教育的重要补充。

（三）注册会计师的从业管理

1．《注册会计师全国统一考试办法》

20世纪70年代末期我国实行改革开放以后，为满足当时中国经济发展对注册会计师的急切需求，财政部于1980年12月发布了《关于成立会计顾问处的暂行规定》，明确规定注册会计师的资格采取考核评审方式授予，其中的考核条件包括会计工作经历20年以上、具有高级职称等。注册会计师资格的考核评审制为迅速启动中华人民共和国的注册会计师事业发挥了积极作用，同时也在客观上造成了行业恢复初期执业队伍年龄老化的现象。随着改革开放的不断推进，如何进一步做好注册会计师资格认定和人才建设的规范工作，成为当时急需研究解决的重点问题。1986年7月，国务院发布《注册会计师条例》，明确规定采取考试和考核相结合的方式授予注册会计师的资格。1987年，财政部发布了《注册会计师考试、考核办法》，提出了筹备注册会计师资格考试的初步设想，并成立了财政部注册会计师考试委员会，领导注册会计师考试的相关工作。1988年，中国注册会计师协会成立后，注册会计师考试委员会办公室设在该协会，并由它具体承担筹备注册会计师考试制度的研究建设任务。1991年，先后发布了《注册会计师全国第一次考试、考核办法》、《注册会计师考试命题原则》、《注册会计师全国第一次统一考试工作规则》，初步形成了包括规范考试报名条件、考试科目、考试范围、试题结构等内容的考试基本制度以及考试组织管理制度。同年12月7日至8日，举办了第一届注册会计师全国统一考试，共有2.3万余人报名参加考试，472人取得了全科合格的成绩。当时规定的考试科目为会计、审计、财务成本管理和经济法四门。

2001年8月1日财政部以财会［2001］第1053号令发布了《注册会计师全国统一考试办法》，将考试科目改为会计、审计、财务成本管理、经济法和税法五门。2009年3月20日，财政部以财会［2009］第55号令发布了自公布之日起施行的新的《注册会计师全国统一考试办法》，其主要内容与基本要求有如下三个方面：

（1）考试阶段与科目。注册会计师考试划分为专业阶段考试和综合阶段考试。考生在通过专业阶段考试的全部科目后，才能参加综合阶段考试。专业阶段考试设会计、审计、财务成本管理、公司战略与风险管理、经济法和税法的6个科目，各科的考试时间分别为3、2.5、2.5、2、2、2小时；综合阶段考试设职业能力综合测试1个科目，考试时间为7小时。报名人员可以在一次考试中同时报考专业阶段考试的6个科目，也可以选择报考部分科目。具有会计或者相关专业高级技术职称的人员，可以申请免予专业阶段考试1个科目的考试。

（2）不同考试阶段的要求。专业阶段考试主要是测试考生是否具备注册会计师执业所需要的专业知识，是否掌握基本技能和职业道德要求。综合阶段考试则主要测试考生是否具备在注册会计师执业环境中运用专业知识，保持职业价值观、职业态度与职业道德，有效解决实务问题的能力。

（3）考试成绩的有效期。每科考试均实行百分制，60分为成绩合格分数线。专业阶段考试的单科考试合格成绩5年内有效，对在连续5个年度考试中取得专业阶段考试全部科目考试合格成绩的考生，颁发注册会计师全国统一考试专业阶段考试合格证书。综合阶段考试科目应在取得注册会计师全国统一考试专业阶段考试合格证书后5个年度的考试中完成，对取得综合阶段考试科目合格成绩的考生，颁发注册会计师全国统一考试全科考试合格证书。

2.《注册会计师继续教育管理办法》

加强注册会计师的继续教育工作，是1993年10月31日经第八届全国人民代表大会常务委员会第四次会议通过、自1994年1月1日起施行的《中华人民共和国注册会计师法》的重要要求之一。为了落实《中华人民共和国注册会计师法》的要求，1996年，中国注册会计师协会发布了《注册会计师后续教育培训制度（试行）》，该制度在提高注册会计师执业素质和执业质量、积累行业培训工作经验等方面都发挥了积极作用。2005年，中国注册会计师协会又发布了《中国注册会计师协会关于加强行业人才培养工作的指导意见》，明确提出了人才培养工作的总体思路和具体目标，其中对培训制度建设提出了"根据新形势对行业培训工作的新要求，改革完善继续教育培训制度，进一步规范各级培训组织的职责、分工，完善注册会计师继续教育和从业人员岗前培训制度，建立健全考核评价机制，加强培训考核管理"的指导性意见。2005年3月开始，中国注册会计师协会为了保持和提升注册会计师的专业素质、执业能力和职业道德水平，加强注册会计师行业人才培养，建立一支在质量和数量上都能够满足我国经济和资本市场发展战略以及现代企业制度需要的执业队伍，特根据《中华人民共和国注册会计师法》、《中国注册会计师协会关于加强行业人才培养工作的指导意见》的有关规定启动了《中国注册会计师继续教育制度》的制定工作，在此过程中，还翻译了国际会计师联合会（International Federation of Accountants，IFAC）等9个国际行业组织有关注册会计师继续教育的规定并将其作为参考与借鉴。2006年9月30日，中国注册会计师协会正式发布了该制度并要求自2007年1月1日起施行。该制度由5章19条组成，其基本内容与要求有如下两个方面：

（1）教育形式。注册会计师可参加有组织形式及其他形式的继续教育活动。第一，有组织形式的继续教育，主要包括：中国注册会计师协会（以下简称中注协）或各省、自治区、直辖市注册会计师协会（以下简称地方协会）举办，或者委托专业培训机构举办的各种类型的培训班、专业论坛、研讨会、学术报告会等；经所在地地方协会认可的会计师事务所（以下简称事务所）的内部培训；中注协或地方协会通过远程教育直播系统提供的注册会计师培训；中注协或地方协会认可的其他方式。第二，其他形式的继续教育，主要包括：完成专业著作或专业论文，并公开出版或发表；担当中注协、地方协会举办或委托举办的注册会计师继续教育培训的授课人、研讨会的主持人或演讲人；参加行业执业质量检查；承担学术团体、行业、政府部门组织的专业课题研究，并取得研究成果；在境外事务所实习期间接受当地组织的继续教育培训；参加会计相关专业的在职学位教育；经中注协或地方协会认可的专业论坛、研讨会；中注协或地方协会认可的其他方式。对其他形式的继续教育，还规定有明确的学时确认标准。

（2）教育时间。要求注册会计师继续教育每两年为一个考核周期，即从起始年度的1月1日起至次年的12月31日止。在每个考核周期内接受的继续教育时间累计不得少于80个学时，且任何一年均不得少于30个学时。有关职业道德的培训，每个周期不得少于4个学时。上一考核周期超过的学时数不得滚动到下一考核周期。注册会计师参加有组织形式的继续教育，至少45分钟为一个学时，按照实际参加时间确认。

【本章小结】

1. 会计规范是指由国家权力机关或其他授权机构制定的，用来规范会计工作、调整会计关系的各种行为规范的总称；我国现行会计规范体系由会计法律、会计行政法规、会计部门规章、会计技术规范以及地方性会计法规和地方政府会计规章构成。

2. 会计法律主要是指《会计法》和其他与会计相关的法律规范。

3. 会计报告规范主要规定了财务报告的构成、要素与列示要求、基本信息结构、编制与提供和法律责任等。

4. 会计核算规范由《会计法》、《企业会计准则》和其他相关法规中有关会计核算的规定所构成。

5. 会计监督规范包括单位内部监督、政府监督和社会监督三个部分。

6. 会计工作管理制度主要涉及会计基础工作规范、会计电算化管理制度、《会计档案管理办法》和会计人员管理制度等方面的技术性与具体操作性管理办法。

思 考 题

1. 我国的会计规范体系通常由哪几个主要部分所构成？它们各自包括哪些主要内容？
2. 1999年修订后的《会计法》具有什么特点？
3. 根据《会计法》的规定，哪些经济业务事项应当办理会计手续进行会计核算？
4. 根据《会计法》的规定，企业进行会计核算不得有哪些行为？
5. 根据《会计法》的规定，单位内部会计监督制度应当符合哪些要求？
6. 国务院颁发的《企业财务报告条例》有哪些主要内容与要求？
7. 我国现行会计法规中有关会计核算的主要规定有哪些？
8. 我国现行会计准则的基本结构体系是怎样的？
9. 我国现行的会计监督结构是怎样的？建立企业内部会计监督制度应当遵循什么原则？
10. 财政部颁发的《会计基础工作规范》有什么意义？制定和实施《会计基础工作规范》的必要性体现在哪些方面？
11. 《会计基础工作规范》对会计核算的基础管理问题的具体规定，主要包括哪些内容？
12. 我国现行会计电算化管理有哪些主要规定与基本要求？
13. 我国现行会计档案包括哪些主要内容？各种会计档案的保管期限分别是多少

年？会计档案销毁的程序是什么？

14. 我国现行会计人员管理制度有哪些主要内容与基本要求？

15. 我国现行会计人员继续教育有哪些主要要求？

练 习 题

【练习题 9-1】

（一）目的

掌握会计岗位的设置原理。

（二）资料

某公司要求会计部经理必须由会计师或具有三年以上会计管理经验的会计管理人员担任，并规定了如下会计部经理岗位的基本职责：

(1) 具体负责企业的会计管理工作。

(2) 参与组织制定各项会计管理和核算制度并监督和贯彻执行。

(3) 参加企业的有关生产经营活动。

(4) 参与拟定或审核经济合同、协议或其他有关文件。

(5) 负责向总会计师报告会计工作情况、向企业领导和内部会计报告使用者报告企业的财务状况、经营成果和现金流量。

(6) 审核企业对外的财务报告。

(7) 领导交办的其他与会计有关的管理工作。

（三）要求

评价该公司会计部经理岗位的基本职责。

【练习题 9-2】

（一）目的

掌握内部会计控制制度的设置原理。

（二）资料

某公司职员王某自 2003 年至 2009 年，身兼单位招待应酬费的经办人和现金出纳员两职。王某在其长达 7 年的工作时间中，采用不规范地填写报销单据、私自在经领导审核批准的《报销审批单》后加贴发票、篡改合计金额等方式疯狂作案，非法获取报销费用，合计人民币 52.90 万元。经审计人员调查后发现，该公司报销凭证仅有单位主要领导和经办人员签字，没有业务部门领导人员和财会人员的审核签字。

（三）要求

根据上述资料指出该公司的内部控制制度存在哪些主要问题？

附录　相关会计规范

《中华人民共和国会计法》

（1985年1月21日第六届全国人民代表大会常务委员会第九次会议通过，根据1993年12月29日第八届全国人民代表大会常务委员会第五次会议《关于修改〈中华人民共和国会计法〉的决定》修正，1999年10月31日第九届全国人民代表大会常务委员会第十二次会议修订）

第一章　总　　则

第一条　为了规范会计行为，保证会计资料真实、完整，加强经济管理和财务管理，提高经济效益，维护社会主义市场经济秩序，制定本法。

第二条　国家机关、社会团体、公司、企业、事业单位和其他组织（以下统称单位）必须依照本法办理会计事务。

第三条　各单位必须依法设置会计账簿，并保证其真实、完整。

第四条　单位负责人对本单位的会计工作和会计资料的真实性、完整性负责。

第五条　会计机构、会计人员依照本法规定进行会计核算，实行会计监督。

任何单位或者个人不得以任何方式授意、指使、强令会计机构、会计人员伪造、变造会计凭证、会计账簿和其他会计资料，提供虚假财务会计报告。任何单位或者个人不得对依法履行职责、抵制违反本法规定行为的会计人员实行打击报复。

第六条　对认真执行本法，忠于职守，坚持原则，做出显著成绩的会计人员，给予精神的或者物质的奖励。

第七条　国务院财政部门主管全国的会计工作。县级以上地方各级人民政府财政部门管理本行政区域内的会计工作。

第八条　国家实行统一的会计制度。国家统一的会计制度由国务院财政部门根据本法制定并公布。国务院有关部门可以依照本法和国家统一的会计制度制定对会计核算和会计监督有特殊要求的行业实施国家统一的会计制度的具体办法或者补充规定，报国务院财政部门审核批准。中国人民解放军总后勤部可以依照本法和国家统一的会计制度制定军队实施国家统一的会计制度的具体办法，报国务院财政部门备案。

第二章　会 计 核 算

第九条　各单位必须根据实际发生的经济业务事项进行会计核算，填制会计凭证，登记会计账簿，编制财务会计报告。任何单位不得以虚假的经济业务事项或者资料进行会计核算。

第十条 下列经济业务事项，应当办理会计手续，进行会计核算：
（一）款项和有价证券的收付；
（二）财物的收发、增减和使用；
（三）债权债务的发生和结算；
（四）资本、基金的增减；
（五）收入、支出、费用、成本的计算；
（六）财务成果的计算和处理；
（七）需要办理会计手续、进行会计核算的其他事项。

第十一条 会计年度自公历1月1日起至12月31日止。

第十二条 会计核算以人民币为记账本位币。业务收支以人民币以外的货币为主的单位，可以选定其中一种货币作为记账本位币，但是编报的财务会计报告应当折算为人民币。

第十三条 会计凭证、会计账簿、财务会计报告和其他会计资料，必须符合国家统一的会计制度的规定。使用电子计算机进行会计核算的，其软件及其生成的会计凭证、会计账簿、财务会计报告和其他会计资料，也必须符合国家统一的会计制度的规定。任何单位和个人不得伪造、变造会计凭证、会计账簿及其他会计资料，不得提供虚假的财务会计报告。

第十四条 会计凭证包括原始凭证和记账凭证。办理本法第十条所列的经济业务事项，必须填制或者取得原始凭证并及时送交会计机构。会计机构、会计人员必须按照国家统一的会计制度的规定对原始凭证进行审核，对不真实、不合法的原始凭证有权不予接受，并向单位负责人报告；对记载不准确、不完整的原始凭证予以退回，并要求按照国家统一的会计制度的规定更正、补充。原始凭证记载的各项内容均不得涂改；原始凭证有错误的，应当由出具单位重开或者更正，更正处应当加盖出具单位印章。原始凭证金额有错误的，应当由出具单位重开，不得在原始凭证上更正。记账凭证应当根据经过审核的原始凭证及有关资料编制。

第十五条 会计账簿登记，必须以经过审核的会计凭证为依据，并符合有关法律、行政法规和国家统一的会计制度的规定。会计账簿包括总账、明细账、日记账和其他辅助性账簿。会计账簿应当按照连续编号的页码顺序登记。会计账簿记录发生错误或者隔页、缺号、跳行的，应当按照国家统一的会计制度规定的方法更正，并由会计人员和会计机构负责人（会计主管人员）在更正处盖章。使用电子计算机进行会计核算的，其会计账簿的登记、更正，应当符合国家统一的会计制度的规定。

第十六条 各单位发生的各项经济业务事项应当在依法设置的会计账簿上统一登记、核算，不得违反本法和国家统一的会计制度的规定私设会计账簿登记、核算。

第十七条 各单位应当定期将会计账簿记录与实物、款项及有关资料相互核对，保证会计账簿记录与实物及款项的实有数额相符、会计账簿记录与会计凭证的有关内容相符、会计账簿之间相对应的记录相符、会计账簿记录与会计报表的有关内容相符。

第十八条 各单位采用的会计处理方法，前后各期应当一致，不得随意变更；确有必要变更的，应当按照国家统一的会计制度的规定变更，并将变更的原因、情况及影响在财务会计报告中说明。

第十九条 单位提供的担保、未决诉讼等或有事项，应当按照国家统一的会计制度的规定，在财务会计报告中予以说明。

第二十条 财务会计报告应当根据经过审核的会计账簿记录和有关资料编制，并符合本法和国家统一的会计制度关于财务会计报告的编制要求、提供对象和提供期限的规定；其他法律、行政法规另有规定的，从其规定。财务会计报告由会计报表、会计报表附注和财务情况说明书组成。向不同的会计资料使用者提供的财务会计报告，其编制依据应当一致。有关法律、行政法规规定会计报表、会计报表附注和财务情况说明书须经注册会计师审计的，注册会计师及其所在的会计师事务所出具的审计报告应当随同财务会计报告一并提供。

第二十一条 财务会计报告应当由单位负责人和主管会计工作的负责人、会计机构负责人（会计主管人员）签名并盖章；设置总会计师的单位，还须由总会计师签名并盖章。单位负责人应当保证财务会计报告真实、完整。

第二十二条 会计记录的文字应当使用中文。在民族自治地方，会计记录可以同时使用当地通用的一种民族文字。在中华人民共和国境内的外商投资企业、外国企业和其他外国组织的会计记录可以同时使用一种外国文字。

第二十三条 各单位对会计凭证、会计账簿、财务会计报告和其他会计资料应当建立档案，妥善保管。会计档案的保管期限和销毁办法，由国务院财政部门会同有关部门制定。

第三章 公司、企业会计核算的特别规定

第二十四条 公司、企业进行会计核算，除应当遵守本法第二章的规定外，还应当遵守本章规定。

第二十五条 公司、企业必须根据实际发生的经济业务事项，按照国家统一的会计制度的规定确认、计量和记录资产、负债、所有者权益、收入、费用、成本和利润。

第二十六条 公司、企业进行会计核算不得有下列行为：

（一）随意改变资产、负债、所有者权益的确认标准或者计量方法，虚列、多列、不列或者少列资产、负债、所有者权益；

（二）虚列或者隐瞒收入，推迟或者提前确认收入；

（三）随意改变费用、成本的确认标准或者计量方法，虚列、多列、不列或者少列费用、成本；

（四）随意调整利润的计算、分配方法，编造虚假利润或者隐瞒利润；

（五）违反国家统一的会计制度规定的其他行为。

第四章 会计监督

第二十七条 各单位应当建立、健全本单位内部会计监督制度。单位内部会计监督

制度应当符合下列要求：

（一）记账人员与经济业务事项和会计事项的审批人员、经办人员、财物保管人员的职责权限应当明确，并相互分离、相互制约；

（二）重大对外投资、资产处置、资金调度和其他重要经济业务事项的决策和执行的相互监督、相互制约程序应当明确；

（三）财产清查的范围、期限和组织程序应当明确；

（四）对会计资料定期进行内部审计的办法和程序应当明确。

第二十八条 单位负责人应当保证会计机构、会计人员依法履行职责，不得授意、指使、强令会计机构、会计人员违法办理会计事项。会计机构、会计人员对违反本法和国家统一的会计制度规定的会计事项，有权拒绝办理或者按照职权予以纠正。

第二十九条 会计机构、会计人员发现会计账簿记录与实物、款项及有关资料不相符的，按照国家统一的会计制度的规定有权自行处理的，应当及时处理；无权处理的，应当立即向单位负责人报告，请求查明原因，作出处理。

第三十条 任何单位和个人对违反本法和国家统一的会计制度规定的行为，有权检举。收到检举的部门有权处理的，应当依法按照职责分工及时处理；无权处理的，应当及时移送有权处理的部门处理。收到检举的部门、负责处理的部门应当为检举人保密，不得将检举人姓名和检举材料转给被检举单位和被检举人个人。

第三十一条 有关法律、行政法规规定，须经注册会计师进行审计的单位，应当向受委托的会计师事务所如实提供会计凭证、会计账簿、财务会计报告和其他会计资料以及有关情况。任何单位或者个人不得以任何方式要求或者示意注册会计师及其所在的会计师事务所出具不实或者不当的审计报告。财政部门有权对会计师事务所出具审计报告的程序和内容进行监督。

第三十二条 财政部门对各单位的下列情况实施监督：

（一）是否依法设置会计账簿；

（二）会计凭证、会计账簿、财务会计报告和其他会计资料是否真实、完整；

（三）会计核算是否符合本法和国家统一的会计制度的规定；

（四）从事会计工作的人员是否具备从业资格。

在对前款第（二）项所列事项实施监督，发现重大违法嫌疑时，国务院财政部门及其派出机构可以向与被监督单位有经济业务往来的单位和被监督单位开立账户的金融机构查询有关情况，有关单位和金融机构应当给予支持。

第三十三条 财政、审计、税务、人民银行、证券监管、保险监管等部门应当依照有关法律、行政法规规定的职责，对有关单位的会计资料实施监督检查。前款所列监督检查部门对有关单位的会计资料依法实施监督检查后，应当出具检查结论。有关监督检查部门已经作出的检查结论能够满足其他监督检查部门履行本部门职责需要的，其他监督检查部门应当加以利用，避免重复查账。

第三十四条 依法对有关单位的会计资料实施监督检查的部门及其工作人员对在监督检查中知悉的国家秘密和商业秘密负有保密义务。

第三十五条 各单位必须依照有关法律、行政法规的规定，接受有关监督检查部门依法实施的监督检查，如实提供会计凭证、会计账簿、财务会计报告和其他会计资料以及有关情况，不得拒绝、隐匿、谎报。

第五章　会计机构和会计人员

第三十六条　各单位应当根据会计业务的需要，设置会计机构，或者在有关机构中设置会计人员并指定会计主管人员；不具备设置条件的，应当委托经批准设立从事会计代理记账业务的中介机构代理记账。国有的和国有资产占控股地位或者主导地位的大、中型企业必须设置总会计师。总会计师的任职资格、任免程序、职责权限由国务院规定。

第三十七条　会计机构内部应当建立稽核制度。出纳人员不得兼任稽核、会计档案保管和收入、支出、费用、债权债务账目的登记工作。

第三十八条　从事会计工作的人员，必须取得会计从业资格证书。担任单位会计机构负责人（会计主管人员）的，除取得会计从业资格证书外，还应当具备会计师以上专业技术职务资格或者从事会计工作三年以上经历。会计人员从业资格管理办法由国务院财政部门规定。

第三十九条　会计人员应当遵守职业道德，提高业务素质。对会计人员的教育和培训工作应当加强。

第四十条　因有提供虚假财务会计报告，做假账，隐匿或者故意销毁会计凭证、会计账簿、财务会计报告，贪污，挪用公款，职务侵占等与会计职务有关的违法行为被依法追究刑事责任的人员，不得取得或者重新取得会计从业资格证书。除前款规定的人员外，因违法违纪行为被吊销会计从业资格证书的人员，自被吊销会计从业资格证书之日起五年内，不得重新取得会计从业资格证书。

第四十一条　会计人员调动工作或者离职，必须与接管人员办清交接手续。一般会计人员办理交接手续，由会计机构负责人（会计主管人员）监交；会计机构负责人（会计主管人员）办理交接手续，由单位负责人监交，必要时主管单位可以派人会同监交。

第六章　法律责任

第四十二条　违反本法规定，有下列行为之一的，由县级以上人民政府财政部门责令限期改正，可以对单位并处三千元以上五万元以下的罚款；对其直接负责的主管人员和其他直接责任人员，可以处二千元以上二万元以下的罚款；属于国家工作人员的，还应当由其所在单位或者有关单位依法给予行政处分：

（一）不依法设置会计账簿的；

（二）私设会计账簿的；

（三）未按照规定填制、取得原始凭证或者填制、取得的原始凭证不符合规定的；

（四）以未经审核的会计凭证为依据登记会计账簿或者登记会计账簿不符合规定的；

（五）随意变更会计处理方法的；

（六）向不同的会计资料使用者提供的财务会计报告编制依据不一致的；

（七）未按照规定使用会计记录文字或者记账本位币的；

（八）未按照规定保管会计资料，致使会计资料毁损、灭失的；

（九）未按照规定建立并实施单位内部会计监督制度或者拒绝依法实施的监督或者不如实提供有关会计资料及有关情况的；

（十）任用会计人员不符合本法规定的。

有前款所列行为之一，构成犯罪的，依法追究刑事责任。

会计人员有第一款所列行为之一，情节严重的，由县级以上人民政府财政部门吊销会计从业资格证书。有关法律对第一款所列行为的处罚另有规定的，依照有关法律的规定办理。

第四十三条 伪造、变造会计凭证、会计账簿，编制虚假财务会计报告，构成犯罪的，依法追究刑事责任。有前款行为，尚不构成犯罪的，由县级以上人民政府财政部门予以通报，可以对单位并处五千元以上十万元以下的罚款；对其直接负责的主管人员和其他直接责任人员，可以处三千元以上五万元以下的罚款；属于国家工作人员的，还应当由其所在单位或者有关单位依法给予撤职直至开除的行政处分；对其中的会计人员，并由县级以上人民政府财政部门吊销会计从业资格证书。

第四十四条 隐匿或者故意销毁依法应当保存的会计凭证、会计账簿、财务会计报告，构成犯罪的，依法追究刑事责任。有前款行为，尚不构成犯罪的，由县级以上人民政府财政部门予以通报，可以对单位并处五千元以上十万元以下的罚款；对其直接负责的主管人员和其他直接责任人员，可以处三千元以上五万元以下的罚款；属于国家工作人员的，还应当由其所在单位或者有关单位依法给予撤职直至开除的行政处分；对其中的会计人员，并由县级以上人民政府财政部门吊销会计从业资格证书。

第四十五条 授意、指使、强令会计机构、会计人员及其他人员伪造、变造会计凭证、会计账簿，编制虚假财务会计报告或者隐匿、故意销毁依法应当保存的会计凭证、会计账簿、财务会计报告，构成犯罪的，依法追究刑事责任；尚不构成犯罪的，可以处五千元以上五万元以下的罚款；属于国家工作人员的，还应当由其所在单位或者有关单位依法给予降级、撤职、开除的行政处分。

第四十六条 单位负责人对依法履行职责、抵制违反本法规定行为的会计人员以降级、撤职、调离工作岗位、解聘或者开除等方式实行打击报复，构成犯罪的，依法追究刑事责任；尚不构成犯罪的，由其所在单位或者有关单位依法给予行政处分。对受打击报复的会计人员，应当恢复其名誉和原有职务、级别。

第四十七条 财政部门及有关行政部门的工作人员在实施监督管理中滥用职权、玩忽职守、徇私舞弊或者泄露国家秘密、商业秘密，构成犯罪的，依法追究刑事责任；尚不构成犯罪的，依法给予行政处分。

第四十八条 违反本法第三十条规定，将检举人姓名和检举材料转给被检举单位和被检举人个人的，由所在单位或者有关单位依法给予行政处分。

第四十九条 违反本法规定，同时违反其他法律规定的，由有关部门在各自职权范围内依法进行处罚。

第七章　附　　则

第五十条　本法下列用语的含义：单位负责人，是指单位法定代表人或者法律、行政法规规定代表单位行使职权的主要负责人。国家统一的会计制度，是指国务院财政部门根据本法制定的关于会计核算、会计监督、会计机构和会计人员以及会计工作管理的制度。

第五十一条　个体工商户会计管理的具体办法，由国务院财政部门根据本法的原则另行规定。

第五十二条　本法自2000年7月1日起施行。

《企业财务会计报告条例》

(2000年6月21日中华人民共和国国务院令第287号发布)

第一章　总　　则

第一条　为了规范企业财务会计报告，保证财务会计报告的真实、完整，根据《中华人民共和国会计法》，制定本条例。

第二条　企业（包括公司，下同）编制和对外提供财务会计报告，应当遵守本条例。

本条例所称财务会计报告，是指企业对外提供的反映企业某一特定日期财务状况和某一会计期间经营成果、现金流量的文件。

第三条　企业不得编制和对外提供虚假的或者隐瞒重要事实的财务会计报告。

企业负责人对本企业财务会计报告的真实性、完整性负责。

第四条　任何组织或者个人不得授意、指使、强令企业编制和对外提供虚假的或者隐瞒重要事实的财务会计报告。

第五条　注册会计师、会计师事务所审计企业财务会计报告，应当依照有关法律、行政法规以及注册会计师执业规则的规定进行，并对所出具的审计报告负责。

第二章　财务会计报告的构成

第六条　财务会计报告分为年度、半年度、季度和月度财务会计报告。

第七条　年度、半年度财务会计报告应当包括：

（一）会计报表；

（二）会计报表附注；

（三）财务情况说明书。

会计报表应当包括资产负债表、利润表、现金流量表及相关附表。

第八条　季度、月度财务会计报告通常仅指会计报表，会计报表至少应当包括资产负债表和利润表。国家统一的会计制度规定季度、月度财务会计报告需要编制会计报表附注的，从其规定。

第九条 资产负债表是反映企业在某一特定日期财务状况的报表。资产负债表应当按照资产、负债和所有者权益（或者股东权益，下同）分类分项列示。其中，资产、负债和所有者权益的定义及列示应当遵循下列规定：

（一）资产，是指过去的交易、事项形成并由企业拥有或者控制的资源，该资源预期会给企业带来经济利益。在资产负债表上，资产应当按照其流动性分类分项列示，包括流动资产、长期投资、固定资产、无形资产及其他资产。银行、保险公司和非银行金融机构的各项资产有特殊性的，按照其性质分类分项列示。

（二）负债，是指过去的交易、事项形成的现时义务，履行该义务预期会导致经济利益流出企业。在资产负债表上，负债应当按照其流动性分类分项列示，包括流动负债、长期负债等。银行、保险公司和非银行金融机构的各项负债有特殊性的，按照其性质分类分项列示。

（三）所有者权益，是指所有者在企业资产中享有的经济利益，其金额为资产减去负债后的余额。在资产负债表上，所有者权益应当按照实收资本（或者股本）、资本公积、盈余公积、未分配利润等项目分项列示。

第十条 利润表是反映企业在一定会计期间经营成果的报表。利润表应当按照各项收入、费用以及构成利润的各个项目分类分项列示。其中，收入、费用和利润的定义及列示应当遵循下列规定：

（一）收入，是指企业在销售商品、提供劳务及让渡资产使用权等日常活动中所形成的经济利益的总流入。收入不包括为第三方或者客户代收的款项。在利润表上，收入应当按照其重要性分项列示。

（二）费用，是指企业为销售商品、提供劳务等日常活动所发生的经济利益的流出。在利润表上，费用应当按照其性质分项列示。

（三）利润，是指企业在一定会计期间的经营成果。在利润表上，利润应当按照营业利润、利润总额和净利润等利润的构成分类分项列示。

第十一条 现金流量表是反映企业一定会计期间现金和现金等价物（以下简称现金）流入和流出的报表。现金流量表应当按照经营活动、投资活动和筹资活动的现金流量分类分项列示。其中，经营活动、投资活动和筹资活动的定义及列示应当遵循下列规定：

（一）经营活动，是指企业投资活动和筹资活动以外的所有交易和事项。在现金流量表上，经营活动的现金流量应当按照其经营活动的现金流入和流出的性质分项列示；银行、保险公司和非银行金融机构的经营活动按照其经营活动特点分项列示。

（二）投资活动，是指企业长期资产的购建和不包括在现金等价物范围内的投资及其处置活动。在现金流量表上，投资活动的现金流量应当按照其投资活动的现金流入和流出的性质分项列示。

（三）筹资活动，是指导致企业资本及债务规模和构成发生变化的活动。在现金流量表上，筹资活动的现金流量应当按照其筹资活动的现金流入和流出的性质分项列示。

第十二条 相关附表是反映企业财务状况、经营成果和现金流量的补充报表，主要包括利润分配表以及国家统一的会计制度规定的其他附表。

利润分配表是反映企业一定会计期间对实现净利润以及以前年度未分配利润的分配或者亏损弥补的报表。利润分配表应当按照利润分配各个项目分类分项列示。

第十三条 年度、半年度会计报表至少应当反映两个年度或者相关两个期间的比较数据。

第十四条 会计报表附注是为便于会计报表使用者理解会计报表的内容而对会计报表的编制基础、编制依据、编制原则和方法及主要项目等所作的解释。会计报表附注至少应当包括下列内容：

（一）不符合基本会计假设的说明；
（二）重要会计政策和会计估计及其变更情况、变更原因及其对财务状况和经营成果的影响；
（三）或有事项和资产负债表日后事项的说明；
（四）关联方关系及其交易的说明；
（五）重要资产转让及其出售情况；
（六）企业合并、分立；
（七）重大投资、融资活动；
（八）会计报表中重要项目的明细资料；
（九）有助于理解和分析会计报表需要说明的其他事项。

第十五条 财务情况说明书至少应当对下列情况作出说明：
（一）企业生产经营的基本情况；
（二）利润实现和分配情况；
（三）资金增减和周转情况；
（四）对企业财务状况、经营成果和现金流量有重大影响的其他事项。

第三章 财务会计报告的编制

第十六条 企业应当于年度终了编报年度财务会计报告。国家统一的会计制度规定企业应当编报半年度、季度和月度财务会计报告的，从其规定。

第十七条 企业编制财务会计报告，应当根据真实的交易、事项以及完整、准确的账簿记录等资料，并按照国家统一的会计制度规定的编制基础、编制依据、编制原则和方法。

企业不得违反本条例和国家统一的会计制度规定，随意改变财务会计报告的编制基础、编制依据、编制原则和方法。

任何组织或者个人不得授意、指使、强令企业违反本条例和国家统一的会计制度规定，改变财务会计报告的编制基础、编制依据、编制原则和方法。

第十八条 企业应当依照本条例和国家统一的会计制度规定，对会计报表中各项会计要素进行合理的确认和计量，不得随意改变会计要素的确认和计量标准。

第十九条 企业应当依照有关法律、行政法规和本条例规定的结账日进行结账，不得提前或者延迟。年度结账日为公历年度每年的12月31日；半年度、季度、月度结账日分别为公历年度每半年、每季、每月的最后一天。

第二十条 企业在编制年度财务会计报告前,应当按照下列规定,全面清查资产、核实债务:

(一) 结算款项,包括应收款项、应付款项、应交税金等是否存在,与债务、债权单位的相应债务、债权金额是否一致;

(二) 原材料、在产品、自制半成品、库存商品等各项存货的实存数量与账面数量是否一致,是否有报废损失和积压物资等;

(三) 各项投资是否存在,投资收益是否按照国家统一的会计制度规定进行确认和计量;

(四) 房屋建筑物、机器设备、运输工具等各项固定资产的实存数量与账面数量是否一致;

(五) 在建工程的实际发生额与账面记录是否一致;

(六) 需要清查、核实的其他内容。

企业通过前款规定的清查、核实,查明财产物资的实存数量与账面数量是否一致、各项结算款项的拖欠情况及其原因、材料物资的实际储备情况、各项投资是否达到预期目的、固定资产的使用情况及其完好程度等。企业清查、核实后,应当将清查、核实的结果及其处理办法向企业的董事会或者相应机构报告,并根据国家统一的会计制度的规定进行相应的会计处理。

企业应当在年度中间根据具体情况,对各项财产物资和结算款项进行重点抽查、轮流清查或者定期清查。

第二十一条 企业在编制财务会计报告前,除应当全面清查资产、核实债务外,还应当完成下列工作:

(一) 核对各会计账簿记录与会计凭证的内容、金额等是否一致,记账方向是否相符;

(二) 依照本条例规定的结账日进行结账,结出有关会计账簿的余额和发生额,并核对各会计账簿之间的余额;

(三) 检查相关的会计核算是否按照国家统一的会计制度的规定进行;

(四) 对于国家统一的会计制度没有规定统一核算方法的交易、事项,检查其是否按照会计核算的一般原则进行确认和计量以及相关账务处理是否合理;

(五) 检查是否存在因会计差错、会计政策变更等原因需要调整前期或者本期相关项目。

在前款规定工作中发现问题的,应当按照国家统一的会计制度的规定进行处理。

第二十二条 企业编制年度和半年度财务会计报告时,对经查实后的资产、负债有变动的,应当按照资产、负债的确认和计量标准进行确认和计量,并按照国家统一的会计制度的规定进行相应的会计处理。

第二十三条 企业应当按照国家统一的会计制度规定的会计报表格式和内容,根据登记完整、核对无误的会计账簿记录和其他有关资料编制会计报表,做到内容完整、数字真实、计算准确,不得漏报或者任意取舍。

第二十四条 会计报表之间、会计报表各项目之间,凡有对应关系的数字,应当相互一致；会计报表中本期与上期的有关数字应当相互衔接。

第二十五条 会计报表附注和财务情况说明书应当按照本条例和国家统一的会计制度的规定，对会计报表中需要说明的事项作出真实、完整、清楚的说明。

第二十六条 企业发生合并、分立情形的，应当按照国家统一的会计制度的规定编制相应的财务会计报告。

第二十七条 企业终止营业的，应当在终止营业时按照编制年度财务会计报告的要求全面清查资产、核实债务、进行结账，并编制财务会计报告；在清算期间，应当按照国家统一的会计制度的规定编制清算期间的财务会计报告。

第二十八条 按照国家统一的会计制度的规定，需要编制合并会计报表的企业集团，母公司除编制其个别会计报表外，还应当编制企业集团的合并会计报表。

企业集团合并会计报表，是指反映企业集团整体财务状况、经营成果和现金流量的会计报表。

第四章　财务会计报告的对外提供

第二十九条 对外提供的财务会计报告反映的会计信息应当真实、完整。

第三十条 企业应当依照法律、行政法规和国家统一的会计制度有关财务会计报告提供期限的规定，及时对外提供财务会计报告。

第三十一条 企业对外提供的财务会计报告应当依次编定页数，加具封面，装订成册，加盖公章。封面上应当注明：企业名称、企业统一代码、组织形式、地址、报表所属年度或者月份、报出日期，并由企业负责人和主管会计工作的负责人、会计机构负责人（会计主管人员）签名并盖章；设置总会计师的企业，还应当由总会计师签名并盖章。

第三十二条 企业应当依照企业章程的规定，向投资者提供财务会计报告。

国务院派出监事会的国有重点大型企业、国有重点金融机构和省、自治区、直辖市人民政府派出监事会的国有企业，应当依法定期向监事会提供财务会计报告。

第三十三条 有关部门或者机构依照法律、行政法规或者国务院的规定，要求企业提供部分或者全部财务会计报告及其有关数据的，应当向企业出示依据，并不得要求企业改变财务会计报告有关数据的会计口径。

第三十四条 非依照法律、行政法规或者国务院的规定，任何组织或者个人不得要求企业提供部分或者全部财务会计报告及其有关数据。

违反本条例规定，要求企业提供部分或者全部财务会计报告及其有关数据的，企业有权拒绝。

第三十五条 国有企业、国有控股的或者占主导地位的企业，应当至少每年一次向本企业的职工代表大会公布财务会计报告，并重点说明下列事项：

（一）反映与职工利益密切相关的信息，包括：管理费用的构成情况，企业管理人员工资、福利和职工工资、福利费用的发放、使用和结余情况，公益金的提取及使用情况，利润分配的情况以及其他与职工利益相关的信息；

（二）内部审计发现的问题及纠正情况；

（三）注册会计师审计的情况；

（四）国家审计机关发现的问题及纠正情况；

（五）重大的投资、融资和资产处置决策及其原因的说明；

（六）需要说明的其他重要事项。

第三十六条 企业依照本条例规定向有关各方提供的财务会计报告，其编制基础、编制依据、编制原则和方法应当一致，不得提供编制基础、编制依据、编制原则和方法不同的财务会计报告。

第三十七条 财务会计报告须经注册会计师审计的，企业应当将注册会计师及其会计师事务所出具的审计报告随同财务会计报告一并对外提供。

第三十八条 接受企业财务会计报告的组织或者个人，在企业财务会计报告未正式对外披露前，应当对其内容保密。

第五章 法律责任

第三十九条 违反本条例规定，有下列行为之一的，由县级以上人民政府财政部门责令限期改正，对企业可以处 3000 元以上 5 万元以下的罚款；对直接负责的主管人员和其他直接责任人员，可以处 2000 元以上 2 万元以下的罚款；属于国家工作人员的，并依法给予行政处分或者纪律处分：

（一）随意改变会计要素的确认和计量标准的；

（二）随意改变财务会计报告的编制基础、编制依据、编制原则和方法的；

（三）提前或者延迟结账日结账的；

（四）在编制年度财务会计报告前，未按照本条例规定全面清查资产、核实债务的；

（五）拒绝财政部门和其他有关部门对财务会计报告依法进行的监督检查，或者不如实提供有关情况的。

会计人员有前款所列行为之一，情节严重的，由县级以上人民政府财政部门吊销会计从业资格证书。

第四十条 企业编制、对外提供虚假的或者隐瞒重要事实的财务会计报告，构成犯罪的，依法追究刑事责任。

有前款行为，尚不构成犯罪的，由县级以上人民政府财政部门予以通报，对企业可以处 5000 元以上 10 万元以下的罚款；对直接负责的主管人员和其他直接责任人员，可以处 3000 元以上 5 万元以下的罚款；属于国家工作人员的，并依法给予撤职直至开除的行政处分或者纪律处分；对其中的会计人员，情节严重的，并由县级以上人民政府财政部门吊销会计从业资格证书。

第四十一条 授意、指使、强令会计机构、会计人员及其他人员编制、对外提供虚假的或者隐瞒重要事实的财务会计报告，或者隐匿、故意销毁依法应当保存的财务会计报告，构成犯罪的，依法追究刑事责任；尚不构成犯罪的，可以处 5000 元以上 5 万元以下的罚款；属于国家工作人员的，并依法给予降级、撤职、开除的行政处分或者纪律处分。

第四十二条 违反本条例的规定，要求企业向其提供部分或者全部财务会计报告及其有关数据的，由县级以上人民政府责令改正。

第四十三条 违反本条例规定，同时违反其他法律、行政法规规定的，由有关部门在各自的职权范围内依法给予处罚。

第六章 附 则

第四十四条 国务院财政部门可以根据本条例的规定，制定财务会计报告的具体编报办法。

第四十五条 不对外筹集资金、经营规模较小的企业编制和对外提供财务会计报告的办法，由国务院财政部门根据本条例的原则另行规定。

第四十六条 本条例自2001年1月1日起施行。

《企业会计准则——基本准则》

（2006年2月15日中华人民共和国财政部令第33号）

第一章 总 则

第一条 为了规范企业会计确认、计量和报告行为，保证会计信息质量，根据《中华人民共和国会计法》和其他有关法律、行政法规，制定本准则。

第二条 本准则适用于在中华人民共和国境内设立的企业（包括公司，下同）。

第三条 企业会计准则包括基本准则和具体准则，具体准则的制定应当遵循本准则。

第四条 企业应当编制财务会计报告（又称财务报告，下同）。财务会计报告的目标是向财务会计报告使用者提供与企业财务状况、经营成果和现金流量等有关的会计信息，反映企业管理层受托责任履行情况，有助于财务会计报告使用者作出经济决策。

财务会计报告使用者包括投资者、债权人、政府及其有关部门和社会公众等。

第五条 企业应当对其本身发生的交易或者事项进行会计确认、计量和报告。

第六条 企业会计确认、计量和报告应当以持续经营为前提。

第七条 企业应当划分会计期间，分期结算账目和编制财务会计报告。

会计期间分为年度和中期。中期是指短于一个完整的会计年度的报告期间。

第八条 企业会计应当以货币计量。

第九条 企业应当以权责发生制为基础进行会计确认、计量和报告。

第十条 企业应当按照交易或者事项的经济特征确定会计要素。会计要素包括资产、负债、所有者权益、收入、费用和利润。

第十一条 企业应当采用借贷记账法记账。

第二章 会计信息质量要求

第十二条 企业应当以实际发生的交易或者事项为依据进行会计确认、计量和报告,如实反映符合确认和计量要求的各项会计要素及其他相关信息,保证会计信息真实可靠、内容完整。

第十三条 企业提供的会计信息应当与财务会计报告使用者的经济决策需要相关,有助于财务会计报告使用者对企业过去、现在或者未来的情况作出评价或者预测。

第十四条 企业提供的会计信息应当清晰明了,便于财务会计报告使用者理解和使用。

第十五条 企业提供的会计信息应当具有可比性。

同一企业不同时期发生的相同或者相似的交易或者事项,应当采用一致的会计政策,不得随意变更。确需变更的,应当在附注中说明。

不同企业发生的相同或者相似的交易或者事项,应当采用规定的会计政策,确保会计信息口径一致、相互可比。

第十六条 企业应当按照交易或者事项的经济实质进行会计确认、计量和报告,不应仅以交易或者事项的法律形式为依据。

第十七条 企业提供的会计信息应当反映与企业财务状况、经营成果和现金流量等有关的所有重要交易或者事项。

第十八条 企业对交易或者事项进行会计确认、计量和报告应当保持应有的谨慎,不应高估资产或者收益、低估负债或者费用。

第十九条 企业对于已经发生的交易或者事项,应当及时进行会计确认、计量和报告,不得提前或者延后。

第三章 资　　产

第二十条 资产是指企业过去的交易或者事项形成的、由企业拥有或者控制的、预期会给企业带来经济利益的资源。

前款所指的企业过去的交易或者事项包括购买、生产、建造行为或其他交易或者事项。预期在未来发生的交易或者事项不形成资产。

由企业拥有或者控制,是指企业享有某项资源的所有权,或者虽然不享有某项资源的所有权,但该资源能被企业所控制。

预期会给企业带来经济利益,是指直接或者间接导致现金和现金等价物流入企业的潜力。

第二十一条 符合本准则第二十条规定的资产定义的资源,在同时满足以下条件时,确认为资产:

(一) 与该资源有关的经济利益很可能流入企业;

(二) 该资源的成本或者价值能够可靠地计量。

第二十二条 符合资产定义和资产确认条件的项目,应当列入资产负债表;符合资产定义、但不符合资产确认条件的项目,不应当列入资产负债表。

第四章 负　　债

第二十三条 负债是指企业过去的交易或者事项形成的、预期会导致经济利益流出企业的现时义务。

现时义务是指企业在现行条件下已承担的义务。未来发生的交易或者事项形成的义务，不属于现时义务，不应当确认为负债。

第二十四条 符合本准则第二十三条规定的负债定义的义务，在同时满足以下条件时，确认为负债：

（一）与该义务有关的经济利益很可能流出企业；

（二）未来流出的经济利益的金额能够可靠地计量。

第二十五条 符合负债定义和负债确认条件的项目，应当列入资产负债表；符合负债定义、但不符合负债确认条件的项目，不应当列入资产负债表。

第五章 所有者权益

第二十六条 所有者权益是指企业资产扣除负债后由所有者享有的剩余权益。

公司的所有者权益又称为股东权益。

第二十七条 所有者权益的来源包括所有者投入的资本、直接计入所有者权益的利得和损失、留存收益等。

直接计入所有者权益的利得和损失，是指不应计入当期损益、会导致所有者权益发生增减变动的、与所有者投入资本或者向所有者分配利润无关的利得或者损失。

利得是指由企业非日常活动所形成的、会导致所有者权益增加的、与所有者投入资本无关的经济利益的流入。

损失是指由企业非日常活动所发生的、会导致所有者权益减少的、与向所有者分配利润无关的经济利益的流出。

第二十八条 所有者权益金额取决于资产和负债的计量。

第二十九条 所有者权益项目应当列入资产负债表。

第六章 收 入

第三十条 收入是指企业在日常活动中形成的、会导致所有者权益增加的、与所有者投入资本无关的经济利益的总流入。

第三十一条 收入只有在经济利益很可能流入从而导致企业资产增加或者负债减少、且经济利益的流入额能够可靠计量时才能予以确认。

第三十二条 符合收入定义和收入确认条件的项目，应当列入利润表。

第七章 费 用

第三十三条 费用是指企业在日常活动中发生的、会导致所有者权益减少的、与向所有者分配利润无关的经济利益的总流出。

第三十四条 费用只有在经济利益很可能流出从而导致企业资产减少或者负债增加、且经济利益的流出额能够可靠计量时才能予以确认。

第三十五条 企业为生产产品、提供劳务等发生的可归属于产品成本、劳务成本等的费用，应当在确认产品销售收入、劳务收入等时，将已销售产品、已提供劳务的成本等计入当期损益。

企业发生的支出不产生经济利益的，或者即使能够产生经济利益但不符合或者不再符合资产确认条件的，应当在发生时确认为费用，计入当期损益。

企业发生的交易或者事项导致其承担了一项负债而又不确认为一项资产的，应当在发生时确认为费用，计入当期损益。

第三十六条 符合费用定义和费用确认条件的项目，应当列入利润表。

第八章 利 润

第三十七条 利润是指企业在一定会计期间的经营成果。利润包括收入减去费用后的净额、直接计入当期利润的利得和损失等。

第三十八条 直接计入当期利润的利得和损失，是指应当计入当期损益、会导致所有者权益发生增减变动的、与所有者投入资本或者向所有者分配利润无关的利得或者损失。

第三十九条 利润金额取决于收入和费用、直接计入当期利润的利得和损失金额的计量。

第四十条 利润项目应当列入利润表。

第九章 会 计 计 量

第四十一条 企业在将符合确认条件的会计要素登记入账并列报于会计报表及其附注（又称财务报表，下同）时，应当按照规定的会计计量属性进行计量，确定其金额。

第四十二条 会计计量属性主要包括：

（一）历史成本。在历史成本计量下，资产按照购置时支付的现金或者现金等价物的金额，或者按照购置资产时所付出的对价的公允价值计量。负债按照因承担现时义务而实际收到的款项或者资产的金额，或者承担现时义务的合同金额，或者按照日常活动中为偿还负债预期需要支付的现金或者现金等价物的金额计量。

（二）重置成本。在重置成本计量下，资产按照现在购买相同或者相似资产所需支付的现金或者现金等价物的金额计量。负债按照现在偿付该项债务所需支付的现金或者现金等价物的金额计量。

（三）可变现净值。在可变现净值计量下，资产按照其正常对外销售所能收到现金或者现金等价物的金额扣减该资产至完工时估计将要发生的成本、估计的销售费用以及相关税费后的金额计量。

（四）现值。在现值计量下，资产按照预计从其持续使用和最终处置中所产生的未来净现金流入量的折现金额计量。负债按照预计期限内需要偿还的未来净现金流出量的折现金额计量。

（五）公允价值。在公允价值计量下，资产和负债按照在公平交易中，熟悉情况的交易双方自愿进行资产交换或者债务清偿的金额计量。

第四十三条 企业在对会计要素进行计量时，一般应当采用历史成本，采用重置成本、可变现净值、现值、公允价值计量的，应当保证所确定的会计要素金额能够取得并可靠计量。

第十章 财务会计报告

第四十四条 财务会计报告是指企业对外提供的反映企业某一特定日期的财务状况和某一会计期间的经营成果、现金流量等会计信息的文件。

财务会计报告包括会计报表及其附注和其他应当在财务会计报告中披露的相关信息和资料。会计报表至少应当包括资产负债表、利润表、现金流量表等报表。

小企业编制的会计报表可以不包括现金流量表。

第四十五条 资产负债表是指反映企业在某一特定日期的财务状况的会计报表。

第四十六条 利润表是指反映企业在一定会计期间的经营成果的会计报表。

第四十七条 现金流量表是指反映企业在一定会计期间的现金和现金等价物流入和流出的会计报表。

第四十八条 附注是指对在会计报表中列示项目所作的进一步说明，以及对未能在这些报表中列示项目的说明等。

第十一章 附 则

第四十九条 本准则由财政部负责解释。

第五十条 本准则自2007年1月1日起施行。

《会计基础工作规范》

(1996年6月17日财政部财会字19号发布)

第一章 总 则

第一条 为了加强会计基础工作，建立规范的会计工作秩序，提高会计工作水平，根据《中华人民共和国会计法》的有关规定，制定本规范。

第二条 国家机关、社会团体、企业、事业单位、个体工商户和其他组织的会计基础工作，应当符合本规范的规定。

第三条 各单位应当依据有关法律、法规和本规范的规定，加强会计基础工作，严格执行会计法规制度，保证会计工作依法有序地进行。

第四条 单位领导人对本单位的会计基础工作负有领导责任。

第五条 各省，自治区、直辖市财政厅（局）要加强对会计基础工作的管理和指导，通过政策引导、经验交流、监督检查等措施，促进基层单位加强会计基础工作，不断提高会计工作水平。国务院各业务主管部门根据职责权限管理本部门的会计基础工作。

第二章 会计机构和会计人员

第一节 会计机构设置和会计人员配备

第六条 各单位应当根据会计业务的需要设置会计机构；不具备单独设置会计机构条件的，应当在有关机构中配备会计人员。事业行政单位会计机构的设置和会计人员的配备，应当符合国家统一事业行政单位会计制度的规定。设置会计机构，应当配备会计机构负责人；在有关机构中配备专职会计人员，应当在专职会计人员中指定会计主管人员。会计机构负责人、会计主管人员的任免，应当符合《中华人民共和国会计法》和有关法律的规定。

第七条 会计机构负责人、会计主管人员应当具备下列基本条件：（一）坚持原则，廉洁奉公；（二）具有会计专业技术资格；（三）主管一个单位或者单位内一个重要方面的财务会计工作时间不少于2年；（四）熟悉国家财经法律、法规、规章和方针、政策，掌握本行业业务管理的有关知识；（五）有较强的组织能力；（六）身体状况能够适应本职工作的要求。

第八条 没有设置会计机构和配备会计人员的单位，应当根据《代理记账管理暂行办法》委托会计师事务所或者持有代理记账许可证书的其他代理记账机构进行代理记账。

第九条 大、中型企业、事业单位、业务主管部门应当根据法律和国家有关规定设置总会计师。总会计师由具有会计师以上专业技术资格的人员担任。总会计师行使《总会计师条例》规定的职责、权限。总会计师的任命（聘任）、免职（解聘）依照《总会计师条例》和有关法律的规定办理。

第十条 各单位应当根据会计业务需要配备持有会计证的会计人员。未取得会计证的人员，不得从事会计工作。

第十一条 各单位应当根据会计业务需要设置会计工作岗位。会计工作岗位一般可分为：会计机构负责人或者会计主管人员，出纳，财产物资核算，工资核算，成本费用核算；财务成果核算，资金核算，往来结算，总账报表，稽核，档案管理等。开展会计电算化和管理会计的单位，可以根据需要设置相应工作岗位，也可以与其他工作岗位相结合。

第十二条 会计工作岗位，可以一人一岗、一人多岗或者一岗多人。但出纳人员不得兼管审核、会计档案保管和收入、费用、债权债务账目的登记工作。

第十三条 会计人员的工作岗位应当有计划地进行轮换。

第十四条 会计人员应当具备必要的专业知识和专业技能，熟悉国家有关法律、法规、规章和国家统一会计制度，遵守职业道德。会计人员应当按照国家有关规定参加会计业务的培训。各单位应当合理安排会计人员的培训，保证会计人员每年有一定时间用于学习和参加培训。

第十五条 各单位领导人应当支持会计机构、会计人员依法行使职权；对忠于职守，坚持原则，做出显著成绩的会计机构、会计人员，应当给予精神的和物质的奖励。

第十六条 国家机关、国有企业、事业单位任用会计人员应当实行回避制度。单位领导人的直系亲属不得担任本单位的会计机构负责人、会计主管人员。会计机构负责人，会计主管人员的直系亲属不得在本单位会计机构中担任出纳工作。需要回避的直系亲属为：夫妻关系、直系血亲关系、三代以内旁系血亲以及配偶亲关系。

第二节　会计人员职业道德

第十七条　会计人员在会计工作中应当遵守职业道德，树立良好的职业品质、严谨的工作作风，严守工作纪律，努力提高工作效率和工作质量。

第十八条　会计人员应当热爱本职工作，努力钻研业务，使自己的知识和技能适应所从事工作的要求。

第十九条　会计人员应当熟悉财经法律、法规、规章和国家统一会计制度，并结合会计工作进行广泛宣传。

第二十条　会计人员应当按照会计法律、法规和国家统一会计制度规定的程序和要求进行会计工作，保证所提供的会计信息合法、真实、准确、及时、完整。

第二十一条　会计人员办理会计事务应当实事求是、客观公正。

第二十二条　会计人员应当熟悉本单位的生产经营和业务管理情况，运用掌握的会计信息和会计方法，为改善单位内部管理、提高经济效益服务。

第二十三条　会计人员应当保守本单位的商业秘密。除法律规定和单位领导人同意外，不能私自向外界提供或者泄露单位的会计信息。

第二十四条　财政部门、业务主管部门和各单位应当定期检查会计人员遵守职业道德的情况，并作为会计人员晋升、晋级、聘任专业职务、表彰奖励的重要考核依据。会计人员违反职业道德的，由所在单位进行处罚；情节严重的，由会计证发证机关吊销其会计证。

第三节　会计工作交接

第二十五条　会计人员工作调动或者因故离职，必须将本人所经管的会计工作全部移交给接替人员。没有办清交接手续的，不得调动或者离职。

第二十六条　接替人员应当认真接管移交工作，并继续办理移交的未了事项。

第二十七条　会计人员办理移交手续前，必须及时做好以下工作：（一）已经受理的经济业务尚未填制会计凭证的，应当填制完毕。（二）尚未登记的账目，应当登记完毕，并在最后一笔余额后加盖经办人员印章。（三）整理应该移交的各项资料，对未了事项写出书面材料。（四）编制移交清册，列明应当移交的会计凭证、会计账簿、会计报表、印章、现金、有价证券、支票簿、发票、文件、其他会计资料和物品等内容；实行会计电算化的单位，从事该项工作的移交人员还应当在移交清册中列明会计软件及密码、会计软件数据磁盘（磁带等）及有关资料、实物等内容。

第二十八条　会计人员办理交接手续，必须有监交人负责监交。一般会计人员交接，由单位会计机构负责人、会计主管人员负责监交；会计机构负责人、会计主管人员交接，由单位领导人负责监交，必要时可由上级主管部门派人会同监交。

第二十九条　移交人员在办理移交时，要按移交清册逐项移交；接替人员要逐项核对点收。（一）现金、有价证券要根据会计账簿有关记录进行点交。库存现金、有价证券必须与会计账簿记录保持一致。不一致时，移交人员必须限期查清。（二）会计凭证、会计账簿、会计报表和其他会计资料必须完整无缺。如有短缺，必须查清原因，并在移交清册中注明，由移交人员负责。（三）银行存款账户余额要与银行对账单核对，如不一致，应当编制银行存款余额调节表调节相符，各种财产物资和债权债务的明细账户余额要与总账有关账户余额核对相符；必要时，要抽查个别账户的余额，与实物核对相符，或者与往来单位、个人核对清楚。（四）移交人员经管的票据、印章和其他实物等，必须交接清楚；移交人员从事会计电算化工作的，要对有关电子数据在实际操作状态下进行交接。

第三十条 会计机构负责人、会计主管人员移交时，还必须将全部财务会计工作、重大财务收支和会计人员的情况等，向接替人员详细介绍。对需要移交的遗留问题，应当写出书面材料。

第三十一条 交接完毕后，交接双方和监交人员要在移交注册上签名或者盖章，并应在移交注册上注明：单位名称，交接日期，交接双方和监交人员的职务、姓名，移交清册页数以及需要说明的问题和意见等。移交清册一般应当填制一式三份，交接双方各执一份，存档一份。

第三十二条 接替人员应当继续使用移交的会计账簿，不得自行另立新账，以保持会计记录的连续性。

第三十三条 会计人员临时离职或者因病不能工作且需要接替或者代理的，会计机构负责人、会计主管人员或者单位领导人必须指定有关人员接替或者代理，并办理交接手续。临时离职或者因病不能工作的会计人员恢复工作的，应当与接替或者代理人员办理交接手续。移交人员因病或者其他特殊原因不能亲自办理移交的，经单位领导人批准，可由移交人员委托他人代办移交，但委托人应当承担本规范第三十五条规定的责任。

第三十四条 单位撤销时，必须留有必要的会计人员，会同有关人员办理清理工作，编制决算。未移交前，不得离职。接收单位和移交日期由主管部门确定。单位合并、分立的，其会计工作交接手续比照上述有关规定办理。

第三十五条 移交人员对所移交的会计凭证、会计账簿、会计报表和其他有关资料的合法性、真实性承担法律责任。

第三章　会　计　核　算

第一节　会计核算的一般要求

第三十六条 各单位应当按照《中华人民共和国会计法》和国家统一会计制度的规定建立会计账册，进行会计核算，及时提供合法、真实、准确、完整的会计信息。

第三十七条 各单位发生的下列事项，应当及时办理会计手续、进行会计核算：（一）款项和有价证券的收付；（二）财物的收发、增减和使用；（三）债权债务的发生和结算；（四）资本、基金的增减；（五）收入、支出、费用、成本的计算；（六）财务成果的计算和处理；（七）其他需要办理会计手续、进行会计核算的事项。

第三十八条 各单位的会计核算应当以实际发生的经济业务为依据，按照规定的会计处理方法进行，保证会计指标的口径一致、相互可比和会计处理方法的前后各期相一致。

第三十九条 会计年度自公历1月1日起至12月31日止。

第四十条 会计核算以人民币为记账本位币。收支业务以外国货币为主的单位，也可以选定某种外国货币作为记账本位币，但是编制的会计报表应当折算为人民币反映。境外单位向国内有关部门编报的会计报表，应当折算为人民币反映。

第四十一条 各单位根据国家统一会计制度的要求，在不影响会计核算要求、会计报表指标汇总和对外统一会计报表的前提下，可以根据实际情况自行设置和使用会计科目。事业行政单位会计科目的设置和使用，应当符合国家统一事业行政单位会计制度的规定。

第四十二条 会计凭证、会计账簿、会计报表和其他会计资料的内容和要求必须符合国家统一会计制度的规定，不得伪造、变造会计凭证和会计账簿，不得设置账外账，不得报送虚假会计报表。

第四十三条 各单位对外报送的会计报表格式由财政部统一规定。

第四十四条 实行会计电算化的单位，对使用的会计软件及其生成的会计凭证、会计账簿、会计报表和其他会计资料的要求，应当符合财政部关于会计电算化的有关规定。

第四十五条 各单位的会计凭证、会计账簿、会计报表和其他会计资料，应当建立档案，妥善保管。会计档案建档要求、保管期限、销毁办法等依据《会计档案管理办法》的规定进行。实行会计电算化的单位，有关电子数据、会计软件资料等应当作为会计档案进行管理。

第四十六条 会计记录的文字应当使用中文，少数民族自治地区可以同时使用少数民族文字。中国境内的外商投资企业、外国企业和其他外国经济组织也可以同时使用某种外国文字。

第二节 填制会计凭证

第四十七条 各单位办理本规范第三十七条规定的事项，必须取得或者填制原始凭证，并及时送交会计机构。

第四十八条 原始凭证的基本要求是：

（一）原始凭证的内容必须具备：凭证的名称；填制凭证的日期；填制凭证单位名称或者填制人姓名；经办人员的签名或者盖章；接受凭证单位名称；经济业务内容；数量、单价和金额。

（二）从外单位取得的原始凭证，必须盖有填制单位的公章；从个人取得的原始凭证，必须有填制人员的签名或者盖章。自制原始凭证必须有经办单位领导人或者其指定的人员签名或者盖章。对外开出的原始凭证，必须加盖本单位公章。

（三）凡填有大写和小写金额的原始凭证，大写与小写金额必须相符。购买实物的原始凭证，必须有验收证明。支付款项的原始凭证，必须有收款单位和收款人的收款证明。

（四）一式几联的原始凭证，应当注明各联的用途，只能以一联作为报销凭证。一式几联的发票和收据，必须用双面复写纸（发票和收据本身具备复写纸功能的除外）

套写,并连续编号。作废时应当加盖"作废"戳记,连同存根一起保存,不得撕毁。

(五)发生销货退回的,除填制退货发票外,还必须有退货验收证明;退款时,必须取得对方的收款收据或者汇款银行的凭证,不得以退货发票代替收据。

(六)职工公出借款凭据,必须附在记账凭证之后。收回借款时,应当另开收据或者退还借据副本,不得退还原借款收据。

(七)经上级有关部门批准的经济业务,应当将批准文件作为原始凭证附件;如果批准文件需要单独归档的,应当在凭证上注明批准机关名称、日期和文件字号。

第四十九条 原始凭证不得涂改、挖补。发现原始凭证有错误的,应当由开出单位重开或者更正,更正处应当加盖开出单位的公章。

第五十条 会计机构、会计人员要根据审核无误的原始凭证填制记账凭证。记账凭证可以分为收款凭证、付款凭证和转账凭证,也可以使用通用记账凭证。

第五十一条 记账凭证的基本要求是:

(一)记账凭证的内容必须具备:填制凭证的日期;凭证编号;经济业务摘要;会计科目;金额;所附原始凭证张数;填制凭证人员、稽核人员、记账人员、会计机构负责人、会计主管人员签名或者盖章。收款和付款记账凭证还应当由出纳人员签名或者盖章。以自制的原始凭证或者原始凭证汇总表代替记账凭证的,也必须具备记账凭证应有的项目。

(二)填制记账凭证时,应当对记账凭证进行连续编号。一笔经济业务需要填制两张以上记账凭证的,可以采用分数编号法编号;

(三)记账凭证可以根据每一张原始凭证填制,或者根据若干张同类原始凭证汇总填制,也可以根据原始凭证汇总表填制。但不得将不同内容和类别的原始凭证汇总填制在一张记账凭证上。

(四)除结账和更正错误的记账凭证可以不附原始凭证外,其他记账凭证必须附有原始凭证。如果一张原始凭证涉及几张记账凭证,可以把原始凭证附在一张主要的记账凭证后面,并在其他记账凭证上注明附有该原始凭证的记账凭证的编号或者附原始凭证复印件。一张原始凭证所列支出需要几个单位共同负担的,应当将其他单位负担的部分,开给对方原始凭证分割单,进行结算。原始凭证分割单必须具备原始凭证的基本内容:凭证名称、填制凭证日期、填制凭证单位名称或者填制人姓名、经办人的签名或者盖章、接受凭证单位名称、经济业务内容、数量、单价、金额和费用分摊情况等。

(五)如果在填制记账凭证时发生错误,应当重新填制。已经登记入账的记账凭证,在当年内发现填写错误时,可以用红字填写一张与原内容相同的记账凭证,在摘要栏注明"注销某月某日某号凭证"字样,同时再用蓝字重新填制一张正确的记账凭证,注明"订正某月某日某号凭证"字样。如果会计科目没有错误,只是金额错误,也可以将正确数字与错误数字之间的差额,另编一张调整的记账凭证,调增金额用蓝字,调减金额用红字。发现以前年度记账凭证有错误的,应当用蓝字填制一张更正的记账凭证。

(六)记账凭证填制完经济业务事项后,如有空行,应当自金额栏最后一笔金额数字下的空行处至合计数上的空行处画线注销。

第五十二条 填制会计凭证,字迹必须清晰、工整,并符合下列要求:

(一)阿拉伯数字应当一个一个地写,不得连笔写。阿拉伯金额数字前面应当书写货币币种符号或者货币名称简写和币种符号。币种符号与阿拉伯金额数字之间不得留有空白。凡阿拉伯数字前写有币种符号的,数字后面不再写货币单位。

(二)所有以元为单位(其他货币种类为货币基本单位,下同)的阿拉伯数字,除表示单价等情况外,一律填写到角分;无角分的,角位和分位可写"00",或者符号"——";有角无分的,分位应当写"0",不得用符号"——"代替。

(三)汉字大写数字金额如零、壹、贰、叁、肆、伍、陆、柒、捌、玖、拾、佰、仟、万、亿等,一律用正楷或者行书体书写,不得用0、一、二、三、四、五、六、七、八、九、十等简化字代替,不得任意自造简化字。大写金额数字到元或者角为止的,在"元"或者"角"字之后应当写"整"字或者"正"字;大写金额数字有分的,分字后面不写"整"或者"正"字。

(四)大写金额数字前未印有货币名称的,应当加填货币名称,货币名称与金额数字之间不得留有空白。

(五)阿拉伯金额数字中间有"0"时,汉字大写金额要写"零"字;阿拉伯数字金额中间连续有几个"0"时,汉字大写金额中可以只写一个"零"字;阿拉伯金额数字元位是"0",或者数字中间连续有几个"0"、元位也是"0"但角位不是"0"时,汉字大写金额可以只写一个"零"字,也可以不写"零"字。

第五十三条 实行会计电算化的单位,对于机制记账凭证,要认真审核,做到会计科目使用正确,数字准确无误。打印出的机制记账凭证要加盖制单人员、审核人员、记账人员及会计机构负责人、会计主管人员印章或者签字。

第五十四条 各单位会计凭证的传递程序应当科学、合理,具体办法由各单位根据会计业务需要自行规定。

第五十五条 会计机构、会计人员要妥善保管会计凭证。

(一)会计凭证应当及时传递,不得积压。

(二)会计凭证登记完毕后,应当按照分类和编号顺序保管,不得散乱丢失。

(三)记账凭证应当连同所附的原始凭证或者原始凭证汇总表,按照编号顺序,折叠整齐,按期装订成册,并加具封面,注明单位名称、年度、月份和起讫日期、凭证种类、起讫号码,由装订人在装订线封签外签名或者盖章。对于数量过多的原始凭证,可以单独装订保管,在封面上注明记账凭证日期、编号、种类,同时在记账凭证上注明"附件另订"和原始凭证名称及编号。各种经济合同、存出保证金收据以及涉外文件等重要原始凭证,应当另编目录,单独登记保管,并在有关的记账凭证和原始凭证上相互注明日期和编号。

(四)原始凭证不得外借,其他单位如因特殊原因需要使用原始凭证时,经本单位会计机构负责人、会计主管人员批准,可以复制。向外单位提供的原始凭证复制件,应当在专设的登记簿上登记,并由提供人员和收取人员共同签名或者盖章。

(五)从外单位取得的原始凭证如有遗失,应当取得原开出单位盖有公章的证明,并注明原来凭证的号码、金额和内容等,由经办单位会计机构负责人、会计主管人员和单位领导人批准后，才能代作原始凭证。如果确实无法取得证明的，如火车、轮船、飞机票等凭证，由当事人写出详细情况，由经办单位会计机构负责人、会计主管人员和单位领导人批准后，代作原始凭证。

第三节 登记会计账簿

第五十六条 各单位应当按照国家统一会计制度的规定和会计业务的需要设置会计账簿。会计账簿包括总账、明细账、日记账和其他辅助性账簿。

第五十七条 现金日记账和银行存款日记账必须采用订本式账簿。不得用银行对账单或者其他方法代替日记账。

第五十八条 实行会计电算化的单位，用计算机打印的会计账簿必须连续编号，经审核无误后装订成册，并由记账人员和会计机构负责人、会计主管人员签字或者盖章。

第五十九条 启用会计账簿时，应当在账簿封面上写明单位名称和账簿名称。在账簿扉页上应当附启用表，内容包括：启用日期、账簿页数、记账人员和会计机构负责人、会计主管人员姓名，并加盖名章和单位公章。记账人员或者会计机构负责人、会计主管人员调动工作时，应当注明交接日期、接办人员或者监交人员姓名，并由交接双方人员签名或者盖章。启用订本式账簿，应当从第一页到最后一页顺序编定页数，不得跳页、缺号。使用活页式账页，应当按账户顺序编号，并须定期装订成册。装订后再接实际使用的账页顺序编定页码。另加目录，记明每个账户的名称和页次。

第六十条 会计人员应当根据审核无误的会计凭证登记会计账簿。登记账簿的基本要求是：

（一）登记会计账簿时，应当将会计凭证日期、编号、业务内容摘要、金额和其他有关资料逐项记入账内；做到数字准确、摘要清楚、登记及时、字迹工整。

（二）登记完毕后，要在记账凭证上签名或者盖章，并注明已经登账的符号，表示已经记账。

（三）账簿中书写的文字和数字上面要留有适当空格，不要写满格；一般应占格距的二分之一。

（四）登记账簿要用蓝黑墨水或者碳素墨水书写，不得使用圆珠笔（银行的复写账簿除外）或者铅笔书写。

（五）下列情况，可以用红色墨水记账：1. 按照红字冲账的记账凭证，冲销错误记录；2. 在不设借贷等栏的多栏式账页中，登记减少数；3. 在三栏式账户的余额栏前，如未印明余额方面的，在余额栏内登记负数余额；4. 根据国家统一会计制度的规定可以用红字登记的其他会计记录。

（六）各种账簿按页次顺序连续登记，不得跳行、隔页。如果发生跳行、隔页，应当将空行、空页画线注销，或者注明"此行空白"、"此页空白"字样，并由记账人员签名或者盖章。

（七）凡需要结出余额的账户，结出余额后。应当在"借或贷"等栏内写明"借"或者"贷"等字样。没有余额的账户，应当在"借或贷"等栏内写"平"字，并在余额栏内用"Q"表示。现金日记账和银行存款日记账必须逐日结出余额。

（八）每一账页登记完毕结转下页时，应当结出本页合计数及余额，写在本页最后一行和下页第一行有关栏内，并在摘要栏内注明"过次页"和"承前页"字样；也可以将本页合计数及金额只写在下页第一行有关栏内，并在摘要栏内注明"承前页"字样。对需要结计本月发生额的账户，结计"过次页"的本页合计数应当为自本月初起至本页末止的发生额合计数；对需要结计本年累计发生额的账户，结计"过次页"的本页合计数应当为自年初起至本页末止的累计数；对既不需要结计本月发生额也不需要结计本年累计发生额的账户，可以只将每页末的余额结转次页。

第六十一条 实行会计电算化的单位，总账和明细账应当定期打印。发生收款和付款业务的，在输入收款凭证和付款凭证的当天必须打印出现金日记账和银行存款日记账，并与库存现金核对无误。

第六十二条 账簿记录发生错误，不准涂改、挖补、刮擦或者用药水消除字迹，不准重新抄写，必须按照下列方法进行更正：

（一）登记账簿时发生错误，应当将错误的文字或者数字画红线注销，但必须使原有字迹仍可辨认；然后在画线上方填写正确的文字或者数字，并由记账人员在更正处盖章。对于错误的数字，应当全部画红线更正，不得只更正其中的错误数字。对于文字错误，可只画去错误的部分。

（二）由于记账凭证错误而使账簿记录发生错误，应当按更正的记账凭证登记账簿。

第六十三条 各单位应当定期对会计账簿记录的有关数字与库存实物、货币资金、有价证券、往来单位或者个人等进行相互核对，保证账证相符、账账相符、账实相符。对账工作每年至少进行一次。

（一）账证核对。核对会计账簿记录与原始凭证、记账凭证的时间、凭证字号、内容、金额是否一致，记账方向是否相符。

（二）账账核对。核对不同会计账簿之间的账簿记录是否相符，包括：总账有关账户的余额核对，总账与明细账核对，总账与日记账核对，会计部门的财产物资明细账与财产物资保管和使用部门的有关明细账核对等。

（三）账实核对。核对会计账簿记录与财产等实有数额是否相符。包括：现金日记账账面余额与现金实际库存数相核对；银行存款日记账账面余额定期与银行对账单相核对；各种财物明细账账面余额与财物实存数额相核对；各种应收、应付款明细账账面余额与有关债务、债权单位或者个人核对等。

第六十四条 各单位应当按照规定定期结账。

（一）结账前，必须将本期内所发生的各项经济业务全部登记入账。

（二）结账时，应当结出每个账户的期末余额。需要结出当月发生额的，应当在摘要栏内注明"本月合计"字样，并在下面通栏画单红线。需要结出本年累计发生额的，应当在摘要栏内注明"本年累计"字样，并在下面通栏画单红线；12月末的"本年累计"就是全年累计发生额。全年累计发生额下面应当通栏画双红线。年度终了结账时，所有总账账户都应当结出全年发生额和年末余额。

（三）年度终了，要把各账户的余额结转到下一会计年度，并在摘要栏注明"结转下年"字样；在下一会计年度新建有关会计账簿的第一行余额栏内填写上年结转的余额，并在摘要栏注明"上年结转"字样。

第四节 编制财务报告

第六十五条 各单位必须按照国家统一会计制度的规定，定期编制财务报告。财务报告包括会计报表及其说明。会计报表包括会计报表主表、会计报表附表、会计报表附注。

第六十六条 各单位对外报送的财务报告应当根据国家统一会计制度规定的格式和要求编制。单位内部使用的财务报告，其格式和要求由各单位自行规定。

第六十七条 会计报表应当根据登记完整、核对无误的会计账簿记录和其他有关资料编制，做到数字真实、计算准确、内容完整、说明清楚。任何人不得篡改或者授意、指使、强令他人篡改会计报表的有关数字。

第六十八条 会计报表之间、会计报表各项目之间，凡有对应关系的数字，应当相互一致。本期会计报表与上期会计报表之间有关的数字应当相互衔接。如果不同会计年度会计报表中各项目的内容和核算方法有变更的，应当在年度会计报表中加以说明。

第六十九条 各单位应当按照国家统一会计制度的规定认真编写会计报表附注及其说明，做到项目齐全，内容完整。

第七十条 各单位应当按照国家规定的期限对外报送财务报告。对外报送的财务报告，应当依次编定页码，加具封面，装订成册，加盖公章。封面上应当注明：单位名称，单位地址，财务报告所属年度、季度、月度、送出日期，并由单位领导人、总会计师、会计机构负责人、会计主管人员签名或者盖章。单位领导人对财务报告的合法性、真实性负法律责任。

第七十一条 根据法律和国家有关规定应当对财务报告进行审计的，财务报告编制单位应当先行委托注册会计师进行审计，并将注册会计师出具的审计报告随同财务报告按照规定的期限报送有关部门。

第七十二条 如果发现对外报送的财务报告有错误，应当及时办理更正手续。除更正本单位留存的财务报告外，并应同时通知接受财务报告的单位更正。错误较多的，应当重新编报。

第四章 会计监督

第七十三条 各单位的会计机构、会计人员对本单位的经济活动进行会计监督。

第七十四条 会计机构、会计人员进行会计监督的依据是：

（一）财经法律、法规、规章；

（二）会计法律、法规和国家统一会计制度；

（三）各省、自治区、直辖市财政厅（局）和国务院业务主管部门根据《中华人民共和国会计法》和国家统一会计制度制定的具体实施办法或者补充规定；

（四）各单位根据《中华人民共和国会计法》和国家统一会计制度制定的单位内部会计管理制度；

（五）各单位内部的预算、财务计划、经济计划、业务计划。

第七十五条 会计机构、会计人员应当对原始凭证进行审核和监督。对不真实、不合法的原始凭证，不予受理。对弄虚作假、严重违法的原始凭证，在不予受理的同时，应当予以扣留，并及时向单位领导人报告，请求查明原因，追究当事人的责任。对记载不明确、不完整的原始凭证，予以退回，要求经办人员更正、补充。

第七十六条 会计机构、会计人员对伪造、变造、故意毁灭会计账簿或者账外设账行为，应当制止和纠正；制止和纠正无效的，应当向上级主管单位报告，请求作出处理。

第七十七条 会计机构、会计人员应当对实物、款项进行监督，督促建立并严格执行财产清查制度。发现账簿记录与实物、款项不符时，应当按照国家有关规定进行处理。超出会计机构、会计人员职权范围的，应当立即向本单位领导报告，请求查明原因，作出处理。

第七十八条 会计机构、会计人员对指使、强令编造、篡改财务报告行为，应当制止和纠正；制止和纠正无效的，应当向上级主管单位报告，请求处理。

第七十九条 会计机构、会计人员应当对财务收支进行监督。
（一）对审批手续不全的财务收支，应当退回，要求补充、更正。
（二）对违反规定不纳入单位统一会计核算的财务收支，应当制止和纠正。
（三）对违反国家统一的财政、财务、会计制度规定的财务收支，不予办理。
（四）对认为是违反国家统一的财政、财务、会计制度规定的财务收支。应当制止和纠正；制止和纠正无效的，应当向单位领导人提出书面意见请求处理。单位领导人应当在接到书面意见起十日内作出书面决定，并对决定承担责任。
（五）对违反国家统一的财政、财务、会计制度规定的财务收支，不予制止和纠正，又不向单位领导人提出书面意见的，也应当承担责任。
（六）对严重违反国家利益和社会公众利益的财务收支，应当向主管单位或者财政、审计、税务机关报告。

第八十条 会计机构、会计人员对违反单位内部会计管理制度的经济活动，应当制止和纠正；制止和纠正无效的，向单位领导人报告，请求处理。

第八十一条 会计机构、会计人员应当对单位制订的预算、财务计划、经济计划、业务计划的执行情况进行监督。

第八十二条 各单位必须依照法律和国家有关规定接受财政、审计、税务等机关的监督，如实提供会计凭证、会计账簿、会计报表和其他会计资料以及有关情况，不得拒绝、隐匿、谎报。

第八十三条 按照法律规定应当委托注册会计师进行审计的单位，应当委托注册会计师进行审计，并配合注册会计师的工作，如实提供会计凭证、会计账簿、会计报表和其他会计资料以及有关情况，不得拒绝、隐匿、谎报；不得示意注册会计师出具不当的审计报告。

第五章 内部会计管理制度

第八十四条 各单位应当根据《中华人民共和国会计法》和国家统一会计制度的规定，结合单位类型和内容管理的需要，建立健全相应的内部会计管理制度。

第八十五条 各单位制定内部会计管理制度应当遵循下列原则：

（一）应当执行法律、法规和国家统一的财务会计制度。

（二）应当体现本单位的生产经营、业务管理的特点和要求。

（三）应当全面规范本单位的各项会计工作，建立健全会计基础，保证会计工作的有序进行。

（四）应当科学、合理，便于操作和执行。

（五）应当定期检查执行情况。

（六）应当根据管理需要和执行中的问题不断完善。

第八十六条 各单位应当建立内部会计管理体系。主要内容包括：单位领导人、总会计师对会计工作的领导职责；会计部门及其会计机构负责人、会计主管人员的职责、权限；会计部门与其他职能部门的关系；会计核算的组织形式等。

第八十七条 各单位应当建立会计人员岗位责任制度。主要内容包括：会计人员的工作岗位设置；各会计工作岗位的职责和标准；各会计工作岗位的人员和具体分工；会计工作岗位轮换办法；对各会计工作岗位的考核办法。

第八十八条 各单位应当建立账务处理程序制度。主要内容包括：会计科目及其明细科目的设置和使用；会计凭证的格式、审核要求和传递程序；会计核算方法；会计账簿的设置；编制会计报表的种类和要求；单位会计指标体系。

第八十九条 各单位应当建立内部牵制制度。主要内容包括：内部牵制制度的原则；组织分工；出纳岗位的职责和限制条件；有关岗位的职责和权限。

第九十条 各单位应当建立稽核制度。主要内容包括：稽核工作的组织形式和具体分工；稽核工作的职责、权限；审核会计凭证和复核会计账簿、会计报表的方法。

第九十一条 各单位应当建立原始记录管理制度。主要内容包括：原始记录的内容和填制方法；原始记录的格式；原始记录的审核；原始记录填制人的责任；原始记录签署、传递、汇集要求。

第九十二条 各单位应当建立定额管理制度。主要内容包括：定额管理的范围；制定和修订定额的依据、程序和方法；定额的执行；定额考核和奖惩办法等。

第九十三条 各单位应当建立计量验收制度。主要内容包括：计量检测手段和方法；计量验收管理的要求；计量验收人员的责任和奖惩办法。

第九十四条 各单位应当建立财产清查制度。主要内容包括：财产清查的范围；财产清查的组织；财产清查的期限和方法；对财产清查中发现问题的处理办法；对财产管理人员的奖惩办法。

第九十五条 各单位应当建立财务收支审批制度。主要内容包括：财务收支审批人员和审批权限；财务收支审批程序；财务收支审批人员的责任。

第九十六条 实行成本核算的单位应当建立成本核算制度。主要内容包括：成本核算的对象；成本核算的方法和程序；成本分析等。

第九十七条 各单位应当建立财务会计分析制度。主要内容包括：财务会计分析的主要内容；财务会计分析的基本要求和组织程序；财务会计分析的具体方法；财务会计分析报告的编写要求等。

第六章 附 则

第九十八条 本规范所称国家统一会计制度，是指由财政部制定、或者财政部与国务院有关部门联合制定、或者经财政部审核批准的在全国范围内统一执行的会计规章、准则、办法等规范性文件。本规范所称会计主管人员，是指不设置会计机构、只在其他机构中设置专职会计人员的单位行使会计机构负责人职权的人员。本规范第三章第二节和第三节关于填制会计凭证、登记会计账簿的规定，除特别指出外，一般适用于手工记账。实行会计电算化的单位，填制会计凭证和登记会计账簿的有关要求，应当符合财政部关于会计电算化的有关规定。

第九十九条 各省、自治区、直辖市财政厅（局）、国务院各业务主管部门可以根据本规范的原则，结合本地区、本部门的具体情况，制定具体实施办法，报财政部备案。

第一百条 本规范由财政部负责解释、修改。

第一百零一条 本规范自公布之日起实施。1984年4月24日财政部发布的《会计人员工作规则》同时废止。

《企业内部控制基本规范》

（2008年5月22日财政部、审计署、中国保险监督管理委员会、中国银行业监督管理委员会、中国证券监督管理委员会联合以财会〔2008〕7号发文）

第一章 总 则

第一条 为了加强和规范企业内部控制，提高企业经营管理水平和风险防范能力，促进企业可持续发展，维护社会主义市场经济秩序和社会公众利益，根据《中华人民共和国公司法》、《中华人民共和国证券法》、《中华人民共和国会计法》和其他有关法律法规，制定本规范。

第二条 本规范适用于中华人民共和国境内设立的大中型企业。

小企业和其他单位可以参照本规范建立与实施内部控制。

大中型企业和小企业的划分标准根据国家有关规定执行。

第三条 本规范所称内部控制，是由企业董事会、监事会、经理层和全体员工实施的、旨在实现控制目标的过程。

内部控制的目标是合理保证企业经营管理合法合规、资产安全、财务报告及相关信息真实完整，提高经营效率和效果，促进企业实现发展战略。

第四条 企业建立与实施内部控制，应当遵循下列原则：

（一）全面性原则。内部控制应当贯穿决策、执行和监督全过程，覆盖企业及其所属单位的各种业务和事项。

（二）重要性原则。内部控制应当在全面控制的基础上，关注重要业务事项和高风险领域。

（三）制衡性原则。内部控制应当在治理结构、机构设置及权责分配、业务流程等方面形成相互制约、相互监督，同时兼顾运营效率。

（四）适应性原则。内部控制应当与企业经营规模、业务范围、竞争状况和风险水平等相适应，并随着情况的变化及时加以调整。

（五）成本效益原则。内部控制应当权衡实施成本与预期效益，以适当的成本实现有效控制。

第五条 企业建立与实施有效的内部控制，应当包括下列要素：

（一）内部环境。内部环境是企业实施内部控制的基础，一般包括治理结构、机构设置及权责分配、内部审计、人力资源政策、企业文化等。

（二）风险评估。风险评估是企业及时识别、系统分析经营活动中与实现内部控制目标相关的风险，合理确定风险应对策略。

（三）控制活动。控制活动是企业根据风险评估结果，采用相应的控制措施，将风险控制在可承受度之内。

（四）信息与沟通。信息与沟通是企业及时、准确地收集、传递与内部控制相关的信息，确保信息在企业内部、企业与外部之间进行有效沟通。

（五）内部监督。内部监督是企业对内部控制建立与实施情况进行监督检查，评价内部控制的有效性，发现内部控制缺陷，应当及时加以改进。

第六条 企业应当根据有关法律法规、本规范及其配套办法，制定本企业的内部控制制度并组织实施。

第七条 企业应当运用信息技术加强内部控制，建立与经营管理相适应的信息系统，促进内部控制流程与信息系统的有机结合，实现对业务和事项的自动控制，减少或消除人为操纵因素。

第八条 企业应当建立内部控制实施的激励约束机制，将各责任单位和全体员工实施内部控制的情况纳入绩效考评体系，促进内部控制的有效实施。

第九条 国务院有关部门可以根据法律法规、本规范及其配套办法，明确贯彻实施本规范的具体要求，对企业建立与实施内部控制的情况进行监督检查。

第十条 接受企业委托从事内部控制审计的会计师事务所，应当根据本规范及其配套办法和相关执业准则，对企业内部控制的有效性进行审计，出具审计报告。会计师事务所及其签字的从业人员应当对发表的内部控制审计意见负责。

为企业内部控制提供咨询的会计师事务所，不得同时为同一企业提供内部控制审计服务。

第二章 内部环境

第十一条 企业应当根据国家有关法律法规和企业章程，建立规范的公司治理结构和议事规则，明确决策、执行、监督等方面的职责权限，形成科学有效的职责分工和制衡机制。

股东（大）会享有法律法规和企业章程规定的合法权利，依法行使企业经营方针、筹资、投资、利润分配等重大事项的表决权。

董事会对股东（大）会负责，依法行使企业的经营决策权。

监事会对股东（大）会负责，监督企业董事、经理和其他高级管理人员依法履行职责。

经理层负责组织实施股东（大）会、董事会决议事项，主持企业的生产经营管理工作。

第十二条　董事会负责内部控制的建立健全和有效实施。监事会对董事会建立与实施内部控制进行监督。经理层负责组织领导企业内部控制的日常运行。

企业应当成立专门机构或者指定适当的机构具体负责组织协调内部控制的建立实施及日常工作。

第十三条　企业应当在董事会下设立审计委员会。审计委员会负责审查企业内部控制，监督内部控制的有效实施和内部控制自我评价情况，协调内部控制审计及其他相关事宜等。

审计委员会负责人应当具备相应的独立性、良好的职业操守和专业胜任能力。

第十四条　企业应当结合业务特点和内部控制要求设置内部机构，明确职责权限，将权利与责任落实到各责任单位。

企业应当通过编制内部管理手册，使全体员工掌握内部机构设置、岗位职责、业务流程等情况，明确权责分配，正确行使职权。

第十五条　企业应当加强内部审计工作，保证内部审计机构设置、人员配备和工作的独立性。

内部审计机构应当结合内部审计监督，对内部控制的有效性进行监督检查。内部审计机构对监督检查中发现的内部控制缺陷，应当按照企业内部审计工作程序进行报告；对监督检查中发现的内部控制重大缺陷，有权直接向董事会及其审计委员会、监事会报告。

第十六条　企业应当制定和实施有利于企业可持续发展的人力资源政策。人力资源政策应当包括下列内容：

（一）员工的聘用、培训、辞退与辞职。

（二）员工的薪酬、考核、晋升与奖惩。

（三）关键岗位员工的强制休假制度和定期岗位轮换制度。

（四）掌握国家秘密或重要商业秘密的员工离岗的限制性规定。

（五）有关人力资源管理的其他政策。

第十七条　企业应当将职业道德修养和专业胜任能力作为选拔和聘用员工的重要标准，切实加强员工培训和继续教育，不断提升员工素质。

第十八条　企业应当加强文化建设，培育积极向上的价值观和社会责任感，倡导诚实守信、爱岗敬业、开拓创新和团队协作精神，树立现代管理理念，强化风险意识。

董事、监事、经理及其他高级管理人员应当在企业文化建设中发挥主导作用。

企业员工应当遵守员工行为守则,认真履行岗位职责。

第十九条 企业应当加强法制教育,增强董事、监事、经理及其他高级管理人员和员工的法制观念,严格依法决策、依法办事、依法监督,建立健全法律顾问制度和重大法律纠纷案件备案制度。

第三章 风险评估

第二十条 企业应当根据设定的控制目标,全面系统持续地收集相关信息,结合实际情况,及时进行风险评估。

第二十一条 企业开展风险评估,应当准确识别与实现控制目标相关的内部风险和外部风险,确定相应的风险承受度。

风险承受度是企业能够承担的风险限度,包括整体风险承受能力和业务层面的可接受风险水平。

第二十二条 企业识别内部风险,应当关注下列因素:

(一)董事、监事、经理及其他高级管理人员的职业操守、员工专业胜任能力等人力资源因素。

(二)组织机构、经营方式、资产管理、业务流程等管理因素。

(三)研究开发、技术投入、信息技术运用等自主创新因素。

(四)财务状况、经营成果、现金流量等财务因素。

(五)营运安全、员工健康、环境保护等安全环保因素。

(六)其他有关内部风险因素。

第二十三条 企业识别外部风险,应当关注下列因素:

(一)经济形势、产业政策、融资环境、市场竞争、资源供给等经济因素。

(二)法律法规、监管要求等法律因素。

(三)安全稳定、文化传统、社会信用、教育水平、消费者行为等社会因素。

(四)技术进步、工艺改进等科学技术因素。

(五)自然灾害、环境状况等自然环境因素。

(六)其他有关外部风险因素。

第二十四条 企业应当采用定性与定量相结合的方法,按照风险发生的可能性及其影响程度等,对识别的风险进行分析和排序,确定关注重点和优先控制的风险。

企业进行风险分析,应当充分吸收专业人员,组成风险分析团队,按照严格规范的程序开展工作,确保风险分析结果的准确性。

第二十五条 企业应当根据风险分析的结果,结合风险承受度,权衡风险与收益,确定风险应对策略。

企业应当合理分析、准确掌握董事、经理及其他高级管理人员、关键岗位员工的风险偏好,采取适当的控制措施,避免因个人风险偏好给企业经营带来重大损失。

第二十六条 企业应当综合运用风险规避、风险降低、风险分担和风险承受等风险应对策略,实现对风险的有效控制。

风险规避是企业对超出风险承受度的风险，通过放弃或者停止与该风险相关的业务活动以避免和减轻损失的策略。

风险降低是企业在权衡成本效益之后，准备采取适当的控制措施降低风险或者减轻损失，将风险控制在风险承受度之内的策略。

风险分担是企业准备借助他人力量，采取业务分包、购买保险等方式和适当的控制措施，将风险控制在风险承受度之内的策略。

风险承受是企业对风险承受度之内的风险，在权衡成本效益之后，不准备采取控制措施降低风险或者减轻损失的策略。

第二十七条 企业应当结合不同发展阶段和业务拓展情况，持续收集与风险变化相关的信息，进行风险识别和风险分析，及时调整风险应对策略。

第四章 控 制 活 动

第二十八条 企业应当结合风险评估结果，通过手工控制与自动控制、预防性控制与发现性控制相结合的方法，运用相应的控制措施，将风险控制在可承受度之内。

控制措施一般包括：不相容职务分离控制、授权审批控制、会计系统控制、财产保护控制、预算控制、运营分析控制和绩效考评控制等。

第二十九条 不相容职务分离控制要求企业全面系统地分析、梳理业务流程中所涉及的不相容职务，实施相应的分离措施，形成各司其职、各负其责、相互制约的工作机制。

第三十条 授权审批控制要求企业根据常规授权和特别授权的规定，明确各岗位办理业务和事项的权限范围、审批程序和相应责任。

企业应当编制常规授权的权限指引，规范特别授权的范围、权限、程序和责任，严格控制特别授权。常规授权是指企业在日常经营管理活动中按照既定的职责和程序进行的授权。特别授权是指企业在特殊情况、特定条件下进行的授权。

企业各级管理人员应当在授权范围内行使职权和承担责任。

企业对于重大的业务和事项，应当实行集体决策审批或者联签制度，任何个人不得单独进行决策或者擅自改变集体决策。

第三十一条 会计系统控制要求企业严格执行国家统一的会计准则制度，加强会计基础工作，明确会计凭证、会计账簿和财务会计报告的处理程序，保证会计资料真实完整。

企业应当依法设置会计机构，配备会计从业人员。从事会计工作的人员，必须取得会计从业资格证书。会计机构负责人应当具备会计师以上专业技术职务资格。

大中型企业应当设置总会计师。设置总会计师的企业，不得设置与其职权重叠的副职。

第三十二条 财产保护控制要求企业建立财产日常管理制度和定期清查制度，采取财产记录、实物保管、定期盘点、账实核对等措施，确保财产安全。

企业应当严格限制未经授权的人员接触和处置财产。

第三十三条 预算控制要求企业实施全面预算管理制度，明确各责任单位在预算管理中的职责权限，规范预算的编制、审定、下达和执行程序，强化预算约束。

第三十四条 运营分析控制要求企业建立运营情况分析制度，经理层应当综合运用生产、购销、投资、筹资、财务等方面的信息，通过因素分析、对比分析、趋势分析等方法，定期开展运营情况分析，发现存在的问题，及时查明原因并加以改进。

第三十五条 绩效考评控制要求企业建立和实施绩效考评制度，科学设置考核指标体系，对企业内部各责任单位和全体员工的业绩进行定期考核和客观评价，将考评结果作为确定员工薪酬以及职务晋升、评优、降级、调岗、辞退等的依据。

第三十六条 企业应当根据内部控制目标，结合风险应对策略，综合运用控制措施，对各种业务和事项实施有效控制。

第三十七条 企业应当建立重大风险预警机制和突发事件应急处理机制，明确风险预警标准，对可能发生的重大风险或突发事件，制订应急预案、明确责任人员、规范处置程序，确保突发事件得到及时妥善处理。

第五章　信息与沟通

第三十八条 企业应当建立信息与沟通制度，明确内部控制相关信息的收集、处理和传递程序，确保信息及时沟通，促进内部控制有效运行。

第三十九条 企业应当对收集的各种内部信息和外部信息进行合理筛选、核对、整合，提高信息的有用性。

企业可以通过财务会计资料、经营管理资料、调研报告、专项信息、内部刊物、办公网络等渠道，获取内部信息。

企业可以通过行业协会组织、社会中介机构、业务往来单位、市场调查、来信来访、网络媒体以及有关监管部门等渠道，获取外部信息。

第四十条 企业应当将内部控制相关信息在企业内部各管理级次、责任单位、业务环节之间，以及企业与外部投资者、债权人、客户、供应商、中介机构和监管部门等有关方面之间进行沟通和反馈。信息沟通过程中发现的问题，应当及时报告并加以解决。

重要信息应当及时传递给董事会、监事会和经理层。

第四十一条 企业应当利用信息技术促进信息的集成与共享，充分发挥信息技术在信息与沟通中的作用。

企业应当加强对信息系统开发与维护、访问与变更、数据输入与输出、文件储存与保管、网络安全等方面的控制，保证信息系统安全稳定运行。

第四十二条 企业应当建立反舞弊机制，坚持惩防并举、重在预防的原则，明确反舞弊工作的重点领域、关键环节和有关机构在反舞弊工作中的职责权限，规范舞弊案件的举报、调查、处理、报告和补救程序。

企业至少应当将下列情形作为反舞弊工作的重点：

（一）未经授权或者采取其他不法方式侵占、挪用企业资产，牟取不当利益。

（二）在财务会计报告和信息披露等方面存在的虚假记载、误导性陈述或者重大遗漏等。

（三）董事、监事、经理及其他高级管理人员滥用职权。

（四）相关机构或人员串通舞弊。

第四十三条 企业应当建立举报投诉制度和举报人保护制度，设置举报专线，明确举报投诉处理程序、办理时限和办结要求，确保举报、投诉成为企业有效掌握信息的重要途径。

举报投诉制度和举报人保护制度应当及时传达至全体员工。

第六章 内部监督

第四十四条 企业应当根据本规范及其配套办法，制定内部控制监督制度，明确内部审计机构（或经授权的其他监督机构）和其他内部机构在内部监督中的职责权限，规范内部监督的程序、方法和要求。

内部监督分为日常监督和专项监督。日常监督是指企业对建立与实施内部控制的情况进行常规、持续的监督检查；专项监督是指在企业发展战略、组织结构、经营活动、业务流程、关键岗位员工等发生较大调整或变化的情况下，对内部控制的某一或者某些方面进行有针对性的监督检查。

专项监督的范围和频率应当根据风险评估结果以及日常监督的有效性等予以确定。

第四十五条 企业应当制定内部控制缺陷认定标准，对监督过程中发现的内部控制缺陷，应当分析缺陷的性质和产生的原因，提出整改方案，采取适当的形式及时向董事会、监事会或者经理层报告。

内部控制缺陷包括设计缺陷和运行缺陷。企业应当跟踪内部控制缺陷整改情况，并就内部监督中发现的重大缺陷，追究相关责任单位或者责任人的责任。

第四十六条 企业应当结合内部监督情况，定期对内部控制的有效性进行自我评价，出具内部控制自我评价报告。

内部控制自我评价的方式、范围、程序和频率，由企业根据经营业务调整、经营环境变化、业务发展状况、实际风险水平等自行确定。

国家有关法律法规另有规定的，从其规定。

第四十七条 企业应当以书面或者其他适当的形式，妥善保存内部控制建立与实施过程中的相关记录或者资料，确保内部控制建立与实施过程的可验证性。

第七章 附　则

第四十八条 本规范由财政部会同国务院其他有关部门解释。

第四十九条 本规范的配套办法由财政部会同国务院其他有关部门另行制定。

第五十条 本规范自 2009 年 7 月 1 日起实施。

主要参考文献

[1] [美] A. C. 利特尔顿. 会计理论结构. 林志军, 等, 译. 北京: 中国商业出版社, 1989.

[2] [美] 艾哈迈德·里亚希. 会计理论. 钱逢胜, 等, 译. 上海: 上海财经大学出版社, 2004.

[3] [美] 财务会计准则委员会. 论财务会计概念. 娄尔行, 译. 北京: 中国财政经济出版社, 1992.

[4] [美] 美国会计学会. 基本会计理论. 文硕, 等, 译. 北京: 中国商业出版社, 1991.

[5] [美] 西德尼·戴维森. 现代会计手册. 娄尔行, 等, 译. 北京: 中国财政经济出版社, 1982.

[6] [前苏联] 弗·哥·马卡洛夫. 会计核算原理. 王立才, 译. 北京: 中国人民大学出版社, 1955.

[7] 陈国辉, 陈文铭, 孙光国. 基础会计. 北京: 清华大学出版社, 2005.

[8] 陈国辉, 迟旭升. 基础会计. 第2版. 大连: 东北财经大学出版社, 2009.

[9] 陈乃宽, 施明璋, 凌廷熙. 簿记教材. 北京: 知识出版社, 1987.

[10] 陈乃宽, 施明璋. 实用会计学. 上海: 立信会计出版社, 1996.

[11] 戴欣苗. 财务报表分析. 第2版. 北京: 清华大学出版社, 2008.

[12] 方正生. 会计学基础. 北京: 中国市场出版社, 2009.

[13] 方正生. 财务会计基础. 北京: 中国财政经济出版社, 2008.

[14] 葛家澍, 林志军. 现代西方会计理论. 第2版. 厦门: 厦门大学出版社, 2006.

[15] 葛家澍, 刘峰. 会计学导论. 第2版. 上海: 立信会计出版社, 1999.

[16] 郭道扬, 王建忠. 中国会计发展百年史纲. //中国会计年鉴编辑委员会. 中国会计年鉴 (2001). 北京: 中国财政杂志社, 2002.

[17] 郭道扬, 朱小平. 初级会计学. 北京: 经济科学出版社, 2000.

[18] 郭道扬. 会计发展史纲. 北京: 中央广播电视大学出版社, 1984.

[19] 郭道扬. 会计史研究: 历史·现时·未来 (第二卷). 北京: 中国财政经济出版社, 2004.

[20] 郭道扬. 会计史研究: 历史·现时·未来 (第三卷). 北京: 中国财政经济出版社, 2008.

[21] 郭道扬. 会计史研究: 历史·现时·未来 (第一卷). 北京: 中国财政经济出版社, 2004.

[22] 郭道扬．中国会计史稿（上）．北京：中国财政经济出版社，1982．
[23] 郭道扬．中国会计史稿（下）．北京：中国财政经济出版社，1988．
[24] 刘炳炎．现代会计学要义．武汉：湖北教育出版社，1991．
[25] 刘永泽．基础会计．大连：东北财经大学出版社，2007．
[26] 罗新运．新基础会计学．北京：对外经济贸易大学出版社，2006．
[27] 马卫寰，王建军，张华．基础会计．成都：西南财经大学出版社，2002．
[28] 任秀梅，杨忠海．会计学．北京：科学出版社，2007．
[29] 孙铮．基础会计．第3版．上海：上海财经大学出版社，2007．
[30] 汤湘希．会计学．北京：中国财政经济出版社，2008．
[31] 唐国平，张琦，龚翔．会计学原理．北京：清华大学出版社，2005．
[32] 唐国平．会计学基础．北京：高等教育出版社，2008．
[33] 唐国平．会计学原理．第2版．北京：中国财政经济出版社，2007．
[34] 田红，付春霞．基础会计．成都：西南财经大学出版社，2008．
[35] 田鉴．会计学基础．北京：中央广播电视大学出版社，1983．
[36] 王立彦，罗正英，吴联生，伍利娜．会计学原理——建立企业会计信息平台（第1版）．北京：北京大学出版社，2007．
[37] 王跃堂，陈丽花．财务会计．第2版．南京：南京大学出版社，2007．
[38] 文硕．西方会计史（上）．北京：中国商业出版社，1987．
[39] 吴水澎．会计学原理．沈阳：辽宁人民出版社，1994．
[40] 徐晔，张文贤，祁新娥．会计学原理．第3版．上海：复旦大学出版社，2007．
[41] 许家林．会计理论．北京：中国财政经济出版社，2008．
[42] 许家林．现代会计科学理论研究．上海：立信会计出版社，2003．
[43] 许家林．现代会计理论与会计教育研究．北京：经济科学出版社，2009．
[44] 阎德玉．会计学原理．北京：中国财政经济出版社，1999．
[45] 阎德玉．会计学原理．北京：中国财政经济出版社，2001．
[46] 阎德玉．会计学原理．大连：东北财经大学出版社，1988．
[47] 阎德玉．会计学原理．武汉：湖北科技出版社，1993．
[48] 杨纪琬，娄尔行，葛家澍．会计原理．第4版．北京：中国财政经济出版社，1998．
[49] 杨亚娥，程安林．基础会计学．上海：上海财经大学出版社，2009．
[50] 于玉林，王建忠．会计原理．第9版．北京：经济科学出版社，2008．
[51] 于玉林，田昆儒．基础会计．上海：格致出版社/上海人民出版社，2008．
[52] 于玉林，许家林．基础会计．天津：天津大学出版社，2005．
[53] 袁树民，丁小云．会计学．第2版．上海：上海财经大学出版社，2008．
[54] 中国注册会计师协会．2007年度注册会计师全国统一考试辅导教材会计．北京：中国财政经济出版社，2007．
[55] 中华人民共和国财政部．企业会计准则（2006）．北京：经济科学出版社，2006．
[56] 中华人民共和国财政部．企业会计准则——应用指南（2006）．北京：中国财政

经济出版社，2006.

[57] 中华人民共和国财政部会计司编写组. 企业会计准则讲解（2008）. 北京：人民出版社，2008.

[58] 中华人民共和国财政部会计资格评价中心. 初级会计实务. 北京：中国财政经济出版社，2009.

[59] 中华人民共和国财政部会计资格评价中心. 中级会计实务. 北京：中国财政经济出版社，2009.